中国近现代体育
思想的传承与演变

何叙 著

人民出版社

图书在版编目（CIP）数据

中国近现代体育思想的传承与演变 / 何叙著 .

– 北京：人民出版社，2013

ISBN 978–7–01–012334–9/

Ⅰ . ①中⋯　Ⅱ . ①何⋯　Ⅲ . ①体育理论 – 思想史 – 研究 – 中国 –

近代　Ⅳ . ① G812.95

中国版本图书馆 CIP 数据核字（2013）第 159307 号

中国近现代体育思想的传承与演变

ZHONGGUO JINXIANDAI TIYU SIXING DE CHUANCHENG YU YANBIAN

作　　者：何　叙

责任编辑：张秀平

封面设计：徐　晖

人 民 出 版 社 出版发行

地　　址：北京市东城区隆福寺街 99 号

邮政编码：100706　http://www.peoplepress.net

经　　销：新华书店总店北京发行所经销

印刷装订：北京昌平百善印刷厂

出版日期：2013 年 8 月第 1 版　2013 年 8 月第 1 次印刷

开　　本：880 毫米 ×1230 毫米　1/32

印　　张：15.125

字　　数：390 千字

书　　号：ISBN 978–7–01–012334–9/

定　　价：49.00 元

目　　录

绪　论

一

　　人类思想史是一幅宏大的历史画卷。在这一历史画卷中,有一个重要的组成部分,那就是体育思想史。它同经济思想史、政治思想史、军事思想史、科技思想史、社会思想史、文化思想史相互并存、相互补充、竞相发展,共同构成了波澜壮阔、博大精深的人类思想史。中华民族是世界上最古老的、曾经创造了灿烂文明的伟大民族,中华文化在世界文化之林中,是唯一一个五千年来一脉相承的源远流长的文化体系。那么,在体育这个与金钱、政治、艺术、性爱并列为人类生活五大基本语言(萨马兰奇语)的领域中,中华民族不仅用自身几千年的体育实践,书写出独具特色的中国体育史,并且用中华民族特有的思维方式勾画出内涵丰富的中国体育思想史。而在中国体育思想史的漫长发展历程中,最为壮阔、更具浓彩的,当然还属中国近现代体育思想史。中华民族于近代遭遇屈辱,中华民族于近代走向抗争;中华民族于现代走向自由独立,中华民族于现代走向繁荣富强;中国体育于近代走出传统,于现代走向科学。与之相伴随,中国体育思想于近代走出了传统的藩篱,于现代走向了科学的发展。为此,本书以"中国近现代体育思想的传承与演变"为题,试图通过我们对中国近现代170年来体育思想的内容的研究和梳理,去探索中国近现代体育思想传承与演变的思想主题、基本脉络、内在规律、发展趋势。

"中国近现代体育思想的传承与演变",这一命题包括如下三个关键词组,体育思想、中国近现代、传承与演变。我们首先对这三个关键词组作一解析和阐述。

(一)关于体育思想。所谓体育思想,简单来说,就是关于体育的思想,即人对体育这一现象或这一事物的认识。就目前而言,还没有一个能够被本研究领域绝大多数学者所认同的关于"体育思想"的完整的科学定义。

许多学者都试图对体育思想下定义,例如,方芳认为:"体育思想如同体育的概念一样,可分为广义和狭义两部分。广义的体育思想:在一定的政治和经济制度下,人们对以身体练习为基本手段。以增强人的体质、促进人的全面发展,丰富社会文化生活和促进社会的精神文明为目的的一种有意识、有组织的社会活动的全面的认识。狭义的体育思想:即体育教育思想,是指在一定社会政治和经济制度下,人们对发展身体,增强体质,传授锻炼身体的知识、技能、技术、培育道德和意志品质的教育过程的总的认识。"[1]从中我们不难看出,其"广义"体育思想与"狭义"体育思想之差别,只是把广义的体育的定义放在广义的体育思想的定义之中,而把狭义的体育的定义放在狭义的体育思想的定义之中,并无其他内涵上的区别。

对体育思想这一概念如何定义并不是重要的,重要的是我们必须对这一概念的基本内涵做以明确的界定。本书认为,体育思想这一概念的基本内涵主要有如下三点:

第一,体育思想是一种"思想";"思想"者,人们对某一认识对象的认识也。思想一词,在中国语言文学中的涵义有六;"①想念;怀念。……②思忖;考虑。……③指思维的条理脉络。……④念头,想法。……⑤指意识品质。……⑥客观存在反映在人的意识中经过思维活动而产生的结果或形成的观点。也指某种思想体系。……"[2]从中国语言文字有关词性分类的角度上讲,思想一词既可以作动词使用,如其第一层、第二层涵义,也可以作名词使用,如其三、四、五、六层涵义。将思想这一词汇与其他名词相结合,以偏正结构组成的新的词组,一定是将其作名词使用的,如经济思想、政治思想、学习思想、教育思想等等。

第二,体育思想是人们关于体育(无论是广义的,还是狭义)这一认识对象的认识。体育思想亦是如此。在这样的词组中,"思想"一词之涵义是其六种涵义中的第六种,即"客观存在反映在人的意识中经过思维活动而产生的结果或形成的观点,也指某种思想体系。"体育思想,即是体育这一客观存在反映在思维主体——人(主要指体育工作者、体育学者、体育思想研究者、体育领导者,以及党和国家领导人)的意识中,经过这一主体的思维活动,而产生的对体育的认识结果或所形成的观点,其中之系统者,即是一种思想体系或理论体系。

第三,体育思想的内容是人们关于体育的概念、属性、本质、特征、功能、价值、目的等理论问题以及关于体育制度、体育体制和管理发展方针等实践问题的认识。

如前所述,体育思想是关于体育的认识,由于体育是一个复杂的认识对象,所以,体育思想所包含的内容、所涉及的问题是很丰富的。纵观中外近现代体育思想史,体育思想所涉及的问题主要有:(1)体育的属性、(2)体育的本质、(3)体育的概念(内涵和外延)、(4)体育的特征、(5)体育的功能、(6)体育的价值、(7)体育的目标和目的、(8)体育的发展规律、(9)体育的发展方针和发展战略、(10)体育的制度、(11)体育的管理体制、(12)体育法制,等等。对上述问题予以关注、发表看法,以至进行深入研究的人,即体育思想的主体,大致包括如下六类:政治领袖、政府官员(特别是主管教育或主管体育的官员)、思想家、教育家、体育实际工作者特别是体育专家、体育理论研究者(有些人往往具有两重甚至多重身份)。这些人出于不同的动机、站在不同的角度,针对上述这些或其中问题的某一个或某几个问题,进行思考和探索,发表观点,甚至著书立说以建立自己的体育思想体系。

在学习、研究大量的体育思想史文献资料时,我们发现,在中外体育思想史的任何时段中,针对某一问题,都是仁者见仁、智者见智,众说纷纭,不一而足。这些争论,不仅仅发生在对某一问题的认识上(如对体育本质的认识,有的认为体育的本质是 A,有的认为体育的本质是 B,有的则认为体育的本质是 C),还发生在对这一问题的核心概念本身的理解上,即抛开体育来说,属性、本质、价值、目标、目的,这些概念到底是什么涵义,该作何理解。这种"争论"往往不是明确、显在的,而是隐含在对体育属性、体育本质、体育功能、体育价值、体育的目标、体育的目的的认识之中。如果争论双方在某一问题上,对该问题所涉及的核心概念自身的理解不同,那么,从逻辑上讲,争论双方的争论是在概念不同一的平台进行的争论。因为本书所要研究的是中国近现代体育思想史,要对中国近现代体育思想史中每一时段的不同的体育观点进行简要的叙述、分析、评价,首先就必须搞清其主体到底是针对什么问题而进行的思考和探索,为此,我们需对体育思想之内容——体育的本质、体育的属性、体育的概念、体育的特征、体育的功能、体育

的价值等问题中的关键词如本质、属性、概念、特征、功能、价值等，
进行一番解读。

（1）本质。本质是指"事物内在的、比较稳定的、根本的、内部
联系，决定事物的性质，由事物内在的特殊矛盾构成"。[3]本质是与
现象相对应的，它与现象共同构成一对哲学范畴。

（2）属性。属性这一词汇是西方哲学史中的用语，且不同的
哲学家对这一词汇的理解和解释又是有所差异的。如霍布斯的解
释是：属性有两层涵义，第一层是指与物体不可分离的广延和形
状，第二层不是物体本身所固有的，而只是物体作为外界对象作用
于人的感官，在人心中产生的各种影像，如颜色、声音、滋味等；而
笛卡则认为，事物的第一类属性是物质实体，主要属性是其广延，
第二类属性是其精神实体，主要属性是思维。斯宾诺萨的理解同
笛卡相似，并指出实体具有无限性，事物的属性也是无限的。

（3）功能。功能一词在汉语文字中的涵义有三："1. 技能。……
2. 效能，功效。……3. 才能……。"[4]

（4）价值。价值是一个社会实践的概念。马克思说："价值这
个普遍的概念是从人们对待满足他们需要的外界物的关系中产生
的。"[5]"所谓一般价值，指的是作为主体的人的需要同外部世界即
客体的一种关系，这种关系表现为客体对主体需要的肯定或否定
（能否满足以及满足的方式和程度等等）。价值虽然同主体的需
要相联系，但它却不是主观的。这是因为，人的需要本身是客观
的，客体对于主体需要的肯定或否定也是以客体本题本身的客观
属性为基础的。"[6]功能与价值这两个概念既有联系又有区别。就
其区别而言，第一，功能是具体的，价值是抽象的；第二，功能所强
调的是事物本身所具有的具体效用，而价值所强调的则是客体满
足主体需要的一种关系；就其联系而言，功能是价值的物质体现、

现实基础,价值是功能的内在本质。

（5）地位。地位是指"1. 人或团体在社会关系中的位置。2. 人或物所占的地方。3. 程度;地步。"[7]

（6）目标。目标,涵义主要包括如下两点:"1. 射击、攻击或寻求的对象。2. 想要达到的境界或目的。……"[8]

（7）目的。目的,涵义是指"所追求的目标;想达到的境地。"[9]

（8）特征。事物可供识别的特殊的征象或标志。亦可称特点。

（9）概念。概念是反映事物本质特征的思维方式。

（10）定义。定义是揭示概念内涵的逻辑方法。

对上述这几个词汇进行解释是很容易的,但这只是为下面的工作作了一个铺垫:当把这些词汇都与同一具体事物——体育——联系起来,组成体育本质、体育特征、体育功能、体育价值等一系列词组之时,则必须厘清这些词汇之内在联系。

体育作为一复杂的事物,是一个矛盾的系统,它由无数内部要素所组成。这些要素之间,有着错综复杂的联系,构成许许多多的矛盾。在诸多矛盾中,必有一对矛盾居于支配地位,发挥着主导作用,我们称其为主要矛盾;在这对矛盾的两个方面中,又必有一个居支配地位、发挥主导作用的方面,我们称其为主要方面。事物发生、发展的过程,就是这些内部矛盾不断变化、斗争的实际运动过程,人们用视觉、听觉、触觉所能观察到的运动过程,就是事物的现象,而这些现象背后所隐藏的矛盾中的主要矛盾和矛盾对象的事物,性质,事物自身的内在规定性,事物的性质,决定一事物之所以是此事物,区别于其他一切事物的最根本的性质,才是本质。它需要人们运用理性思维,去观察、认识、抽象,才能归纳、概括出来。本质与现象,是人们认识事物所应运用的一对哲学范畴或思维方式。属性是事物性质的具体表现。从哲学定义上讲,从事物系统的层次上讲,属性和性质,都外在于本质。例如,人,具有无数个属性,就与人不可分离的属性而言,既包括性别、民族、血统、体型、气质等等自然属性,也包括阶级、阶层、心理、性格、信仰、人格等等社会属性。此外,还包括人作为被认识对象作用于认识主体的人的感官,在认识主体心中产生的影像性属性,如美、丑、黑、白等等,在人的诸多属性中,那些与人自身不可分离的属性,即是人的性质(培根用语)。而人的本质,则是人的多方面性质中最根本的、最抽象的,那就是"社会关系的总和"(马克思语)。由此推论,所谓体育的属性,应是指体育所具有的多重性质,诸如健身性、教育性、文化性、娱乐性、技能性、社会性等。所谓体育的本质,应是指体育本身所特有的不同于其他事物的根本属性,即人们根据自然的、社会的需要,以运动为主要手段,实现人的全面发展的身体文化活动。

关于体育的特征。一事物区别于他事物,人们可以从任何一个角度或标准去观察、去衡量,从而也便可以发现或归纳出该事物的无数个特征,角度和标准不同,所发现和归纳出的特征也就不同。例如我们将人区别于宇宙间其他一切事物,就可以说出很多特征。当然,在无数特征中,必有一些内在的、与事物的本质直接相联系的特征,往往被称为本质特征,如有语言,能思维,会制造工具等,便是人的本质特征。由此推论,体育的本质特征应是其自然性与社会性的统一、教育性与娱乐性的统一、生理与心理的统一。

关于体育的功能。所谓体育的功能,也称体育效能,是指体育对人体和社会所起的综合性作用,诸如健身、健美、保健、益寿延年等生物性功能和教育、娱乐、促进个体社会化、政治、经济等社会性功能。在此,我们还要指出的如下两点:首先,体育的功能是由体育自身的内在构成要素所决定的;其次,事物的功能是无限的,一块砖头,可以垒墙、盖房子,可以铺路,还可以用于打人,等等。体育作为一复杂事物,其功能更不可能是单一的或固定不变的,而是随着体育实践的发展和人对体育认知的发展而被逐步开发的。

关于体育价值。所谓体育的价值,是指"体育能满足人类生存、发展、享受需要的特定效用关系"。[10]体育之价值,依据其作用对象的不同,可分为个体价值和整体价值;依据其所涉及的范围,可分为生理价值、心理价值、社会价值,等等。价值的有无与大小;取决于两点,一,取决于事物自身功能的有无与大小;二,取决于主体的需求程度。功能再多,如果主体不需要,亦是无价值的。

关于体育目标与目的。目标与目的,在中国的语言文字中是同义词,可以通用、互换。但如果我们深入分析一下,又是可以发现二者之间的区别的。那就是将其使用在社会经济政治发展领域时,目标,既然是"标",就意味着要量化,要有完成或实现的期限;目的,往往具有终极性或最高性,难以量化,难以确定完成的时间或期限。从这个意义上讲,我们可以将二者的关系界定为:目标是有期限性的、阶段性的目的,目的是贯穿于无数个期限性、阶段性目标之中的终极性的目标。由此推论,体育的目标,是指特定国家在特定历史时期发展体育运动所需实现的具体之量化的指标体系,而体育的目的,则是人类从事体育活动,发展体育运动所要达到的终极性的宗旨,即实现人的全面发展——自由与快乐。

关于体育的概念和定义。就体育的概念而言,它是指人们根据生产和生活的需要,遵循人体的生长发育、生理机能活动能力变化与适应性的规律,以及动作机能形成规律与认识事物的一般规律,以身体练习(体育动作)为其基本手段,结合日光、空气、水等自然因素和卫生措施,达到全面发展身体、增进健康、增强体质,提

高运动成绩水平、丰富社会文化娱乐生活为目的的一种社会
活动。[11]

　　根据以上分析,我们可以将体育的本质、属性、特征、功能、价
值、地位、目标、目的相互之间的内在联系用下面的示意图予以
揭示:

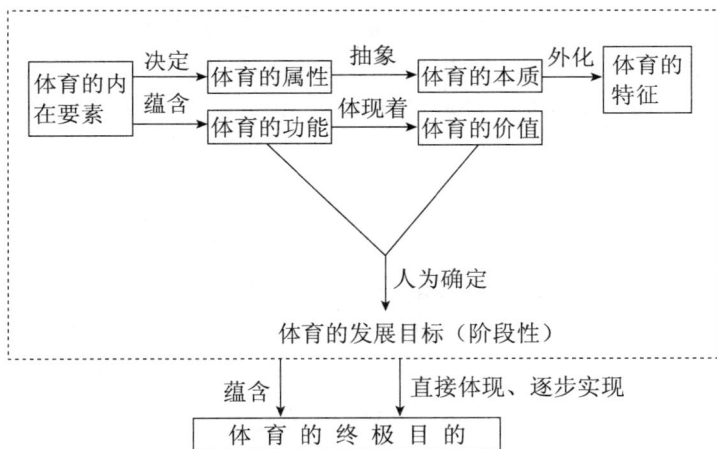

　　在中国近现代体育思想的传承与演变过程的每一个阶段,都
是对上述这些问题的探讨与回答,都是关于上述这些问题的讨论
与争鸣。

　　在这种讨论与争鸣中,始终呈现为三条轨迹:第一,争论的出
发点和落脚点,一直伴随着强国强民的民族理想。第二,体育思想
的争论,一直伴随着对体育现代化(在近代阶段,相对于古代而
言,"近代"同时即是"现代")的追求;第三,体育思想的争论,一直
伴随着中西方文化之间的碰撞与融合、传统与现代之间的碰撞与
融合。

　　"体育思想"作为人们以体育为认识对象的思想,其基本特征是:1.体育思想的主体具有广泛性。体育思想的主体主要包括国家政治领袖、党政官员(包括政治官员和体育官员)、思想家、教育家(普通教育家和体育教育家)、体育专家(包括体育活动家)、体育思想研究者,此外,还有普通体育工作者、关注体育和体育思想的普通民众(体育迷),等等;2.体育思想的内容具有丰富性、复杂性。由体育问题的丰富性和复杂性所决定,体育思想必然是丰富的、复杂的,它不仅包含人们对体育的本质、属性、特征、功能、价值、目标等一系列理论问题的认识,还包含人们对体育体制、体育制度以及体育发展战略、方针、政策的思考和探讨;3.体育思想具有系统性。体育思想,依主体不同可以分为个体体育思想、群体体育思想和整体体育思想,依思想之内容的丰富和复杂程度,可分为个别观点(观念)和体育理论两个层次。体育虽然是一种复杂的社会现象,但其内容并不是杂乱无章的,而是一个庞大的有机整体,那么,作为以体育为认识对象的体育思想,也必然不会是杂乱无章的,也必然是一个系统。当然,体育思想作为一个相对独立的"思想"的系统,并不是与体育系统完全对应的。体育作为人类的一种活动形式,其系统之内容是只能是作为体育这种人类活动形式的各个组成部分、各种体育形式,它可以依据不同标准进行不同的分类,而体育思想作为人们对体育这一活动形式的认识,其系统之内容则是依据"思想"的内部构成而形成的一个理论体系。本书认为,体育思想的系统,其纵向包括三个基本层面,第一层面,即基础层面,是关于体育体制、体育制度、体育发展战略、方针和政策的思想内容,第二层面,即中间层面,是关于体育的概念、本质、属性、特征、功能、价值、目的、发展规律、分类的思想内容,第三层面,即最高层面,是对体育问题进行认识的世界观、方法论、即体育哲学。(4)体育思想具有开放性和发展性。体育作为人类的一种活动形式,真正为人们从科学的层面进行自觉的认识,仅仅一百多年历史,一百多年来,世界体育不断在发生着变化,可谓精彩纷呈,实践出真知,由认识对象的变化性发展性所决定,体育思想在一百多年的时间内,也是不断地在变化、发展,其内容不断地得到丰富,对体育问题的认识也越加深刻,不断从相对真理走向绝对真理。

　　(二)关于"中国近现代"的临界点之确定。中国近代史的时间起点是 1840 年,对于这一点,在中国史学界是没有异议的,但对于中国近代史的时间终点即中国现代史的时间起点,在中国史学界则是有争议的。过去相当长一个时期内,通说是把中国近代史的时间终点即中国现代史的时间起点定位在 1919 年(即五四运动发生的时间),近些年来,将中国近代史的时间终点即中国现代史的时间起点从 1919 年后延至 1949 年即中华人民共和国成立之年,作为一种新的中国近现代断代观点渐渐被中国史学界更多的人所认同。中国近现代体育思想史的断代即时间分界点的确定,在中国体育思想史研究领域,也是有争议的,有的人主张将中国近代体育思想史的终点即中国现代体育思想史起点确定为 1919 年,有的人认为应延至 1949 年。本书采用了后一断代观点。理由在于:首先,中国近现代体育思想史也是史,是中国近现代史的组成部分;中国史学界对将中国近现代史的临界点确定为 1949 年这一断代观点的认同度高于前一种观点(指将中国近现代史的临界点确定为 1919 年的断代观点),说明这一临界点相对于前种临界点更具科学性,那么,作为中国近现代史之组成部分之一的中国近现代体育思想史,当然应该采用中国史学界的通说;其次,就中国近现代体育思想史本身而言,从 1840 年至今 170 年的发展历程,后61 年即中华人民共和国成立之后的 61 年,与前 109 年相对照,确实存在着明显的时代性区别。这种时代性区别之突出体现,就是在这 61 年里,由于中华人民共和国的成立标志着半殖民地半封建社会的解体,人民群众成为国家的主人,作为代表着中国绝大多数人民群众根本利益的中国共产党成为唯一的执政党,使我们的体育事业伴随着我国经济、政治、文化和各项社会事业,紧紧围绕着为人民利益服务这一最高宗旨而展开,从而也在体育思想领域形成了一种始终占着主导地位的体育思想,并对体育事业的发展发挥着积极的支配和推动作用,而这在此前的 109 年,是不可想象的,即使是在 1927—1949 年国民党一党统治时期,也是完全不可能的。国民党及其一手操纵下的政府作为代表剥削阶级利益的政党和政权,其一切工作的出发点和归宿,不可能是为了人民群众,再加上整天忙于战争和剿灭共产党,更不能把人民的体育事业摆上应有的地位;在这种经济、政治局面下,体育不可能得到有序、健康、积极的发展,由此所决定,其体育思想的发展,也必然受到极大地局限,难以形成一种积极探索体育理论、推动体育实践的良好局面。

(三)关于"传承与演变"。传承这一词汇是一个新词,许多词典都没有收入,也没有解释,我们只能依据组成这一词汇的两个字的各自涵义来理解它。传,传授、传达、继承之意;承,奉、接受、继承、次第、担负之意。传与承相组合,即传递与继承之意。传承之核心,对内开说,是批判与继承,对外来说,是借鉴与吸收,演变之核心是发展,演变,"演化,发展变化(指历史较长的)"。体育思想作为人类文化的一个组成部分(尽管不是主要的组成部分),一方面,它是随着体育实践的变化和发展,不会在某一时段的某一水平上而停滞不前;另一方面,它在每一个历史时段上都不可能仅仅是当代人完全独立思考的产物,必然会在总结前人和自己的体育实践的基础上,在学习、探索的基础上,批判地继承前人的思想精华,也必然会及时地借鉴和吸收外国先进的体育思想。从上述分析中我们可以明确地看出,中国近现代体育思想的传承与演变,其实就是中国近现代体育思想的发展史。

(四)关于"中国近代体育思想"、"中国现代体育思想"两个概念的外延界定。将中国近现代体育思想的传承与演变作为对象进行研究,首先,必须对"中国近代体育思想"和"中国现代体育思想"这个认识对象或研究对象的概念的外延作以逻辑界定,原因在于:在体育思想界特别是在体育思想史界,人们对这两个概念的理解并不是统一的,而是分为两种不同的意见。一种是将中国近代和中国现代这两个历史时空内所有的体育思想一律划入中国近代体育思想和中国现代体育思想的概念外延之中;另一种则只将中国近代和中国现代这两个历史时空内的一部分体育思想,即具有近代性质或现代性质、近代意义或现代意义的体育思想作为中国近代体育思想和中国现代体育思想。本书同意后一种界定,理由在于:1.从中国语言逻辑的角度讲,中国近代体育思想,绝不等同于中国近代的体育思想,一个"的"字,将"中国近代体育思想"与"中国近代的体育思想"、"中国现代体育思想"与"中国现代的体育思想"这两对概念作了重大的区别;我们在此可以用"毛泽东思想"与"毛泽东的思想"二者的区别作以类比:所谓毛泽东思想,是指以毛泽东同志为代表的中国共产党人对中国新民主主义革命、社会主义革命和社会主义建设的本质、规律、方针、政策等一系列重大问题的理论认识所形成的思想体系,它是中国共产党老一辈无产阶级革命家、思想家以及全党的集体智慧的结晶,而毛泽东的思想,则是指毛泽东个人从生到死的所有思想,二者在内涵、外延、主体、客体等各层面都有明显的本质的区别。依据这一逻辑,中国近代体育思想和中国现代体育思想,仅指中国近代和中国现代这两个历史时空内具有近代性质和近代价值、现代性质和现代价值的体育思想;2.当然,我们并不是说在进行中国近代体育思想和中国现代体育思想的研究中,对不具有近代性质、近代价值的体育思想和不具有现代性质、现代价值的体育思想(如传统体育思想)置之不理,我们仍然要对其进行必要的研究,但只是辅助性的和参照性的;因为中国近代体育思想或中国现代体育思想在其生成和发展过程中必然会吸收传统体育思想的精华,所以我们的研究必然要涉及到传统体育思想。

二

本书是我们承担的国家哲学社会科学项目:中国近现代体育思想的演变与传承(2008年9月批准,项目编号:08BTY004)的最终成果之一。

党的十一届三中全会以来,由于解放思想、实事求是、在实践中检验和发展真理的思想路线得到了恢复和发扬,整个思想领域,显现出一派欣欣向荣的良好局面,体育思想界也同样开启了思想解放的大门,广大研究体育思想的学者,积极探索,辛勤耕耘,使新时期的体育思想研究和体育思想史研究,出现了前所未有的繁荣,优秀的研究成果层出不穷,尤其值得庆幸的是,对于中国近现代体育思想史的研究,引起了愈来愈多的学者的关注,成为体育学界一个热点的研究领域。2008年出版的有崔乐泉、杨向东主编的《中国体育思想史》(三卷本,首都师范大学出版社出版),以相当丰富的史料、详实的数据,对中国的体育思想史进行了全面、系统的梳理和深入的分析、论证。那么,我们为什么还要在这种情况下以中国近现代体育思想史为研究对象,申报国家社科基金项目,并撰写和出版这部专著呢？

从认识论的角度讲，首先，我们认为中国近现代体育思想史这一领域，存在着广阔的研究空间，已有的研究及其成果，远没有穷尽这一领域的所有的研究空间。道理很简单，任何真理都是相对与绝对的统一。客观世界是无穷的，客观世界是不断变化发展的，以客观世界为研究对象的任何一门科学，都不可能在某一时间穷尽客观世界或其某一领域的全部真理；任何一门科学的内容的精度、密度、广度和深度，都不可能穷尽其研究对象的精度、密度、广度、深度，总会有空白或说缝隙；任何一门科学的研究所选择的观察角度和研究的方法，都不可能穷尽人类对客观事物的所有的观察角度和研究方法。其次，在任何真理的探讨领域，都必然是仁者见仁，智者见智。由于研究者所占有的资料的不同，研究者自身的知识结构和理论思维方式的不同，研究者所处历史条件、社会背景的不同，研究者针对具体研究对象所运用的研究方法不同，针对同一问题，必然会得出不同的结论，这也便是形成学术争论和学术领域之百家争鸣、百花齐放的原因。在中国近现代体育思想史的研究领域，当然也是如此。再次，实践出新知，体育思想是伴随体育实践的变化和发展而不断变化发展的。中国近现代特别是进入现代以来的体育实践，愈来愈丰富、愈来愈复杂，人们对其之认识，也必然是愈来愈深刻、愈来愈系统，从而使中国体育思想史的研究，愈来愈深入、愈来愈科学。

从实践需求的角度讲，既然世界是无穷的，对于人们来说，可供认识和研究的"问题空间"就是无穷的，但我们未必在现阶段对所有的问题都花费大量的人力、物力、财力去探索、去研究，例如对于100年或500年后中国的政治、经济、文化形态的研究，就不可能被纳入人们的研究视阈，国家也不可能拿出研究经费予以资助。

作为与实践紧密相关的"问题空间",是具有现实必要性的。实践是需要理论的指导的。理论的深入和发展,可予人们的实践以相对更为正确和全面的指引,以减少实践中的失误和少走弯路。我国现时和今后的体育事业的发展,当然也离不开科学的体育理论或体育思想的正确指引。要使我们的体育实践能够获得科学的体育理论、体育思想的正确指引,就必须也必然要加强体育理论体育思想的深入研究。科学的体育理论、体育思想的发展,一方面,不能够离开现实的丰富的体育实践;另一方面,今天的体育理论、体育思想并不是凭空形成的。它是历史上各种体育理论、体育思想的演变,其内容有着内在的传承关系。因此,我们还需对前人、他人(指外国人)的体育理论、体育思想进行深入的历史性的理解和科学性的研究,从中寻找出对我们体育理论、体育思想发展有借鉴意义和对我们今天的体育实践具有指导价值的科学因素。我们想,这也正是我们的这一选题能够获得国家社科研究基金专项资助的重要原因吧。

三

当读者看到本书的目录时,会发现这样两个问题:第一,本书的上篇和下篇,即中国近代体育思想史部分和中国现代体育思想史部分,在内容体例上存在明显的区别,前者是以人带观点,后者则是以观点带人。第二,上篇和下篇特别是上篇,对其下一层次的不同历史时期的体育思想的发展各阶段的性质定位,与同类著作、教材的表述,存在着明显的区别。下面,我们就这两点作以说明。

（一）关于上篇与下篇内容体例的不同

体育在整个社会的大系统中，并不同是第一层次的子系统，而是属于第二层次的相对独立的小子系统。通常来说，我们把整个社会这一大系统，分为经济、政治、文化、社会（狭义的）、生态五个子系统。我们把经济领域的建设和发展称为物质文明建设，把政治领域的建设和发展称为政治文明建设，把文化领域的建设和发展称为精神文明建设，把社会领域的建设和发展称为社会文明建设，把生态领域的建设和发展称为生态文明建设。体育在这五个子系统中，显然，我们不能把它归入经济领域和政治领域，也不能把它归入社会领域和生态领域，而只能把它归入文化领域，把体育事业的发展归入精神文明建设范畴。既然如此，体育作为人类或人们的一种文化活动，它在社会五大子系统中，便是文化这一子系统的组成部分，它在社会整个大系统中，便是处于第二层次的一个小的子系统。体育思想，是人们对这个"系统"的认识。认识来源于实践，而任何实践都是在特定的时空范围内的实践，都受到这个时空的局限性。时——历史时代。空——社会发展实际空间。某一特定时代的体育思想之内容的丰富性、系统性、科学性、深刻性如何，最终是由这个时代的体育实践的发展水平决定的。在整个中国近代史的 109 年里，中国的经济和政治，经常处于动乱之中，外有列强入侵，内有军阀混乱，还曾发生过三次国内革命战争。在这种经济、政治现况中，作为居于社会大系统之第二层次和次要因素的体育，不具有蓬勃发展的社会经济政治条件，其形成与规模、广度与深度，都受到极大的限制；作为由社会实践所决定的社会意识的体育思想，当然也便不会具备获得正常发展的实践基础和社会氛围。无论是严复所处的萌芽时期的体育思想，还是国民党一党专政时期的体育思想,都没有条件形成一个系统的明确的、引领整个国家和社会体育活动(更谈不到体育事业)的体育思想。尽管也有所"繁荣",但那只能是"八仙过海,各显其能",其思想的科学性、深刻性、系统性、丰富性、都远远不足,够不上一个思想体系。与此相反,新中国成立以来的 61 年里,虽然曾经有过反右斗争、"文化大革命"等来自"左"的指导思想和政治运动的冲击,但由于有着中国共产党强大的政治领导,有着以公有制为基础的社会主义制度的强大保障,新中国的体育事业始终受到党和国家的高度重视,被放在社会大系统中它所应占据的正确地位,得到很大的发展,由此所决定,在体育思想领域,则始终有一个占据支配地位、发挥主导作用的体育思想体系(尽管在某一时段上它的内容并不成熟,它的体系尚不完善)。在这种情况下,我们只能对中国近代体育思想与现代体育思想这两部分的内容和体例作不同的处理:近代部分的中国体育思想史部分,因为没有一种居支配地位、发挥主导作用的系统地体育思想,采取以人带观点的体例,而现代部分的中国体育思想史部分,一方面,因为有一种凝结着集体智慧的居支配地位、发挥主导作用的体育思想,另一方面,主导体育思想之外的其它每一种体育思想往往也都不是某一个人独有的体育思想,则采取以观点带人的体例。

此外,中国近代体育思想的产生和发展,主要体现在当时中国历史舞台上对中国近代体育有所关注、有所研究、有所认识的思想家、政治家、军事家、教育家、体育家等思想主体的言论和著述之中,而不同的思想主体对体育的认识,在深度、广度、角度、高度等层面,虽然有相同之处,但是,并没有在每一个历史阶段中都形成比较系统的体育思想流派,如果采用"以观点带人物"的研究思路和表达方式(即以体育思想流派为线索进行研究和表达),势必会

把很多在中国近代体育思想领域有一定影响、但却不能划入某个
体育思想流派的思想主体的体育思想排斥在我们的研究成果之
外,所以,只能采用"以人物带观点"的研究思路和表述方式;而中
国现代体育思想的产生和发展,由于新中国有了中国共产党的统
一领导,在国家层面已形成了统一的主导性的体育思想,作为中国
现代体育思想重要主体的政治家和国家体育工作的领导者,其体
育思想基本统一于党和国家所公开发表出来的体育理论、体育政
策、体育方针、体育原则、体育制度之中,如果仍然采用以"人物带
观点"的研究思路和表达方式,势必造成内容上的重复和浪费,所
以,我们采用了与前者相反的"以观点带人物"的研究思路和表达
方式。

(二)关于近现代不同历史时期中国体育思想的发展阶
段的性质定位

本书将中国近代体育思想划分为五个时期或说五个阶段,即
胚胎期、萌芽期、初步形成期、基本成熟期、深入发展期。将中国现
代体育思想的传承与演变划分为——中国现代体育思想的奠定及
初步发展时期、中国现代体育思想的"畸变"时期、中国现代体育
思想的拨乱反正和探索时期、中国现代体育思想的科学发展时期。
本书之所以对中国近现代体育思想史作如此的阶段划分和性质定
位,理由如下:

1. 关于中国近代体育思想发展阶段的划分

(1)"胚胎时期"

中国是一个拥有 5000 年灿烂文化传统的文明古国,中华民族
在 5000 年的历史传承和发展历程中,无论是在物质生产、精神生
产和生活领域,都创造了令世界瞩目的宝贵财富。这些财富,都来

自中国各民族人民及其丰富的生产实践和生活实践。那么,在中华民族丰富的生产实践和生活实践中,在中华民族所创造的灿烂物质文明和精神文明财富中,有没有体育的踪影呢? 回答当然是肯定的。然而,在中华民族创造的博大精深的语言文字中,却没有"体育"这一名词,它是一个舶来品。但是,我们既不能否定"体育"作为人们的一种身体运动和社会文化运动,作为一种社会实践活动在中国 5000 年文明史的存在,我们也不能由此否定"体育思想"在中国传统思想宝库中的存在。其实,这两点是有机联系在一起的。有实践,就会有认识。中国古代社会中既然有体育实践,那么就一定会有对体育的认识。之所以在中国古代的语言文字中没有体育这一概念,道理很简单:第一,语言文字不同,对同一事物的称呼必然不同;第二,作为现代意义上的"体育",在西方,也是近代才出现、现代才发展起来,体育这一概念,在西方也是 19世纪才出现的。

　　本书之所以把 1840 年至 1894 年的中国体育思想称为"胚胎期",前述所讲的是理由之一,理由之二,还在于我们的命题本身就是"中国近代体育思想",严格地说,这句话不单是一种时间界定,还是一种内容界定——"中国近代体育思想"不等同于"中国近代的体育思想"。"中国近代的体育思想",是把中国近代这一历史时代中所有的体育思想,当然也包括传统(就当时而言的传统,显然是指古代的)体育思想;而"中国近代体育思想",则是指中国近代这一时期产生的、其内容具有近代性质的体育思想。既然是中国近代这一时期产生的、其内容具有近代性质的体育思想,就不可能是突然从某个人或几个人的头脑中冒出来并一下子成熟起来的,它必然是一个从无到有、从小到大、从简单到复杂的产生发展过程,或者是说是一个从胚胎到萌芽、从初步形成到逐步成熟的产生、发展过程。

胎原意是在母体内初期发育的动物体,由卵子受精后发育而成。本书将中国近代最初的体育思想之产生称为"胚胎期",主要考虑的是:无论是龚自珍、林则徐、魏源,还是曾国藩、李鸿章,他们作为中国近代最早接受西方先进思想、文化的知识分子,其出发点、着眼点,都明确地集中在经济和政治上的救国救民,而不可能把体育纳入明确的思想视域。但是,我们又不可能否定其全部思想内容中一点也不包括体育的因素。体育思想的因素肯定有的,只不过是就其本人而言,不是明确的、自觉的,而是隐含在其经济、政治和军事思想之中,就如同一个生命有机体的最初阶段,一定是处在母体之中,处于胚胎的状态。

(2)萌芽时期

所谓"萌芽期",就是指主体的体育思想已经从其经济、政治思想之中萌生、分化了出来,已经是自觉的、明确的。体育思想,是思想主体对于体育问题的认识;如前所述,体育问题是一个复杂的问题空间,从基本理论层面上讲,包括体育的概念与特征、本质与属性、内容和形式,功能与价值、目标与目的等等;从基本实践层面上讲,包括对如何发展体育事业的方针、战略、体育制度、体育管理体制的思考和设计。我们将龚自珍、林则徐、魏源、曾国藩、李鸿章等人的体育思想称为中国近代体育思想的胚胎期,是因为他们对体育的认识是朦胧的,是隐含在其经济政治思想之中的,我们将严复、康有为、梁启超、张之洞等人的体育思想称为"萌芽",则不仅仅是因为他们对体育的认识刚刚从其经济、政治思想中分离出来,萌生出来,还因为他们对体育问题的认识仅仅局限于对体育这一问题空间的某一两个点的认识,即对体育之功能、形式的认识。

（3）初步形成时期

随着资产阶级改良思想在顽固的封建专制制度面前遭到失败，主张中国必须走革命道路，即必须对中国社会的政治、经济、文化进行全面的变革的思想开始登上中国近代思想的舞台，并逐步成为一股强烈的社会思潮。在这种社会思想文化的大背景下，中国体育思想领域，必然也会随之发生变革，全面地学习、借鉴、吸收西方先进体育思想，对中国传统体育进行全面改造，以适应强身健体、振奋民族精神、救国图强的需要，成为中国体育思想领域一个重大的思想主题。中国资产阶级民主革命的代表人物孙中山、黄兴、秋瑾和当时活跃于体育思想界、体育教育界的体育思想家、体育教育家徐一冰、张伯苓、王正廷等人，适应时代的需要在体育思想领域，从不同的角度提出了中国体育发展的方向和路径。他们对于体育问题的认识，不仅在问题空间层面从体育的功能、形式，扩大到了体育的本质、属性等，而且在认识的深度上，更加接近近代体育思想的真义，所以，我们称之为"近代体育思想的初步形成时期"。

（4）基本成熟时期

初步形成并不等于成熟。体育思想形成的标志应该对体育之本质特征、属性、功能、基本价值的认识的初步完成，而体育思想成熟的标志，便应该是体育思想体系（即在完成对上述几个主要问题的认识的基础上，还拓展到体系之发展战略、方针的认识）的基本完成。以孙中山为代表的资产阶级革命家和以徐一冰等为代表的体育思想家、体育教育家的体育思想，较之萌芽时期的体育思想，确实在对近代体育的本质、功能、价值、形式、发展方向等有关体育的基本问题的认识上有了很大的进步和发展，并形成了中国近代体育思想的初步系统，但仍是很不成熟的。随着近代体育实践的发展和体育思想主体对体育认识的进一步深入,特别是当蔡元培、陈独秀、鲁迅、陶行知、青年毛泽东、恽代英、杨贤江等具有最为进步、最为革命思想的人走上中国近代体育思想的历史舞台之后,以及基督教青年会对近代体育的推广和传播。中国近代体育思想内容的丰富性、系统性和深刻性,都发生了重大的变化,因此,我们将其界定为基本成熟时期。

(5)深入发展时期

当国家的政局为体育思想的进一步发展提供了一定的条件,特别是当体育思想的主体逐步由以政治家、革命家为主转向以职业体育思想家、体育教育家为主之后,中国近代体育思想的传承与演变便进入了一个新的阶段。一方面,1928年蒋介石在南京建立了国民党的一党专政,虽然这个政权实行的是政治上、军事上的独裁统治,但却在客观上给近代体育思想大发展提供了一个较大的舞台;另一方面,以郝更生、马约翰、吴蕴瑞、袁敦礼、方万邦、程登科、张之江等为代表的一批职业体育思想家、体育教育家和在红色根据地领导中国革命的毛泽东、朱德等,在充分吸收西方先进体育思想的精华和总结体育实践的基础上,进一步丰富和发展了中国近代体育思想,提出了许多新的思想、观念、方法、路径及体育事业发展的方针。为此,我们将其界定为中国近代体育思想的深入发展时期。

2. 中国现代体育思想发展阶段的划分

中华人民共和国建国,意味着中国社会的性质发生了根本性转变,即已由半殖民地半封建社会,转变为新民主主义社会和社会主义社会。社会的经济、政治和文化,均由半殖民地、半封建的经济、政治和文化,转向于新民主主义和社会主义的经济、政治和文化。从世界发展的大视阈来看,中国社会,已从近代社会跨向现代社会。当然,这个"现代",并不是我们的国家已成为一个现代化的国家,而是指国家的经济、政治、文化的性质及其发展轨迹,已脱离了近代社会经济、政治、文化的时代特征。作为新民主主义和社会主义文化之重要组成部分之一的体育,当然也已伴随着社会经济、政治和其他文化事业的发展而发生了巨大的变化,即实践更加丰富多彩,作为一项社会事业更加受到国家的重视,被摆到其在社会大系统中应有的地位,并对社会的进步和发展发挥了前所未有的重要作用。实践决定认识,社会存在决定社会意识。新中国成立以来61年的体育实践,以及新中国成立以来的经济、政治和社会文化事业的蓬勃发展,决定了新中国成立以来的体育思想,必然也伴随着社会性质的变革和社会的全面进步、体育实践的发展而发生了根本性的变化,这就是由近代体育思想走向了现代体育思想。这里的近代与现代之分,不仅包含着历史学意义的历史断代的内涵,而且包含着体育思想内容的变革,即人们对体育问题认识,已从人类社会历史"近代"的局限性中走了出来,迈入"现代"的发展阶段,具有了"现代性"。这个质变之突出表征,就是人们所认识的体育是"现代体育",人们对体育的认识抓住了体育的现代特征。体育在人类走向"现代化"进程甚至后现代化进程中的立体功能、复合价值,人们对体育事业发展的战略、方针以及对体育制度、体育管理体现的思考和设计,也都融入了人类的"现代化"甚至"后现代化"的大系统之中。

对中国现代体育思想产生、发展的61年如何进行阶段性划分,在中国体育思想领域,可以说是仁者见仁、智者见智。本书将其划分为如下四个阶段,其具体理由是:

(1)中国现代体育思想的奠定及初步发展时期

以毛泽东为代表的中国共产党人在中华人民共和国建立之

初，为适应中国社会变革的大趋势和广大人民群众的体育需求，便及时提出了新中国的体育发展任务、发展方针，为中国现代体育思想勾画出了基本的框架系统并成为国家的主导体育思想。其内容，主要是人民体育思想。

（2）中国现代体育思想的"畸变"时期

"文化大革命"的爆发，使极"左"的思想路线和政治路线在中国社会的经济、政治、文化等各个领域、各个层面都占据了统治地位，体育领域和体育思想领域当然也不例外。虽然发展体育运动、增强人民体质的口号没有变，但是，在体育和体育思想领域突出阶级斗争、突出无产阶级专政，过分地强调体育为阶级斗争服务、为无产阶级政治服务，成为了"文革十年"主导的体育思想，其他各种体育思想，都被扣上了资产阶级的帽子，遭到了无情的批判和打击，许许多多体育思想家、体育教育家被批斗、关进了牛棚，现代体育思想的传承与演变，处于停滞状态。

（3）中国现代体育思想的拨乱反正和探索时期

"四人帮"被粉碎后，特别是党的十一届三中全会召开之后，我国的体育事业和体育思想通过拨乱反正和改革探索，开始回到正确的轨道，人民体育思想获得了全新的发展，其他体育思想也如雨后春笋，纷纷登上体育思想的舞台，可谓百花齐放、百家争鸣。这一阶段，大致经历了十多年的时间，直至上世纪90年代中期，我们将其界定为拨乱反正和探索时期。

（4）中国现代体育思想的科学发展时期

1995年以后，党和国家先后颁布实施了体育法、全民健身计划纲要、奥运争光计划纲要等关于社会主义新时期体育事业发展的、蕴含了科学的现代体育思想的大政方针，从而使我国的体育事业和体育思想的发展，进入了一个崭新的阶段，所以，我们将1995

年以来中国现代体育思想的传承与演变界定为科学发展时期。

本书对中国近现代体育思想的阶段划分问题还基于如下思考:首先,体育思想与其他社会文化思想一样,其产生和发展必然有相对的阶段性,阶段划分的依据或标准,应在于"思想"对其所研究的问题的认识的深度和广度,而这种认识的深度和广度之区分的节点,不仅在于量的积累,更重要的是质的飞跃。其次,就中国近代体育思想的传承与演变而言,其量的积累与质的飞跃,基本呈现为胚胎(潜伏)、萌芽、初步形成、基本成熟、深入发展五种状态,好似一个人从其精卵结合始所经历的胎儿、儿童、少年、青年、成年一样;就中国现代体育思想的传承与演变而言,由新中国成立61年来整个思想文化领域所经历的变化、发展形态所决定,其形成和发展历程,基本呈现为中国现代体育思想的奠定及初步发展、"畸变"时期、拨乱反正和探索时期、科学发展时期4个大的历史阶段。这种划分是否科学,有待于进一步研究。

四

相对于其他以中国近现代体育思想史为对象和内容、以专著为形式的研究成果,本书的特点主要有如下四个方面:

(一)有史有论,史论结合。无论是以人类或某一国家、某一地区社会全方位为研究对象的通史或断代史,还是以人类或某一国家、某一地区社会生活某一方面为研究对象的专门史或思想史,都应有论的成分融汇其中。如果仅仅描述历史事实或引述历史文献资料,而没有研究者本人对历史事实或历史文献资料的分析与评价,那也就不成为其为研究了。我们在本书的构思与撰写过程中,即我们在从事"中国近现代体育思想的传承与演变"这一国家社科基金项目的研究过程中,始终把握着史论结合这一原则,坚持运用历史唯物主义的立场、观点和方法,对中国近现代体育思想发展过程任何一个时段的任何一种体育思想进行尽可能客观、公正的真理性评价和价值性评价。当然,由于我们的思想认识水平有限,我们的评价势必存在这样或那样的偏失,特别是对改革开放以来这 30 年的各种体育思想的评价,更难做到恰如其分。如果被我们评价到的哪一体育思想流派的学者看到了我们这本书,诚望您能予我们评价中的某些不当以谅解;如果哪位研究中国近现代体育思想史的专家、学者认为我们的某一评价有失客观公正,诚望您能毫不客气的提出批评指正。

(二)体例新,对中国近代体育思想和现代体育思想在体例上加以区别,在现代体育思想作主导与非主导之分。如前所述,在研究过程中,我们发现,在中国现代体育思想史的体例设计上,如果仍然按照中国近代体育思想史"以人带观点"的体例去设计、安排和写作,第一,会造成内容上的许多重复、交叉,因为这一时期许多人的体育思想在内容上、观点上是一致的;第二,所要列出的人物会很多很多,特别是改革开放以来这 30 年,由于思想的解放,打开了科学研究的禁区,那么多体育思想的研究者指出了各自的思想、观点并颇有建树,如果按"以人带观点"的体例去写,列多了,会显得过于零乱,列少了又会使许多著名体育思想学者被排斥在外;第三,会造成主次不分。由于新中国成立后国家的稳定、社会主义制度的稳定、社会主义事业的发展和中国共产党强有力的集中领导这些条件所决定,也由于党的四代领导集体对体育事业的高度重视,不仅使新中国这 61 年的体育事业得到了前所未有的发展,同时也形成了以党的几代领导集体为核心、以党和国家体育工作领导者为主体所提出的居支配地位、发挥主导作用的系统体育思想。其丰富的内容,涉及到体育诸多基本理论问题和体育事业发展方针、战略、体育制度、体育管理体制的思考和设计,从而形成与其他体育学者、体育思想史学者的体育思想在内容丰富程度、体系完整程度等方面的明显的区别。如果按中国近代体育思想史"以人带观点"的体例去设计、安排和论述,一方面,难以突出其主导地位,另一方面,也会造成各章节文字数量上的严重的轻重。故此,本书在体例上进行了新的大胆的尝试,即在中国近代体育思想史部分采用"以人带观点"的体例,而在中国现代体育思想史部分采用"以观点带人"的体例。

(三)对中国近现代各个时段体育思想史的特征进行了归纳,并对中国今后一个时期体育思想的发展趋势进行了探索。

中国近现代体育思想史170年,其思想的发展经历了不同的历史阶段,每一历史阶段的体育思想都有其独到的特征。例如,"五四"运动至中华人民共和国成立这一历史阶段,中国体育思想就明显的呈现为具有很强的学科性特点。这也便决定了体育思想的发展在其主体层面实现了中国近代体育思想主体从政治家、革命家、思想家为主到以教育家、体育家的全面转变。从而,使中国近代体育思想的传承和演变,达到了一个前所未有的高峰,也同时为中国现代体育思想的产生、发展,奠定了坚实的思想基础和实践基础。再如,新中国成立到改革开放的30年,中国体育思想史则又明显的呈现为"统一性"和"单一性"的特征,体育思想具有浓厚的政治化色彩,由此而生发的体育思想也具有较多的政治倾向。

关于我国的体育和体育思想在今后相当一个时期内的发展趋势,本书也作了大胆的探讨和预测。就体育而言,本书认为其发展趋势主要应为如下四点:第一,体育与政治的连接将会渐行渐远,逐步回归其本质属性所规定的身体性、社会性、文化性;第二,体育的形式将愈加丰富,人们会在身体锻炼与闲暇娱乐的结合上,在学校体育领域的学生体育活动形式上以及在竞技体育的项目上,不断创造出新的运动形式;第三,体育的民众参与度将会愈来愈广泛,即愈来愈多的人会积极、自觉、主动地投身到体育运动特别是体育健身中来;第四,体育的社会化将会在广度和深度上不断有新的拓展,从而使体育在社会大系统中的"第二层次"的地位、作业愈加明显。就体育思想而言,本书认为其发展趋势主要应为如下三点:第一,体育思想的广度将会更加宽泛。随着体育本身的发展,人们特别是广大体育工作者、广大体育思想研究者对体育问题的看法和思考,会更为广泛,将由目前体育思想所主要关注和思考的有关体育本质、特征、功能、目的、体育事业的发展战略、体育制度和体育管理体制等问题,进一步扩展到新的领域,如体育各类体育主体的体育观念,体育意识的变化发展问题,等等,从而使体育思想的体系更加丰富。第二,体育思想的深度和精度将会更加深入和缜密。第三,体育思想的高度和角度,将会有新的拓展。过去人们对体育问题的思考,往往是就体育谈体育,最多将其提高到"文化"的层面、从"文化"的视角去探讨体育问题。近年来,已有个别体育思想研究者将自己对体育问题的思考和研究面,提升到哲学的高度,以哲学的视角去分析体育问题。但这一类研究成果目前尚属凤毛麟角,然而这将是一种趋势,今后将会有更多的研究者将自己对体育问题的思考和探索,提升到体育哲学的高度。

（四）分析视角的立体化和多元化。体育思想的传承与演变,是有其内在规律的。某一历史时段的体育思想之所以会是这样而不是那样,与上一时段的体育思想之间有何共同点、不同点和内在联系,为什么会有这些共同点、不同点和内在联系,都是有其根源和理由的。作为体育思想史,必然要对这些根源和理由进行思考和探讨、分析和阐述。本书在这一点上,学习了许多体育思想史研究者的思维方法,努力运用辩证唯物主义、历史唯物主义的世界观和方法论以及系统论的方法,对体育思想传承与演变的根源与理由进行立体化、多元化分析和阐述。所谓立体化,就是把体育和体育思想放到整个社会系统和整个社会思想系统之中,去分析其在大系统中所处的地位、受到制约的因素及这些因素对体育及体育思想的决定性的或非决定性的支配或影响;体育思想史所要研究的是体育思想,本书在此之所以也谈到体育,在于体育思想的演变与传承的根源中,不可缺少体育的演变与传承。所谓多元化,就是指分析问题视角的多元化。在研究和写作过程中,我们努力要求自己在分析演变与传承上,既要有历史的分析,又要有现实的考证,既要有逻辑的推理,又要有文化的思考,既要有真理的追求,又要有价值的评价。遗憾的是我们的认识水平和思维层次有限,写出来的东西远没有达到预期的目标。因此,我们不会满足于这一项目研究的结题,我们不会让自己对这一问题的研究停留在这本书的水平上,我们还要继续努力,尤其是要努力向全国体育思想史学界的同仁们学习,不断提高我们的研究能力、认识水平和思维层次,将我们对这一课题的研究深入下去,以求取得新的成果。

注　释

1　方芳:《浅谈体育思想内涵》,《安徽体育科技》,2002 年,第 1 期。

2　罗竹风:《汉语大词典》,汉语大词典出版社,2000 年,第 1140 页。

3　4　7　8　9　马全民等:《哲学名词解释》2 册,人民出版社,1980,第 183、527、1874 页。

5　《马克思恩格斯选集》第 19 卷,人民出版社,1972 年,第 406 页。

6　肖前、李秀林、汪永祥:《历史唯物主义原理》,人民出版社,1983 年。

10　11　陈安槐、陈萌生:《体育大词典》,上海辞书出版社,2000 年,第 22、3 页。

上篇　中国近代体育思想的传承与演变

所谓中国近代体育思想,并非指中国近代(1840 年—1949年)存在于体育思想领域中的所有体育思想,而是指产生发展于中国近代 109 年时段内的具有近代性质和近代价值的体育思想。即人们对近代体育的认识。因近代体育与传统体育在内容和形式等各方面都有着很大的区别,所以,作为对近代体育的认识的近代体育思想,必然区别于作为对传统体育或称古代体育的认识的古代体育思想或称传统体育思想,既强调近代体育思想一定是指具有近代性质、近代价值的体育思想。这里所谓的近代性质和近代价值,一是指其关于体育的认识对于本时代体育的发展具有近代性的指导意义,能够促使体育事业按照近代体育的规律去发展,二是指其关于体育的认识及其所蕴含的体育价值理念,都出自于近代的文化视角和思维方式。

当然,具有近代性质和近代价值的体育思想,与中国传统的体育思想并不是格格不入、水火不容、互不影响的,具有近代性质和近代价值的体育思想在中国近代中的产生与发展过程中,始终伴随着其与中国传统体育思想之间的相互碰撞、相互冲击、相互交融,因此,研究中国近代体育思想的传承与演变,不能不包含对中国传统体育思想的研究,特别是对其与具有近代性质和近代意义的体育思想之异同、之相互作用的研究。

第 一 章

中国近代体育思想的胚胎时期

所谓"中国近代体育思想的胚胎时期",其涵义是:第一,其时间界定,大致在 1840 年第一次鸦片战争至 1894 年中日甲午战争时期。这里之所以使用"大致"一词,理由在于,思想的发展阶段划分,不可能像断代史那样以某一历史事件的具体时间为节点而作明确的划分,只能大致的划分出一个时段。本书在中国近代体育思想史和中国现代体育思想史这两个大的历史分期范围内的各个阶段的划分,其时间界定,都是采用这一思路。第二,其内容界定,是指这一时期中国近代体育思想尚未"出世",处于"胚胎"状态。即作为这一时期并未明确提出各自的代表人物的体育思想,但在其论述中国社会变革一系列重大问题的内容中,蕴含了对体育问题的新认识。第三,其主体界定,是指当时中国最早睁眼看世界的 3 个代表人物:龚自珍、林则徐、魏源和洋务运动的 2 个代表人物:曾国藩、李鸿章。前 3 个人物主要活跃于 1840—1860 年,后 2 个人物主要活跃于 1860—1894 年。前 3 个人物是当时思想最为先进的知识分子(尽管林则徐同时具有官员身份,但其思维方式之本质特征,还属知识分子思维之范畴)。后 2 个人物均为清廷重臣,其多次主张与活动均对中国当时社会经济、政治和文化产生过重大的影响,因此,其洋务实践活动,对中国近代体育思想的孕育和出现及发展起了极为重要的作用。以龚自珍、林则徐、魏源以及曾国藩、李鸿章等人为代表的进步知识分子和清廷重臣,在吸收借鉴西方先进思想、科学技术的同时,也开始了对西方先进思想的学习、引进和传播。

第一节　经世派的变革思想

1840 年前,由于中国对古代世界文明曾作出过贡献,清朝统治者一直以“天朝上国”自居,将所有来华的外国人全部视为朝贡者,对外实行闭关政策。鸦片战争后,西方资本主义用坚船利炮,打开了中国闭关锁国的大门。现实的危难,造就了一批开眼看世界的中国人,以龚自珍、林则徐、魏源等为代表的一部分知识分子从封建主义正统思想中开始分化出来,在时势的驱动之下,意识到空疏繁琐理学和考据于世无补,于是转而研习农政、严法、战守、边防等“实学”,开始向西方学习军事学、格致学等。他们的思想虽然还未脱出伦理—政治型观念框架,但他们的政治和学术观点为后来的资产阶级改良主义者提供了丰富的思想资料。

龚自珍、林则徐、魏源是中国近代最早接受西方先进思想、主张中国必须进行社会变革的知识分子。在他们的著述中,都没有直接涉及体育的内容。我们之所以将他们 3 人列为中国近代体育思想胚胎时期的代表人物,理由有二:其一,在他们 3 人丰富而深刻的社会变革的思想内容中,蕴含着学习西方近代体育,并通过这种学习达强兵强国之目的;其二,他们 3 人关于社会变革思想中所蕴含的学习西方近代体育的强兵强国的思想内容,为中国近代体育思想的萌生奠定了基础,开辟了方向。

一、龚自珍——开创近代中国思想变革风气之人

龚自珍(1792—1841),号定庵,浙江仁和(今杭州)人。19世纪著名的思想家、政论家,地主阶级改革派的代表人物之一。他生活的时代,正是中国封建社会日益没落、走向半殖民地半封建的阶段,即"旧之将夕,悲风骤至"[1]的衰世,整个社会呈现出腐朽、衰败的景象。此时在西方,资本主义制度已经建立,进入资本主义社会的欧美各国,正在加紧展开对海外殖民的掠夺,也逐渐将视线移向古老的中华帝国。龚自珍以其独具的慧眼,看到政治腐败、经济衰退、人民困苦的社会开始,并以忧国忧民之心开始思考着如何来改变社会现实问题。

在龚自珍的眼中,封建社会已经腐朽,陷入难以解脱的困境,如同"将萎之华,惨于槁木"。而社会中人才匮乏"左无才相,右无才史,阃无才将,庠序无才士,陇无才民,廛无才工,衢无才商,抑巷无才偷,市无才驵,薮泽无才盗:则非但鲜君子也,抑小人甚鲜"。[2]整个社会竟然没有出现杰出的人物。龚自珍觉察到空谈义理无法解决现实社会问题。他开始面对社会现实,呼吁革除弊端,提倡"经世致用",引导人们挣脱程朱理学的枷锁。龚自珍提出:"自古及今,法无不改,势无不急,事例无不变迁,风气无不移易。"[3]非常赞成变法来改造清朝政府。他著书立说,倡言变革,将改革的视角指向封建制度,为近代百年之久的变革,开了风气之先。

(一)龚自珍变革思想的内容

1. 批判封建专制对人性的摧残,呼唤个性解放

龚自珍揭示帝王的专横与残暴,对皇帝的高压统治提出了质疑,"去人之廉,以快号令,去人之耻,以崇高其身;一人为刚,万夫

为柔,以大便其强力勇武"。[4]他尖锐地批判封建专制对人性的摧残。为了毁灭人才,消磨人的意志,培植奴性,泯灭人的自尊,使群臣百官处于"谏惧之中","朝见长跪","夕见长跪",[5]动不动被"罚体","议处","免冠"。

龚自珍揭露封建理学对人才的摧残。他指出:"戮之非刀,非锯,非水火;文亦戮之,名亦戮之,声音笑貌亦戮之。……徒戮其心,戮其能忧心,能愤心,能思虑心,能作为心,能有廉耻心,能无渣滓心。又非一日而戮之,及以渐,或三岁而戮之,十年而戮之,百年而戮之。"[6]封建文化无形中泯灭了人的自主性、独立性和创造力量,消磨人们的意志。龚自珍认为个性解放体现在人格的独立和尊严上。因此,他呼唤个性解放,提高人的独立性,树立人的历史主体地位。并鲜明地提出:"天地,人所造,众人自造,非圣人所造。圣人也者,与众人对立,与众人为无尽。众人之宰,非道非极,自名曰我。我光造日月,我力造山川,我变造毛羽肖翘,我理造文字言语,我气造天地,我天地又造人,我分别造伦纪。"[7]突出了人对世间万物的主体创造价值。他明确肯定了人在社会发展中的决定性地位,并认为人是创造世界的动力。"众人自造,非圣人所造",表明他的群体观。他极力推崇"群体"的观念,并阐明了善群者存,不善群者亡的道理。突出了人的主体性的历史地位。

龚自珍提出:"众人之宰,非道非极,自名曰我。"把"自我"作为世界第一原理提出来,标志着近代的"自我"开始悟醒,它反映了与商品经济相联系的人的独立性,是以个性自由为内容的近代人文主义的开端。[8]认为人是由自我的意志来掌握的。人的自主性、独立性和能动性得到最为集中的阐释和张扬。龚自珍进而推崇心力,他认为,"心无力者,谓之庸人","报大仇,医大病,解大难,谋大事,学大道,皆以心之力"。[9]将心力看成人和社会发展的驱动力,具有强烈的唯意志论倾向。突出了人对世间万物的主体创造价值。在龚自珍提倡"心力"一词后,清末维新志士和革命党人,如谭嗣同、梁启超等均宣传心力决定论,梁启超进一步从"心力"、"胆力"、"体力"强调主观能动性、精神力量的作用。在中国批判传统文化,提倡尚武精神。

2. 重视人才在社会革新中的作用

　　龚自珍认为人才是实现改革的社会动力,促进国家长治久安的基础。他提出"制策又有一代之治,必有一代之人才任之"。[10]主张学问皆以通经致用为主旨,以为学问必施之于政治,并以富强为政治之鹄的。他认为只有能为现实社会创造利益的知识才是真正值得大家学习和重视的东西,学习而不懂得运用,那学之为何? 垂暮之年,他仰天长呼:"九州生气恃风雷,万马齐究可哀。我劝天公重抖擞,不拘一格降人才。"[11]呼吁大胆任用立志改革的人才。表明了他对未来的展望。在他看来,所谓"人才",是有志气、有见识、有胆略、有是非感的人。"大言不畏,细言不畏,浮言不畏,挟言不畏"。[12]有自由独立人格的人。在《送刘三》诗中他指出:"刘三今义士,愧杀读书人。风雪衔杯罢,关山拭剑行。英年须阅历,侠骨岂沉沦?"从中可以看出他提倡豪情壮志、风骨铮铮的豪杰,赞美行侠仗剑、重义轻身、敢做敢为的游侠。这些在传统文化中被视为叛逆、异端的个性,冲击了封建社会的人才观念,体现个性解放的要求。强调人才的重要,是龚自珍等一代士大夫知识分子为政治改革所作的组织准备。洋务运动开展时,建立翻译学校、在沿海设水师学堂,内地设武备学堂,正是人们实施定庵的不拘科举一格的表现。在这些新式学堂的教学和训练中,西方近代体育就是随着这些活动的开展被引进的,并逐步形成了学校体育教育的环境。

(二)龚自珍变革思想的评价

龚自珍作为具有超前意识的启蒙思想家,对现实的感受十分敏锐,有非凡的洞察力,在"举国醉梦于承平"时,透过表面的繁荣看到潜在的矛盾,敢于对清朝的皇权专制制度作无情的揭露和批判,提出了包含着近代意识萌芽的新命题。他要求摆脱传统束缚,呼唤个性解放,弘扬人的主体精神的思想价值更具"近代最初"意义和启蒙的性质,对近代启蒙思潮产生重大影响,并具有推动晚清思想解放的作用。梁启超在谈论龚自珍与近代思想关系时曾指出:"晚清思想之解放,自珍确与有功焉。光绪间所谓新学家者,大率人人皆经过崇拜龚氏之一时期,初读《定庵文集》,若受电然。"[13]龚自珍的社会变革思想与近代体育思想的内在联系性在于:人的个性之解放和人的独立性之建立的路径,是多层次,全方位的,不仅需要国家的政治制度,政治体制层面的变革和先进文化思想的启蒙,还需要人的体魄之强健。如果一个民族中,大多数人都没有强健的体魄而呈为病态,这个民族的精神也往往会萎靡不振的;强健体魄的过程,同时也会强健人的精神。龚自珍的这一思想,对当时的社会产生了深远的影响,为此后中国的文化启蒙和社会变革,以及近代体育思想的萌生,播下了一粒火种。

二、林则徐——开眼看世界的第一人

林则徐(1785—1850),字元抚,一字少穆,晚号俟村老人,福建侯官人(今福州)。1804年中举,1815年中进士,曾任京官,以后转为地方官,历任道员、巡抚、总督等职。曾经与龚自珍、魏源、黄爵滋等人士一起提倡经世致用之举。鸦片战争前夕,林则徐一方面积极禁烟,另一方面敢于正视现实,提出向西方学习的主张。

为了解西方各国的社会知识和科技知识,他打破以"天朝"自居的妄自尊大和闭关锁国的保守思想,积极主动了解西方资本主义国家的政治、军事、经济情况,设立驿馆,翻译外文书报、律例、军事技术等著作,先后辑有《四洲志》、《华事夷言》、《滑达尔各国律例》等,这是近代中国最早介绍外国的文献。林则徐是近代抵抗英国侵略的民族英雄和具有改革思想的先进人士,近代史学家范文澜认为:"林则徐是满清时代开眼看世界的第一人。"并且是"举起反帝斗争旗帜的第一人"。[14]

(一)林则徐变革思想的内容

1. 主动认识西方世界,开辟向西人学习的路径

清政府实行闭关锁国的政策,严格地限制着中外贸易。在抵御外来经济侵略的同时,也阻碍了正当的中外经济、文化交流。鸦片战争时期,保守派对西方资本主义的思想文化、科学技术采取排斥的态度,将之称为"奇技淫巧"。林则徐在对待这一问题上,超出了他的同时代人。他批评顽固派"不语夷情,震于英吉利之名,而实不知其来历",只能"循例催行,如其任催阁应,亦即莫敢谁何"。[15]林则徐不像一般封建士大夫那样,认为外国的事情一概与中国无关,而是采取积极主动的态度去弥补自己贫乏的世界知识。以务实的态度对待西方世界,积极了解西方知识。目的是为了抵抗外国资本主义侵略。并在奏片中强调:"现值防夷吃紧之际,必须时常探访夷情,知其虚实,始可以定控制之方。"[16]为了对抗外国侵略者,他打破以"天朝"自居和闭关锁国的保守思想,主动了解西方资本主义国家的政治、军事、经济情况,成为探求西方先进知识的先驱者。

1839 年 3 月 10 日,林则徐以钦差大臣身份,到广东查禁鸦

片。他除阅读大量夷国的书籍以及海关档案资料,还亲自走访熟悉夷情的绅士、行商以及少数外国人;此外,他派人在澳门"日日使人刺探西事,翻译西书,又购其新闻纸"。[17]林则徐在广州任上,为了解国外情况,知彼知己,他大力选拔翻译人才。他组织精通外文和外国情况的人才,翻译外文书报,编成《四洲志》,使世人认识西方,借鉴西方的有益经验。林永误引德庇时《战时和缔和后的中国》一书说,时已辞职返东印度公司的英国第二任商务总监督德庇时曾得到情报,说林则徐在广州时,雇人翻译西洋史地、商业图书,以了解西国情况,还翻译制造枪炮的西洋书籍和操作重炮的资料,以改进中国的武器和战术。林则徐加强水师装备,就是从外国报刊获得的知识。[18]

1839 年 4 月 29 日,美国医生与林则徐会晤时,送林一部地图集,一部地理书和地球仪。他还借机接见裨治文,希望从他那里"得到地图、地理书和其他外文书籍,特别是想得到一套玛礼逊所编的字典"。[19]林则徐率先发出了向西方学习的先声,带头迈出了向西方学习的坚定步伐,开启了中国从中世纪走向近代之端。开启了近代初期立译馆、译西书、著书、了解学习外国的风气。林则徐组织人员,将英人慕瑞的《世界地理大全》全文进行了翻译。并以此为基础,将他们多年搜集的其他外国历史、地理和政治等有关资料编译为《四洲志》、《华事夷言》和《澳门新闻纸》等向国人介绍。

2. 积极主动的践行对西方先进科学技术的引进和学习

林则徐早在 19 世纪 40 年代就指出:"以船炮而言,本为防海必需之物,虽一时难以猝办,而为长久之计,亦不得不先事筹维。"并提出建议:"制炮必求极利,造船必求极坚,"[20]为了取得反侵略斗争的胜利,林则徐开始正视和了解西方,他看到了坚船利炮与刀矛弓箭之间的距离,他极力主张学习西方的"长技",制造西式船炮,创建新式海军。建议清政府"以通夷之银量为防夷之用",从粤海关税收税银中抽出一部分来制造船炮,主张"从此制炮必求极利,造船必求极坚",[21]针对中国军队武备废弛,军纪败坏,无战斗力可言的状况,林则徐一边改良原有装备,务求精良。一边向外国购买火炮、战船。魏源在《道光洋艘征抚记》中说:林则徐"购西洋各国洋炮二百余位,增排两岸。又雇同安米艇、红单船、拖风船共六十,备战船。又备火丹二十,小舟百余,以备攻剿。并购旧洋船为式,使兵士演习攻首尾、跃中舱之法,据上风,为万全必胜计"。[22]从中亦可以看出林则徐开始把西方先进的军事科技引进到中国,以加强海防。

林则徐不仅把西方先进的军事科技引进到中国,而且积极学习西方先进的练兵方法。林则徐在致姚椿、王柏心两个朋友的信中说:"前曾觅一炮书,铸法炼法,皆与洋相同,精之则不患无以制敌,扬州有刊本,惜鱼尚多未识两君曾见之否。"[23]林则徐重视官兵训练,他到广州"面谕在省营员,以弁兵技艺之短长,定将备各员之贤否,责令认真操练,必使一兵得一兵之用,一日有一日之功"。[24]1840 年 8 月 17 日,林则徐赴离广州 80 里外的狮子洋检阅水师演习。他在奏折中记载了这次检阅情况:"将本年所派各备弁豫练壮勇技艺,逐一亲加校阅,如演放大小炮位,抛掷火球火罐,撒放火箭喷筒,以及爬桅跳船各技,与水师官兵一体演试,均尚可观。"[25]林则徐放眼看世界,最初看到的就是西方的坚船利炮,主张学习西方科学技术,并购置大炮,仿造快船。整理了外国战船图式、大炮瞄准法等资料。加强官兵训练,务求技艺娴熟。林则徐认为:

> 彼(指英国)之大炮,远及十里内外,若我炮不能及,彼炮已先及我,是器不良也。彼之放炮,若内地之放排枪,连声不断。我放一炮后,须辗转移时,再放一炮,是技不熟也。……徐尝谓

剿夷有八字要言：器良、技精、胆壮、心齐。[26]

林则徐总结出克敌制胜的八字要言具有不可忽视的历史意义，对后人产生了重要影响。魏源进一步发挥了林则徐的思想，明确提出了"师夷长技以制夷"的主张，他认为"夷之长技有三：一战舰，二火器，三养兵练兵之法"。洋务派从其思想中吸取了发展军需工业和以夷制夷的主张，他们大规模引进西方的科学技术和管理制度，仿照西方国家的军队，组建新式海军。新式军队的训练，使得西方近代体育也随着这些活动的开展被引进，使得近代体育项目在中国一定范围内得到了传播。为近代体育思想孕育、产生和发展奠定了基础。

（二）林则徐变革思想的评价

毛泽东曾指出："我们的民主革命，……从林则徐算起，一直革了一百多年。"[27]林则徐是中国近代史上第一位抵抗西方与学习西方的伟大的政治家和实践家。林则徐站在反侵略的最前沿，对形势变化能够很快作出了明智的反应，认识到中华民族有向西方学习的必要，开始动摇了千年来深深植根于中国人头脑中的"蛮夷"只能从属于"华夏"的观念。指出了在当时的历史条件下，"师夷"的目的在于"制夷"，是维护本民族生存及独立的需要。林则徐作为一位杰出的政治家，更多地把自己的政治主张付诸实践，在大量的观察和实践的基础上认为学习西方，不仅需要学习西方先进的思想，更要学习西方的科学技术，而西方之"术"就包括其先进的练兵方法，而西方先进的练兵方法（主要指兵操）正是近代体育的新形式，是对传统体育的一种超越；先进的练兵之"术"，不仅可以增强体质，提高作战能力，还可以提升人的精神气质（这也便产生了关于体育功能、体育价值的不自觉的一种新认识）。林则徐的这些思想与实践,对魏源"师夷长技以制夷"思想的提出具有重大的影响作用,更对后世"新式练兵"这一新的近代体育形式以及近代体育思想的产生,起到了启蒙作用。

三、魏源——倡导"师夷之长技以制夷"的改革家

魏源(1794—1857),字默深,湖南邵阳人,出生于世代诗礼之家,幼时家道中落,生活清贫。17 岁中凛生,21 岁随父进京,以诗文闻名于京城,28 岁考中顺天府乡试举人第 2 名,33 岁代贺长龄编辑《皇朝经世文编》。魏源的一生爱国忧民。鸦片战争前后,一连串的社会问题使得魏源在向自身民族传统经世之学讨求救世方策时,看到了西方文明所蕴涵的知识能量。新刺激,增添了变革的新因素,从而催生了新的思考。强烈的爱国情感,孕育了他学习西方改革弊政的"经世致用"的思想。魏源主张变法革新,他指出:"天下无数百年不弊之法,无穷极不变之法。"[28]并认为:"变古愈尽,便民愈甚"。[29]在对待外国侵略的问题上,魏源反对当权派的闭塞无知和盲目自大,批判他们拒绝吸取西方国家的"长技"和把机器看作"奇技淫巧"的顽固保守思想。提出加强武备、抵御强敌的思想和主张。他指出:"以贵文贱武之俗,而望其高气尚力乎? 提镇、抚标、各食粮而身倚市,出应伍而归刺绣,尚望其披坚执锐乎?"[30]这些自我反思实际上是对"贵文贱武"风俗的质疑。他认为必须学习外国的长处,"因其所长而用之,即因其所长而制之"。[31]从维护民族独立的愿望出发,他以 10 年的心血,将林则徐所翻译《四州志》扩展为 100 卷的巨著《海国图志》。他发挥了林则徐的思想观点,系统阐述了"师夷长技以制夷"的理论,从而成为近代中国倡导向西方学习的理论家。魏源提出了著名的"师夷之长技以制夷"的主张,即向西方学习的新课题。

（一）魏源变革思想的内容

1. 明确提出"师夷长技以制夷"的思想

鸦片战争后,中国思想文化领域发生一系列的变化,出现了一批主张学习西方,倡言改革的思想家。魏源则是其中的代表人物。他冲破"天朝"闭关自守的束缚,主张"立译馆、翻夷书"、"制夷事"。他针对当时现实社会指出:"近则西洋英吉利亦能以汉字通于中国。夫制驭外夷者,必先洞夷情。今粤东番舶,购求中国书籍转译夷字,故能尽识中华之情势。若内地亦设馆于粤东,专译夷书夷史,则殊俗敌情,虚实强弱,恩怨攻取,隙悉曲折,于以中其所忌,投其所慕,于驾驭岂小补哉!"[32]表明了他敢于冲破传统思想的束缚,指明了学习外国长处的重要性,在思想文化层面具有积极意义,在中国思想界产生了重大影响。他大声疾呼:"欲制外夷者,必先夷情始;欲悉夷情者,必先立译馆翻夷书始。"[33]魏源在《圣武记》中曾认为,英国先进的舰船火炮之类先进武器,"与其制之内地,不如购置外夷"。[34]1842 年 12 月他在林则徐主持编译的《四洲志》基础上编成《海国图志》一书,进一步提出了"师夷长技以制夷"的思想,并指出"夷之长技有三:一、战舰,二、火炮,三、养兵练兵之法"。[35]他主张"于广东虎门外之沙角、大角二处,置造炮厂一,火器局一。行取法兰西、弥利坚二国各来夷目一二人,分携西洋工匠至粤,司造船械。并延西洋舵师司教行船、演炮之法,如钦天监夷官之例。而选闽、粤巧匠精兵以习之,工匠习其铸造,精兵习其驾驶、攻击"。[36]他建议兴办新式军事工业,在广东虎门外设造船厂和火器局,聘请法美等国技师,"选闽粤巧匠精兵以习之","使西洋之长技为中国之长技",立足于自己制造,是长久之策,根本之图,聘用外国技术人员只是权宜之计。魏源认为"我有铸造之局,则人习其技巧,一二载后不必仰赖于外夷"。[37]把外国的技术学到手,"即可自行制造","不必依赖于外夷"。

魏源认为中国除了学习制造新式船炮,还必须学习西方国家的养兵练兵之法。西方各国士兵,一般经过了反复的选择和严格的训练,所谓"蘸之厚故选之精,练之勤故御之整",做到"刀械则昼夜不离,训练则风雨无阻"。[38]他认为英军:"饷兵之厚、练兵之严、驭兵之律,为绿营水师对症之药。"并主张"裁并水师","募养精兵"。针对"国家试取武生、武举人、武进士,专以弓马技勇,是陆营有科而水师无科"的状况,他建议:

> 在闽粤二省,武试增水师一科。有能制造西洋战舰、火轮舟、造飞炮、火箭、水雷、奇器者,为科甲出身;能驾驶飓涛,能熟风云沙线,能枪炮有准的者,为行伍出身。皆由水师提督考取,会同总督拔取送京验试,分发沿海水师教习技艺。凡水师的将官必由船厂、火器局出身,否则由舵工、水手、炮手出身,使天下知朝廷所注意在是,不以工匠、棺师视在骑射之下,则争奋于功名,必有奇才绝技出其中。[39]

魏源希望统治者于闽、粤两省增设武试,水师一科,提出培养新式人才的设想,从而提出了将西洋技艺引入近代中国武举考试的主张。魏源坚信,中国军队掌握了西方军队军事技术和养兵练兵之法,就可以强国御敌。

2. 变革"人心"的思想

魏源重视社会历史发展中"人"的因素,他指出:"天地之性人为贵,天子者,众人所积而成,而侮慢人者,非侮慢天乎?人聚则强,人散则尪,人静则昌,人讼则荒,人背则忘。"[40]人心的向背,人才的多少和聚散,与国家民族的兴亡盛衰有直接的关系。他在

《圣武记序》中再次强调："今夫财用不足，国非贫，人才不竞之谓贫。"因此，"故先王不患财用而惟急人才"；"官无不材，则国桢富"。[41]他在《默觚下·治篇十一》中指出："国之将昌也，其人才如雷启蛰，乘阳春愤盈，而所至百物受其祥；衰则反是，其人才如蛰瑾户，湫闭稿窟，所至而百物受其枪恨。"[42]说明人才的进退与国家的兴亡是相互关联的。为了抵抗外国侵略，使国家富强。魏源认为只学习西方先进的科学技术，建立和发展近代工业，还不能从根本上解决问题。魏源在提出"师夷长技"的同时，尤其强调祛除"人心之寐患"、"人才之虚患"，才能富国强兵，抵御外侮。前者是"兵机"，后者是"兵本"，他指出：

> 明臣有言：欲平海上之倭患，先平人心之积患。人心之积患如之何？非水，非火，非刃，非金，非沿海之奸民，非吸烟贩烟之莠民。故子读云汉、车攻，先于常武、江汉，而知二雅诗人之所发愤；玩卦爻内外消息，而知大易作者之所忧患。愤与忧，天道所以倾否而之泰也，人心所以违寐而之觉也，人才所以革虚而之实也。[43]并认为：去伪、去饰、去畏难，去养痈、去营窟，则人心之寐祛其一。以实事程实功，以实功程实事，艾三年而蓄之，纲临渊而结之，毋冯河，毋画饼，则人才之虚患祛其二。寐患去而天日昌，虚患去则风雷行。[44]

魏源认为当时人心之积患为"寐"，即昏庸无知与"虚"，即虚浮不实。因此，他强调"正人心、厉风俗、行教化"的重要性。认为只有祛除当时人们落后、愚昧的思想观念，改变知识界空虚不实的学风，培养经世致用的人才，才能抵抗侵略，谋求富国强兵。

有了治理国家的人才，就可以去除"人心之积患"，重聚人心，转变社会风气，提高民族士气。这种变革人心的思想点出了社会变革的根本,人心之积患及它的病根,倡导新的价值观,提倡西学和变革传统以祛除人心之患等等。这些思想也是后来者严复、梁启超、鲁迅等人所关注的。清末民初改造国民性的思潮正是魏源等人的"平人心之积患"思想的进一步展开。国民性的改造,使国人逐渐了解认识了体育教育的健身功能,使体育在学校取得了合法地位。

(三)魏源变革思想的评价

魏源运用中西比较思维方法,分析鸦片战争后中国面临的新问题。魏源能够引领时代潮流,突破了中国古代华夏中心论,率先承认西方文化在"器物"层面的价值,第一次明确提出了"师夷长技以制夷"的主张。他认为,夷之长技有三:一是火器,二是战舰,三是养兵、练兵的方法。为洋务运动大规模引进西方科技文化做了思想上的准备。魏源意识到国家的长治久安,民族的自强自立归根结底在于人才,国运和人才是相互关联的统一体。他的思想在中国近代思想史上产生了深远的影响。

魏源的社会变革思想与近代体育思想的内在联系则更为直接,这就是他发展了林则徐的思想,明确提出了"师夷长技以制夷"的主张。"师夷长技"中的"技",不仅包括制造坚船利炮之技,也包括先进的练兵之技,而先进的练兵之技,正是新的体育形式、体育手段、体育方法;"师夷之技"是手段,目的是为了"制夷",而"制夷",就是强国,这也便蕴含体育不仅是强身健体之途径,还是强兵强国之手段。正是由于"师夷长技以制夷"思想的提出、传播和深入人心,才有了后来曾国藩、李鸿章等人的新式练兵,才有了西方近代体育在中国的传播以及近代体育思想的萌生。

第二节　洋务派与近代体育

19世纪60年代初,清政府在西方列强的侵略和国内太平天国农民革命运动的双重压力下,改变了排外、保守的策略。此时清政府统治集团内部分化出一部分贵族官僚,他们主张学习西方,并将西方资本主义国家在武器制造、技术生产和自然科学方面的先进成果引进中国,力图用求富求强的新办法来挽回清朝统治的颓势,曾国藩、李鸿章等人就是其中的代表人物。在与太平军作战时,曾国藩、李鸿章就与西方人接触,购买洋枪洋炮,率先将魏源提出的"师夷长技以制夷"的主张付诸于镇压太平天国革命,他们以"自强"为口号创办了洋务运动。曾国藩、李鸿章等人作为清王朝当时举足轻重的政治家、军事家,所悉心关注的是国家和社稷的命运与前途。所以,他们也不可能像政治家、体育家那样对体育政治进行深入的研究,提出系统的体育理论。但是,在他们关于军事训练及增强国人体魄的论述中,足见其已开始在学习、借鉴、引进西方先进的思想。虽然还没有在中国形成明确的体育思想,但客观上洋务派办洋务学堂、派遣留学生、设立翻译馆,翻译西方科技书籍,对近代体育在中国的传播起到了积极作用,使得近代体育项目在中国一定范围内得到了传播,国人对近代体育也有了一定了解,为近代体育思想孕育产生和发展奠定了基础。

一、曾国藩洋务实践与近代体育的传播

曾国藩(1811—1872),字伯函,号涤生,清末湖南湘乡(今双峰县)人,谥号"文正",被称为"中兴第一名臣"。曾国藩是近代中国由传统向现代转化过程中的过渡性人物,把林则徐、魏源等地主

阶级改革派提出的学习西方的主张付诸实践,使中国开始走上近代化的道路。由此推动了中国近现代军事工业和资本主义工业的兴起,促进了人们思想观念的转变。他组织一批精通西学的人才翻译西书、传播西方科技知识,积极支持新式学校的创办和派遣留学生出国留学,在推动中国近代化进程中做出了不可磨灭的贡献。为近代体育思想的萌生奠定了基础。曾国藩洋务实践对近代体育思想形成的影响包括两个方面:第一,学习西方军事技术。第二,注重造就掌握西方近代科学技术的人才。

(一)曾国藩洋务实践的内容

1. 学习西方军事技术

咸丰二年(1852 年),曾国藩奉旨兴办团练,对抗太平天国。曾国藩对战时形势和清朝军队状况进行了分析:

> 自军兴以来两年有余,时日不为不久,糜饷不为不多,调集大军不为不众,而往往见贼逃溃,未闻有与之鏖战一场者;往往从后尾追,未闻有与之拦头一战者;其所用兵器,皆以大炮、鸟枪远远轰击,未闻有短兵相接以枪靶与之交锋者。其何故哉?皆由所用之兵未经训练,无胆无艺,故所向退怯也。今欲改弦更张,总宜以练兵为务。臣拟现在训练章程,宜参仿前明戚继光、近人傅鼐成法,但求其精,不求其多;但求有济……[45]。

他开始了对封建军队的多方面的改革。表现在军事上就是在其领导的湘军装备了大量从西方国家购买的洋枪和洋炮,战斗力大为提高,在最基本的作战单位中都配备有专门的炮队。曾国藩领导了镇压太平天国和捻军的战争,在战争中深刻体会到洋枪洋炮的巨大威力,并认为战争取胜,实赖洋炮之力备军队,他在总结湘潭、岳州两次战役取胜的原因时承认：

> 此次蒙皇上屡降谕旨饬令两广督臣叶名深，购备洋炮，为两湖水师之用。现已先后解到六百尊来楚皆系真正洋装，选验合用之炮。湘潭、岳州两次大胜，实赖洋炮之力。[46]

曾国藩目睹了外国侵略者正是凭借"轮船之速，洋炮之远"而横行无忌。因此，他在1861年《复陈购买外洋船炮折》中更是明确提出："购买外洋船炮，为今日救世之第一要务。"并认为"若能陆续购买据为己有，在中华则见惯而不惊，在英法则渐失其所恃。"[47]曾国藩学习西方的军事技术，并不仅限于武器，他还注意到西方军队的操演阵法、军政。这可以从他在《迭奉谕旨并案复陈折》中看出：

> 恭奉九月二十六日通饬谕旨饬派都司以下武弁，学习外国兵法。臣虽未尝亲见洋人用兵，然闻其长处，约有二端：一曰器精坚；二曰步伍整齐。

他还指出：

> 近闻抚臣李鸿章已派张遇春之勇，随英国兵头教习炸炮。刘铭传之勇，随法国兵头教习洋枪。如果步武、枪炮一一习熟。臣当函商李鸿章派员来皖转教臣军。[48]

近代西方体育运动的体操首先在编练新军的过程中出现了，此时的体操主要是英国的兵操，包括列队、刺杀、战阵与战术等。

2. 注重造就掌握西方近代科学技术的人才

曾国藩作为中国洋务运动的开拓者，注重培养西学人才，不仅在国内"开馆教习"，而且在推行留学教育方面，开创了晚清以来的新局面，加快了中国近代化的进程。曾国藩清醒地认识到，要

"自强"、"求富"就必须重视科学技术,培养科技人才。他认为,制器与育才必须同时并举,而传统的教育体制已经无法满足形势发展的需要,更为重要的是引进西方科学知识和技术,而传播科技的主要途径是翻译西书。曾国藩认为:

> 洋人制器,于算学,其中奥妙皆有图可寻,但以彼此文义不通,故虽日习其器,究不明夫用器与制器之所以然。[49]

故"翻译一事,系制造的根本"。曾国藩接受了李善兰的建议,在江南制造总局设立了翻译馆,"专择有裨制造之书,详细翻出"。他们聘请了国内一批精通算学、机械、天文、法律的专家,创办了机械学校,设立翻译馆。曾国藩认为"师夷智以造船制炮",首先要能读懂描述夷"技"的书籍,故而对译书倾力倡导,所谓:

> 中国学外国之技,则须以翻译为第一要义,得洋人一技之,始明其迹,继探其意,既乃翻译汉文,使中国人人通晓,可见施行。[50]

1867年开始,曾国藩在江南制造总局内设立翻译馆,由徐寿主持,聘请外国人为翻译,翻译外国书籍,了解西方文化和技术。在翻译馆内,有舆图、格致、器声、兵法、医书等诸书,他们先后译出了一百八十多种科技书籍,为西方近代文化的迅速传播提供了有益的条件。此外,还编译了当时影响很大的《西国近事汇编》等副刊,其中《西国近事汇编》季刊共出版了108期,对当时人们了解西方情形,开阔视野裨益很大。梁启超曾评价《西国近事汇编》说:"欲知各国近今情况,则制造局新译《西国近事汇编》最可读。"大量的译著不仅传播了西方的科学知识,为中国造就了大批有作为的科技人才。翻译馆的许多译著被京师同文馆、各种教会学校以及新式学堂用作教科书。人们的陈旧观念随着西学的引进逐渐被淘汰,由此推动了中国近代化的进程。虽然在史料记载中所译书籍无专门的西方体育书籍,但是由于体育文化是客观存在的,在所译的文化、历史类书籍中不可避免地涉及到西方体育的内容,对于国人对西方的认识和了解亦起到了一定的作用。

曾国藩虽然认为中国的教育必须以维护中国传统文化为前提,但是却清醒地认识到西方近代文化在许多方面优于中国传统文化,西方的教育环境和教育内容都是值得中国学习的,中国只有吸取西方之所长,才能摆脱贫穷落后的状态,走向"自强"、"自立"的道路。1870 年,容闳向他提出了派遣留美学生的建议,曾国藩看到这个计划的重要价值,极力赞同。曾国藩意识到:

> 西人学求实际,无论为士、为工、为兵,无不入塾读书,共明其理,习见其器,躬亲其事,各致其心思巧力,递相师援,期于月异而岁不同。中国欲取其长,一旦速图尽购其器,不惟力有不逮,且此中奥窍,苟非遍览久习,则本原无由洞澈,而曲折无以自明。[51]

因此,积极支持容闳建议,积极筹划、派遣中国近代第一批留学生到西方国家。他与李鸿章合奏皇上,建议:

> 拟选聪颖幼童,送赴泰西各国书院,学习军政、船政、步算、制造诸书。约计十余年,业成而归,使西人擅长之技,中国皆能谙习,然后可以渐图自强。[52]

1871 年,曾国藩、李鸿章合奏,在奏选派幼童赴美肄业办理章程折中提出:

> 自斌春及志刚、孙家谷两次奉命游历各国,于海外情形亦已窥其要领,如舆图、步天、测海、造船、制器等事,无一不与用

兵相表里。凡游学他邦得有长技者,归即延入书院,分科传授,精益求精。军政船政直视为身心性命之学。今中国欲仿其意而精通其法,当比风气既开,似宜选聪颖弟子携往外国肄业,实力讲求,以仰副我皇上徐图自强之至意。[53]

在曾国藩与李鸿章的奏请下,清廷终于同意选派聪颖幼童 120 名出洋留学。曾国藩和李鸿章拟定了详细、周密的方案,包括幼童的挑选,出洋后的管理,经费的拨付等,并设立留美预备学校,成立幼童出洋肄业局。由于曾国藩的鼎力支持和努力,1872 年 8 月,第一批 30 名幼童乘船赴美。有人认为:

曾国藩用容闳,为其新事业最有关系之事,不特在当时与江南制造局,其于西学东来,实辟一途径。[54]

奏派幼童出国,对于中国青年领悟西方文化并进一步向西方学习,具有开拓性的意义。

(二)曾国藩洋务实践对近代体育思想的影响

曾国藩是"兴洋务"的首倡者和实践者,他继承了林则徐、魏源以来"师夷长技"的经世致用的思想,提出:"师夷智以造炮制船,尤可期永远之利",[55]曾国藩办洋务,目的是力图把林则徐、魏源的"师夷长技以制夷"的大胆设想变为现实。由承认落后到以实际行动来图强,使中国迈出了学习西方,追赶西方的第一步。正是有了这一大胆而艰难的起步,以及向西方学习经济、科技、军事的"启蒙",才会有后面康有为、梁启超发起的旨在学习西方政治制度的"戊戌变法",他们所倡导的新的身体观,使体育作为一种强身手段开始受到社会的重视,也才会有了孙中山以革命手段推翻腐朽的清政府,致力实现资本主义民主政治和发展资本主义经济的伟大社会变革。曾国藩正视东西方存在的差距，积极谋求社会的进步，顺应历史发展的潮流。他组织国内一批精通西学的人才翻译西书，设立译书局并附设洋务学堂。他选派了首批官费留学生赴美留学，开创了中国近代教育史上公费派遣留学教育之先河，培养了中国近代最早的一批科技人才。他注重培养西学人才，对于中国青年领悟西方文化并进一步向西方学习，具有开拓性的意义，也为近代体育思想的形成在思想上、人力上奠定了基础。

二、李鸿章洋务实践与近代体育的传播

李鸿章(1823—1901)，本名章桐，字渐甫，号少荃、仪叟，安徽合肥人。1847年，24岁的李鸿章考中进士，授翰林院编修。1850年他在原籍办团练，抵抗太平军，并去江西、湖南投靠了曾国藩，又奉其命回乡招兵买马，编练成淮军，李鸿章成为淮军创始人和统帅，并到上海镇压太平军。1862年他被委任为江苏巡抚，3年后又署两江总督，镇压捻军。1870年他接替曾国藩就任直隶总督兼北洋大臣，开始逐步掌管清廷政治、军事、经济、外交大权。1899年到1900年任两广总督，授武英殿大学士、文华殿大学士。作为从清朝政府内部分化出的洋务派的代表之一，为了挽救其政府的统治地位，李鸿章认识到中国要谋求富强，必须学习西方科学技术、引进机器生产，且需从"练兵"、"制器"开始。尽管其主观上是想借助西方国家的器物技艺维护清朝统治，但在客观上却担负起使国家走向近代化的任务。李鸿章兴办新式学堂，倡导西学的洋务实践对近代体育思想形成的影响包括三个方面：第一，新式军队的训练。第二，新式学堂的教学和训练。第三，选派学生出国留学。他为近代留学风气之开创、新式人才之培养作出了不可磨灭的贡献。

（二）李鸿章洋务实践的内容

1. 新式军队的训练

19 世纪 60 年代，清朝政府正处于危机之中，内有太平天国起义，外有西方列强的侵扰。由于清朝原有的"八旗"、"绿营"军队没有战斗力，为了镇压太平天国革命和捻军起义，洋务派于 1862 年开始编练新式武装。在"借助洋兵"的主张下，1862 年李鸿章率淮军到上海，联合英法驻沪海陆军和"常胜军"会剿太平军。临行前，曾国藩再次告诫其要"以练兵学战为性命根本，吏治洋务皆置后图"。李鸿章亲自率淮军抵达上海后，他看到洋枪队的队伍整齐，发炮准确，命中率高，赞叹"攻城利器"。他多次致函曾国藩，对洋枪洋炮叹服不已："洋兵于十九日进剿浦东东南汇所属之舟普镇，当即克服。其队伍既整，炸炮又准，攻营最为利器，贼甚胆寒。"[56]经常目睹华尔洋枪队对太平军的作战，李鸿章深刻认识到了先进武器和先进科学技术的重要性，因而对洋枪洋炮推崇备至，

> 尝往英法提督兵船，见其大炮之精纯，弹药之细巧，器械之鲜明，队伍之雄整，实非中国所能及。其陆军虽非所长，而每攻城劫营各项军火皆中土所无，即浮桥、云梯、炮台别具精工妙用，亦未曾见。[57]

他命将领要学习洋人军事技术，接着他着手从广东、上海及香港购买洋枪。各军编组洋枪小队。武器装备发生了变化，训练方法亦应随之改变。李鸿章对此有所认识。他说：

> 洋枪实为利器，和、张营中（注：指清军江南大营中）虽有此物，而未操练队伍，故不中用。[58]

李鸿章认为"制器与练兵相为表里"。从 1863 年起，他本着"多置

利器,更要讲求操法"[59]的指导思想,在淮军换装以后,雇请西人充当教习,改习洋操。他命令其各部雇觅外籍军官为教官,直接对淮军进行技术战术训练,并讲授枪炮的使用和进行队列、体操、行军、测绘、战阵等西式操练。

从19世纪60年代起,洋务派开始编练新式军队,以洋操、洋枪、洋炮为主要训练内容。最早对军队进行西方编练的是曾国藩的湘军和李鸿章的淮军,这也可以从《筹办夷务始末》看到:"近年江苏用兵,雇觅英法洋弁,教练兵勇。"又载:苏松太道吴煦也"因各营兵勇施放洋枪,未能娴熟,遴选壮丁,设局松江,练放洋枪洋炮,即派华尔前往教习,并演西洋各项阵势。半载以来,已教成一千二百名"。这里的西洋各项阵势主要是英国兵操即包括近代体育队列、队形、步法等体操内容,虽然此时西方的近代体育仅仅是作为清朝政府军队训练士兵的一种手段,但在客观上为西方近代体育得以在中国广泛传播和发展开辟了路径。

2. 新式学堂的教学和训练

随着洋务运动实践逐步深化,李鸿章逐渐认识到仅购买船炮引进机器还不够,变法自强人才是关键。他在天津创设武备学堂的奏折中提出办学的理由:

> 查泰西各国讲究军事,精益求精,兵船将弁必由水师学堂,陆营将弁,必由武备学堂造就而出;故韬略皆所素裕,性习使然。闻其武备书院,学舍林立,规模阔阔,读书绘图有所,习艺练技有所,专选世家子弟年少敏干者,童而习之,长则调入营伍,由队目荐充将领,非可一蹴几也。当其肄业之初,生徒比屋而居,分科传授,其于战阵攻守之宜,直视为身心性命之学,朝夕研求,不遗余力,而枪炮之运用理法,步伍之整齐灵变,尤为独擅胜场。我非尽敌之长,不能制敌之命,故居今日

> 而言武备,当以其人之道,还治其人;若仅凭血气之勇,粗疏之
> 材,以与强敌从事,终恐难操胜算。[60]

由于深感"自强之道,以育人才为本,求才之道,尤宜以设学堂为
先"。李鸿章积极主张向西方学习,建立了新式学堂,以加快人才
培养的步伐。李鸿章反复强调:"学堂为储备将才之地,亟宜加意
培植,西洋各大国皆以此为自强根基,"[61]因此,他仿效西方学校设
立了多所洋务学堂。

1880 年天津水师学堂落成,该学堂在培养人才方面取得了很
大的成效。学堂聘请外国人担任教习,从军事训练出发开设课程。
《清续文献通考》中记载:

> 学生人堂,授以英国语言,翻译文法,……推步、测量、驾
> 驶诸学。虑其或失文弱,授之枪,俾习步伐;树之桅,俾习升
> 降……。[62]

《光绪政要》中也有这样的记载:"日间中学西学,文事武备,量分
时,兼程并课。"并强调说:"以升降娴其技艺,即以练其筋骨。"这
要求水师学生在接受专业知识教育的同时,还要接受体育训练。[63]
王恩溥在《谈谈六十三年前的体育活动》一文中指出:"当时北洋
水师学堂属于体育课程的内容,有击剑、刺棍、木棒、拳击、哑铃、算
术竞走、三足竞走、羹匙托物竞走、跳远、跳高、跳栏、足球、爬桅、游
泳、平台、木马、单杠、双杠及爬山等。"[64]

李鸿章认为:

> 独是泰西武备之学,皆天算舆地格致而来,欲造其极诣,
> 必先通其语言文字,乃能即事穷理,洞见本源。拟俟经费梢
> 充,另行建立书院,选募良家年幼子弟入院肄业,以宏造就;学
> 成后再调营带队,俾资历练,庶乎有本之学,将才日出而不穷,

可备国家干诚御侮之用。[65]

因此,提出创办天津武备学堂的请求。1885 年,李鸿章在天津创办武备学堂,学堂:

> 募雇德国兵官朝夕课导,所习天文、地舆、格致、测绘、算化诸学,炮台营垒新法皆有实用,并时操习马队、步队、炮队及行军布阵分合攻守诸式,仍兼习经史以充根底。[66]

李鸿章重视理论与实践相结合的教育方式,他要求学堂在:

> 一月之中,每隔三、五日,由教师督率学生,赴营演式枪炮阵势及造筑台垒之法,劳其筋骨,验其所学。施教设想,每届两月由臣派员监试一次,分别赏罚。约计一年后,于西洋后膛各种枪、炮,土木、营垒及行军、布阵、分合、攻守各法,必能通晓。[67]

1889 年,李鸿章认为"水师学堂之设,实为海军切要之图,仅天津一堂,储才无多,恐难敷用",奏请清政府在刘公岛设立水师学堂,以便就近兼习驾驶、鱼雷、枪炮等技术。获准后,于 1889 年添建刘公岛北洋水师学堂,这是清朝北洋海军所设立的第三所水师学堂(又称威海水师学堂)。学堂所有章制均参照天津水师学堂的学制(4 年制),威海水师学堂因地处北洋海军基地威海港内,北洋海军可为其提供操场、武器、练船,供学生操练。所以该校学生在进行课堂学习的同时,得以兼习其外场课中的枪炮和体育课程(步兵操法、柔软体操、器械体操、泅水、木棒、哑铃、平台、木马、单杠、双杠等属于德国和日本军操中的有关内容),是当时其他学堂所未有的。[68]李鸿章为了培养人才,建立一系列的新式学堂迎合了世界潮流,使中国人真正地接触西方科学技术,包括西方体操中的有关内容。从新式学堂的体操课中,不难看出学堂聘用德国教官,采用德式方法进行军事教学和操练,为促成和发展具有中国近代意义的体育活动项目在学校的形成奠定了基础。

3. 选派学生出国留学

李鸿章认为:"选募学生出洋肄习西学培养人才,实为中国自强之本","目前当务之急"。[69]在学习西方科技上,摆脱依附洋人,培养本国精通西学的专门人才是迫切而必要的。当容闳最早提出派遣留学生赴美就读,得到李鸿章的大力支持,李鸿章认为"挑选幼童出洋肄业,固属中华创始之举,抑亦古来未有之事。"[70]李鸿章与曾国藩联名"论幼童出洋肄业"的奏折中谈到:"拟选聪颖幼童送赴泰西各国书院学习军政船政步算制造诸学,约计十余年业成而归。使西人擅长之技中国皆能谙悉。然后可以渐图自强。"[71]1864年,他指出:

> 鸿章以为中国欲自强,则莫如学习外国利器。欲学习外国利器,则莫如觅制器之器,师其法而不必尽用其人。[72]

李鸿章自1871年开始,连续几次上奏,请派遣学生赴美留学,1872年8月11日,最终促成第一批30名中国留学生踏上了横渡重洋的航线。

1876年沈葆桢、李鸿章向清廷上奏"闽厂学生出洋学习折",提出西方技术日新月异、人才迭出,厂多艺精,其源头在于他们精熟于测算,格致之学。因此,中国如不想步其后尘,还需再派人员前往学习。1876年,李鸿章考虑到卞长胜等人"久历行阵,素谙洋器",如果能去外国"切实考究,以增益其所不能"。[73]1881年12月,他派卞长胜、朱月彩等7人赴德学习,这是中国近代第一批留德学生,又是最早一批陆军留学生。李鸿章奏请派遣第二批福州船政学堂毕业生到欧洲去,共计9人。1885年11月,李鸿章奏请派第三批学生去欧洲留学。1886年33名学生前往欧洲学习。在短短的20年间,他奏派赴欧美的留学生达二百人之多。后来当留学生经费发生困难时,有人提出终止派遣留学生,李鸿章断然指出:

> 此举为造就人才,渐图自强至计,关系甚大。据报头二批学生一二年间已有可进大书院之童,即应专心研求,以裨实用,断无惜费中止之理。[74]

这些人回国后,为传播西学推动中国的现代化起了积极作用。他们充实了本国技术力量,增强了我国与外抗争的能力。更为重要的是,这些新式人才不但带回了先进的技术,同时带回了西方近代政治文化思想和先进的意识。他们回国后,深感中国的愚昧和落后,急欲改造之。这些留学生大多被派在各行业的重要职位上,无疑对各个领域的风气开化,启迪一代人的近代意识起到巨大的推动作用,这也为以后社会变革在思想上、人力上奠定了基础。

(二)李鸿章洋务实践对近代体育思想的影响

李鸿章是晚清重臣,也是近代历史上的关键性人物。他较早认识到中国积贫积弱必需向西方学习,因此主张了解外部世界,学习西方先进的工艺技术和某些制度,进而推行新政,自强求富,在当时的社会产生了深远的影响。他在近代留学风气的开创过程、建立新式学堂培养人才中作出贡献。

李鸿章出于强兵的目的,主动接触和引进近代西方兵操,不仅在军队中广泛采用,同时在他创办的新式学堂中,也将体操列为教学内容之一,在客观上对于近代西方体育在军队中广泛传播起到推动作用。他选派的留学生回国后,这些新式人才不但带回了先

进的技术,同时带回了西方近代政治文化思想(包括体育思想)和
先进的意识,从而对传统文化构成一定的冲击,而这种冲击对于中
国近代体育思想观念的形成具有积极的意义。

中国近代体育思想的胚胎时期

流派	代表人物	思想内容		核心思想
		针对的问题	主要观点	
经世派	龚自珍	中国社会变革	要求摆脱传统束缚,提倡个性解放;	强国
			强健人的精神;	
	林则徐	中国社会变革	学习和引进西方先进科学技术;	强国强兵
			练兵的方法:器良、技精、胆壮、心齐;	
	魏源	中国社会变革	师夷长技以制夷(蕴含着体育为强兵强国之手段);	强国强兵
			强调祛除"人心之寐患"、"人才之虚患"才能富国强兵,抵御外侮;洋务派	
洋务派	曾国藩	强以练兵为先	学习西方的军事技术,注重学习西方军队的操演阵法(关于近代体育功能、价值的不自觉的一种新认识);	强国强兵
			注重造就掌握西方近代科学技术的人才;	
	李鸿章	强以练兵为先	"多置利器,更要讲求操法"(关于近代体育功能、价值的不自觉的一种新认识);	强国强兵
			新式学堂的教学和训练,聘用德国教官,采用德式方法进行军事教学和操练;	

小　结

　　无论是龚自珍、林则徐、魏源，还是曾国藩、李鸿章都因受历史条件及个人身份的局限，他们的主要精力集中在如何抵御外侮，强国救民上，但在他们关于社会变革的思想以及学习西方军事技术和练兵的方法中蕴含了学习西方近代体育。洋务派侧重于强兵的作用，主动接触和引进近代西方体操。此时的体操作为军事训练手段，具有适合军人作战时队列行进、射击并具有培养军人严格执行命令的功效，带有很强的军事性质。洋务派对西方体操进行了初步尝试，在客观上对近代体育在中国军队中的传播起到了推动作用，但他们自身对"体育"还没有明确的意识。因此，我们称这一时期的体育思想为"中国近代体育思想的胚胎时期"。但是，这绝不能否认他们的体育思想的客观存在及其在中国近代体育思想传承与演变中的重要地位、作用和功德，只是他们的体育思想还隐含在其政治思想、军事思想之中。正是他们在"强以练兵为先"的强国思想主导下，自觉或不自觉地对西方先进思想、科学技术的引进，对"重振国威"的呐喊与实践，打开了国人的眼界，才会有后面康有为、梁启超发起的旨在学习西方政治制度的"戊戌变法"，维新派所倡导的新的身体观，使体育作为一种强身手段开始受到社会的重视。也才会有以孙中山为首的革命派，从军事意义的角度认识和利用体育，并将体育作为训练革命力量的重要手段来推翻腐朽的清政府，并致力实现资本主义民主政治和发展资本主义经济的伟大社会变革，从而开辟了中国近代民族振兴的探索之路。

注　释

1　2　3　4　5　6　7　9　10　11　12 龚自珍:《龚自珍全集》,上海古籍出版社,1975年,第6、6、319、20、31、6—7、12—13、15、116、521、80页。

8　冯契:《冯契文集》第3卷,华东师范大学出版社,1996年,第121—122页。

13　梁启超:《清代学术概论》,天津古籍出版社,2003年,第67页。

14　范文澜:《中国近代史》上册,人民出版社修订版,1996年,第21页。

15　16　20　21　24　25　《林则徐集·奏稿》中册,中华书局,1985年,第649、765、885、678—680、779、875页。

17　29　40　41　42　43　44　魏源:《魏源集》上册,中华书局,1976年,第174、48、44、166、65、207、208页。

18　屈晓强:《制夷之梦——林则徐传》,四川人民出版社,1995年,第356页。

19　林庆元:《林则徐评传——近代史人物评传》,河南教育出版社,1990年,第292页。

22　魏源:《魏源集》上册,中华书局,1983年,第174页。

23　26　杨国桢:《林则徐书简》,福建人民出版社,1985年,第193页。

27　毛泽东:《毛泽东选集》第5卷,人民出版社,1977年,第490页。

28　33　35　36　37　38　39　魏源:《魏源集》下册,中华书局,1976年,第432、868、869、869、870、874、871页。

30　魏源:《圣武记》(下),中华书局,1984年,第548页。

31　魏源:《海国图志》卷2,岳麓书社出版,1998年,第30—31页。

32　魏源:《圣武记·附录》卷12,世界书局,1936年,第359页。

34　魏源:《圣武记》军政篇,国学整理社出版,1936年,第545页。

45　46　47　48　[清]李瀚章:《曾文正公全集》,吉林人民出版社出版,1995年,第384、420、804、920页。

49　51　52　55　《曾国藩全集·奏稿》,岳麓书社,1994年,第6093、7332、7331、1272页。

50　曾国藩:《曾国藩全集》,岳麓书社,1992年,第7192页。

53　《洋务运动》(2),上海人民出版社,1961年,第153页。

54　李鼎芳:《曾国藩及其幕府人物》,岳麓书社,1985年,第61页。

56　李鸿章:《李文忠公全集·朋僚函稿》卷1,上海商务印书馆,1921年,第13页。

57　戴逸:《中国近代史通鉴》,红旗出版社,1997年,第245页。

58　李鸿章:《李文忠公全集·朋僚函稿》卷2,上海商务印书馆,1921年,第26页。

59　李鸿章:《李文忠公全集·朋僚函稿》卷15,上海商务印书馆,1921年,第24页。

60　61　66　67　　高时良:《洋务运动时期教育》,上海教育出版社,1992年,第494—495、497、497、495页。

62　谷世权:《中国体育史》,北京体育大学出版社,1997年,第185页。

63　舒新城:《中国近代教育史资料》上册,人民教育出版社,1964年,第132—133页。

64　《中国体育史参考资料》第3辑,人民体育出版社,1958年,第121—122页。

65　陈学恂:《中国近代教育史》上册,人民教育出版社,1986年,第87页。

68　戚俊杰、刘玉明:《北洋海军研究》第2辑,天津古籍出版社,2001年,第160—162页。

69　李鸿章:《李文忠公全集·朋僚函稿》卷53,上海商务印书馆,1921年,第16—17页。

70　高时良:《中国近代史资料汇编:洋务运动时期教育》,上海教育出版社,1992年,第871页。

71　《李鸿章全集》第6卷,海南出版社,1997年,第2921页。

72　《筹办夷务始末》同治朝卷25,故宫博物院影印本,1930年:第10页

73　李鸿章:《李文忠公全集·朋僚函稿》卷27,上海商务印书馆,1921年,第4页。

74　高时良:《中国近代史资料汇编:洋务运动时期的教育》,上海教育出版社,1992年,第876页。

第 二 章

近代体育思想的萌芽时期

　　所谓"中国近代体育思想的萌芽时期",其涵义是:第一,时间大致界定在 1894 年中日甲午战争至 1909 年宣统登基这 15 年;第二,其内容界定,主要指戊戌变法前后维新派的体育思想和"新政"时期的学校体育思想.因其对体育问题的认识,受时代环境和认识规律的局限,仅限于体育功能、形式等浅层次问题,故此只能称其为"萌芽";第三,其人物界定,主要指维新派代表人物严复、康有为、梁启超、谭嗣同和"新政时期"的实业派代表人物张之洞。严复、康有为、梁启超、谭嗣同 4 人,他们思维活跃,思想"激进"(激进一词在此绝无贬义,而是指超越于同时代的主流思想和其他各种非主流思想),力主变革,各种主张对中国当时及后世的思想解放以及社会变革,产生了巨大的启蒙和推动作用,因此,他们的体育思想亦对中国近代体育思想的形成、发展,产生了重大的影响;张之洞作为清末朝廷重臣和实业派代表人物,政治舞台上颇有影响的知识分子和著名实业家、教育家,在这一历史时期中国社会政治、经济、文化、教育领域中占有重要的一席之地,并且他将体育思想付诸于中国的教育制度变革和广泛的教育实践,对中国近代体育之变革与发展进行了积极的探索,提出了体育主张。因此,他的体育思想对中国近代体育思想的形成与发展，做出了很大的贡献。

第一节　维新派的体育思想

伴随着西方资本主义列强的入侵，民族危机日趋严重，中国几乎到了亡国灭种的境地，为了救亡图存，维新派要求统治集团进行自上而下的改革，希望通过走资本主义道路达到富国强兵的目的。相对于洋务派，维新派主张的对资本主义国家的学习，已不仅仅局限于物质或军事制度层面的简单模仿，而是从更深层次的文化差异角度来重新审视导致中国几近沦亡的原因。严复以资产阶级西方的理论和实践反思中国的教育和改革实践，指出中国贫弱的根本原因在于"民力已茶，民智已卑，民德已薄"。他批判了封建思想文化对身体的忽视和摧残，并提出了中国近代"保种进化"思想，从而揭示了民族素质的提高和人民体质的增强是"保种"的关键，唤起了国人对于体质问题的空前关注。维新派从资产阶级全面教育的意义来认识和阐述体育，为近代学校体育教育的目的和任务提供了范本和方向。梁启超希望通过强健体魄，重塑民族精神的理念，体现了中国近代体育人文思想的萌芽。维新派"废缠足"和"兴女学"的主张，服务于"强国保种"的需要，触及了时代的主题，因而在社会上产生了深远的影响。作为中国近代最早的启蒙思想，维新派各方面先进思想对中国当时以至此后很长时期的思想文化都产生了重大影响，他们的体育思想当然也对中国近代体育思想的形成，起到了启蒙和奠基的作用。

一、严复的体育思想

严复（1853—1921），福建侯官（今福州市）人，初名传初，后改名宗光,字又陵,又字几道,祖父中过举人,曾任县学训导,父亲为乡间儒医。严复童年时拜同邑名儒黄少岩等为师,打下了坚实的中学根底。1866年7月,父亲病逝,家庭经济陷入困境,严复别师弃学。当年,严复报考福建船政学堂,以第一名的成绩被录取。1877年,他被选派去英国学习海军技术。留学期间,他广泛接触西方的科学技术和文化,考察了英国的社会情况及政治、法律、教育制度。并把英国的经验论和进化论带到中国,希望借此使中国走上近代化之路。

甲午战争的失败和马关条约的签订将洋务运动的努力成果付之一炬,中国亡国亡种的危机更为严重。而对中国的救亡策略产生更为强烈的刺激和影响的,是交战国日本在国力上的巨大改变。日本由一个比中国更为弱小、也曾受到外国侵略的国家,发展到现在轻易地打败了中国,正是这种刺激和强烈的对比,使国人在救亡策略上更加坚定了已经确立的"寻求富强"的策略,如何使中国社会真正走向富强社会成为新策略修正的思考焦点。严复认为向西方学习,最主要是学习西方文化,贯彻其国民精神,西方的工业和技术(物质层面)以及政治制度(制度层面)无非是这种精神(文化层面)的体现。因此严复认为中国奋发图强必须标本兼治,以治本为主,势急可以先治标,但最终要依赖治本。他指出中国在甲午海战中败于小国日本,和民力、民智、民德的低下有密切关系。"物竞天择,适者生存",中国已多年落后挨打,若再不改弦易辙,将会亡国灭种。因此救国救亡、求富求强的根本是要通过启蒙重铸新国民。振作民力就是发展人民的"血气体力"或"手足体力",增强国民的体质。因为只有强健体魄的民族才能具有竞争意识和能力适应竞争激烈的社会。

（一）体育思想内容

1. 提倡"鼓民力、开民智、新民德"三育并重的教育思想

维新派中最早接触近代体育、并对体育的作用给予关注的代表人物当推严复。严复对于体育的大力宣传虽然是甲午战争之后的事，但他对体育的认识却可以追溯到早年留学欧洲时期。1877年，严复作为福建船政学堂的第一批留欧生，被派往英国学习海军。在留学期间，严复就注意到东西方学生体质的差别，而造成这种差别的原因在于西方人从小练习体操，从而体质明显优于中国学生，体育锻炼对人的体质影响很大。据当时驻英公使郭嵩焘的《伦敦与巴黎日记》载：

> 格林里治肄业生六人来见，严又陵（宗光）谈最畅。……严又陵又言："西洋筋骨皆强，华人不能。一日，其教习令在学数十人同习筑垒，皆短衣以从。至则锄锹数十具并列，人执一锄，排列以进，掘土尺许，堆积土面又尺许。先为之程，限一点钟筑成堞，约通下坎凡三尺，可以屏身自蔽。至一点钟而教师之垒先成，余皆及半，惟中国学生工程最少，而精力衰竭极矣。此由西洋操练筋骨，自少习成故也。"其言多可听。[1]

按照郭嵩焘的记载，严复到英国 1 年后，在光绪四年正月初一（1878 年 2 月 2 日），与同学方伯谦等 6 人前往拜见郭嵩焘，期间的谈话表明此时的严复已经注意到西洋体操对于提高人的体质重要作用。因此，严复学成回国后，积极提倡体育。

严复在留学归国后，没有像其他同学一样走上从戎之路，而是长期工作在教育领域。在他从事教育的漫长岁月里，严复一直很提倡体育。1879 年 6 月，严复奉命回国，在福建船政学堂担任教

习。1880 年,李鸿章将严复调到天津北洋水师学堂,先后担任总教习(教务长)、会办(副校长)、总办(校长)一直到 1900 年辞去北洋水师学堂总办(校长)一职,在北洋水师学堂供职达 20 年之久。

在严复任职北洋水师学堂期间,他大力推行近代西方体育课程,使得该校体育活动开展的轰轰烈烈,据《清续文献通考》叙述北洋水师学堂的课程说:"学生入堂,授以英国语言,……虑其或失文弱,授之枪,俾习步伐……"[2] 另据曾在北洋水师学堂学习的王恩溥回忆:

> 我在水师学堂读书那时候,已经开始有了外来的体育活动,当时我还是一个积极参加体育活动的爱好者。那时的体育活动内容,作为校内正式体育课程的,有击刺、刺棍、木棒、拳击、哑铃、足球、跳栏比赛、算术比赛、三足竞走、羹匙托物竞走、跳远、跳高、爬桅等项,此外还有游泳、滑冰、平台、木马、单双杠及爬山运动等,只是还没有篮球、网球等活动。上体育课时一班大概有三十人左右,一般全是头三班全体出操。我仍那时所学的体操最初为德国操,主要演习方城操及军事操,后来到了戊戌年间(1898)就改为英国操了。[3]

严复从北洋水师学堂创办就主持整个学校的工作,学校课程设置不能说他一人主持设置,但与他的积极推动不无关系,所开设的体育项目基本涵盖了当时西方近代体育内容,不言而喻,学生通过这些体育活动的锻炼,一方面,对增强体质有很大作用,而其中包括的针对北洋水师学堂的特点设置的军事体育项目具有很强的战时实用价值。另一方面,这对西方近代体育项目在中国的推广也起到了很大作用。

1894 年,中日甲午战争爆发,随着清政府的节节败退,任职于北洋水师学堂的严复"筋目琳动,执笔几不知所作何字,脑气陡发","尝中夜起而大哭",[4]心中的悲愤不吐不快,因此,严复于1895年2月在天津《直报》发表《论世变之亟》,3月发表《原强》、《辟韩》,5月发表《救亡决论》,正如他所言:"甲午春半,正当东事臬兀之际,觉一时胸中有物,格格欲吐,于是有《原强》、《救亡决论》诸作。"[5]通过这一系列的政论文章,向国人明示了国家所面临的亡国灭种危机,呼吁国人"自强保种",不要坐以待毙,鼓吹变法维新,救亡图强,成为维新变法的先声。在《原强》一文中,严复向国人介绍了达尔文,借达尔文《物类宗衍》(即《物种起源》)中的《争自存》、《遗宜种》两篇,向国人阐明自然界及人类社会中"种与种争"、"国与国争","弱者当为强肉、愚者当为智役"的进化规律。[6]同时,把锡彭塞(即斯宾塞)"睿智慧、练体力、厉德行"的德、智、体三育并重的教育思想带到国人面前。

严复认为,甲午战争中国败于"寥寥数舰之舟师,区区数万之众"的日本,表面上看是由于"将不素学,士不素练,器不素储",究其根本原因,则在于中国"民力已茶,民智已卑,民德已薄"。严复指出,如果不解决"民力已茶,民智已卑,民德已薄"这一根本问题,中国势必步印度、波兰之后尘。进一步指出是中国落后的不符合时代发展要求的教育直接导致了中国"民力已茶,民智已卑,民德已薄",并且结合达尔文的进化论提出了"鼓民力、开民智、新民德"。在西方世界,一个国家、一个民族的强弱主要体现在国民素质上,"是以西洋观化言治之家,莫不以民力、民智、民德三者断民种之高下"。[7]严复坚信只有通过发展体育、智育和德育,才能使中国摆脱困境,走向富强。在这里,严复首次提出德智体三育并重的思想,"此前国人从未有'三育'并重的思想",[8]

虽然严复教育救国的主张很明确,并且坚持三育并重,但是却没有提出具体的实施教育改革的措施,在体育方面,严复也没有具体的学校体育主张,而是把目光投向了当时两大社会问题:吸食鸦片、缠足。"故中国礼俗,其购害民力而坐令其种日偷者,由法制学问之大,以至于饮食居处之微,几于指不胜指。而沿袭至深,害效最著者,莫若吸食鸦片、女子缠足二事"。[9]严复认为这两大问题对中国社会危害最大,因此提出要坚决禁绝吸食鸦片和妇女缠足。"至于如何鼓民力、开民智和新民德,严复在《原强》直报本中业已提出,但未做任何系统阐释",后来虽然在《原强》修订版中做了进一步的解释,但由于未能刊发,"因此而没有产生任何社会影响"。[10]

2. 批判传统文化,倡导"尚武"精神

严复通过对比中西历史发展,最终发现是圣人的僵化思想和中国缺乏外界的竞争,阻碍中国的社会进化的历程。由于地理环境的影响以及中华文化长期在东方处领先地位,文化中心主义和圣人的僵化思想使国民素质低劣。严复在英国留学期间,深深为西方个人体现的活力所折服,也为西方社会的公众精神所感叹,这种个人和社会的有机统一正是中国所缺乏的。严复深深感受到,要实现祖国富强,必须注意到社会机制方面的问题,他觉得西方的强大,看似乎就是机器设备、军事技术的先进,实际上在它的背后还深藏着更深刻的原因,而这种原因就是思想文化、社会制度方面的因素。这表明他已经远远超越了洋务派的思想框架,开始观察和分析政治与社会,逐渐超越洋务派的"中体西用",而深入到政治体制领域。他的观点"代表了近代中国向西方资本主义寻找真理所走到的崭新阶段,他带给中国人以一种新的资产阶级世界观,起到了空前的广泛影响和长远作用"。[11]

严复首先批判传统文化,他指出,中国尚武之风古来有之,但是在宋代之后发生了根本性的变化,逐渐由以前的"武健侠烈"转

变为"变质尚文",而那些能够锻炼身体的体育活动逐渐沦为上层人士观赏性的娱乐活动,尚武之风也随着相关体育活动的减少而被尚文之风取代。在翻译孟德斯鸠的《法意》中的《支那国俗》一节时,严复在按语中对中国尚武之风的流失及后果进行了深入的阐释。

> 复按:必谓吾国礼俗为亘古不迁,此亦非极挈之论也。取宋以后之民风,较唐以前之习俗,盖有绝不相类者也。顾他国之变也,降而益通,而吾国之变也,进而愈锢。其尤可见者,莫若国民尚武好事之风,如古之人好猎,今则舍山僻之区,以是为业者,不可见矣。他若击球挟弹、拔河剑舞诸戏,凡古人所深嗜而以为乐方者,今皆少不概见。大抵古人之于戏乐也,皆躬自为之,故于血气精神有鼓荡发扬之效,而今人之于戏乐也,辄使人为之,而己则高坐纵观而已,是故,其为技益贱,而其为气益输。[12]

正如严复所说的,宋代之后,能够对人"于血气精神有鼓荡发扬之效"的击球、挟弹、拔河、舞剑等各种体育活动,受社会风尚的影响而"为技益贱",而这种社会观念的转变给中国社会带来巨大的隐患,"自治教粗开,则武健侠烈敢斗轻死之风,至于变质尚文,化深俗易,则良儒俭啬计深虑远之民多,隐忧之大,可胜言哉"。[13]这些能够对人的身体、精神起到锻炼鼓舞作用的体育活动因为"为技益贱"不再受人重视,进而导致国人"为气益输",严复对中国尚武习气的流失表示出深深的遗憾。严复强调体育是强国的基础。他认为"盖一国之事,同于人身。今夫人身,逸则弱,劳则强者,固常理也。然使病夫焉,日从事于超距赢越之间,以是求强,则有速其死而已矣"。[14]一国如一人,若让病人从事艰苦长远的事业,无疑加速其死亡,没有健康的民族之躯,国家何以振兴? 没有健强的体魄,人何以图强? 纵观中外历史,古代的民族唯有健壮者,才能吃苦善战,称雄于世。近代国家虽以坚器利炮为主,然则仍以强健之躯和坚毅之气为基础。因此,严复积极提倡"鼓民力"。

近代中国先进知识分子对"力"的提倡,导致了国人对体力的高度重视,而严复在推动国人在这方面认识上的提高功不可没。李力研先生把严复称为近代"尚力思潮第一人",在严复提出的"鼓民力、开民智、新民德"的三民主张中,破天荒地把体力教育放在了国民教育的第一位,这在之前是从未有过也是不可想象的,"严复之所以重视民族的体力教育,与他深信达尔文生物进化思想密不可分,与他深谙'物竞天择,优胜劣汰'这一规律大相关联",[15]严复指出,"物竞者,物争自存也;天择者,存其宜种也",[16]处于竞争的环境中,物种都要依靠竞争来获得生存的机会,人类和自然界的其他生物一样,同样需要竞争来争取生存的机会,而决定一个种族竞争力的既有"文"的因素,又有"质"的因素,"质"指的就是身体素质,"……种之相为强弱,其故有二,有鸷悍长大之强,有德慧术智之强;有以质胜者,有以文胜者"。中国古代就有许多以"质"胜"文"的实例,"以质胜者,游牧射猎之民是也。……固其民乐战轻死,有魁杰者为之要约而驱使之,其势可以强天下"。中国古代许多游牧民族能够戋胜农业文明的中原封建国家,依靠的就是强健的身体、好战轻死的精神,而过分强调"德慧术智"的封建政权由于不注重"质"的重要作用,过分强调文治,进而导致"故其民偷生而畏法,治之得其道则以易相安,治之失其道亦易以日窳,是以及其末流,每转为质胜者之所制"。[17]导致这种局面出现的原因在于"这种文胜之国也有片面性,即这种相对发达的智慧文术没有坚强的肉体作支撑"。[18]国民丧失了强健的体魄,在法治之下变得"偷生畏法"，因而在与外族的竞争中经常被"质胜者之所制"，出现"无法胜有法"的局面。因此严复非常强调身体素质的作用，正如李力研先生所分析的，严复对体质健壮勇武骁战曾作出过最保守意义的评价和肯定，那就是即使一个民族民智未开，但有优良体质，面对列强仍能抵抗而保种。进而得出一种结论，那就是"人的外在体格健壮和勇猛善战对于保国保种具有不可低估的作用"。[19]

到了近代，由于西方列强"其鸷悍长大既胜我矣，而德慧术智又为吾民所不及"，[20]进而出现"彼西洋者，无法与法并用而皆有胜我者"也就不足为奇了。要想改变这种局面，就要从体、德、智三方面入手，严复把体育放在首位，在他看来，"只有走从体力着手，然后是智育和德育，才符合进化论思想"。[21]而且国民的身体素质是一个国家生存、富强的基础，"今者论一国富强之效，而以其民之手足体力为之基"，严复援引古今中外能够称雄的国家为例说明了这一点，"历考中西史传所垂，以至今世五洲五六十国之间，贫富弱强之异，莫不于此焉肇分。周之希腊，汉之罗马，唐之突厥，晚近之峨特—种，莫不以壮佼长大，耐苦善战，称雄一时"。中国古代也不乏尚武教育，通过"壶勺射御"一系列体育活动培养学生良好的身体素质，"庠序校塾，不忘武事，壶勺之仪，射御之教，凡所以练民筋骸，鼓民血气者也"。古代希腊、罗马也非常重视体育，在柏拉图创办的"阿克德美"（学校）中就设有"津蒙那知安"（即体操房），为的就是锻炼学生的身体。近代欧洲各国更是非常重视体育，为了不使国民身体素质退化，积极促进国民体育锻炼，正如严复所说的，"则欧罗化[巴]国，尤鳃鳃然以人种日下为忧，操练形骸，不遗余力"。被资本主义卷入整个世界体系的中国要想在竞争中争得一席之地，必须从体、智、德三方面提高国民素质，良好的体质和充沛的精力是发展智育和德育的基础，"且自脑学大明,莫不知形神相资,志气相动,有最胜之精神而后有最胜之智略"。好的身体是事业的基础,"是以君子小人劳心劳力之事,均非气体强健者不为功"。[22]充分说明了体质的基础性作用。严复以"鼓民力、开民智、新民德"主张表明了他从教育着手的救亡图存的主张,并且把"鼓民力"放在第一位,引起了国人对身体的高度重视,掀起了近代的"尚力"潮流。

3. 女子体育观

严复认为中国封建宗法制度和伦理道德千百年来极大地束缚妇女的自由。"历来妇人毕生之事,不过敷粉缠足,坐食待毙而已","故使国中之妇女自强,为国政至深之根本;而妇女之所以能自强者,必宜与以可强之权,与不得不强之势"。[23]而要做到这一点,最紧要者是"禁缠足"和"立学堂",解放妇女双足,开启大力发展女子教育。而妇女缠足这一封建陋习更是造成了妇女的体质孱弱,严复从生物进化和遗传学的角度分析了妇女身体健康的重要性,指出妇女缠足这一封建陋习造成了妇女的体质孱弱,严厉抨击了妇女缠足所产生的严重社会危害,认为妇女缠足是造成中国人种日下的主要原因之一,提出"盖母健而后儿肥,培其先天而种乃进也"的观点,进一步从遗传学的角度提出母亲体质的好坏直接关系到下一代子女的健康与否,只有健康的妇女,才能生育强壮的后代,而且这种观点还影响到了康有为、梁启超、谭嗣同等人。严复认为女子缠足"本非天下女子所乐为",只是受习俗的约束而行之,因此,希望"天子下明诏,为民言缠足之害",通过统治者颁布政令禁绝女子缠足,从而铲除妇女缠足这一封建社会陋习。他是从进化论的角度出发把女子体育、缠足等置于更加现实的境地,认为这是强国强种的重要问题。严复从种族进步,国家富强的高度提出禁缠足,使女子的身体得到解放,而且提升了女子的社会地位,使世人对妇女体质的关注有了更深层次的认识,直接或间接地促进了女子体育的发展。

严复关心妇女的教育问题,他认为一个国家、一个民族的强弱取决于国民的素质,妇女的身体素质关系到下一代的身体素质,而国民思想道德素质的优劣则与童幼时期的启蒙教育有很大的关系,妇女在儿童的早期教育中起着重要的启蒙作用,因而,妇女的教育问题也就成了提高整个民族素质的重要因素。针对当时中国妇女素质低下的状况,严复指出了其中原因:"中国妇人,每不及男子者,非其天不及,人不及也。"这是严复在深刻了解西方资本主义国家政治、经济、文化的基础上,通过深入分析得出的结论,中国的男女差别是人为因素造成的,是男女社会地位不平等的结果。严复认为男女同为人类,不应当因为性别的不同而剥夺妇女接受教育的权利,"名既为人,即当学问,不以男女而异也",要实现男女平等,就要让妇女接受教育,增加妇女的见识,"不使之增广见闻",那样就是"有学堂与无学堂等",严复提倡的不仅仅是让妇女接受学校教育,而且要拓宽妇女的知识面,要与男子一样"阅世",积极参加社会活动。男人能做到的事女人也能做到,中国四万万人口中有一半是妇女,如果不让妇女入学校接受教育,就是空有两亿人才而不发挥她们的才能,是对人才的极大浪费。因此,严复也积极提倡发展女子教育。

(二)严复体育思想评价

严复是维新运动时期的一位启蒙思想家,其对国人思想影响最大的无疑是严复译介的《天演论》,通过进化论的介绍,严复为国人敲响了亡国灭种的警钟,进而激起知识分子保种、保教、保国的民族意识。对"物竞天择、优胜劣汰"这一规律的深刻理解,使他坚持在激烈的社会竞争中坚持"恃人力"而不必"委天数",并以此为依托阐发自己的教育救国主张,实现了对国人的教育启蒙。他以进化论为指导,认为西方之所以能富强,在于行为以科学为指导。他以西方的理论和实践反思中国的教育和改革实践,指出中国贫弱的根本原因在于"民力已苶,民智已卑,民德已薄"。严复批判了封建思想文化对身体的忽视和摧残,并提出了中国近代"保种进化"思想,从而揭示了民族素质的提高和人民体质的增强是"保种"的关键,唤起了国人对于体质问题的空前关注,由此也确立了严复在中国近代体育思想的产生和发展过程中,具有非常重要的地位。

严复是中国近代史上真正接受西方近代体育思想的第一人、开创者。严复青年时期受过较好的中西学训练,其思想建立在近代西方经验论和进化论等相对科学的基础上。严复积极提倡鼓民力,并认为中国古代的体育与西方的体育一样,都有增强体质的功能。严复揭示了体育的本质功能是增强人的体质,但他并没有将体育的重要性推向极端,而是将鼓民力作为发展人的全面能力的手段与途径,认为必须和民智、民德相结合才能为社会生产力提供动力。严复之所以将"鼓民力"提升到很重要的地位,是因为他认为体育能承担复兴种族、解救民族危机的重任。表明了其体育思想的核心是救国。严复坚持"民之手足体力",是"论一国富强之效"和"君子小人劳心劳力之事"的基础,把体育提高到促进社会发展、进步的高度。他在理论和实践上最早倡导三育学说,对传统教育发动了猛烈的冲击,冲破了儒家传统和长期以来重文轻武风气的束缚,使得"自保强种"、"优胜劣败"的观念深入人心,在一定范围内逐渐形成了"耻文弱、尚勇强"的社会风气。为近代体育的广泛传播奠定了思想基础。严复作为中国近代最早的启蒙思想家之一,其各方面的先进思想对中国当时以至此后很长时期的思想文化都产生了重大影响,其体育思想当然也对中国近代体育思想的形成,起到了启蒙和奠基的作用。

二、康有为的体育思想

康有为(1858—1927),著名的思想家、政治家、教育家,广东南海人,原名治,字广厦,号长素,后易号更生,晚号天游化人,被尊称为南海先生,或康南海,清朝进士。他以救亡图强为己任,努力向西方先进国家学习,疾呼变法,倡导改革,于1898年发动并领导我国资产阶级改良性质的戊戌维新变法,使中国封建社会末期的清朝统治受到强烈冲击,为资产阶级登上历史舞台开辟道路,为中华民族的独立、民主和富强作出了贡献。

甲午战争,中国惨败,被迫向日本割地赔偿,紧接着帝国主义列强掀起了瓜分中国的狂潮。外患的不断冲击,引起近代思想界强烈震荡,救亡图存的神圣召唤,使以康有为为杰出代表的维新志士醒悟:政治制度不如人,人乃中国积贫积弱的根源。然而,在寻找中国富强的原因时,康有为进一步接触到并收集了不少介绍资本主义各国政治制度和自然科学的书刊。康有为有深厚的国学修养,善于从传统文化中寻找思想资料,更善于会通中西,运用西学改造中学,创立自己独特的思想学说。康有为“教育救国”思想是其思想的重要组成部分,体育思想又是教育思想的重要方面。康有为的体育思想、主张主要集中于几次上书和乌托邦著作《大同书》中。

(一)体育思想内容

1. 提倡强兵尚武之道

康有为对强兵尚武之道的提倡是从对近代军备的提倡和实行

军国民教育两个方面论述的：

（1）对近代军备的提倡

近代中国尚武思潮中一个重要特点是很强调"器"的作用。因为在近代的历次战争中，中国军备的不如人显然是中国战争失利的一个重要因素。正如电影《火烧圆明园》中所描绘的，清政府的3000铁骑，面对列强的枪炮，最后只剩得7人7骑，惨败而归。偌大的中国起码这3000铁骑还算是骁勇善战吧，但是使用着大刀长矛这些冷兵器如何与现代化火器装备的列强抗衡？

维新派显然也认识到现代化军备的重要性，不过最早从器物层面实践尚武的当为洋务派。甲午战争之前，洋务派"数十年购船练兵，置厂制械，整军经武，不能不说是一种'尚武'的践行"。[24]而近代化的军事装备也受到维新派的推崇，康有为就提出"器械不精，以卒予敌"，"器械精利，有恃无恐"，[25]从而充分肯定了现代战争中现代化军事装备的重要性。

康有为认为对国民进行武备教育很有必要，他说"古者，男子生而悬弧、长而习射，盖上则为将帅，下则为卒伍，寓武备于文事，无之非射，故一人有一人之用也"。但是随着社会的发展变化，武备教育的方式也应该发生相应的变化，"然世变日益，以筝瑟易琴瑟，以槃碗易边豆，以椅案易几席，以枪炮易弓矢，至于今日，射遂为极为无用之物矣"。[26]因此要顺应时代的发展，不断改革更新军事装备，在火器大行其道的时代要对冷兵器要予以淘汰，"今弓矢已无用，枪即代弓矢者也"。"士皆宜习之，以备缓急之用"。[27]康有为明确了在现在战争中，弓矢之类的冷兵器已经无法再发挥其作用，应该用"枪"取代"弓矢"。而古人"男子生而悬壶"是为了培养人的尚武精神，"然推古人之意，不再器而在义也。射之义在武备，今之武备在枪炮"。有了先进的军事装备可以提高士兵的自信心，"射为'六艺'之一，天下男子所共学，今亦以枪为'六艺'之一，天下共学之可也。师古人之意，不师其器也"。[28]

　　实际上，康有为在公车上书之前就曾在万木草堂引入现代军事内容，开尚武教育先河。康有为制定的《长兴学记》分为"科外学科、学科、学纲"三部分，学纲分为"游于艺、依于仁、据于德、志于道"四项，"游于艺"包括枪、图、数、书、乐、礼六小项。"枪、礼"是具有体育性质的学科，在这里，康有为所指的"枪"就是从西方资本主义列强国家传入中国的新式火器，康有为把"枪"引入课堂是一种"寓武备于文事"的做法。康有为主张在春秋季节天气好的日子里，选择适合打靶的地方进行实弹射击训练，这实际上是一种很实用的军事训练，开了尚武教育的先河。

　　（2）实行军国民教育

　　戊戌变法期间，康有为就较早提出过军国民思想。1895 年在上清帝第二书（即《公车上书》）中，康有为继沈葆桢之后，再次向光绪帝提出废止武举制度，广设艺学书院。1898 年，康有为在上光绪皇帝的《请停弓刀石武试改设兵校折》再次提出废除封建武举选材制度，康有为认为"中国武备不修久已"，对清政府还在实行"弓刀石武"的武举制度提出质疑。武举选材制度起源于唐朝武则天统治时期，发展到近代已经历一千多年了，已经是博物院里的古董，面对西方列强的先进武器装备及练兵方法，一旦发生战争，根本无法应对，康有为希望统治者能够废除这种不合时宜的旧式选材方法，创办近代武备学堂，以适应时代的发展要求。康有为援引普鲁士（德国）以小胜大，战胜法国的例子，指出根本原因在于普鲁士实行了全民皆兵的军国民制度，士兵都要接受专门的学校教育，按兵种的不同选择不同的学习内容，"炮兵、马兵、步兵、工医、辎重各习其科"，学习相关的排兵布阵军事知识，进行军事体育的锻炼,同时学习"文学、算数、地图,兵法之学",德国(普鲁士)"其操兵则登山跳涧,横野渡河,遇伏遭伤无不备,其练兵为两甄,如真虞,深夜调千数百里。……其兵立如山,其后行如水"。因此,康有为建议光绪皇帝学习德国的军事体育来强兵。认为"当列国争强之世,尤重尚武",要求光绪断发易服,以提倡尚武之风。普鲁士这种成功的经验已经成为各国效仿的模板。而中国"举国既无兵校,亦无练卒,更无可比东西国者"。甲午战争的失败,教训惨痛,战争爆发后,"各省驱乞丐应之,其至奉天,持枪寒慄,其枪皆锈旧腐败,事急购于外国,则得人废弃之枪,不坚不轻,不远不速,即能准何益,增败而已"。在这里,康有为通过比较普法战争和中日甲午战争,向光绪帝说明要想改变被动挨打的局面,就应该普及全民皆兵的军国民制度,仿照德国、日本培养军事人才的方法,军队指挥官必须进入学校学习,而且要"多派强健才武有志之学生",[29]前往德国、日本的军事院校学习,接受武备教育,归国后进入兵校教学,或者统领军队,从而提高军队的战斗力。

康有为向德国、日本学习的军国民主张虽然由于戊戌变法的失败而没有得到实施,但在一定程度上宣传了一种全民皆兵的军国民思想,后来的梁启超、蔡元培等人提倡的尚武教育、军国民教育都可以追溯到早期康有为提出的全民皆兵主张,对以后学校教育的走向,军国民教育思想及军国民体育思想在教育界的盛行产生了很大的影响。

2. 德、智、体全面发展的教育思想

面对帝国主义的侵略,清朝的腐败,从历史反思和中外比较中,康有为将战略眼光盯住教育。他强调:"泰西之所以富强不在炮械军兵,而在穷理劝学。"任何一个国家,"才智之民多则国强,才智之士少则国弱"。[30]康有为深刻地意识到,19世纪末是"列国

并立"，"争雄角智"的时代，普鲁士战胜法国，日本战胜中国，关键都在教育。在他看来，"兴学育才之事，若追之救火之急"，因而在奏折中泣血顿首恳请皇上："夫养人才，犹种树也，筑室可不同而就种树非数年不荫，今变法百事可急就，而兴学养才，不可以一日致也，故臣请立许学也。"[31]康有为不只是提出学校教育的要求，他还提出了一个系统学校教育的方案，在教育功能上，体育的教育作用和功能也被其所认识和利用。虽然还没有甩掉传统教育的精英主义和为科举取士培养后备官员的旧套，但已注意到从开发民智，提高民族素质的高度来普及国民教育，从"变法自强"和"植富强之基"的高度来"兴学养才"，以期造就既懂中国"圣贤义理之学"，又能"博采西学之切于时务者"的"通经济变之才"。[32]

（1）提倡"德、智、体"全面发展

1889 年，康有为第一次上书光绪皇帝不达，感到民智未开，缺乏人才，决定办学以培养维新志士，于是回到老家广东开始招徒讲学。1890 年，康有为举家迁往广州，在祖屋云衢书屋执教，先后有陈千秋、梁启超等二十多名学生来求学。1891 年春，接受陈千秋、梁启超的建议，租赁长兴里邱氏书屋正式开设讲堂，叫做"长兴学舍"，并著《长兴学记》为学规。1893 年，由于前来求学的学生很多，又迁于府学宫仰高祠，即"万木草堂"。

康有为创办万木草堂目的是培养维新变法人才，以挽救国家危亡，讲授的内容也不同于当时其他一些所谓的著名书院，与其他学校相比，其进步性不言而喻。梁启超早期曾就读于学海堂，学海堂与菊坡精舍、粤秀书院、粤华书院、广雅书院号称广东五大书院，这些书院都以汉学为主要教学内容，而这些以考据训诂学为主的汉学在当时已经失去了生命力。当这些学堂还沉湎于汉学时，康有为的万木草堂却已经赋予了教学课程新的内容。

　　康有为不仅重视学生的德育、智育，而且关注体育，康有为亲自制定的《长兴学记》分为"科外学科、学科、学纲"三部分，学纲分为"游于艺、依于仁、据于德、志于道"四项，这四项下的各小学科分别属于"德育"、"智育"、"体育"。"游于艺"包括"枪、图、数、书、乐、礼"六小项，其中"枪、礼"是具有体育性质的学科。在这里，康有为赋予了"枪"新的内涵。近代以前，中国称"矛"为枪，而这里的"枪"是从西方资本主义列强国家传入中国的新式火器，康有为把"枪"引入课堂是一种"寓武备于文事"的做法。康有为所指的"礼"包括：朝廷之礼；祭祀之礼；宾客之礼。其中也有一定的体育娱乐活动内容，在万木草堂讲学期间，"康有为亲自编写了颂孔的《文成舞辞》，每逢初一、十五举行祀孔典礼，组织学生歌舞，载歌载舞中锻炼了学生的体魄"。[33]

　　"科外学科"又分为"校外"和"校中"两项，"校外"的"游历"、"体操"都属于体育范畴，虽然当时康有为所指的体操仅仅是具有军事性质的西方（主要是瑞典、德国）兵式体操，但却是当时其他书院所没有的体育内容。康有为还专门在学生中选择各科的学长，其中"干城科学长"就是专门负责督率体操的，"干城科学长"每隔1天率全体学生习体操1次，按照康有为编制的《长兴学记》的要求每隔1天练习1次。

　　另外，康有为还选择适当的时候率领学生到广州附近风景秀丽的地方游览，领略祖国的大好河山，师生在不知不觉中锻炼了身体，陶冶了性情。万木草堂设有专门的礼乐器库，专门储藏习礼时的仪器。每月习礼时，康有为组织学生唱他写的《文成舞辞》，跳他编的"文成舞"，习礼之后还有"投壶"游戏，这些都活动了学生身体，起到了积极的锻炼作用。万木草堂这种新颖的教学方式：

改变了封建社会的"读死书"的情况,形成了一种求实、善思、创新、奋进的良好学风,使得学生得到全面锻炼,充分发挥了青年的创造力和聪明才智。青年学子自然就精神焕发,闪耀着跳动的思维活力。[34]

而那些旧式书院,即使是洋务派办的一些具有西方文化元素的学堂,也不能与万木草堂同日而语,如洋务派办的同文馆中就曾出现"同文馆学生'不愿习体育,认为有失尊严,他们只能慢慢地踱步'"。[35]甚至有的军事学堂办学官员也不重视或不喜欢体育,冰心曾在《记萨镇冰先生》一文中描述管轮学堂总办吴中翔时说"吴总办是文人,不大喜欢学生做'粗事'"。[36]以至于学堂学生动手训练挖筑炮台时要教习萨镇冰替他们巡风。这样的反差充分说明了康有为万木草堂确实比其他学校重视体育,而且新式教学也确实取得了很好的效果。

梁启超曾这样评价康有为的万木草堂:

> 然则先生教育之组织,比诸东西各国之学校,其完备固多有所不及。然当中国教育未兴之前,无所凭藉(借),而自创之,其心力不亦伟乎。[37]

纵观当时其他书院或学校,除了洋务派早期办的学校出于军事目的设有部分体育内容外,康有为的万木草堂,开非军事学堂体育教育之先河。

康有为改革旧的教学内容,把体育引进了课堂,实现了近代中国非军事学堂体育内容零的突破,通过"枪、体操、游历、游戏"这些体育措施增强学生体质,打破了学生"死读书,读死书"的旧局面,"他想通过体操、游历等活动,塑造出一批既身强体壮又能承担变革重任的新人",[38]从而培养出能承担救国重任的新式人才。

可以说,康有为把"枪、体操、游历、游戏"引入学校的这种做法为以后中国学校体育的发展打下了深厚的基础。

（2）、以人为本,全面、有序的身心发展观

康有为的重要著作《大同书》中的己部"去家界为天民"最能反映他的体育思想。由于康有为的大同世界是一种乌托邦式的理想世界,因而有人将康有为大同世界的体育主张称为"康有为的体育理想"。在康有为设计的"大同"世界里,人的发展受到了高度重视,从妇女怀孕到生产,再到儿童的抚养教育,康有为对整个过程都进行了大胆而创新的设想与规划。他把大同世界的教育分为育婴院、小学院、中学院和大学院四个阶段。康有为认为育婴院的学前儿童教育主要是"养儿体,乐儿魂,开儿知识",小学院"养体为主。而在康有为设计的大同世界教育模式下,我们可以看出以下两大特点:一是康有为非常重视对儿童的成长、生活环境,包括自然环境和社会环境。出于儿童身心健康发展的考虑,康有为对环境做出了高度要求。二是对儿童的教育要符合儿童身心发展的规律、特点。在不同阶段,对儿童的教育也应有不同的侧重点。从人本院、小学院的注重身体,到中学院的德智相长,再到大学院的智育为主,体现了康有为对儿童身心发展比较科学的认识。开智次之。"中学院"养体开智以外,又以育德为重",大学院要让学生德智体得到全面发展。康有为重视人的全面发展,对儿童的培养作了全面的规划,康有为"在《大同书》中,阐述了一套完整的儿童体育观"。[39]

①按照儿童身心发展规律,确定不同阶段的教育目标

在康有为设计的大同世界里,婴儿生后,即被送入育婴院,对儿童进行学前教育。"本院凡弄儿之物,无不具备,务令养儿体,乐儿魂,开儿知识"。儿童会说话时,"教以言",会唱歌时,"则教

仁慈爱物之旨以为歌"。儿童蒙昧初开，知识稍长，则教以认识环境和事物，以启童智。在教育中，应充分利用实物、图画等直观教具。

这段时期内，康有为强调要特别注意儿童的卫生保健，要求儿童"早暮有医生诊视二次"，儿童的衣服、饮食、游戏和休息都要符合儿童的身心发展，并在医生的指导下由保育人员执行。育婴院的保育人员应由女子担任，且应严格遴选："选其德性慈祥、身体强健、资禀敏慧、有恒性而无倦心、有弄性而非方品者，乃许充选。"儿童6岁后离开育婴院，进入小学院接受初等教育。小学阶段的儿童身心正处于生长和发育时期，这个阶段的儿童生性好动，却还不能自理，"童幼之性尤好跳动，易有失误，盖未至自立自由之时，故嫩稚也"，所以，对儿童的衣食住行及游戏等都要合理安排，"固不可多束缚以苦其魂，亦不可全纵肆以陷于恶"。[40]康有为"强调注意儿童体育活动的运动量，既不能'过极'也不能'不及'"。[41]由于少年时期的身心发展水平与其长大后的身心养成关系重大，因此，小学教育应遵循"养体为主而开智次之"的原则，将体育和儿童健康放在第一位，而将智育放在第二位，"大概是时专以养体为主，而开智次之，令功课稍少，而游嬉较多，以动荡其血气，发扬其身体，而又须时刻监督，勿贡非己"。康有为认为，学习主要是为了"养身健乐"，儿童期在人的一生中很关键，"盖人生寿命，基于童稚也"。[42]小学院的学习安排比较全面灵活，但是要注意儿童的德育问题，"惟不许为非礼不正之事，见非礼不祥之人"。[43]

11岁至15岁的学生要在中学院学习、生活。中学教育阶段对人一生是至关重要的，是学生人生观、价值观形成的重要阶段，以后的学习、生活都以此阶段为基础。刚进入中学院的学生大脑、身体还未能发育成熟，所以不能用脑过度，正所谓"脑气未充，身体尚弱,不能专事于智思,故德性当令养之益熟,智识当令导之益开,有节有度,以养其正可也",中学院的学生心理上开始向成人转变,但是由于年少而容易受到外界因素的影响,因此,要加强德育教育,"15岁以后,渐有自由自立之志,但身体稚弱,固养体开智之外,又以育德为重,可以学礼习乐矣",学礼习乐对于学生的德智体都有很大的益处,"礼以固其肌肤之会,筋骸之节,人之相交之道,公家法律之宜;乐以涵养其性情,调和其血气,节文其身体,发越其神思",[44]虽然学礼习乐是15岁以后的重点,但是中学院期间就要打下良好的基础,因为礼乐之于儿童之德、智、体诸方面皆大有裨益,有利于儿童身心的协调发展,可以进一步锻炼学生身体,促进学生社交能力,以及对学生进行法律教育,调节身心健康,促进学生智力的发展。

大学院"专以开智为主",大学院阶段的学生经过前几个阶段的培养学习,已经有了一定的基础知识,有了良好的身体素质和道德修养,大学阶段的教育主要是培养专门人才,因此康有为认为要理论结合实践,

> 虽有事于虚文,而必从事于实验,若学农必从事于田野,学工必从事于作场,学商必入于市肆,学矿必入于矿山,学律则讲于审判之所,学医则讲于医病之室。

非常强调学生理论与实践的结合。同时,大学院要具有良好的环境,应该"皆有游园,备设花木、亭池、舟楫,以听学者之游观、安息、舞蹈"。充分考虑到学生学习之余的休闲、娱乐和锻炼。"大学亦重体操,以行血气,而强筋骸",[45]通过练习体操,使学生达到强身健体的目的。总体来看,康有为基本按照儿童身心发展规律来设计各级学校的教育任务,高度关注儿童的身心健康发展。

②重视环境对儿童身心发展的影响

康有为认为人在成长中身心发展会受到自然、社会环境的巨大影响,所以在他设计的大同世界里对教育环境的选择也提出了具体的要求,人本院:

> 地当择平原广野,丘阜特出,水泉环绕之所,或岛屿广平,临受海风之所,或近海广平之地。次则远背山陵,前临溪水。又次则高山之顶,及岭麓广平者。若不近海,亦必营之于江河原陵之地,远山而有土气,近水而无土蒸。凡崎岖岩险,荦确峻嶒,壑谷褊隘,幽闭遮压,狭窄锐曲,皆所力戒,而舍弃之。

> 育婴院必须要择址于环境幽美、安静,气候适宜的地方,不得在山谷狭隘倾轧、粗石荦确、水土旱湿之地,又不得近市场、制造厂、及污秽之处。

而且要"楼居少而草地多,务令爽垲而通风,日临池水,以得清色,多植花木,多蓄鱼鸟",所有一切都要以儿童为中心,"务令得宜以壮儿体"。

小学院"学地当择山水佳处,爽垲广原之地,以资卫生,以发明悟;不得在林暗谷幽,岩洞欹岖,水泽沮洳之处"。因为"林暗谷幽,不通风气,则养生不宜;岩谷欹岖,则于童子之跳动,恐有坠损之患,水泽沮洳,则湿气过感,精神不爽也"。在这里,康有为充分考虑到了儿童进行户外活动时的安全问题。康有为还考虑到太冷或太热的地方对儿童身体发展都会有不利影响,进而会影响到儿童的学业,"然盛热之地,人多发汗,使人筋骨缓弱,神思散越,盛寒之地,使人皲指裂肤,瑟缩战栗,血气不流,功课减少,皆于童幼不宜"。所以太冷或太热的地区都不适合设置学校。小学院还必须远离社会环境比较复杂的地方,"第一当远离戏馆、声妓、酒宴之地,第二当远离坟墓葬所,第三当远作厂、车场、市场喧哗之地",以避免对儿童的学习和精神造成干扰,充分考虑到了环境对学生德育可能产生的不良影响。教室的设计应宽敞通风、采光好,"至于学室之式,务便养生,多其容率以得气,慎其光射以宜目,酌其户牖以通风,多植花木以娱游"。小学院还应设有丰富的体育器材、设施,"体操场、游戏场无不广大适宜,秋千、跳木、沿竿无不具备,花木、水草无不茂美,足以适生人之体"。这一切都是为了儿童能有一个良好的学习、生活环境。

中学院"当择于广原爽垲近海近沙之地"。中学院的各种生活、学习设备齐全,包括食堂、图书馆、体育场、游步园、操舟渚等要应有尽有,"自食室、藏书楼、体操场、游步园,操舟渚莫不必备",所有的设备"皆当与人体相宜"。[46]由于这一阶段的儿童知识日益增多,儿童11到15岁时"此时纯为学龄,一生之学根本于是",因此,必须加强智育。由于年少,"易于感染",[47]且渐有自由自立之志,因此,又应以育德为重,可以学礼习乐了。虽然学礼习乐是15岁以后的重点,但是中学院期间就要打下良好的基础,因为礼乐之于儿童之德智体诸方面皆大有裨益,有利于儿童身心的协调发展。

大学院选择的地址不同于先前的育婴院、小学院和中学院。前几个阶段学院地址的选择是为了儿童有一个良好的学习生活环境,使儿童具备良好的身体素质和道德素质,大学院的选址是出于以后的就业问题,或者说出于智育的目的,因为大学院"专以开智为主",大学院阶段的学生经过前几个阶段的培养学习,已经有了一定的知识基础,有了良好的身体素质和道德修养,这个阶段的教育主要是培养专门人才,因此康有为认为要理论结合实践,注重学生的实践锻炼。大学院内当有一优美环境,应该"皆有游园,备设花木、亭池、舟楫,以听学者之游观、安息、舞蹈。"[48]充分考虑到学生学习之余的休闲、娱乐和锻炼。

在康有为设计的大同世界教育模式下，我们可以看出以下两大特点：一是康有为非常重视对儿童的成长、生活环境，包括自然环境和社会环境。出于儿童身心健康发展的考虑，康有为对环境做出了高度要求。二是对儿童的教育要符合儿童身心发展的规律、特点。在不同阶段，对儿童的教育也应有不同的侧重点。从人本院、小学院的注重身体，到中学院的德智相长，再到大学院的智育为主，体现了康有为对儿童身心发展比较科学的认识。

康有为对学校教育系统的建制，各级学制和开设课程的主张，对近代中国一直有着极其重大的影响。在学校教育中，康有为对体育的重视，仅次于德育，把体育教育提高到如此重要地位这在当时是十分可贵的创见。尽管康有为在教育上的目标，是为资产阶级培养德智体全面发展的人才，为其维新变法、改良社会服务。同时我们也应该看到由于康有为积极倡导体育在教育中的作用，给予体育应有的社会地位，为近代体育在学校广泛传播打下良好基础，为体育在近代教育中争得了合法的一席之地做出努力。

3. 关注妇女健康，提升妇女地位

旧中国的妇女在封建"三纲五常"、"三从四德"、"贞孝节烈"为核心的封建社会规范的思想束缚下，地位十分低下，处境也是十分悲惨，正如康有为所说的妇女：

> 不得仕宦，不得科举，不得为议员，不得为公民，不得为学者，乃至不得自立，不得自由，甚至不得出入、交接、宴会、游观，又甚至为囚、为刑、为奴、为私、为玩，不平至此。[49]

妇女不能同男子享受同样的权利。对此，康有为十分痛心，因此积极主张男女平等，他所倡导的不缠足运动和男女教育平等很大程

度上提升了旧中国妇女的地位。而对康有为这种思想造成影响的有两方面因素，一是严复从遗传学角度论述的"母健而儿肥"；二是西方资产阶级的天赋人权、自由平等思想。

康有为认为缠足是封建礼教对妇女的严重摧残，"古今大地之毒害，孰有如此事者哉！且中国号称教化之国，而大贤世出，不加禁止，致为人笑，尤为耻矣"。[50]而且妇女缠足"折骨伤筋，违背人类生理，妨碍社会的进步"。[51] 1898 年 8 月 13 日，康有为向光绪皇帝上"请禁妇女裹足折"，详细列举缠足的危害，指出妇女缠足是极其不人道的，不仅使缠足妇女终身痛楚，而且对民众健康和国家军事的发展皆不利：

> 且劳苦即不足道，而卫生实有所伤，血气不流，气息污秽，足疾易作，上传身体，或流传子孙，奕世体弱，是皆国民也，羸弱流传何以为兵？试观欧、美之人，体直气壮，为其母不裹足，传种易强也，迥观吾国之民，尪弱纤偻，为其母裹足，故传种易弱也。[52]

康有为说明了缠足的严重危害，而"传种易弱"这一观点显然是受到了严复思想的影响，康有为以严复的进化、遗传观点向统治者指出了缠足是造成中国的积弱的重要因素，从而进一步指出：处于"举国征兵"与其他国家竞争的时代，要想在竞争中不被淘汰，则必须废缠足。

除了积极宣传男女平等、反对妇女缠足外，康有为还积极行动，亲自创办不缠足会。1883 年，近代中国人挑战传统，自己举办的第一个反对妇女缠足的民间组织，则是康有为创办的"不缠足会"。少年时代，康有为就对姐妹们被强行缠足深表同情。1883年，康有为长女康同薇 5 岁，按当时的习俗，已经到了缠足的年龄，康有为坚决拒绝长女康同薇缠足,随后又联合家乡开明绅士区谔良起草章程创立反对妇女缠足的民间组织"不缠足会",在当时引起了很大的轰动。"它虽然只是少数人在个别地方发起的现象,但却反映了妇女反对缠足的强烈愿望,动摇了旧的封建道德规范,符合时代进步的潮流,实在是中国不缠足运动的嚆矢"。1895 年,康有为和康广仁在广州创立了"粤中不缠足会"。

　　1898 年 8 月 13 日,光绪皇帝对康有为上的"请禁妇女裹足折"表示肯定,并发布上谕,命各省督抚劝诱禁止妇女缠足。"戊戌变法"失败后,各地不缠足会被封闭,不缠足运动遭到挫折,但是废缠足的观念已经深入人心。1902 年 2 月 1 日,光绪皇帝重新发布谕旨,劝诫缠足。

　　康有为以卢梭的"天赋人权"为理论依据,宣传男女平等思想。他认为男女生而平等,虽然在身体上有差别,但是应该和男子享有同样的权利,男女社会地位应该平等,这也是社会文明进步的标志。妇女要人身解放,要与男子一样接受教育,要"兴女学,""为人类百计,女不可无学,为人种改良计,女尤不可不学"。"妇女之需学,比男子尤甚;……且人求独立,非学不成。无专门之学,何以自营而养生;无普通之学,何以通力而济众;无与男子平等之学,何以成名誉而合大群,何以充职业而任师长"。对于当时社会现实来讲,康有为指出:"中国以二百兆之女子,曾无一学校以教之,则不学者居其半,是吾有民而弃之也",[53] 在这一点上,康有为与严复的观点是一致的。康有为不遗余力地提倡女学,他认为"宜先设女学,章程皆与男子学校同。其女子卒业大学及专门学校者,皆得赐出身荣衔,如中国举人、进士、外国学士、博士之例"。[54] 由于中国自古以来就没有过正式的女子学校教育,因而康有为积极提倡女子教育,针对当时中国的社会现实,康有为也是以强国保种、培养有知识的贤妻良母为出发点,大力提倡女子教育。随着戊戌变法的失败,变法期间的一些改革教育、解放妇女的改革措施被废除,但是康有为等人"废缠足、兴女学"的主张得到了宣传,并逐渐深入人心,为后来的恩想解放以及女子教育的普及打下了一定的基础。

(二)康有为体育思想的评价

康有为的弟子任启圣曾经评价乃师,"康氏乃近代政治家,思想家,以读书为政治之资本,以孔子为推行之工具,讲学乃其余事耳"。[55]康有为的确首先是一位政治家和思想家,其次才是一位教育家,其教育实践多为政治目的所左右。其教育思想多以政治主张为背景。维新运动时期可谓康有为的时代,从而奠定了他在近代的历史地位,也决定了其教育思想具有他人以及其他派别教育思想所无法比拟的先进性。作为政治家重视教育对社会的发展作用,却不夸大和迷信教育对其作用,作为维新派的领袖,为古代"重教的传统注入了时代的内涵,从而把教育当成维新救国重要手段而非根本手段或唯一手段"。[56]他的教育思想代表了一切不甘心亡国者的共同意愿。因此他的学生梁启超说:

> 先生能为大政治家与否,吾不敢知。虽然,其为大教育家则昭昭明甚也。先生不徒有教育家之精神而已,又备教育家之资格,其品行方峻,其威仪严整,其授业也,循循善诱,至诚恳恳,殆孔子所谓诲人不倦者焉,其讲演也,如大海潮,如狮子吼,善能震荡脑气,俾之愫息感动,终身不能忘,又常反复说明,使听者涣然冰释,怡然理顺,心悦而诚服。……康南海果如何之人物乎? 吾以为谓之政治家,不如谓之教育家;谓之实

行者,不如谓之理想者。[57]

他的学生梁启勋也曾说,"假令康先生终身讲学,不作政治活动,其在社会上所起的作用更大。用其所短,惜哉"。[58]康有为确实是一位杰出的教育家,其教育实践和教育思想在近代教育史上占有重要地位。他的体育思想是其教育思想的重要组成部分,他是中国近代最早从资产阶级全面教育的意义来认识和阐述体育的。康有为对体育在各阶段目标都作出了规划,且比较科学。他认为各级各类学校都应重视体育、卫生和儿童少年身体的发育与健康。强调了体育在学校教育中的地位和作用。这对我国学校体育的发展影响是巨大而深远的。在近代众多教育家中,康有为对体育教育作用有着独具慧眼的认识和独具特色的论述。他用新的目光和价值观来重新认识、估价三育的关系,无疑是超越时代精神的体育教育思想。康有为之所以对西方教育具有超越时人的了解,完全是他长期留心西学的结果。"澳、独(德)、佛(法)瑞《学校概论》,《日本德国分级小学校》,《公私学校比较论》,《学校通论》,皆兼备各国精微详尽,皆可参观而思兼之,亦得失之林矣。观国者必本于是焉"。[59]由此可知康有为与同时代的人相比,已经具备相当多的教学理论水平,并可在理论的指导下推动近代学制的发展。

康有为的体育思想是难能可贵的,不仅仅超出了他的同辈,发别人未发的创见,而且值得我们今天借鉴,新世纪我国体育正式进入相对独立运作的轨迹,面临体系创新巨大任务,康有为全面教育思想,以年龄分期对体育教育内容作轻重缓急之分,重视教育和周围环境地理及人文环境的关系,为学生提供宽松无忧的教学环境,使学生在轻松明快的环境中欢快愉悦的心情下,自由自在无忧无虑,不知不觉地获得身心的健康发展,在当时给人以耳目一新的感觉,对传统封建教育是一个很大的冲击。迄今仍然都值得我们学习借鉴。康有为在肯定体操的强兵作用的同时,将西洋的体操带入到学校教育之中,使他成为我国近代史上最早倡导在学校中全面实施体育教育的思想家。因此,康有为体育思想在中国近代体育思想形成过程中,既起到了启蒙的作用,又有着创新的地位。

三、梁启超的体育思想

梁启超(1873—1929),字卓如,号任公,又号饮冰室主人,广东新会人,近代著名的教育家。他是"第一位主要提倡'现代化'的中国思想家,这一取向后来并成为中国思想界的主流"。[60]梁启超自幼接受中国最传统的科举教育,11 岁中秀才,16 岁成为举人,后结识了康有为,开始接受以"维新"为主要内容的近代西方思想。1898 年 6 月,与康有为一起发动戊戌变法,1902 年创办了《新民丛报》,提出了人的现代化才是社会现代化最关键的因素。为一代青年创造精神食粮,影响深远。

19 世纪末至 20 世纪初,中国社会正在经历着由"传统"向"近代"的转型时期。与此相应,中国社会的各个领域,几乎都发生了剧烈的震荡和深刻的变化,并涌现出许多推动这种变化的叱咤风云人物,而梁启超就是其中的一位。无论是公车上书,还是戊戌变法、清廷的"新政"及"预备立宪",辛亥革命、护国讨袁、抵制张勋复辟,他都做出了贡献。创办报刊,主讲时务学堂,他的愿望和目的只有一个,那就是从根本上改良社会,全面提高国民的整体素质,使中华民族屹立于世界民族之林。梁启超认为国家的治乱兴衰,决定于民智、民力、民德,中国要振兴,必须从新民着手。即致力于"鼓民力、启民智、新民德",提高全体国民的素质,实现人的现代化。因此主张在国民教育中实行以"尚武"为核心的军国民主义教育。反映了中国人民振奋民族精神,自强于世界的强烈愿望。顺应了反帝反侵略的时代潮流。他从近代中国被欺凌的教训中得出结论:一个国家如果没有崇尚武力的精神,没有强健的国民,国家是很难自立于竞争的世界的。

(一)体育思想内容

1. 德育、智育、体育三者,为教育上缺一不可之物

梁启超早期受康有为思想的影响很大。梁启超写了许多关于教育方面的文章,表明自己的教育观点,并且对体育给予了高度重视。梁启超认为学校教育要德智体全面发展,他曾提出"德育、智育、体育三者,为教育上缺一不可之物"。[61]并且指出教育要顺应学生身心发展规律,他根据日本的教育制度,按照儿童身心发展特征,把教育分为四个时期:5 岁以下是幼儿期,要接受家庭教育或幼稚园教育,6 岁至 13 岁是儿童期,要接受小学教育;14 到 21 岁是少年期,接受中学教育,22 岁到 25 岁是成人期,接受大学教育;他对人在每个教育期的身心发展特征又从身体、知、情、意、自观力五个方面加以分析,指出教育要顺应人的身心发展规律,要循序渐进。梁启超指出,西方教育讲究由浅到深、由易到难,而且注重儿童身体健康、劳逸结合:

> 识字之始,必从眼前名物指点,不好难也;……必习体操,强其筋骨,使人人可以为兵也;日授不过三时,使无太劳,致畏难也;不妄施扑教,使无伤脑气,且养其廉耻也;……

中国的教育方法却与此相反,只是讲求诵记,"中国之教人,偏于记性者也",这对学生的身心发展极为不利。梁启超认为,古今中外教育都讲究文武不能偏废,"《记》曰:张而不弛,文武不能也",因此,他提出:

但使教之有方,每日伏案一二时,所学抑已不少,自余暇晷,或游苑圃以观生物,或习体操以强筋骨,或演音乐以调神魂,……[62]

"他认为参观、游戏、体育、音乐等活动,对儿童教育有很重要的作用。并建议尽量减少儿童课堂学习时数,把余下时间用于对儿童身心发展有益的各种课外活动"[63]。梁启超还说过"身子坏了,人便活不成,或活得无趣,所以要给他种种体育"[64]。在他设计的功课表中,规定每天下午上课前"习体操,略依幼学操身之法,或一月或二月尽一课,由师指导,操毕听其玩耍不禁"。学校教育要使学生"必习体操强其筋骨、且使人人可为兵也"[65]。梁启超在担任湖南时务学堂中文总教习时,负责草拟了《湖南时务学堂学约》,其中明确提出"重体育锻炼"的"摄生"方法。"由于湖南时务学堂是一所有影响的学堂,梁启超的主张和实践活动在当时影响很大"[66]。在维新运动高潮时期,梁启超还为创办京师大学堂起草了第一份章程,该章程以日本教育为模板,"略取日本学规,参以本国情形"。从立学宗旨、大学分课,到课程设置、学校管理,均力求师法日本,即使如大学堂的建设规制、学舍间数,也尽量参照日本的现成模式。梁启超提出了学习日本教育改革的先进经验,希望制定新的教育制度,以制度为保障将体育定为学校教育内容之一。他关于学校教育制度设想,为后来教育的发展提供了理想化却不失科学性的模型。

2. 批判传统的文化,鼓动尚武思潮

戊戌变法失败以后,尤其是在 20 世纪初,随着梁启超与日本、美国等人士接触增多,他能够进一步从近代世界经济竞争的大势来说明"今日世界之竞争国民竞争也","其原动力乃起于国民之

争自存"。[67]他意识到社会的主体是人,社会变革、社会进步的实现
程度与国民素质的高低息息相关,国民性决定着民族的前途和国
家的面貌。梁启超深刻地认识到这一点,由此得出结论:"欲维新
吾国,当先维新吾民"。[68]1902 年到 1906 年,他在《新民丛报》上发
表了 20 篇论文,以《新民说》为总标题,精心铸就了具有独立人格
品性的自由"新民"。在"新国"必先"新民"主张下,宣传了一整
套得时代风气之先的资产阶级的社会意识和精神壮貌。因而梁启
超理想中的"新民"是没有奴性,自由独立的,爱国利群,敢于竞
争,有毅力,有尚武精神,富于冒险进取精神的一代新人。他还主
张将教育作为新民的途径和方法,在教育中,体育不可缺少。与西
方人由于长期的体育培养出来的强壮体质相比,中国人体质的虚
弱使梁启超感到震惊。经过反思传统文化弊端,他发起对传统柔
性文化批判。他在《新民说》指出:"中国以文弱闻于天下,柔懦之
病,深入膏肓,乃至强悍成性驰突无前之蛮族,及其同化于我,亦且
传染此病,筋弛力脆,尽失强悍之本性。"而造成中国尚武精神流
失的原因在于"国势之一统"、"儒教之流失"、"霸者之摧荡"、"习
俗之濡染"四个方面。[69]尤其在"霸者之摧荡"下,国人身心受到极
大束缚。首先,"国势之一统"。梁启超认为在国势一统的形势
下,人人安享太平,与世无争,崇尚文雅,从而导致人们重文轻武的
观念。"一统之世,则养欲给求而无所与竞,闭关高枕而无所与
争,向者之勇力武功,无所复用,其心渐弛,其气渐柔,其骨渐脆,其
力渐弱"。"既有材武桀勇者,亦闲置而无所用武,且以粗鲁莽悍,
见屏于上层社会之外,重文轻武之习既成,于是武事废堕,民气柔
靡"。其二,"儒教之流失"。梁启超认为,儒家思想本来也提倡尚
武,"见义不为谓之无勇;战阵无勇,反为非孝,曷尝不以刚劲剽悍
耸发民气哉"。但是由于"后世贱儒,便于藏身,掇拾其悲悯涂炭、

矫枉过正之言,以为口实,不法其刚而法其柔,不法其阳而法其阴",这种对儒家精神理解的偏差,最终使社会上形成了"以强勇为喜事,以冒险为轻躁,以任侠为大戒,以柔弱为善人的风气"。其三,"霸者之摧荡"。梁启超指出,历朝开国皇帝在武力征服天下之后就开始偃武修文,通过"锄"对"敢不柔者杀无赦",因为统治者深知"天下之可以力征经营,我可以武力夺之他人者,他人亦将可以武力夺之我也"。"游侠任气之风,材桀不驯之徒","则不能不去之以自安"。同时通过"柔",对人民"柔之以律令制策,柔之以诗赋辞章,柔之以帖括楷法,柔之以薄书期会。柔其材力,柔其筋骨,柔其言论,乃至柔其思想,柔其精神"。统治者的柔术统治使得国人逐渐成为了没有思想、没有体魄、没有精神的奴隶。最后,"习俗之濡染"。梁启超指出,中国自古就有轻视军旅的习俗,有谚语说"好铁不打钉,好人不当兵",所谓的军人有时则成了恶少无赖的代名词,造成了世人对军人的不齿。中国人以从军苦,日本人却以从军乐,甚至"祈战死"。[70]这四个方面的因素综合在一起,长期占据中国文化的主流思想,从而导致了国人的文弱。

梁启超对谭嗣同的"反静主动"也很赞同,他认为,中国大到政治小到民众的身心素质的缺陷都是由于喜静不动造成的,"当今中国,政治不通,道德不达,人的智体堵塞,国势日弱一日,积弊深重,都是喜静不动"。在《说动》一文中,梁启超提出动力"至于人身,而血,而脑筋,而灵魂,其机缄之妙,至不可思议,否则为聋聩,为麻木痿痹,而体魄之弱随之"。[71]这也可以看出梁启超对"静"的弊端的深刻认识。批判传统文化,批判"静以养生、静以处世",目的就在于希望国人恢复尚武之风。

在近代史上,严复是最早注意到人的素质问题的启蒙思想家。他提出,中国要富强就必须致力于"鼓民力、开民智、新民德",即提高人的体力、智力和道德三个方面的素质,培育一代新人。梁启超在认真总结和反思维新运动失败的原因后,深感提高国民素质的重要性,于是他继承了严复的"鼓民力、开民智、新民德"的思想,写成了著名的论著《新民说》、《新民议》。更加系统全面地阐述了他的新民理论。他认为国家的兴衰治乱,取决于民力、民智、民德,中华民族要振兴,必须从新民着手。所谓新民,就是指致力于"鼓民力、开民智、新民德",大力提高广大国民素质。他认为,在人的德智体三项素质中,道德素质居于核心地位。他说:"智与力甚易,惟德最难。""民德之高下,乃国之存亡所由系也"。[72]因此新民德是提高人的素质的关键环节,所谓民德之新是在开民智即提高国民文化素质的基础上,对国民心理深处的价值观思维方式和行为规范予以清理,用资产阶级世界观改造国民。为此,梁启超除了重视人的体力的重要作用之外,对人的精神也给予高度评价,并对人的尚武精神做了深入全面发掘。梁启超把尚武分为两种:一种是形式的尚武,一种是精神的尚武,"吾国之讲求武事,数十年矣。购舰练兵,置厂制械整军经武,至勤且久",但是,"彼所谓武,形式也;吾所谓武,精神也。无精神而徒有形式,是蒙羊质以虎皮"。[73]"值得注意的是,梁启超在这里并没有否认'形式'上的尚武,没有否定购舰练兵,整军经武、置厂制械的重要性,只是更为强调精神上的尚武,认为如果没有民众同仇乱忾的尚武精神作为支撑,物质上的坚船利炮,只会是形同虚设,羊质虎皮而已"。[74]梁启超认为"尚武者,国家之元气,而文明赖以维持者也",[75]"尚武精神为立国第一基础"。一个民族要想屹立于世界民族之林,必须具有"尚武"这一重要的文化特征,如何养成国民尚武精神,从国民自身素质来讲,梁启超认为必须从生理和心理二维尺度具备心力、胆力、体力三方面条件。"心力、胆力"都属于精神层面,而"体力"属于物质层面。梁启超所说的"心力"是指人在某种特定的情景之下所突出迸发出来的一种克服障碍的能量,"虎逐于后"时懦夫可以"蓦绝涧","水发于室"时弱女也可以"越重檐"。"境不迫者心不奋,情不急者力不挚",在危机来临时,即使"懦夫"、"弱女"也可能由"心力散漫"的状态转为"心力专凝",做出平时不可能的举动。报大仇、雪大耻、革大难、设大计、任大事者都必须具有这种"心力"。在当时民族危机空前的情况下,梁启超大声呼吁"吾望我同胞激其热诚,鼓其勇气,无奄奄敌手以待毙也"。梁启超所指的"胆力"是一种不畏艰险、勇往直前的精神。对任何事情都要充满自信心,如果"我以为难,以为畏,则其心先馁,其气先慑,斯外境得乘其怯而窘之",反之,如果"悍然不顾,其气足以相胜,则置之死地而能生,置之亡地而能存",自信心是胆力产生的源泉,而对于一个民族、一个国家而言,"国民自信其兴则国兴,国民自信其亡则国亡"。所以,梁启超号召国民"奋其雄心,鼓起勇气,无畏首畏尾以自馁也"。"体力"就是指强健的体魄,体力的重要性不言而喻,身体是精神的载体,坚忍不屈之精神寓于强健体魄,"有健康强固之体魄,然后有坚忍不屈之精神"。梁启超列举了古今中外许多名人,如中国的陶侃、史可法,外国的拿破仑、俾斯麦等都是体健志坚的伟大人物,而且欧洲各国都在积极提倡体育活动。

　　梁启超强调"生存竞争,优胜劣败,吾望我同胞练其筋骨,习于勇力,无奄然颓惫以坐废也"![76]通过军国民教育培养国民的尚武精神,通过体育锻炼铸就国民强健的体魄,因此,梁启超给予了欧洲的斯巴达、德意志和俄罗斯等国的军国民尚武教育高度评价,梁启超认为斯巴达能够雄霸希腊靠的就是"干涉、严酷的军人教育",斯巴达人对初生婴儿进行留强汰弱的留存方法,儿童幼年就要接受军人教育,练习体育,恶衣菲食,以养成忍受劳苦、凌犯寒暑、忍饥耐渴的习惯,在这种严酷的教育模式下,连老妇少女也养成了剽悍勇侠的性格。"故其从征赴敌,如习体操,如赴宴会,冒死喋血,曾不知有畏怯退缩之一事",因此,斯巴达能够"内制数十万之异族,外挫十余万之波军,雄霸希腊"。欧洲各国都在大力提倡与普及体育,"故欧洲诸国,靡不汲汲从事于体育、体操而外,凡击剑、驰马、蹴鞠、角抵、习射、击枪、游泳、竞渡诸戏,无不加以奖励"。[77]目的就是实行军国民教育,通过体育锻炼增强人民体质,使人人具备军国民资格。梁启超认为这是西欧各国强盛的重要原因之一,因此,梁启超大力宣传尚武,希望在中国实行军国民教育,以抵御外侮,挽救危亡中的旧中国。

梁启超还希望通过对"侠"的宣传来促进国人尚武之风的复苏。他认为墨家"轻生死,忍苦痛"的墨侠精神"可以起中国之衰"。所以提出"欲救今日之中国,舍墨学之忍苦痛则何以哉! 舍墨学之轻生死则何以哉"![78]1898 年,梁启超在《意大利兴国侠士传》一书的序言中说"雪大耻,复大雄,起毁家,兴大国,非侠者莫属"。[79]戊戌变法失败后,梁启超流亡日本,在日本,他深深感受到:

> 国家的衰朽,政治的腐败,国民精神的懦弱,造成了外国人对中国人的歧视,当时西方和日本都认为"中国之历史,不武之历史也,中国之民族,不武之民族也"。这刺激着梁启超年轻而敏感的心灵,他激动地说:"吾耻其言,吾愤其言,吾未能卒服也。"于是愤而下笔,著成此书。[80]

梁启超亲自撰写《中国之武士道》,"辑录了自春秋至汉代间 70 位'好气任侠'者的事迹,并希望能作为教科书,以培育国民的侠的精神"。[81]并在此书的"凡例"中也道出了自己的选择标准:

> 本编去取,微有权衡,如专诸与荆、聂同类,以其为一私人

野心之奴隶，非有所不得已，且无与全国大计，故黜之。如季布与朱、郭齐名，以其亡命雄凝，且贵后无所建白，而以暮气损民族对外之雄心，故黜之。又如鲁仲连，一文弱书生，未觉有决死犯难之举动，然其理想实当时武士道之代表，故列焉。凡诸去取，皆此类也。

因而整部书中所选人物身份地位各不相同，"有侠客，有刺客，既有君主、将军、宰相、太子这样的显贵高官也有地方官员、陪臣、谋士、士兵，还有仆人、渔夫、民妇屠夫等社会下层的普通人"。可见梁启超所提倡的武士道"不是某种身份如武士、侠客、刺客，也不是某些行为如生猛、鲁莽、讲义气、敢拼命，而是一种精神，一种刚健昂扬、积极果敢、有原则、有坚持、不苟且、不委琐的生活态度"。[82]"强调了侠之至大在于'公'，也就是国家和民族的利益"。[83]在当时的社会背景下，梁启超希望这些人的事迹能够唤醒民众的国家意识，提倡一种为国为公、不惜牺牲个人利益的精神。

梁启超主张在国民教育中实行以"尚武"为核心的军国民主义教育。旨在中国人要克服奴性，发扬斗争精神，敢于同列强抗争，使中国自强、自立。1900 年前后，梁启超被誉为舆论界的骄子，是当之无愧的资产阶级启蒙大师。他广泛而热烈的传播西方资产阶级革命时期的社会政治学说，尖锐有力的抨击封建思想和传统观念，他从尚武强国的爱国思想出发而提倡的军国民主义教育思想，被一些资产阶级革命派人物接受，通过宣传教育带动了当时社会风气的改变，从而汇聚成一股军国民主义的思潮。蔡元培、徐锡麟、秋瑾等革命党人则直接利用"军国民教育"培养革命武装力量。促进了一代青年的觉醒。同时也促进了近代西方体育在中国的传播与发展。清政府为了训练忠于封建王朝的力量，维护自己的统治地位，也接受军国民主义教育思想，在它的教育宗旨里列入"尚武"一条,20世纪初新学兴起之后,军国民思潮在我国教育和体育中曾占很重要的地位。其渊源和梁启超的体育观点是分不开的。军国民思潮促进了学校中教育内容的改革和近代体育在学校的确立发展。推动了体育专门学校的建立,1906年学部通令全国创办体育学堂,各省设立体操专修科于省城师范学堂。体育专门学校的出现,标志着我国教育制度在体系构成上有了进一步的改革。[84]由此可见,梁启超在近代教育史、体育史上的思想启蒙影响是巨大的而深远的意义。为近代体育在中国的传播与发展及近代学校体育的兴起和发展做出了贡献。

3. 女子体育思想

梁启超对妇女缠足的危害做了深刻表述,他认为不好的风俗习惯总是容易被世人接受而流传开,而缠足这种"残忍酷烈轻薄狠贱之事"更是在中国"波弥四域,流毒千年","母以此督其女,舅姑以此择其妇,夫君以此宠其妻",这对妇女的身体造成极大伤害,"乱齿未易,已受极刑,骨即折落,皮肉溃脱,创伤充斥,脓血狼藉,呻吟弗顾,悲啼弗恤,哀求弗应,啼号弗闻,数月之内,杖而不起,一年之内,异而后行"。这样的陋习即使有什么深仇大恨的人也不忍为之,更何况是对自己的骨肉呢?"岁狱吏之尊,无此忍心,即九世之仇,亦报不至是。顾乃以骨肉之爱,天性之亲,苟彼俗情,为此荼毒,呜呼!可不谓愚人哉?可不谓忍人哉"?[85]女子在六七岁是本应该接受教育,但是由于被迫缠足,无法正常接受教育。因此,要废除妇女缠足这一伤害妇女身体健康、危害社会的陋习。

梁启超曾在《变法通议》中专门写了《论女学》一章,而后又写了《倡设女学堂启》,草拟了《女学堂试办略章》,论述女子教育问题,提出了女子教育的办学主张。梁启超指出"天下积弱之本,则必自妇女不学始",梁启超指出"女子无才便是德"的传统谬论认为妇女"不识一字,不读一书,然后为贤淑正宗,此实祸天下之道也"。所谓的才女无非是批风抹月、拈花弄草之辈,所学没有任何实用价值,所以梁启超提倡女学,并且是一种经世致用的实学。梁启超认为妇女不能接受教育,则无法谋得职业,只有依靠男子,这样一来,既无法保证自己的社会、家庭地位,又增加了男子的负担。女子通过教育谋得适合的职业,既可以提高自己的地位,增加社会财富,从而实现民富国强。由于女子担负着儿童早期的启蒙教育,能够因势利导,所以"母擅教者,其子之成立也易",[86]妇女接受教育可以提高自身素质,更好地教育下一代。妇女接受教育对于胎教也有很大影响,女子受教育是保证优生的基础,母亲的身体素质关乎下一代的身体健康。梁启超说:"各国之以强兵为意者,亦令国中妇人,一律习体操,以为必如是,然后所生之子,肤革充盈,筋力强壮也。此亦女学堂中一大义也。"这也是提倡女学的一个重要原因,"妇学为保种之权舆也",因此,只有女学兴盛才能实现保种、保国、保教的目的。梁启超指出女学的兴衰关系到国家的强弱,"女学最盛者,其国最强,不战而屈人之兵,美是也。女学次盛者,其国次强,英、法、德、日是也。女学衰,母教失,无业众,智民少,国之所存者幸矣,印度、波斯、土耳其是也"。从而把女学的重要性提高到关系国家强弱存亡的高度,因此他明确主张"欲强国必兴女学"。[87]

在维新思潮影响和维新派人士的倡导下,由中国人自己创办的近代第一所女子学堂——经正女塾于,1898 年 5 月 31 日在上海城南诞生。它由上海电报局局长经元善发起创办,得到南洋大臣刘坤一支持和康有为、梁启超、严复等人襄助,梁启超还为该学堂起草了章程。在筹办过程中,还积极吸取外国先进办学经验,特别邀请中西女客一百二余人为创办学堂提供宝贵意见,在议论中,西人特别强调如何发展女子身心的办学要旨,言曰:"学堂功课繁密,听文诵读之外,必设小花园一所,藉习灌溉培种之法,以资游息而舒畅其志气。再设体操之课,以杜单弱",强调"东西学校无不有体操者,此培体却病之要义,未可忽也",并说"西国女子体操,亦有专门图书,上海别发洋行可购之"。确定其教育宗旨为:"以彝伦为本,所以启其智慧,养其德性,健其身体,以造就将来为贤母为贤妻之始基。"[88] 戊戌变法失败后,由于经费困难,经正女学于1900年中秋节后停办,虽仅存2年,但它是中国人自办女学的先声,开启了中国女子学校教育的新风,从此中国女学教育发展了起来。在维新派妇女解放和兴办女学主张的启蒙影响下,中国妇女中的最早一批新知识分子实现了体育的自我觉悟,在此之后的女子学堂纷纷引入体育课程,体育内容成了女学教育内容的重要组成部分。从此,中国的女子体育开始迈开了蓬勃发展的步伐。

(二)梁启超体育思想评价

梁启超是资产阶级维新派的思想家,他在洞察世界大势潮流的同时,对中国的历史,中华民族的过去以及中国未来的进程,进行了严肃艰苦的求索,提出了一套较为完整的近现代化设计。为新文化运动作了有力的铺垫。他的思想影响了几代人,包括李大钊、陈独秀、鲁迅、胡适、毛泽东、周恩来、郭沫若、邹容、邹韬奋等著名人物。20世纪初梁启超倡导国民树立新的思想和道德观念提高国民素质,认为这是使中国走向民主富强的根本前提。他实际提出了使国民意识、心理和国民精神摆脱中世纪桎梏的问题。即人的近代化问题。近代中国,人的发现极其现代化概念的提出,是社会发展演进的必然产物,是适时而生的富于指导意义的宝贵思想,是近代化由器物层面向制度层面和思想层面深入的合乎逻辑的发展。从立宪变法到改造国民素质的转化,是梁启超救亡图存思想的飞跃与升华,指明了国家和民族的方向和进路。表明国家的近代化当以人的近代化为前提。因此"新民"是国家头等大事,"民弱者国弱,民强者国强"时代表明国家间的竞争归根到底是民族素质的竞争,中国处此"列强并立,弱肉强食,优胜劣败之时代","必其使吾四万万人之民德、民智、民力,皆可与彼(西方列强)相埒,才能从根本上消除内外忧患,才是独立自强的根本出路"。[89]梁启超将体育与民族的前途和国家的命运联系在一起,突出强调体育对培养全面发展的"新民"的不可替代的作用,从而揭示了揭示了体育的社会功能和社会价值,具有重大的创新意义。针对当时国家贫弱、民力萎靡,处处挨打受欺的社会现实,梁启超强调学校体育要高度重祝学生身体活动和对学生尚武精神的培养,从而全面提高民族素质。实现强种进而富国、强国的目标。这些观点具有重要的历史意义和现实意义。此外,梁启超在康有为"全民皆兵"主张的基础上,提倡"军国民体育"思想,而这一思想在此后相当的一个历史时期内,在中国体育思想领域占据了主导、统治地位,并对中国近代体育的生成和发展,起到了极其重要的指导和推动作用。梁启超的体育思想对中国近代体育思想的形成,起到了重要的作用,相对于严复和康有为,他在上述两个方面有着重大的创新和发展。

　　20世纪初年,梁启超以资产阶级的世界观,社会观,人生观,道德观,价值观提出新型国民应该具备的政治、思想、品德与个性心理等方面的素质,其理论基础是达尔文的进化论,卢梭的天赋人权论,法国大革命时期提出的"自由、平等、博爱"原则,以及西方近代国家学说与民族主义观点。这些素质中,国家思想,进取冒险精神,合群,毅力,尚武精神,对当代学校体育探索素质教育观下的体育素质要素的构建具有启迪和借鉴作用。梁启超注意到体育对人的改造不仅是纯生物性的身体教育,而且具有对人的认知,情感,养成不畏艰难、积极进取精神,培养毅力的教育功能。这一思想认识是深刻的,这当中已经包含着体育思想中人文主义思潮的萌芽。无疑具有思想上的先进性。梁启超为探索国民改造问题所做的思考和研究,不仅在当时的中国社会产生了深远的影响,而且在今天仍有重要的启迪和参考价值。当今世界正经历一场巨大的变革,科学技术突飞猛进,知识经济迅速兴起,有知识,高素质人才是最重要、最宝贵的资源这一论断,在全世界已成共识。而梁启超在100年以前就提出,无疑具有前瞻性。因此,可以说在这一点上梁启超预见到将来。梁启超是中国传统文化的总结和终结者,又是新时代、新思想、新文化的启蒙者与拓荒者,是中国现代学术史的开辟者与奠基人。他的学术成就和思想文化成果是19世纪与20世纪之交的中国社会文化的产物,它对进入21世纪的中国社会及其未来发展有着深刻的启示和研究价值。如何吸取本民族所产生的杰出人物的思想资源和精神遗产,实现中华民族的伟大复兴,重塑中华五千年灿烂的体育文化,我们就不能绕过梁启超和他的时代留给我们的诸多思考和启迪。

四、谭嗣同的体育思想

谭嗣同(1865—1898),字复生,号壮飞,又号华相众生、东海褰冥氏、廖天一阁主等。湖南浏阳人,近代维新派政治家、思想家。谭嗣同喜欢游历,因而能够广泛接触下层人民,这使得他对普通百姓的疾苦有更深的了解。早期的谭嗣同对封建伦理纲常和现实社会的弊病很不满,思想中有很强的改革倾向。中日甲午战争爆发之后,感于国家灭亡的危险,谭嗣同思想开始转向资产阶级的改良主义,并积极投身维新运动。维新运动期间,谭嗣同在湖南积极办报、开设学堂、组织学会、兴办矿务,为湖南维新局面的开创做出了很大贡献。在体育方面,他提积极提倡任侠精神;宣传平等观念,主张男女平等,反对妇女缠足;主动辟静,以振奋民族精神;谭嗣同的体育思想对近代中国体育发展产生了较大影响。

(一)思想产生的历史背景

谭嗣同出生于封建官宦家庭,幼年开始接受封建正统教育,但他对八股文、科举考试却没有兴趣,在他父亲的要求下虽然几次参加科考,但均无功而返。谭嗣同不喜欢八股文,却对《庄子》、《墨子》、《淮南子》等被正统儒者称为"杂家"的书籍抱有很浓厚的兴趣,对墨家的任侠精神也大加赞赏,他还爱读《史记》中的《游侠列传》,"斗酒纵横,抵掌《游侠》之传"。[90]因此,在尚武思想方面,谭嗣同对"侠"非常推崇。这在他的诗作中也多有反映,13岁时,谭嗣同曾写下一副对联:"惟将侠气留天地,别有狂名自古今。"18岁又作《望海潮》词自题小照云:"拔剑欲高歌,有几根侠骨,禁得揉搓?"[91]谭嗣同所处的年代,正是近代中国处于封建制度由衰败走向终结的社会转型时期,封建政治及经济的没落,面对资本主义的近代文明黯然失色。1894年,经过明治维新从而一跃成为亚洲资本主义强国的日本,挑起了中日甲午战争。战争最终以清政府的惨败告终。也使得中华民族面临的民族危机空前严峻,几乎到了亡国灭种的境地。如何挽救民族危亡成为当时摆在中国人面前的主要问题。在这种形势下,不甘失败的中国人纷纷起来探索救亡图存之道。有感于国家灭亡的危险,为了救亡图存,谭嗣同思想开始转向资产阶级的改良主义,并积极投身维新运动。谭嗣同接触资本主义文化相对比较晚,正如他所说"三十之年,适在甲午,地球全势忽变,嗣同学术更大变"。[92]直到甲午战争之后,他才与梁启超等人相交,并且阅读许多西方书籍,开始了对西学的接触,通过中西文化对比,他提出了对传统"柔"与"静"的批判,提倡"动"以强身保种等涉及体育的观点。

(二)体育思想内容

1. 对"侠"的崇尚

在中国,"侠"与"武"一直是不可割舍的,由于"侠"者敢于追求自由平等、反抗强暴,"故游侠者,必其与现政府常立于反对之地位者也"。[93]因而也就会受到当权者的压制,而处于一种"隐"的状态。到了晚清时期,严酷的社会现实把救亡图存的重任摆在国人面前,"侠"这一阶层也不甘沉寂下去了,他们纷纷行动起来,为国家的命运和前途而奔走。这也掀起了清末民初的尚武思潮中对"侠"的崇拜,而对"侠"的提倡在当时有很强的现实意义。

维新派谭嗣同则是这种"侠"的代表人物,在他身上,崇侠、重行,能够身体力行的特征表现得淋漓尽致。少年时谭嗣同对游侠非常向往,常以侠士自居,而且喜爱舞刀击剑,"弱娴技击,身手尚便,长弄孤矢,尤乐驰骋"。[94]梁启超在《谭嗣同传》中说他"好任侠,善剑术",[95]谭嗣同另著有《剑经衍葛》一卷。谭嗣同还喜欢结交江湖上的侠士,曾与江湖人士毕永年、林杰等人相交。北游访学期间与吴铁樵在北京广交江湖豪侠,结识了当时北方著名的大侠"大刀王五"王正谊,向他学习刀法,二人结成了忘年之交。

谭嗣同爱读《墨子》,对墨家的任侠精神也很赞赏,在仁学自叙中,谭嗣同写到:"墨有两派:一曰'任侠',吾所谓仁也,在汉有党锢,在宋有永嘉,略得其一体。"[96]汉代的士人和太学生为反对外戚与宦官专权,曾不惜性命与之作斗争;宋代的永嘉学派反对程朱理学空谈性命,提倡经世致用,归结为一点那就是他们所做之事都是为了国家,谭嗣同认为"汉之党锢"、"宋之永嘉""得其一体",是墨侠精神的体现,可见他崇尚的任侠也是以国家为重的,"他所理解的墨侠乃是担负天下重任,亲身实践劳作,而非'抵头拱手以谈性命',对社会危机与民族耻辱麻木不仁","说明他心目中的墨侠精神,即是性命相托,'依仁蹈义,舍命不渝',兼利天下的至大无私;而'仁'之精义,正是这种覆载万物、正大至公、轻其性命以身利人的兼爱"。[97]

谭嗣同在其所著的《仁学》一书中,对游侠的作用给予了肯定,要求统治者重视游侠的重要作用:

> 西汉民情易上达而守令莫敢肆,匈奴数犯边而终驱之于漠北,内和外威,号称一治。彼吏士之顾忌者谁欤? 未必非游侠之力也……儒者轻诋游侠,比之匪人,乌知困于君权之世,非此益无以自振拔,民乃益愚弱而窳败,言治者不可不察也。

他公开提倡游侠之风:"志士仁人求为陈涉、杨玄感,以供圣人之驱除,死无憾焉。若其机无可乘,则莫若为任侠,亦足以伸民气,倡勇敢之风,是亦拨乱之具也。"甲午战争中,清政府一败涂地,被迫签订《马关条约》,日本以一"蕞尔小国"竟能打败自诩为"泱泱大国"的中华帝国,谭嗣同对此进行深刻的反思,他主张中国学习日本的武士道精神,认为尚武精神是日本国势强盛的内在原因,"与中国至近而函当效法者,莫如日本。其变法自强之效,亦由其俗好带剑行游,悲歌叱咤,挟其杀人报仇之气概,出而鼓更化之机也"。[98]"谭嗣同把开展体育运动,倡导武侠之风,提高到了治理国家、振兴民族的高度来认识,不仅闪烁着强种救国的思想,而且洋溢着一片忧国忧民的赤子之心"。[99]

谭嗣同崇尚的墨家思想对他影响极大，使谭嗣同"以墨家的人格理想和自我牺牲精神，作为自己变革社会，拯救人类的信念源泉和人生楷模"，[100]并且要继承墨子"摩顶放踵以利天下"的精神，以毕生精力为天下、为他人做出最大贡献，立志于把芸芸众生从不平等的社会中解救出来为消除世间的不平等而努力。"吾自少至壮，遍遭纲伦之厄，涵泳其苦，殆非生人所能忍受，濒死累矣，而卒不死。由是益轻其生命，以为块然躯壳，除利人之外，复何足惜。深念高望，私怀墨子摩顶放踵之志矣"。[101]可以说，谭嗣同早已经做好了为了国家献出生命的准备。

1898 年 9 月 21 日，慈禧"临朝亲政"，刚刚推行了不过百日的维新变法即宣告失败。谭嗣同在政变发生后，拒绝流亡日本，他说："各国变法，无不从流血而成，今日中国未闻有因变法流血者，此国所以不昌也。有之，请自嗣同始。"9 月 25 日，他在北京"浏阳会馆"被捕，在刑部监狱的墙壁上留诗："望门投宿思张俭，忍死须臾待杜根。我自横刀向天笑，去留肝胆两昆仑。"9 月 28 日，谭嗣同等"戊戌六君子"被害于北京菜市口刑场。临刑前，他高呼"有心杀贼，无力回天，死得其所，快哉快哉"！[102]正是谭嗣同提倡墨侠精神促使他在变法遭到顽固派镇压而面临失败时做出甘愿做变法流血第一人的抉择，希望以自己的慷慨就义唤起千百万的后人继续自己所未能完成的事业。香港著名作家查良镛先生曾说过"为国为民，侠之大者"，谭嗣同一生为了探索中国的富强之路东奔西走，直至献出自己年轻而宝贵的生命，从这一角度来说，谭嗣同确实堪当一个"侠"字，正圆了他早期所追求的侠士梦。

2. 主张男女平等接受教育、反对妇女缠足

谭嗣同认为："重男轻女者，至暴乱无礼之法也，男则姬妾罗侍，放纵无忌，女一淫即罪死。驯致积重流为溺女之习，乃忍为蜂

蚁豹虎之所不为。中国虽亡,而罪当有余矣,夫何说乎?"[103]谭嗣同在《仁学》中提出"仁以通为第一义",而"通之像为平等",男女内外通与男女平等是同义的。为了进一步论证男女平等的合理性,谭嗣同甚至搬出佛学经典,他认为佛教经典中的许多"大经"也主张男女平等,"若夫《华严》、《维摩诘》诸大经,女身自女身,无取乎转,自绝无重男轻女之意也"。谭嗣同认为社会上流传已久的重男轻女思想,必须彻底革除。谭嗣同提出:"男女同为大地之菁英,同有无量之盛德大业,平等相均"。[104]他对传统的男尊女卑提出严厉批评,男子可以三妻四妾,而女子"一淫乃罪至死",这是极为不平等的。他对社会上的重男轻女导致的"溺女"等传统恶习,非常愤恨,坚决主张男女平等。谭嗣同对严重摧残妇女身心健康的缠足恶习更是深恶痛绝,他指出缠足是一种变态的社会审美观,是他列举的几种"杀机"中的"暴著者",他说"同一女色,而妙龄室女,尤流俗所涎羡,非欲创之至流血哀啼而后快耶?杀机一也。穿耳以为饰,杀机又一也。又其甚者,遂残毁其肢体,为缠足之酷毒尤杀机之暴著者也"。他从封建制度的深层揭露了缠足的社会根源:"曰,锢妇女使之不出也;曰,严男女之际使不相见也。"这正是为了巩固封建男权专制,谭嗣同忧患地指出:"华人若犹不自省其亡国之由,以畏慑而亟变缠足之大恶,""将不惟亡其国,又以亡其种类"。[105]

　　1897 年 4 月,梁启超、谭嗣同等十余人在上海以《时务报》馆名义,登报发起组织不缠足会。1898 年 3 月,谭嗣同又与黄遵宪等在长沙设不缠足总会,谭嗣同亲自主持工作,拟定了《湖南不缠足会嫁娶章程》,在谭嗣同等人的努力下,湖南不缠足运动在全国是最有特色和活力的,在城乡都有相当规模,到 1898 年 7 月前后,湖南全省参加不缠足的成员已达数十万人。在维新派的宣传鼓动下,各地不缠足会纷纷成立。

　　近代不缠足运动是一场妇女解放运动,谭嗣同等人提倡的"男女同权","废缠足",兴办"女学",创立"女学塾"等主张,使得妇女走出闺房走上社会成为一种普遍现象,妇女开始参加一些社会活动,包括接受教育、从事体育活动特别是废缠足,促进了女子身体的解放,破除了封建旧俗,无论在身体上还是思想上都使中国妇女得到了一定程度的解放。为中国近代女子体育的开展打下了一定的基础,对近代我国女子体育的兴起作出了贡献。

　　谭嗣同还积极提倡女子教育,他认为:"欲强国,必储人才;欲植人才,必开幼学;欲端幼学,必禀母仪;欲正母仪,必由女教,""妇学实乃天下存亡之大原也"。[106]而且"凡人莫不愿其女之贤,则女学万不可不讲。己即无女,亦莫不愿其妇之贤,则应出赀,随地倡议女学塾,塾之大小惟其力,以助人之女为学,安知非助己之妇为学",[107]因此,谭嗣同积极劝导世人支持兴办女学,希望各地开明人士能够支持创办女学堂。谭嗣同还提出要对女子进行强迫教育,要求女孩七八岁就进入女子学堂接受教育,如果不能实现就要"罪其父母",这种激进的强迫教育的思想已经显示出了他义务教育思想的端倪。谭嗣同还很重视社会舆论宣传的作用,他积极支持夫人李闰联合妇女界创办中国女学会,出版《女学报》,积极宣传男女平等、倡导女学。谭嗣同虽然没有专门的著述论述妇女教育问题,但也提出了自己独到的见解。

3."主'动'辟'静'"

　　谭嗣同对中国两千年封建文化所倡导的"静思"、"静坐"极为痛恨,他对道家代表老子李耳进行了严厉批判,指出"李耳之术乱中国也,柔静其易知矣"。[108]"天行健,自动也。天鼓万物,鼓其动也。辅相裁成,奉天动也"。无论是自然界还是人类社会,都是运动变化发展的,《周易》中也对阴阳变化以及动静变化做了辩证分析,"《易》抑阴而扶阳,则柔静之与刚动异也"。谭嗣同认为是老子哲学思想中的"静"、"无为"导致两千年来中国社会的柔弱之风盛行,"乌知乎有李耳者出,言静而戒动,言柔而毁刚",从普通学子到士大夫阶层再到诸侯王直至最高统治者都在学习这种所谓柔术,无论是学者的治学态度还是统治者的治国之道都深受这种思想的影响,"乌知乎学子术焉,士大夫术焉,诸侯王术焉,浸淫而天子亦术焉,卒使数千年来成乎似忠信似廉洁、一无刺无非之乡愿天下,言学术则曰'宁静',言治术则曰'安静'"。统治阶层每天所干之事无非是"力制四万万人之动,执其手足,涂塞其耳目",[109] 使这四万万人民处在一种一成不变的模式之中,在这种情形之下,"教安得不亡,种类安得而可保也",[110] "主静者惰归之暮气也,鬼道也",[111] "惟静故惰,惰则愚;惟俭故陋、陋又愚"。[112] 可以说是"柔静"之说使得中国教之将亡,种几不保,把中国推向了灭亡的边缘。反观西方资本主义强国,却是另外一番不同景象,"西人以喜动而霸五洲,驯至文士亦尚体操,妇女亦侈游历,此其崛兴为何如矣",[113] 要想像西方资本主义国家那样"崛兴",就必须动起来。因此,谭嗣同"力主参加体育运动,以培养'威力、奋迅、勇猛、大无畏、大雄'的气质,使个华民族堰动奋历而雄强刚猛"。[114] 但是,他对"西人之喜动,其坚忍不挠"做出"以救世为心之耶教使然也"[115] 的评价却未免有失偏颇。

长久以来,中国人一直自认为是泱泱大国,处处以华夏礼仪之邦自居,守着老祖宗的陈章旧法不变。到了近代,面对西方列强的侵略,处处被动挨打,不仅没了大国的体面,甚至到了将近灭亡的境地。谭嗣同通过批判封建文化中的"静",给世人思想上以有力的冲击,尤其是对那些坚持"祖宗之法不可变"的顽固思想给予了有力的回击，"谭嗣同的思想，崇尚'动'，对中国自古以来不知求变的'柔'与'静'，害得中国成一四万万人之乡愿国，使得教难以为保，种类几近于亡，提出了强烈的批判，所以力倡动以强身保种"。[116]中国已经到了危难的关头，中国人不能再静思不动，女子也应该走出闺房，号召国人动起来，以挽救国家危亡。谭嗣同大声疾呼："诸君诸君！我辈不好自为之，则去当奴隶、当牛马之日不远矣！"[117]

（三）谭嗣同体育思想评价

甲午战争的失败，把亡国灭种的残酷现实摆在国人面前，维新派此时正式登上政治舞台，希望统治阶级能够从上到下进行改革，以挽救风雨飘摇中的晚清中国。作为维新派的重要代表人物之一，谭嗣同所提出的各项变革主张体现了晚清知识分子的爱国情怀，他的体育思想也体现出了这一重要特征。

谭嗣同作为近代史上著名的维新思想家，他选择在传统理论的框架之内，利用新的思想资源，给传统学说以新的建构。谭嗣同受中国传统墨家兼爱、平等、任侠思想影响，在其身上体现出的任侠精神，促使他以解救天下黎民百姓为己任。谭嗣同对墨家思想的重新审视，"以墨家的人格理想和自我牺牲精神，作为自己变革社会，拯救人类的信念源泉和人生楷模"，[118]同时提倡任侠精神借以唤醒国人以强国保种的信念。他提倡尚武精神，以期改变中国当时的"文弱"之风。

谭嗣同所提倡的"动"所蕴含的是一种深层次的体育精神，以振奋民族精神；谭嗣同从资产阶级的"自由"、"平等"的道德观念出发宣传男女平等，反对妇女缠足。谭嗣同体育思想内容中的创新之处，主要体现为他的男女平等思想和他的关于体育之动与静辩证统一思想,这两点内容中,都蕴含了他对体育在文化层面的初步认识。

第二节 "新政"时期的体育思想

20世纪初年,晚清政府经历了甲午战争的惨败之后、又处在义和团运动和八国联军进犯的威胁下,为了继续维护其统治,晚清政府不得不在国策上有所转变,以1901年4月成立督办政务处为标志,开始逐步推行以改革官制、兵制、学制、奖励工商为主要内容的"新政",史称清末"新政"。清末"新政"总结了19世纪晚清现代化的经验教训,继承并进一步将"戊戌变法"的改革内容扩大和深化。"新政"时期,清政府再次将废科举、兴学堂提上议事日程,不但使新式学堂的发展有了制度的保障,也使西方近代体育文化进入学堂的课程有了制度的保障。

一、张之洞的体育教育思想

张之洞(1837—1909),河北南皮人,晚清洋务派的代表人物之一。他出身于世代为官的封建官僚家庭,自幼受到封建礼教的熏陶,极为重视儒学的正统地位,特别注重弘扬儒学兴教化、正人心的现实政治功能。张之洞不仅是一位位高权重的封疆大吏,同时也是一位既有教育理论又有办学实践经验的近代教育家。他热心兴办各类新式学堂,积极引进推广西方国家的科学技术,努力培养中国近代化所需的各种人才,从而确定了其近代教育家的历史地位,被后人称之为"我国半殖民地半封建教育制度的重要奠基人"。[119]

（一）张之洞的体育教育思想产生的背景

鸦片战争后，一批深受儒学思想洗礼，力图济世救困的爱国之士，面对中国内忧外患的政治经济形势，大力提倡经世致用的哲学，使经世之潮再兴。经世致用思想是中国传统文化的核心内容，儒学所提出的"正心、诚意、修身、齐家、治国、平天下"的理想教育模式，本身即是经世致用思想的最佳体现和诉求。"通经致用"也是张之洞早期教育指导思想上的一个重要特点，他办学目的即为培养能够掌握广博的中国传统文化知识，并能躬身践履，将所学知识应用于社会实践，报效国家的知识型和社会型人才。

在经历了中法战争的屈辱结局和中日甲午海战的惨败后，清王朝割地赔款，丧权辱国，民族危机日益加剧。张之洞作为晚清重臣，他深刻地认识到仅仅通经致用，以传统的经世之学是无法挽救当时岌岌可危的时局的，欲使中国富国强兵进而达到足以与西人对抗的目的，非效法西人之技不可。此后，张之洞提倡"中体西用"，"由传统学术中求致用，转变为由中西学术中求致用"，力图使中学与西学并驾齐驱，相补益彰。他指出："人皆知外洋各国之强由于兵，而不知外洋之强由于学。夫立国于人才，人才出于立学，此古今中外不易之理。"[120]今日中国欲转贫弱为富强，舍学校更无下手之处。因此兴学育才是最根本途径。张之洞在《劝学篇》中指出："国势之强弱在于人才，人才之消长在于学校，环球各国竞长之争雄，莫不以教育为兴邦之急备。"张之洞重视对人才的培养，把兴学育才作为立国强本的重大举措。张之洞把主要精力转向了教育事业，以求在更深层次的变革中取得更大的成就，促使晚清教育开始向近代化方向转变。

清末社会，针对中国落后挨打，频遭列强侵略宰割的政治局面,无论是洋务派还是维新派都大力提倡"西学",而维新派作为新生力量更比洋务派激进,他们抱着"强国御侮"的目的,竭力主张改革政治和教育。他们认为中国衰弱的根本原因在于教育不良,所以救亡之道应从改良教育提倡西学入手,于是在戊戌变法前夕,各地维新人士纷纷组织学会,创办学堂,提倡体育活动,西学之全面传播已势不可挡。维新派德、智、体三育并重的思想,使体育不仅用于军事操练,而且深入到教育领域,成为整个教育结构不可缺少的组成部分。如梁启超就鼓励青年学子"把自己的身体和精神十二分地注意锻炼、修养,预备着将来广受孟子所谓'苦其心志,劳其筋骨,饿其体肤,空乏其身,行弗乱其所为'者"。[121] 作为强体、强民、强国、救亡图存的重要条件,在社会上影响极大。对促进近代体育在学校的初步实施和发展,起着极为重要的作用。这种文化思潮对张之洞的体育教育思想的形成产生一定的影响。

(二)张之洞体育教育思想的内容

1. 倡导德、智、体三者并行的教育方针

张之洞由"通经致用",发展到"中体西用",并逐渐发现即使具有"体用兼备"的特征,倘无坚强的意志和相应的责任感,也很难成为有用的人才。而青年个人意志与责任感的培养,其见效迅捷者莫过于体育教育。1901年张之洞在上奏"变通政治人才为先遵旨筹议折"中提出,人才培养原则有三:即道艺兼通、文武兼通、中西兼通。对人才素质的要求更加全面,把新式教育向前又大大地推进了一步,其中已隐含其尚处于萌芽状态的体育教育思想。当然,此时张之洞所主张的"新旧兼学"、会通中西,并非不分主次,等量齐观,而是始终将中学、旧学置于首要的、核心的地位,将西学、新学置于次要、辅助的地位。

1902 年张之洞在"筹定学堂规模次第兴办折"提出了"考日本教育,总义以德育、智育、体育为三大端,洵可谓体用兼赅,先后有序。礼失求野,诚足为我前事之师。虽中国地广人多,时艰帑绌,改弦更张之始,凡诸学制固不能遽求美备,而宗旨不可稍涉模棱,规模不可过从简略"。[122]此为张之洞奏折中首次提及体育以及对日本德、智、体三育观的赞赏和肯定。张之洞论述德育、智育和体育全面发展时强调"体用兼赅,先后有序"。无疑以德育为体,以智育、体育为用,"外国学堂于智育体育外尤重德育,中外固无二理也,应有所借鉴"。[123]因此他积极倡导德、智、体三者并行的教育方针,强调人才成长应该全面发展,但更重要的是要人品端正,知道怎样做人。为了体现品学兼顾的教学宗旨,他在《学务纲要》中明确指出:"学堂不得废弃中国文辞,以便读古来经籍。中国各体文辞,各有所用,历代相承,实为五大洲文化之精华。且必能为中国各体文辞,然后能通解经史古书,传述圣贤精理。"《学务纲要》要求学堂注重传统文化的学习,加大了各级各类学校经学课程的比例,"中小学堂宜注重读经以存圣教。外国学堂有宗教一门,中国之经书,即是中国之宗教,若学堂不读经书,则是尧舜禹汤文武周公孔子之道,所谓三纲五常者尽行废绝,中国必不能立国矣。……故无论学生将来所执何业,在学堂时经书必宜诵读讲解"。由此可知,张之洞所倡导的德育,仍未脱离佛家德化教育的价值范畴。

张之洞的智育教育也贯彻了重视德育的思想,他在《学务纲要》中规定小学堂各门课程以汉文讲授,不另习洋文,"以养成国民忠国家,尊圣教之心为主"。学堂内讲习西国的政法,必须"中西兼考,择善而从,于中国有益者采之,于中国不相宜者置之"。

张之洞的体育教育主要强调军事训练,培养学生强健的体魄,规定"各学堂一体练习兵式体操以肄武事,并于各高等学堂中讲

授军制,战史,战术等要义"。[124]张之洞根据自己的教育活动和实践
体会到品德端正的重要,在论述人才德育、智育、体育全面发展时,
没有把这三个方面等量齐观、并行论列,特别强调人才培养应"体
用兼赅,先后有序",即以德育为体,以智育、体育为用;德、智、体
三方面轻重先后有序,这既是他"中体西用"教育思想的一贯体
现,又是中国德化教育传统的继承。由于在张之洞眼里,体育是属
于西学范畴,因此他的体育思想基本是模仿日本体育教育思想。

2. 将体操纳入整个正规的学校体制之中

　　甲午战争日本以蕞尔小邦大败中国,并导致战后列强掀起瓜
分中国的狂潮,这一局势使张之洞深感与西方列强相处,没有公理
信义可言,唯力与利是尚,"和局不可靠,条约不可信"。[125]他认为
德国的强大与它的军国主义分不开的,日本的崛起与日本人的武
士道精神亦有着必然的联系,并认为中国要自立于世界民族之林,
必须崇尚武力,要以武力对付武力。由于张之洞较早地认识到德
育、智育、体育全面和谐发展的必要性,在 1898 年 5 月,张之洞在
一份奏折中曾就改变中国右文下武之习,提出了一个"寓科举于
行伍"的建议。他认为:西方国家的人民皆以当兵为荣,"王子之
尊,下济戎卒,一队之长,荣若登仙"。社会敬重军人,以致军人自
尊自爱,"修饰行检,过于儒士"。"今欲重武厉兵,而积习已染,不
能骤改,尽心劝勉,亦恐无裨,惟有厉行伍以科举之一法,使其非由
行伍不得科举,非由科举不得将官,爵禄所在,则杰士争趋,流品既
殊,则廉颇自立,将领不肯侮辱,旁人不敢轻贱"。[126]他在《劝学
篇·兵学》中强调,"兵必须学","教将士之本务有二:曰知忠爱,
曰厉廉耻",而要使将士能"知忠爱"、"厉廉耻"的办法是"尚武
功",但是"今日朝野,皆知练兵为第一大事,然不教之于学堂,技
艺不能精也"。[127]从中可以看出其将"尚武"寓于教育中的主张。

　　1901 年 12 月至 1902 年 1 月,张之洞又派罗振玉、刘洪烈一行专门考察日本学校。罗振玉详细收集了有关日本教育制度的各种章程,回国后在《教育世界》杂志上连续译载近百件,并发表了《学制私议》、《日本教育大旨》等介绍日本教育制度的系列文章。罗振玉在《日本教育大旨》中指出,对于体育,日本"全国则尽力于此,盖立此竞争之世界,若人民身体孱弱,国力即不得而强,事业学问均无所附丽,其害不小也";中国体育"亦亟宜注意,但必以游戏为柔软体操之预备,以柔软体操为器械及兵式体操之预备,循序渐进,此国民强弱之根元,欲行全国征兵之制,此为起点,不可不格外注意者也"。[128]这些见解为张之洞制订湖北学制提供了重要借鉴。张之洞认为兵操对于国家的军事发展具有重要的作用。因此,张之洞规定:"各书院学院学堂,一律兼习体操、兵操"。[129]并把中学堂分为文普通中学和武普通中学,认为,"小学之上,普通学为最要。小学所以教为民之道,普通学所以教学为士、学为兵者之道";武普通中学"日本名为中央幼年学校,非由此学出者不得入士官学校。……武普通学科与文普通同,惟操场功课加密,并加入步兵操典、野外要务令、工作教范、技击、泅水、马术、野外工作、打靶等科"。[130]为使学生、士兵牢记尚武精神,张之洞亲自撰写了《学堂歌》和《军歌》,饬发湖北各学堂学生、各营兵勇,要求歌唱并熟记:

　　　　天地泰,日月光,听我唱歌赞学堂。圣太子,图自强,除去兴学别无方。教体育,第一桩,卫生先使民强壮。体操学,兴衰旺,人人胜兵其国昌。[131]

从歌词中可以看出,张之洞对体育的认识和重视达到了前所未有的高度,他认为体育是以身体健康教育为导向;体操是以强身与自卫为导向的军事教育。

1903 年,张之洞开始主持癸卯学制的制定,为他德育、智育和体育全面和谐发展教育思想走向制度化提供了很好的契机。张之洞认为体育教育重在加强军事训练,他主持制定的癸卯学制从普通学堂到师范学堂、实业学堂各类学堂中每个年级均设有体操科目,内容有普通体操和兵式体操,两者中以兵式体操为主。癸卯学制中的普通体操主要采用德国式、瑞典式体操的基本动作,外加一些器械体操;兵式体操则援引德国、瑞典模式,分柔软体操、单个教练、小队教练、中队教练、枪剑术、野外演习等。教学方法为军事训练,该科目在课时分配中所占到的比例也从壬寅学制中规定的5.3%上升至5.6%。[132]

癸卯学制是一个完备的全国性学制体系,在具体实施上都有详细的规定,《初等小学堂章程》规定,对于小学堂的学生,体操的要义在于,"使儿童身体活动,发育均匀,矫正恶习,流动其气血,鼓舞其精神,兼养成其群居不乱、行立有礼之习;并当导以有益之游戏及运动,以舒展其心思"。

《高等小学堂章程》规定,高等小学堂的学生的体操应使其"身体各部均齐发育,四肢动作敏捷,精神畅快,志气勇壮,兼养成其乐群和众遵守纪律之习,宜以兵式体操为主"。

《中学堂章程》规定,"中学堂体操宜讲实用;其普通体操先教以准备法、矫正法、徒手哑铃等体操,在进则教以球竿、棍棒等体操。其兵式体操先教单人教练、柔软体操、小队教练及器械体操,再进则更教中队教练、枪剑术、野外演习及大意"。

《高等学堂章程》规定,高等学堂除体操(以兵式体操为主)外,另增兵学一科,主要学习外国军制学、战术学大意、各国战史大意等。[133]另外,师范教育、职业教育皆有"体操"一科,并以兵式体操为主。

1903 年 12 月，张之洞在把新拟定的章程送呈瞿子玖的书信中强调："学堂兵操万不可少。……所谓兵式体操者，乃操练步法行列并演习放枪之式，若无枪械，即操法不全……。此乃环球各国办学者第一注意之事，在中国今日学堂尤为自强要端，""似不宜删除也"。[134]张之洞历经近代中国与西方列强的每一次重要战争，任人宰割的战争结局令其痛心疾首，同时，他注意到列强不但兵器、战法先进，而且士兵身体强壮、精神抖擞，与深受鸦片之害的清兵相比有天壤之别，这都得益于列强重视体育和军事教育，也使张之洞较早地认识到了体育的重要性。1903 年，张之洞开始主持癸卯学制的制定，重视体育的精神被带到了癸卯学制中，该学制是近代中国第一个由政府颁布的新型教育制度，并借助清政府的力量在全国范围内进行推广，癸卯学制颁布后，以军国民主义为指导，以兵操为手段的近代体育在中国各地学校中得以普遍实施。"既设学校，必有体操，无体操几不成其为学校矣"[135]。全国各地各级学校都开设了体操课，体育师资的迫切需要，促进了体操专科学校的诞生与发展。清廷在颁布《奏定学堂章程》时，明确规定"学堂之体操场必宜分室内室外两处"，要办学校就要必备操场，这条规定打破了旧时只要有几间房子便可办起一所学塾的陋习。此条规定还成了新式学堂的一项惯例一直沿袭下来，我国学校运动场地由此发展起来。近代体育从学校逐渐传到社会，又促使一些公共体育场在一些地区省城或者较大城市陆续修建了。相应的体育场地和设施的建设，对于培养国民的尚武精神和军事素养，改变重文轻武的风气有着特殊意义。

（三）张之洞体育思想评价

张之洞被称为清末第一通晓学务之人，[136]在其四十余年的仕宦生涯中，几乎一直没有□断过教育活动。张之洞经数十年"学政、督抚的历练，积累了丰富的从政经验和处理各种疑难问题的能力"。[137]清末"新政"时期有关教育的每一项重大兴革，都与他的奏议和参加有关。张之洞把体育课纳入学校教育当中，并积极构建体育的教学内容努力将其制度化，从德、智、体三方面对受教育者施加影响，课程内容从高等小学堂开始，体操以兵式体操为主。他认为这样可以促成青少年的发育，养成健康之体魄。严明纪律，培养学生的勇气及合群性等品质。张之洞主持制订的癸卯学制系中国近代首项系统的学校教育制度，其中关于体操科目的规定，标志着近代学校体操第一次列入中国教育制度之中，它开创了近代中国学校教育设置体育课程的先河，也标志着近代中国学校体育教育制度已初步建立。

随着新式学堂的兴起，癸卯学制规定的体育教育以学校为基地逐渐扩展到整个社会，对我国近代体育的全面开展产生了深远的影响。张之洞这两方面的体育思想，在中国近代体育思想的传承和演变中，都具有开创性的意义和价值。他的体育思想也使西方近代体育文化进入学堂的课程有了制度的保障。此时期的学堂体育对于西方近代体育在中国的传播、中国近代学校体育的发展有着不可忽视的作用。学堂体育是近代学校体育的开端，其发展是西方近代体育在中国由开始传入到广泛传播的重要枢纽。

中国近代体育思想的萌芽时期

群体	代表人物	思想内容		核心思想
		针对的问题	主要观点	
维新派	严复	体育的功能和价值	强国保种；	体育救国
			鼓民力，开民智、新民德；	
			提倡优生保健；	
	康有为	体育的功能和价值	提倡强兵尚武之道；	体育救国
			提倡德、智、体全面教育思想；	
			强国保种；	
	梁启超	体育的社会功能和价值	德、智、体全面教育思想；	体育救国
			倡导"尚武精神"培养"新民"；	
			强种救国；	
	谭嗣同	体育的社会功能和价值及对体育在文化层面的初步认识	主"动"辟"静"；	体育救国
			提倡"任侠精神"；	
教育家	张之洞	体育的功能、价值	学堂兵操万不可少；	体育救国
			体用兼赅，先后有序；	

小　结

　　甲午战争的失败，将中华民族推到了亡国灭种的边缘，救亡图存成为摆在国人面前的亟须解决的主要矛盾。为了挽救民族危亡，维新派希望通过一系列的改革措施摆脱危机。严复是中国近代史上真正接受西方近代体育思想的第一人、开创者。他认为要救亡图存需标本兼治，所谓"标"是指"收大权、练军实"等改革措施,而"本"则在于"民智、民力、民德",也就是国民的整体素质,从而揭示了民族素质的提高和人民体质的增强是"保种"的关键。严复主张从教育改革入手。而康有为、梁启超和谭嗣同等人主张实行君主立宪,实行政治、经济、军事、教育等一系列自上而下的改革。在他们的教育改革主张中,体育作为培养人才的重要手段而受到高度重视。相对于洋务派,维新派对近代西方体育的功能有了更进一步的认识,体育可以健身卫国,体育能承担复兴种族、解救民族危机的重任。因此,他们从资产阶级全面教育的意义来认识和阐述体育。同时主张将体育纳入学校教育,使得体育成为整个教育结构不可缺少的组成部分。这是对洋务派强国强兵思想的继承和发展,扩大了近代体育的内涵,在国民的意识中,形成了"强国、强种、强兵"的认识。维新派希望用新式教育培养符合时代发展要求的德智体全面发展的人才,而他们对于体育的提倡主要是出于体育的强身健体作用,其目的是挽救民族危亡,摆脱国运困厄的时局,充分体现了维新派体育思想鲜明的救亡图存的时代特征。维新派为了宣传变法主张,一方面积极吸收西方资本主义国家及日本的先进理念,另一方面还从中国传统文化中吸取积极因素,来为他们的变法主张提供理论支撑,因此维新派思想体现了思想渊源的多元化特征,而他们的体育思想也表现出这一重要特征。维新派不仅注重体育思想的研究和宣传,同时也将自己对西方体育的认识付诸实践,早在戊戌变法前,康有为就曾在广州开设万木草堂,以新的教育模式培养变法急需的人才。严复长期担任北洋水师学堂总教习一职,期间大力推行近代西方体育课程。康有为很早就反对妇女缠足,并带头创办不缠足会,在维新运动期间,谭嗣同、梁启超也积极推动创办不缠足会,这些组织活动直接地解放了妇女身心,也间接地促进了中国近代女子体育的发展。

维新派从理论与实践两个方面对中国近代体育的发展起到了极大地促进作用,引起了整个社会对体育的广泛关注。维新派以救亡图存为目的,指出国民体质的提高对于保种图存的重要意义,适应了危机中的人们求强求变的迫切愿望,在当时社会上一定范围内形成了"耻文弱"的风气,维新派从"尚武强国"的角度对体育的提倡也为后来军国民体育思想的兴起埋下了伏笔。

　　清政府在镇压了"戊戌变法"运动之后,又遭到了义和团运动和八国联军侵略的双重打击,迫于国内舆论的压力和维护封建统治的需要,于1901年开始实行所谓的"新政"。新政时期,所实行的一系列的教育举措基本沿用了维新派的教育主张。张之洞在这一时期对体育思想之突出贡献,则表现为他在学习借鉴西方尤其日本先进体育思想的同时,提出了"体用兼赅,先后有序"的主张,并将日本先进体育思想和中国优秀文化传统的体育观付法于学校教育计划和制度之中,使西方近代体育文化进入学堂的课程有了制度的保障。同时我们也应该看到近代学校的体育内容仅仅局限在兵式体操和普通体操等项目上,而西方近代体育的田径、球类等项目及竞赛,还只是在国内的基督教青年会与教会学校中实施开展,并没有纳入到思想主体的视野之中。尽管如此,我们认为张之洞体育思想,在中国近代体育思想的传承和演变中,具有开创性的意义和价值。学堂体育是近代学校体育的开端,其发展是西方近代体育在中国由开始传入到广泛传播的重要枢纽。

注　释

1　冯善保:《严复传》,团结出版社,1998 年,第 26—27 页。

2　王俊奇:《近现代二十家体育思想论稿》,人民体育出版社,1993 年,第 2 页。

3　王恩溥:《中国体育史参考资料》第 3 辑,人民体育出版社,1958 年,第 121 页。

4 5 6 7 9 22 严复:《社会剧变与规范重建》,上海远东出版社,1996 年,第
529、512、18、21、31、30 页。

8 10 15 18 19 21 李力研《野蛮的文明》,中国社会出版社,1998 年,第 208、
300、289、304、299 页。

11 李泽厚:《中国近代思想史论》,人民出版社,1979 年,第 283—284 页。

12 严复:《支那国俗．孟德斯鸠法意》(上),商务印书馆,1981 年,第 406 页。

13 严复:《天演论》,中州古籍出版社,1998 年,第 412 页。

14 135 《中国近代体育史资料》,四川教育出版社,1988 年,第 357、108 页。

16 20 严复:《原强》,《社会剧变与规范重建》,上海远东出版社,1996 年,第 18、
25 页。

17 严复:《社会剧变与规范重建》,《社会剧变与规范重建》,上海远东出版社,1996
年,第 24 页。

23 《教育思想—中国近代教育史资料汇编》,上海教育出版社,2007 年,第 313 页。

24 熊晓正、林登辕:《从尚武教育的张扬到体育真义的探讨》,《体育文史》,1997 年,
第 3 期。

25 康有为:《上清帝第二书》,《变法以致升平》,上海远东出版社,1997 年,第 272 页。

26 28 康有为:《六艺(中)射御第十九》,《变法以致升平》,上海远东出版社,1997
年,第 60、60 页。

27 康有为:《长兴学记》,《变法以致升平》,上海远东出版社,1997 年,第 132 页。

29 汤志钧编:《康有为政论集》,中华书局,1981 年,第 272—274 页。

30 31 汤志钧:《康有为政论集》上册,中华书局,1981 年,第 131、200—307 页。

32 康有为:《康有为全集》第 1 集,上海古籍出版社,1987 年,第 558 页。

33 38 41 何叙:《康有为的学校体育思想》,《体育科学》,2004 年,第 3 期。

34 李喜所、元青:《梁启超传》,人民出版社,1997 年,第 37 页。

35 赵泉民、井世杰:《康有为万木草堂"变政"教育新议》,河南师范大学学报,2001
年,第 3 期。

36 张培基:《英译中国现代散文选》(3),上海外语教育出版社,2007 年,第 28 页。

37 40 42 43 44 45 46 47 48 梁启超:《康有为传》,团结出版社,2004 年,
第 42、218—222、223、222—223、224、224—228、205—223、222—224、227—228 页。

39 马纯英:《黄兴体育思想研究》,湖南师范大学,2007 年,第 19 页。

49　53　54　　康有为:《大同书》,辽宁人民出版社,1994 年,第 171、155—156、190 页。

50　康同璧:《清末的不缠足会》,《中国妇女》,1957 年,第 5 期。

51　马洪林:《康有为大传》,辽宁人民出版社,1988 年,第 43 页。

52　汤志钧:《康有为政论集》,中华书局,1981 年,第 336 页。

55　《文史资料选辑》第 31 辑,中华书局出版社,1962 年,第 239 页。

56　李剑萍:《康有为教育思想研究》,辽宁教育出版社,1998 年,第 198 页。

57　楼宇烈:《康南海自编年扑谱》外二种,中华书局,1992 年:第 224—268 页。

58　康有为:《长兴学记》,广东高等教育出版社,1991 年,第 106 页。

59　康有为:《康有为全集》第 3 集,上海古籍出版社,1987 年,第 935—936 页。

60　黄克武:《一个被放弃的选择》(梁启超调适思想之研究),台北"中央"研究院近代史研究所,1994 年,第 21 页。

61　62　65　71　85　86　87　　梁启超:《饮冰室文集点校》,云南教育出版社,2001 年,第 26、47—50、47—50、212、173、44、45—46 页。

63　《资产阶级改良派、民主派几个代表人物论学校体育》,武汉体育学院学报,1980 年第 1 期。

64　梁启超:《饮冰室合集·文集》第 38,中华书局,1989 年,第 68 页。

66　何叙:《梁启超的体育观》,《体育文化导刊》,2005 年,第 4 期。

67　李华兴、吴嘉勋:《梁启超选集》上海人民出版社,1984 年,第 119 期。

68　丁文江、赵丰田:《梁启超年谱长编》,上海人民出版社,1983 年,第 272 期。

69　70　　梁启超:《新民说》,中州古籍出版社,1998 年,第 185—188、182—192 页。

72　李华兴、吴嘉勋:《梁启超选集》,上海人民出版社,1984 年,第 243 页。

73　75　76　77　　梁启超:《新民说》中州古籍出版社,1998 年,第 189、182、189—192、182—191 页。

74　余海岗:《清季尚武思潮研究》,广西师范大学,2005 年,第 24 页。

78　陈其泰等编:《梁启超论著选粹》,广东人民出版社,1996 年,第 293 页。

79　夏晓虹辑:《饮冰室合集集外文》上册,北京大学出版社,2005 年,第 14 页。

80　82　　刘泗:《中国之武士道·前言》,中国档案出版社,2006 年,第 1、2—3 页。

81　83　　丁守伟:《论晚清尚侠思潮》,陕西师范大学,2007 年,第 2 页、8 页。

84　韩玉霞:《清末民初的军国民教育》,《史学月刊》,1987 年,第 5 期。

88　欧海燕:《近代女子教育与妇女体育发展关系之研究》,武汉体育学院,2007 年,第

11 页。

89 梁启超：《饮冰室》专集之 4，中华书局，1998 年，第 118 页。

90 91 94 95 96 98 101 102 103 104 105 107 108 109 110 111 112 113 115 117 谭嗣同·《谭嗣同全集》（增订本），中华书局，1981 年，第 8、9、8、543、289、344、289、546、304、304、303、396、321、320、321、323、325、321、321、405 页。

92 谭嗣同：《谭嗣同全集》（上），中华书局，1981 年，第 259 页。

93 梁启超：《中国之武士道》，中国档案出版社，2006 年，第 168 页。

97 《李禹阶谭嗣同的墨侠精神与墨家思想》，《重庆师范大学学报》（哲学社会科学版），1991 年第 3 期。

99 蒋松卿：《谭嗣同与体育》，《体育史论文集》（3），中国体育史学会编，1987 年，第 141 页。

100 116 118 李春雷：《清末民初的价值主脉》，西北大学，2002 年，第 19、27、2 页。

106 《时务报》第 25 册，1897 年 5 月 2 日。

114 许义雄：《中国近代体育思想》，启英文化，1997 年，第 65 页。

119 许同莘：《张文襄公年谱》，商务印书馆，1944 年，第 173 页。

120 张之洞：《张文襄公奏稿》卷 32，商务印书馆，1944 年，第 53 页。

121 崔荣华：《梁启超的家教之道》，《南通师范学院学报》（哲学社会科学版），2004 年，第 4 期。

122 张之洞：《张文襄公全集》卷 57，北京文华斋刻本，1928 年，第 12 页。

123 舒新城：《近代中国教育史料》第 2 册，中华书局，1958 年，第 928 页。

124 舒新城：《中国近代教育史资料》上册，人民教育出版社，1961 年，第 202—210 页。

125 张之洞：《张文襄公全集奏议》37，中国书店，1990 年，第 18—19 页。

126 寿朋：《光绪朝东华录》（4），中华书局，1958 年，第 4114 页。

127 苑书义、孙华峰、李秉新：《张之洞全集》第 12 册，河北人民出版社，1998 年，第 9757—9760 页。

128 罗振玉：《日本教育大旨》（教育世界），1901 年，第 3 期，第 235 页。

129 130 王树楠：《张文襄公全集奏议》卷 57，文海出版社，1973 年，第 3913、3919—3921 页。

131 苑书义、孙华峰、李秉新：《张之洞全集》第 6 册，河北人民出版社，1998 年，第

4258—4265 页。

132　《清末民国时期中学教育研究》,华东师范大学出版社,2002 年,第 90 页。

133　舒新城:《中国近代教育史资料》上册,北京人民教育出版社,1981 年,第 567—578 页。

134　张之洞:《张文襄公全集》卷 220,北京文华斋刻本,1928 年,第 20 页。

136　朱寿朋:《光绪朝东华录》,中华书局,1984 年,第 5036 页。

137　凌振荣:《张謇与张之洞城市化实践之比较》,《南通大学学报》(社会科学版),2007 年,第 7 期。

第 三 章

中国近代体育思想的初步形成时期

　　所谓"中国近代体育思想的初步形成时期",其涵义是:第一,时间大致界定,在 1909 年至 1919 年"五四"运动爆发的 10 年;中国近代体育思想,从胚胎到萌芽,经历了半个多世纪的漫长演进,到 20 世纪 10—20 年代,已初步形成。第二,其内容界定,是指资产阶级民主革命家的体育思想和批判吸收了西方进步体育思想的体育思想家、体育教育家的体育思想;第三,其主体界定,是指资产阶级民主革命的代表人物孙中山、黄兴、秋瑾和当时活跃于体育思想界、体育教育界的体育思想家、体育教育家、体育活动家徐一冰、张伯苓、王正廷。之所以将这一时期体育思想界定为"初步形成",理由在于:(1)体育思想的内容尽管如何丰厚,在广度、深度上甚至是无穷的,但作为对体育这一社会现象的社会思想中的一种相对独立的组成部分,其内容之构成还是有主次之分的,相对而言,对体育之本质、特征、属性、功能、价值的认识便是其主要的或者基本的内容。(2)中国体育思想经过前两个阶段近 70 年的探索发展,到了这一时期,已经对上述几个基本问题有了理性的概括和总结。(3)一种体育思想从产生到成熟,由体育之特殊社会价值所决定,必然会吸引政治家、革命家以至军事家等社会主流人物的重视，但最终完成其理论层面的概括和总结的，一定是体育教育家、体育思想家，而徐一冰、张伯苓、王正廷便是中国近代最杰出的体育教育家、体育思想家。正是他们，在吸收、借鉴西方近代体育思想，继承严复、康有为、梁启超、谭嗣同、张之洞等人各方面先进体育思想的基础上，结合自身的体育教育经历和体育实践，从理论的层面，对体育的本质、特征、属性、功能、价值等基本问题，作出了科学的回答。（4）体育思想与体育实践的结合，不是仅仅局限于学校教育，已直接体现在竞技体育活动和竞赛之中。

第一节　清末民初革命派的体育思想

20 世纪初，中国步入以孙中山为首的资产阶级革命时代。为救亡图存，资产阶级革命派吸取资产阶级改良派失败的教训，把武装斗争放在首位，掀起了以推翻清政府专制统治为目的的民主革命运动。为适应迅速发展的革命形势的需要，革命派重视在军队中提倡体育，将体育与军事相结合，此时的体育也呈现出直接服务于革命，服务于革命武装斗争的显著特色。

一、孙中山的体育思想

孙中山（1866—1925），广东香山（中山市）人，字德明，号日新，以后改号逸仙。参加革命后，因在日本化名中山樵，后来称孙中山。青少年时期接受的是资产阶级的教育。1905 年创办同盟会，作为伟大的革命家、政治家，孙中山先生孜孜于变革旧社会，建立新社会的斗争。他领导人民推翻帝制建立共和，结束了延续两千多年的封建专制制度。他是中国伟大的革命先行者。

（一）孙中山体育思想产生的背景

孙中山出生于一个贫困的农民家庭,用他自己话来说:"某也,农家子也,生于畎亩,早知稼穑之艰难。"[1] 孙中山 10 岁得以正式入陆氏祖祠,在那里学的是"四书"、"五经"。1878 年,孙中山跟随母亲到檀香山,投靠哥哥孙眉,开始了他人生的第一次重要转变。在这段时间内,孙中山初步接触了西方近代自然科学和人文社会科学,广泛涉猎了西方近代文明的知识领域,而且受到了西方资产阶级政治学说的影响。1877 年到 1890 年,孙中山就读于香港西医书院,期间他仍然积极地不断地向西方学习,探求救国的真理。1892 年,孙中山以优异的成绩从香港西医学院毕业。1893 年春,孙中山转回广州行医。

维新变法运动虽然失败,但它在中国社会所造成的影响,却没有随着它的失败而消失。1990 年,八国联军侵华,义和团反帝爱国运动被镇压,中华民族陷入空前严重的危急之中。从 1901 年开始,清政府被迫作出了改革内政的抉择。历时 10 年的清末新政拉开序幕。历经义和团运动失败的教训,中国社会各个阶层中的人,对清王朝的统治丧失信心,变革现状的呼声日益高涨。孙中山认为:

> 医术救人,所济有限,……若夫最大权力者,无如政治。政治之势力,可为大善,亦能为大恶。吾国人民之艰苦,皆不良政治为之。若欲救国救人,非锄去此恶劣政府必不可,而革命思潮遂时时涌现于心中。[2]

已经确立了资产阶级民主思想的孙中山以极大的热情和精力投身于推翻帝制。孙中山抛弃了政治改良的道路,以武装斗争推翻了清王朝。1912年1月,南京临时政府成立,标志着延续两千多年的君主专制制度的灭亡。中华民国的成立,使民主思想深入人心,亦促使了思想文化向近代化方向转型。

(二)孙中山体育思想内容

1. 提倡军事体育

戊戌变法的失败,说明依靠皇帝进行改革的道路是行不通的,也促使了仁人志士思想觉醒,寻求新的出路。1904年,孙中山在美国报纸上发表《中国问题之真解决》一文中指出:"只有推翻清朝政府的统治,以一个新的,开明的,进步的政府代替旧政府。"[3]作为中国资产阶级革命派的领袖,孙中山坚定地认为,革命是改造旧中国的根本途径。事实上,从清末间改良、革命的历史过程发生、发展的趋向也可以看到,革命终将代替改良,成为时代的主流。靠什么力量进行中国革命呢? 孙中山注意到军事人才培养的问题,他始终重视在革命队伍中提倡体育,使体育与军事相结合,锻炼体格,提高素质,为革命斗争服务。[4]1903年夏,他在日本青山组织军事学校,招收有志青年,聘日本教官,进行军事训练。1905年,孙中山令李根源在东京大森创设体育会,通过体育运动与军事训练的综合培训,提高学生的素质。1907年,孙中山又派同盟会会员温靖、谢逸桥在广东梅县松口镇创办了体育学堂,成立了松口体育会,开设球类、田径、体操等课程,以促进学生身体素质的提高。[5]他有计划地创建军事体育学校,为革命输送了一大批军事人才,以期壮大革命力量。他说:"因20世纪立国于地球上者,群雄争竞,未能至于大同时代,非兵力强盛不能立国。"[6]因此,在其所办的培训班或军事学校中开设兵操课程,他的目的并非要系统的开展体育运动,而当务之急是培养革命的军事人才。随后,革命党人多以组织体育会和兴办体操学校作为培训武装骨干的重要途径。如陶成章、徐锡麟等在国内创办的大通学堂。课程分国文、英文、日文、地理、历史、教育、伦理、理化、算术、博物、兵式体操、器械体操、琴歌、图画等 14 门。[7]学生过着军事化生活："每天第 1 课起,3 课兵式体操,要跑到几里路外的大校场去操练。"进行真枪实弹的军事演习:"遇到大雨就在饭厅上操击枪柔软或在走廊四周做跑步。我们所用的枪,是从俄国买来的老毛瑟后膛枪,分量是很重的,所以操击枪柔软最累人,左手把枪托在于上,伸直作瞄准状,教师不喊放,当然不许缩转来,手臂痛得不得了。"[8]学堂培养出来的学生都成为革命的主力军,为辛亥革命取得胜利提供了保障。

2."欲图国力之坚强,必先图国民体力之发达"

1912 年 1 月 1 日,孙中山先生在南京宣誓就任临时大总统。随后,他以大总统令的名义,发表了一系列的文告,向全世界及全国人民宣示中华民国的内政外交政策。在《大总统令内务部通饬各省劝禁缠足文》中,孙中山首先强调:"欲图国力之坚强,必先图国民体力之发达。"从中可以看出孙中山已认识到体育的本质功能——增强国人体质。因此体育关系到国力的强弱和民族盛衰,是"于强种保国有莫大之关系"。孙中山非常重视发展民族传统体育。并认为中国的拳勇技击,与西方的飞机大炮有同等作用。他指出:"自火器输入中国之后,国人多弃体育之技击术而不讲,驯至社会个人积弱愈甚;不知最后五分钟之决胜,常在面前五尺地短兵相接之时,为今次欧战所屡见者。则谓技击术与枪炮飞机有同等作用,亦奚不可?"针对当时社会上出现的盲目崇洋倾向,孙中山有自己的看法,由于他具有较为扎实的传统文化基础,同时又长期而系统接受过的正规的西式教育,孙中山对中国传统文化和西方文化的内涵和差距,有着较为深刻的认识和理解。他指出：
"我国人襄昔仅袭得他人物质文明之粗末,遂自弃其本体固有之
技能以为无用,岂非大计失耶!"[9]无论科技如何进步,体育的技击
功能绝对不能丢弃。原因是世间的万事万物,都是遵循"用进废
退"这个法则的。如果不锻炼,"本体器官固有之作用"就会被"淘
汰"。自火器输入中国之后,国人多弃体育之技击而不讲,这是
"袭得他人物质文明之粗末"而丢掉了根本,其结果是"积弱愈
甚",这也是现在有识之人者深感忧虑的。如何对待中国传统文
化,孙中山认为："我们固有的东西,如果是好的,当然是要保存,
不好的才可以放弃。"[10]这样可以避免当时社会上排斥中国所有传
统的民族虚无主义倾向,亦可防止强调一切仿照传统的文化复古
主义主张。因此,他指出："故处竞争剧烈之时代,不知求自卫之
道,则不适于生存"。我们现在所处的时代,是竞争异常激烈的
时代,不知求自卫之道,则不适于生存。一切都取决于自己,要
自卫首先要自强。他认为："盖以振起从来体育之技击术为务,
于强种保国有莫大之关系。推而言之,则吾民族所以致力于世
界和平之基础。"[11]振兴体育之技击术,对于强种保国有莫大的
关系,是中华民族致力于世界和平的基础。孙中山十分重视体
育,在提倡体育的同时强调发展民族固有的技击术,以达到强国
强种的目的。

(三)孙中山体育思想的评价

　　孙中山作为中国资产阶级革命派的领袖,从资产阶级革命家
的立场出发,提出了许多深刻而独到的见解,为后人留下了许多有
价值的思想。孙中山坚定地认为,革命是改造旧中国的根本途径。
革命需要体育,孙中山致力于武力推翻清政府,此时他从军事意义

的角度认识体育的功能和价值,并将体育作为培养军事人才的重要手段。孙中山在其所办的培训班或军事学校中开设兵操课程。此时,他的目的并非要系统地开展体育运动,当务之急是培养革命的军事人才为其政治服务。民国成立后,孙中山认识到体育的本质功能可以增强国民的体质,体育关系到国力的强弱和民族存亡。因此,他非常重视体育,尤其强调发展民族固有的体育运动,这即是他民族主义思想的体现,同时表明了他在民族激烈竞争之时,对民族体育生存发展的思考。在近代体育思想初步形成之时,他能充分肯定传统体育应有的地位和价值,唤醒人们的爱国意识及对中国传统文化精华的再认识,是他对近代体育思想的贡献。

二、黄兴的体育思想

黄兴(1874—1916),原名黄轸,字廑午,湖南省善化县(今长沙县)人。从事革命活动后,改名兴,字克强。是中国近代资产阶级民主革命家、军事家、政治家。他同孙中山先生一起,领导了辛亥革命运动,推翻清王朝的反动封建统治,建立了中华民国。世称"孙黄"。"黄兴是推翻君主专制、缔造民主共和国的时代伟人,是缔造共和中国的开国元勋"。[12]

(一)黄兴体育思想产生的背景

黄兴从小在传统教育方式下,接受儒家伦理道德教育,熟读儒家经典。黄兴的父亲黄炳昆人称筱村先生,是为府学廪生。筱村先生对黄兴的启蒙教育全面而严格,不但有知识教育、文明礼貌教育,还有劳动教育。从 5 岁到 7 岁,黄兴一直跟随父亲读书。据《黄兴年谱》上记载,黄兴从小就有劳动的习惯,"居家期间,参加一些插秧、除草、扮禾、挖花生等劳动"[13]。黄兴从小就对体育锻炼产生了兴趣。每天读完书，便到院中进行体育活动，如举石滚、铁锁等。后来拜著名武术家李永球为师，学拳术及刀、枪、剑、棍等器械。他在青少年时期，已练就了一身好武艺。

1893 年，黄兴初次离开家乡来长沙城南书院并在此求学 5 年。城南书院当时与岳麓书院齐名，著名的理学大师朱熹和张栻曾在此讲学，左宗棠、胡林翼等都曾求学于此，1870 年中国第一任驻外公使郭嵩焘执教城南学院。城南书院由南宋张栻创建，他提倡读书与经邦救世的实践活动相结合。黄兴求学于此时，湖湘"重实践，务实用"的学风对其有深刻的影响。他：

> 对于诸子百家的思想学说采取兼收并蓄、择善而从的态度，不宗一家。他着意艺庄，尤着意禹墨；注重儒术，但亦注重兵法刑名，而于孙吴兵法阐发尤多。[14]

为其军国民思想、体育思想的形成奠定基础。1898 年，黄兴得以考入湖北武昌两湖书院深造，由于维新思潮的开放学风的影响，"两湖书院课程除经史文学外，尚有天文、地理、数学、测量、化学、博物学、兵法、史略学及兵操等"。[15]黄兴在校学习期间，"笃志向学，而于地理一科及体操为尤精勤。……临操如临敌阵，短装布鞋，抖擞精神，听命唯谨，动作无不如度，不稍苟"。[16]此外，黄兴可以在课余时间搜集和钻研卢梭等西方启蒙思想家的理论著作，初步接受了资产阶级民主思想。1900 年，黄兴被张之洞选派赴日本考察学务，初步接触西方资产阶级政治学说。开始受到民主革命思想的影响。1902 年，黄兴受张之洞派遣，第二次赴日本，入弘文学院速成师范科学习。[17]日本正盛行军国民体育，黄兴所就读的弘文学院，其校长嘉纳治五郎在体育界享有盛誉。在学校嘉纳治五郎尤其重视体育,他认为"体育是智育、德育的基本。体育的效果是使筋肉得到适当的发育,增进体力,陶冶精神,这样才能使身体达到健全。有了健全的身体再活用智力与道德,那么不管做什么事都是能够成功的"[18]这一思想,对黄兴影响很深,为其日后大力提倡军国民体育打下基础。黄兴极留意于军事体育学习,这些技能在其后来为了武装革命训练军事人才时发挥了重要作用,使体育真正地为资产阶级革命服务,通过体育手段培养革命骨干以谋求革命的最终成功。

(二)黄兴体育思想内容

1. 通过体育培养革命骨干

在留学期间,黄兴就有意识地通过体育来培养军事力量。"黄兴独谓救国不独心力,尤以身力为必要。只有挺身杀敌或杀身成仁,才真有力。于是,弘文学院始有湖南人的土昭会。每会黄必来领导,以军国民革命的路线相号召,力促我放弃造兵而从事用兵,以破坏现状为出路"。为了抗议沙俄的侵略行为,"黄兴与陈天华、方声洞等共二百余人,组成大会议定的'拒俄义勇队',加紧军事操练,准备开赴东北抗击沙俄侵略军"[19]黄兴担任射击教练,教授队员枪法,每天清早他们秘密聚合于大森练习射击。"每周三、周六午后及周日,分赴就桥区及各体育场,实弹射击,练习枪法,每次各人自备弹费三十钱(即三角),意气激昂,精神必发越"[20]。

1903年,黄兴从日本回国。同年秋,应长沙明德学堂之聘,担任师范班教务主任,并兼任体操教员。在明德学堂任教时期,黄兴重视教育的发展,并曾利用教师这一职业作为掩护,把学校当作他发展革命活动的据点。黄兴积极从事反清革命活动,组建了华兴

会并准备武装起义。他在明德学校,经常利用体育活动,培养革命
人才。其长子黄一欧回忆:

> 我们一面和在长沙活动的同盟会员谭心休、曾伯兴、唐蟒
> 等人取得联系;对外则宣传成立野球会(野球一名棒球,起源
> 于美国,当时在日本风行一时),招收青年学生学习野球,以
> 增强体质,实则借此机会团结同志,并因学投野球而练会掷炸
> 弹,以为他日举事之准备。当时正值假期中,学生多已返乡,
> 但参加的仍然不少,其中以明德学生居多数。[21]

1908年遭数次起义失败的黄兴,深切地意识到没有良好军事素养
的队伍起义是难以成功的,"关键在要有大批有思想、懂军事,会
兵操,有军事技能的各级指挥人才"。[22]云南河口起义失败后,黄兴
再次返回日本。为了培训反清革命的军事干部,他于1909年在日
本重建了"大森体育会",招收同盟会骨干,进行体育和军事训练,
聘请日本军官多人担任教官。大森体育会又名大森体育学校,原
来是日本一所体育学校,以培养体育人才为目的。黄兴重组该校
主要是借体育之名,以体育训练为手段培养军事精英。他不但聘
请日本退伍军官担任教练,同样也自任教练,亲自教授枪法以及作
战。"每遇演习进行战斗,则分学员百七十为二军,公(黄兴)与日
教员各领一军,与相对垒"。由于"在日本和桂林,他也有意识地
自学了较系统的军事知识,观摩过土官联队的兵操,练习实弹射
击",所以,"在对垒各科目中,黄兴均操胜算,日教员皆为钦服"。[23]

2. 提倡军国民教育

1902年,蔡锷在《新民丛刊报》撰发《军国民篇》以唤醒国人。
他指出:

> 军者,国民之负债也。军人之智识,军人之精神,军人之

本领,不独限之从戎者,凡全国国民皆宜具有之。呜呼! 此日本之所以独获为亚洲之独立国也钦?[24]

黄兴也接受了军国民主义,并形成了军国民教育的主张。黄兴在日本求学时,曾听过嘉纳治五郎在谈到中国教育问题上演说:"体育于重文轻武之国较他国为尤重,以其能挽积弱之弊而使之复强也,贵国人士,凡学问稍优者,其身体必赢瘠枯槁,已无精力担任国家之事,国家何贵有此无用之学人乎?"[25]建议中国"今亟宜使文者习武,武者习文,互参其短长;使文明其脑筋,而野蛮其体力,反重文轻武之风,而行全国皆兵之制。以尚武之精神,而济之以学问,国乌得而不强"?[26]黄兴受这一思想的启发,接受了军国民体育思想。

1903 年,黄兴在日本同其他进步学生一起建立"军国民教育会"的组织。该会宗旨为:"养成尚武精神,实行民族主义"。军国民教育会是留日学生运动由爱国转为革命的重要标志,他的成员不仅从事宣传活动,且制造炸弹,学习射击,为直接从事武装斗争做准备。[27]黄兴在以后的革命实践中,他又创办了各类革命军事学校,继续宣扬军国民教育。

民国成立后,黄兴认为,"现在以提倡尚武教育为最要。在极端的社会主义,固当破除战争,然今时则异然也,是宜注意尚武,一以对外,一以发育身体"。[28]在黄兴看来,军国民教育具有防御外侮、实行全民皆兵的反帝爱国性质。"尚武"对于个人来说,可以发育身体,促进健康;对于国家而言,可以培养拥有健康体魄的国民,增强对抗外族的侵略,保家卫国的实力。可以振奋民族萎靡之气,改善国民的体质。振兴国运,使中华民族自立于生存竞争之时代。

怎样实现军国民教育,黄兴系统地提出了军国民教育主张及施行方案,他主张:"自小学以上,于普通教科中加入军事教育,则国中多一就学儿童,即多一曾受军事教育之国民。"[29]在此基础上,"中学而上,令学兵学二年,俾军事教育普及全国,则不待养兵,而全国皆兵矣"。[30]进而推广到社会各阶层,"须设立极大师范,附以枪场,使人民练习"。[31]共和国刚刚建立,针对当时体育专业人才极为匮乏的现状,黄兴立即提出了要设立体育专修学校,培养体育专业人才。他在湘省十团体联合欢迎会上倡议"须设立极大师范",[32]黄兴认为"体育为科学之必要"。[33]因此,也必须建立体育专修学校,以培养体育师资力量,振兴教育。黄兴不但提倡还亲自筹办。

黄兴提倡军国民教育,是为了增强中华民族的体质,振兴民族的精神,洗刷"东亚病夫"的耻辱。他一生中提倡"尚武"、"军国民教育"和"体育科学"不遗余力。黄兴在中华民国临时政府召开临时中央教育会议之前,就教育问题给总统袁世凯、总理唐绍仪、教育总长蔡元培、次长范源濂及各省都督发出了一系列文电文件,提倡军国民教育,使军国民体育思想成为主流体育思想指导当时学校体育,为近代体育的发展做出了贡献。

(三)黄兴体育思想评价

黄兴作为一位杰出的政治家、革命家与军事家,在政治上有卓越的贡献,在军事上赫赫有名。他的体育思想对近代社会特别是体育发展也具有相当影响。黄兴的体育思想表达了一种使中华民族振兴、强盛的真诚愿望。从中可以看出他体育核心思想就是"体育救国"。对于体育的本质,他有清醒的认识,他指出:"不明地理,无以明天下之大势。不习兵操,无以强身有为。"[34]相对于前人,黄兴在对体育功能方面,有更为明确的认知,他注重发挥体育为民主革命政治服务的功能,通过体育培养军事骨干,为辛亥革命的最终胜利奠定了广泛而坚实的基础。他积极提倡军国民体育,对于怎样实现军国民教育,黄兴系统地提出了军国民体育教育施行方案,他主张在学校、社会普及军国民教育,对军国体育思想成为当时社会的主流思想,有积极促进作用。黄兴强调"体育为科学之必要",积极倡导建立体育专修学校,培养体育师资,对近代体育教育沿着科学正确的道路发展有积极的意义。黄兴体育思想继承了民族传统体育又兼收西方近代体育、日本学校体育及社会体育,代表了当时先进的资产阶级民主革命体育文化的方向,推动了中国近代体育的发展,黄兴作为辛亥革命的开国元勋,对体育不遗余力的提倡,对中国近代体育的发展产生了深远的影响。

三、秋瑾的体育思想

秋瑾(1875—1907),原名闺瑾,乳名玉姑,又名瑜娘,字璇卿,号竞雄。祖籍浙江山阴,生于福建厦门。中国杰出的资产阶级女革命家、妇女解放运动的先驱。1907 年 7 月,秋瑾由于徐锡麟案件而受牵连,被清政府抓捕,在绍兴轩亭口英勇就义。留有《宝刀歌》、《精卫石》等文学作品,并有《秋瑾集》存世。秋瑾为了民族和妇女解放的事业,献出了自己年轻的生命,成为妇女运动和近代体育史上的先觉者和开拓者。

(一)秋瑾体育思想产生的背景

秋瑾生于福建漳州云霄一个清代下级官吏的家庭。秋瑾从小性格豪放,少学经史、诗歌,早在少女时代,就对一些历史上著名的巾帼英雄,心表敬慕。7 岁时就以父兄均未有缠足为由而拒绝裹足。使她拥有正常的运动能力。16 岁时,随母到萧山临浦河上店单家小住,向舅父和表兄弟学习骑马击剑,跳高跳远技能,锻炼身体。秋瑾全神贯注学习武艺,很快学会了许多武艺和骑马驰骋的本领。[35]有女才子之称。

1904 年 4 月,秋瑾冲破封建家庭束缚,只身赴日留学。留学期间,为了能增长救国家,救二万万女同胞的本领,她打算"多看清政府禁阅的书,考查外边情况,多结交热血朋友"。[36]秋瑾在青山师范班学习,经常"练习射击技术,又学习制造炸药的方法,常身穿日本和服,携带倭刀"。[37]她练习刀法和射击,为日后积极参加革命活动做准备。

清末以来,中国完全陷入了半殖民地、半封建社会的深渊。20世纪初年,外国列强对中国的侵略进一步加深。自强不屈的中国人,无法忍受丧权辱国的宰割,掀起反抗怒潮。秋瑾痛恨卖国的清政府将国家拱手送给侵略者,她认为:"欧风美雨,澎湃逼人,满贼汉奸,网罗交至,我同胞处于四面楚歌声里,犹不自知,"[38]从她所写诗句中可以看出其忧国忧民之情怀。秋瑾在受到康梁维新派一些影响的同时,又接触了一些革命派的书籍。资产阶级革命派努力提倡革命教育和国民教育,主张用教育来唤起国人的爱国精神,鼓舞民众起来革命。秋瑾旗帜鲜明地站在资产阶级革命派一边,并认识到要拯救危亡的中国必须推翻清政府。因此,她号召妇女冲出家庭,踏上社会,跨进学堂,学习知识,求得学问,从而争取自身的独立。

(二)秋瑾体育思想内容

1. 通过体育培养革命骨干

19 世纪末 20 世纪初,国家动荡不安,民族危机深重,她忧虑满怀,激昂悲愤,正是怀着强烈的忧国意识和豪情壮志,她冲破了

封建家庭的阻挠,东渡扶桑,实现自己救国救民的抱负。她在《鹧鸪天》中这样描述自己的心情:

> 祖国沉沦感不禁,闲来海外觅知音。
> 金瓯已缺总须补,为国牺牲敢惜身。
> 嗟险阻,叹飘零,关山万里作雄行。
> 休言女子非英物,夜夜龙泉壁上鸣![39]

这表明她留学日本的目的是为了寻找志同道合者,结成团体,完成拯救祖国的使命。

　　1905 年在日本,秋瑾结识了孙中山,并参加了同盟会,被推为浙江主盟人,成为革命分子。革命斗争的实践使秋瑾懂得:"千金市得宝剑来,公理不恃恃赤铁。但恃铁血主义报祖国。"[40]要推翻腐败的清政府,必须拿起刀枪进行武装斗争,也只有武装斗争才能挽救国家和民族的危亡。

　　1907 年,徐锡麟邀请秋瑾来大通学堂工作。秋瑾来大通学堂不久,徐锡麟就去安徽等地方策划起义,由秋瑾主持校务。秋瑾利用体育专修科的名义,秘密训练浙江各地的革命党人,聘请会党首领和光复会会员、大森体育会毕业生王金发等人担任教师,培训会党骨干。大通学堂是我国近代最早创办的设体操专修科的师范学堂之一。也是革命党人用来培养革命志士的一所学校,因此特别重视革命思想的灌输和军事体育。学校实行军事化的生活,"起床、息好、上课、下课都用步号,清越可听。催起号角一鸣,立即把被褥捆好。鞋子一律放在门外,不得在室穿脱"。[41]清末,体操是学堂的体育教学,分为普通体操和兵式体操两类。大通学堂的体育课程内容包括:天桥、溜木和平台、铁杠、木马、秋千、铁环、跳远等。[42]在教与学方面,既重视传统的民族形式的体育内容,又积极提倡国外传来的体育项目。由于革命党的手段是以暗杀、暴动为主，对革命志士的培养，除必须具备尚武精神以外，对武装设备的使用，战斗的技能培养，均有严格要求。因此，秋瑾在主持大通学堂和体育会期间，为了培训武装起义的革命党人，十分注重射击、器械体操和兵式体操，严格要求，亲自执教。还经常身着男装，带领学员到野外实弹射击和骑马，掌握杀敌本领。

陶成章在其所写《秋瑾传》中描述道："瑾屡往来杭沪，运动军学两界，复以军学界之名义，歆动会党，而以大通学校为其中枢。"[43]秋瑾以办学为名，广泛联络官府与绅学各界。同时，利用大通师范学堂，积极部署各地会党，组织武装起义。当时的大通学堂主要是用以培训和造就武装人员，进行军事训练，为武装起义作准备。以培养学生"归本乡倡办团练"为名，训练革命干部，"凡党人来者，入体操专修科"。因此，大通学堂是以秘密联络革命志士的联络点，也是中国近代史上最早最负盛名的体育学校。

2. 反对女子缠足，提倡女子体育

秋瑾认为缠足是束缚妇女的枷锁，奴役妇女的工具，也是女子求自立的大障碍，妇女疾病的根源，欲兴女学，振兴女权就必须戒缠足。秋瑾意识到报刊有着巨大的宣传作用。1907 年，秋瑾在上海创办《中国女报》。秋瑾一方面游说宣传，并创办天足会，一方面在《中国女报》及其他杂志上撰文反对缠足，在《敬告中国二万万女同胞》一文中，她指出在封建专制制度下，女子"没到几岁，也不问好歹，就把一双雪白粉嫩的天足脚，用白布缠着，连睡觉的时候，也不许放松一点，到了后来，肉也烂尽了，骨也折断了，不过讨亲戚、朋友、邻居们一声'某人家姑娘脚小'罢了"。[44]她揭露了缠足对妇女的摧残及所造成的严重后果。因此，她寄希望"放足渝除千载毒，热心唤起百花魂"。[45]

　　早在留日期间,秋瑾就意识到体育课的重要性,1905 年 8 月, 她在东京写给其兄的信件中提到:"妹近在学校,身体甚耐劳,日 习体操,能使身躯壮健。"[46]她认为日习体操,能使女子身躯强健, 磨炼意志,摆脱柔弱之女儿态。并积极提倡尚武精神,号召妇女与 男子共赴国难。秋瑾认为:"上天生男女原没有分别。"[47]因此,她 提倡女子自立,认为女子"欲摆脱男子的范围,非自立不可,欲自 立,非求学艺不可,非合群不可"。受教育、学技术、经济独立是秋 瑾为妇女解放所设计的路径,秋瑾号召其姐妹们要向日本的妇女 学习。她指出:"人人皆扶一艺以谋身,上可以扶助父母,下可以 助夫教子,使男女无坐食之人,其国焉能不强也?"[48]

　　秋瑾认为妇女有了健壮的体魄,才能够真正自主,她鼓励妇女 参加反清革命斗争,并积极为其创造条件。1907 年,秋瑾曾在家 乡绍兴与革命党人徐锡麟等共办明道女子学堂,数月后因校舍内 房间不足而未成。不久,秋瑾应革命党人徐锡麟的邀请来到大通 体育学堂。同年 4 月,秋瑾在该学堂设立女子体育会,拟编订女子 革命军,当时条件下,封建势力不允许实施女子体育。革命党人陶 成章在《浙案纪略》一文中曾详细介绍了秋瑾在大通学堂倡导女 子体育受挫的经过。他说:"诸办事人请秋瑾主持校事,瑾乃设体 育会,欲令女学生皆习兵式体操,己为督率,编成女国民军,绅学两 界皆反对之,女学生亦无至者。"在这种情况下秋瑾不得已:

　　　　乃多招金、处、绍三府会党头目数十人,来体育会学习兵 　　操。学生群至野外练习开枪,于是二万粒子弹,骤减至六七千 　　粒。瑾亦自着男子体操洋服,乘马出入城中,士绅咸不悦瑾所 　　为,群起而与之为难。瑾有众学生后援,与诸士绅力争,士绅 　　虽不能放,而其恨益滋矣。[49]

（三）秋瑾体育思想评价

秋瑾身为一女子,冲破家庭樊篱,投身民主革命,为了拯救国家的危亡,东渡日本求学,参加革命团体。她发扬尚武精神,培养革命志士和体育师资,为近代体育做出了贡献,因而使其成为"中国归复女权第一女豪杰"[50]。近代中国,维新派是从保种、保国进而达到富国强兵的角度出发,阐释了兴女学,戒缠足的意义,从而揭示了近代女子体育的价值。秋瑾是从女性自身解放的角度,要求赋予女性作为"人"所具有的权利来提出废缠足,提倡女子体育。对女子体育价值的认识更近一步,超越了维新派。她认为体育本质功能是使人有健壮的体魄,这是女子真正独立的基础。同时,秋瑾也认识到妇女若真正求得解放,就必须起来革命推翻清政府。而近代体育作为训练革命力量的重要手段,既能增强革命妇女体质,又能教授军事技艺。因此,她更注重强调体育在军事方面的功能。并利用体育手段聚集革命力量,她的革命实践与体育实践对促进近代体育的发展有深远的影响。

第二节　清末民初体育教育家及体育家的思想

中国近代体育思想,从胚胎到萌芽,经历了半个多世纪的漫长演进,到 20 世纪 10—20 年代,已初步形成,其形成的主要标志,一是体育思想的主体队伍出现了思想家、政治家、革命家之外的体育教育家、体育家;二是思想的内容,不仅仅局限于对体育功能、形式等的认识和探索,已深入到体育的本质,特征等实质层面;三是体育思想与体育实践的结合,不是仅仅局限于学校教育,已直接体现在竞技体育活动和竞赛之中。

一、徐一冰的体育思想

徐一冰（1881—1922），又名益彬、逸宾，浙江吴兴南浔人，是近代著名的体育教育家。1905 年，徐一冰东渡日本，进大森体操学校专攻体育。1907 年学成归国后，从事体育教育和宣传活动，他积极倡导近代体育，创办中国第一所体育专业学校，为国家培养体育骨干力量。他创办我国第一个体育专业刊物，是迄今发现的我国近代最早的一份体育刊物。他积极宣传近代体育，对我国近代学校体育的兴起和发展起过重要的作用，对近代体育在中国的传播和发展有着深远的影响。1914 年 6 月，北洋政府教育部授予他一等嘉禾章和"教恩无穷"的大匾额。

（一）徐一冰体育思想产生的历史背景

徐一冰出身书香门第，自幼爱好诗文，崇尚武事，常于课余学射箭、习角力。面对清廷腐败，国势危亡，徐一冰痛心疾首，他决心兴办体育，强宗强种，卫国御侮。1905 年，徐一冰东渡日本，进大森体操学校专攻体育。从他的诗词中："乙已走东瀛，立志挽文弱。归挟武士魂，海上觇秉铎。"（载《南浔镇穷儿教养院五年刊》）[51] 可以看出他东渡日本进大森体育学校专攻体育的目的是为了拯救国内的文弱民众。

1907 年，徐一冰学成归国，他积极从事体育教育和宣传活动，先后任教于上海爱国女校，湖州旅沪公学、民立中学、中国公学。在日本学习时，他意识到东亚各国所以强盛，是因为国家能上下一心，提倡体育。体育可以成为救国救民的手段。而相比之下，中国"轻视体育，崇文嫉武，遂今体育一道，无人研究，震且四千年神胄圣裔，今日大伤兔弱"。[52] 因此，徐一冰想到了办学。

1908 年,徐一冰与徐筑岩、王季鲁等 6 人在上海创办了我国第一所近代体育的专门学校——中国体操学校。并确立"提倡正当体育,发扬全国尚武精神,养成完全体操教师,以备教育界专门人才"为宗旨。学制分设本科、选科二科。有完整的、全面的办校章程,分七章二十七条。学校课程设置本科所授学科:伦理学、教育学、体育学、生理学、国文、兵学、音乐、社会学、救急法;本科所授术科:瑞典体操、普通体操、兵式体操、游戏、射击术、拳术、哑铃、球杆、棍棒、木环、应用操、游技、教授法武器等。[53] 这是一所私立学校,校址在上海北浙江路华兴坊。它是我国培养体育专门人才、传播近代体育的第一所体育专门学校。徐先生即为副校长,后为校长,主持该校 15 年之久,学校自创办,培养学生近 30 届,达千余人。

徐一冰一面从事体育专业教育,一面致力于体育宣传,并于 1909 年,创办了《体育界》杂志,徐一冰任主编,中国图书公司发行,24 开本,铅字排印,不定期出版。该刊创刊初期出版宗旨:

> 宣传近代体育,提倡尚武精神,研究和介绍近代体育内容,抨击当时文弱之风。

1918 年 3 月复刊后,出版宗旨:

> 本刊以提倡体育,研究教授方法,并公布各种关于学校体操游技之新教材新学说为宗旨。
> 主张实际,不尚空谈。

当时刊载的内容有论说、学说、体操材料、教授法、生理卫生等 12 门类。[54]1914 年,他又创办了《体育杂志》,该刊较注重于对中国传统体育的研究和介绍,并开始介绍欧美国家的学校体育。[55]徐一冰办学、办刊的二十余年积累了丰富的体育实践经验,正如他所言:

"余忝列体操界之一分子,业此二十年,初未尝改志,"[56]他始终坚信"体育救国"的思想,同时在不断的实践中对中国体育的发展尤其是学校体育的发展进行深入的思考和积极探索,通过撰写论文、专著表达其对体育认识。

(二)徐一冰体育思想内容

1. 提倡正当体育

徐一冰在《整顿全国学校体育上教育部文》中指出:"我国自建兴学校以来,各省教育,于知德二育之进行,及各科学之研究,十余年来,耳目一新。惟体操一科,未见成效。"[57]说明体育在学校教育中,不受重视,没有应有的地位。受军国主义的影响,"学校体操一科,竟以尚武为惟一之目的,以兵式为必要之教材。此风一开,弊窦丛生,一般无知识、无道德之兵士,竟一跃而为学校教师"。[58]此种现象产生的原因,是由于人们对体育认识不清楚,而将体育定位在军事范畴,偏重军事体育。

身为赴日专攻体育教育的留学生,徐一冰对于什么是体育,有自己独到的见解。徐一冰认为:

> 体育之道,有广狭两义,由广义言之,人类初生,臻捧拯狂,各竞所生,自卫尤急,体育乃兴。盖考生物发达之原则,必具有天演争存的自工良法,可以战胜外物之侵虐,排斥外界之障碍者也。至自狭义一方言之,则以规定各种运动,发扬尚武精神为主。[59]

他从生物进化的角度来指出体育的起源是应人类自卫的需要才产生。体育的功能是战胜外物的侵虐、排斥外界的障碍、增强人类天演争存的能力。而狭义的体育是进行各种体育运动,发扬尚武精神为主。

1920 年,他在《二十年来体操谈》一文中又指出:

> 吾人讲体育,须知体育为人类纯乎天然之生活,饥则思
> 食,渴则思欲,静则思动,倦则思息,而游息,而睡眠,皆体育
> 也。人类进化,妨碍天然于无形,于是有体操,有运动,所以补
> 救天然体育之缺感,辅助人类进化之药石也。[60]

他从人类自身本能的需求的角度出发,研究体育的起源及功能,更
符合体育自身的本质属性及其功能。因此,对于什么是正当体育?
徐一冰认为体育"实为教育上、事业上之根本,如能养成人人具有
健康之体格,活涉之精神,得永久享受康强之幸福",则"有健康的
体格,然后可以研究学问,可以经营事业,知识日进而不倦,道德日
高而不怠,实业也,商业也,人人能尽全力而为之"。[61]从理论层面
对体育的本质、属性、功能、价值等问题作出了科学的回答。

2. 改革学校体育主张

徐一冰认为:

> 强国之道,首重教育,教育之本,体育为先。夫人有健康
> 强固之身体,然后有坚忍不屈之精神。古今来贤人志士,其能
> 负荷艰巨、忍耐艰苦、建伟大事业于世界者,虽其德行才学之
> 所致,然究其所以能勇往直前,殚劳竭智,贯彻初终,要皆恃有
> 健康强固之身体,坚忍不屈之精神。[62]

阐明德、智、体的关系,即体育是德育、智育的基础。德行、才学都
必须有健康的身体和坚韧不屈的精神做保障。针对"各省学校体
操。一科,非视为具文,即偏重军事,至所谓正当之体操,仍有视为
无足轻重者"[63]的现状。他指出:"学校体操为教育之本,尤不可
不亟图改良者也。"[64]学校体育如何改革? 首先,徐一冰考虑到师

资问题。徐一冰认为:

> 夫学校运动,原为坚强学子之体魄,健康学子之精神起见,俾所学得所用,养成健全有用之人才。故体操一科,与生理学、心理学,有密切关系,断非无教育无知识之一二兵士可以能胜任也。而小学校为童年运动,其修养尤非从生理心理及美学上之研究不可。[65]

体育在学校教育中要达到身心健康的目标,必须有优秀的教师做保障,所以"非先养成优良之体操教师不可"[66],并且由于女子体操及游技,在生理构造,训练方法,与男子略有不同,尤其是矫正方法上的困难。徐一冰建议:"女子大小学校体操游技科必须延聘女子教员教授。"徐一冰认为:"惟此项专门人才,非常缺乏,亟宜由各省女子师范学校内,添设专科,或设立专门学校,以资造就。组织方法,亦须统一教授,规定次序,以谋普及之效。此为女子教育之切要问题,不可不研究者也。"[67]学校体育改革,教师是关键,尤其强调女教师对于女子体育教育的重要性,并提出了建设性的意见。

其次,徐一冰提出:"小学校中学校体操及游技亟宜统一教授。"他认为:"学业之进行,必循阶级,由浅入深,必不能蹭等以求也。各科学之规定,由初小而高小而中学师范,原有一定章程。体操游技,何独不然!"针对当时学校的现状,"同一相等之学校,则体操科彼此不一,同一相等之材料,则教授者彼此大异;不明生理的次序,不知训练的方法,学生上课,视为畏途;天寒不操,天热不操,风雨不操"[68]。因此,徐一冰提出建议:"由教育部派体操及游技素有经验之专门家,集会研究。由初等小学而至中学,共十一学年,年分三学期,计共三十三学期,按照其年级之次序,选择正当之材料,支配课程,编订专书。"各省宜由行政长官设置学校体操视学官,专行"视察"、"监督"、"指导矫正"和"奖励惩罚"之责。"俾全国一致,慎重体育,如是则为教员者,不能不专门研究,以求成绩,学生之对于此科,亦不敢不努力操练,以求进取也"。[69]

此外,徐一冰主张对学校体育内容也必须进行革新:

> 由教育部训令革除兵式一科,专重正当运动,体操游技,全国统一,以健康活泼优美高尚为目的,仰俾莘莘学子,各专其学,各练其身,体健行端,人才辈出。如是则教育之功,国家之福也。

同时提出将本国民族传统体育项目纳入学校体育教学中来,使其发扬光大。他说:"将我国技击,为最高尚之运动,自高等小学第三学年起,即可添入体操科内,以修养勇健之体格,保存国技之菁华,强种强国,亦教育之急务也。"[70]徐一冰认为由国家来建立体育专门学校是非常必要的。不仅具有示范效应的作用,而且可以培养优秀的师资力量,还可以进一步调查研究各省体育情况及学校体育情况开展情况,以图改良。更有利体育普及化。同时,可以带动社会体育的发展。他指出古今中外人们一致认同:"故谋国民身体之健康,乃国家富强之久计。是则普及全国体育,国家焉可置之不顾!"[71]徐一冰从六个方面对学校体育的改革提出了建设性的意见,从中映射出其体育核心思想是"救国"。

(三)徐一冰体育思想评价

"徐一冰先生堪称我国近代体育专业教育、体育宣传的开拓者"。[72]在其办校二十余年中,他曾编写了我国第一部体育史,自编了多种体育教材和提倡尚武精神的好文章,其中《整顿全国学校体育上教育部文》、《体育与武力辨》及《我国二十年来之体育》等文章是他的代表作。通过这些文章可以透视其体育思想的核心是体育救国。作为清末民初留学日本的体育专业人士，徐一冰将体育看作教育的重要组成部分，他提出"正当体育"的概念，揭示了体育的自然本质，第一次于中国体育思想史上从科学和理论的视角，对体育概念的内涵和外延、本质和特征进行了概括和总结。徐一冰提倡改革学校体育，提出"教育之本、体育为先"的教育理念和教育原则，深刻地揭示了体育在学校教育中的突出地位。徐一冰体育思想对中国近代体育思想之形成的最大贡献，在于他所提出的正当体育的自然主义体育思想，为人们进一步从科学的角度认识体育，提供了理论基点。其思想的先进性对新文化运动时期的体育思想产生影响。

二、张伯苓的体育思想

张伯苓(1876—1951)，名寿春，字伯苓，天津人。我国近代著名的教育家、体育家。他一生为教育和体育事业奔波，创办了南开大学、南开中学、南开女中直到南开小学，他是西南联大的主要组织者之一。他组织举办了天津、华北、全国乃至远东运动会。1907年张伯苓明确提出中国参加奥运会的主张。[73]张伯苓为近代中国体育事业的发展做出了重要的贡献。

(一)张伯苓体育思想形成的历史背景

张伯苓幼年在私塾中接受的是传统文化的熏陶，1891年考入北洋水师学堂学习驾驶，学堂体育课程的内容丰富，有击剑、刺棍、木棒、拳击、哑铃、跳高、跳远、足球、游泳、单杠等。张伯苓在这里开始接触到了近代西方体育文化，并亲身感受到了体育锻炼的益

处和重要性。1895 年,张伯苓毕业时正值甲午战争中国惨败之后,当他赴舰实习:

> 目击当时国内官吏之腐败,人民之无国家观念,实足伤心。反观外人体格之雄伟,回视国人之螳螂体式,更觉失望……。所以发志办教育,自认教育与体育,绝对不能分离。宗旨以训练团结,合作,健全之身心为目的。[74]

1895 年,美籍传教士来会理,首先在我国天津开始有计划地向中国青年宣扬基督教,并以德、智、体三育并重,传播西方的体育活动及运动竞赛,举办校际运动竞赛及运动会等方式,吸收中外青年为基督教之会员。[75]张伯苓与青年会美籍干事多人熟识。由于与这些青年会美籍人士的往来,更由于他深信基督教实为劝人为善的伟大力量,实施社会教育的有力组织,于是就在他第一次赴美考察回国的那一年(1909 年),正式受洗为基督徒。[76]基督教青年会为西方近代体育运动传入中国主要的路径之一。清末民初,各派政治势力相继登上历史舞台,出于政治和军事斗争的需要,对近代体育和青年会推行的体育活动,统治阶层并没有抵制和阻拦,使得张伯苓作为基督教青年会培养的骨干,可以积极推广近代西方体育活动,正是早期的体育实践活动,使得张伯苓对体育有着深刻的见解,从而为他的体育思想的形成奠定了坚实的基础。正如他在《体育与教育》一文中所言:

> 三十七年前,予回天津从事教育工作,当时只教学生五人。在教室中授以跳高等运动,以期改进其体格,继之经过二三次出洋考察,更深悉体育之重要。人民体格及合作精神关系之切要,故仍本以往主张,从事教育,以期改造国内青年。[77]

（二）张伯苓体育思想内容

1. 主张"德、智、体"三育并进，不可偏废

早在海军实习时，张伯苓亲见英国水兵威武健壮而中国水兵则身体孱弱、精神萎靡，深感"强国必先强种，强种必先强身"。张伯苓是近代教育家中"注重体育的第一人"。[78] 在张伯苓的教育思想中，体育一直占有重要的地位。他指出：

> 夫国当此千钧一发之秋，所恃者果何？立恃教育青年耳。教育一事非独使学生读书习字而已，尤要建造成完全人格，三育并进而不偏废，故凡为教育家者，皆希望世界改良、人类进步；抱不足之心、求美满之效。我国当教育青年之任者，诚能实行若此，则中国或可补救于万一。[79]

他认为教育可以救国，教育救国的途径就是：改造青年的道德、改造青年的知识、改造青年的体魄。如何理解"德育、智育、体育"对青年学子的改造，张伯苓做了详细的论述。

张伯苓认为："欧美之道德多高尚，公德与私德并重。我国人素重私德而于公德则多疏忽。"[80] 他认为德育为万物之本，没有良好体育道德的运动员即使成绩再卓越，他的人格也是不健全的。他指出："竞争时，或因妒胜之心过大，而不免有不正当之举动，此最宜切戒者也。即使用不正当之法，幸能胜人，而于道德已有碍矣。"[81] 体育道德与运动精神比胜利要重要。正当的失败，比不正当的胜利，更有价值。

> 大凡有真才能者，必不肯用不正当之法以求胜人……。西人有言：为赢易，为输难。输非难也，输而能不自馁，不尤人斯难耳。凡成事者，中途必受折磨，须胜过此种阻力，不因失

败而灰心,而后始有成功之一日。此种精神,为中国少年人所最要者,汝等共勉之。[82]

通过运动培养学生坚强的意志,"团结合作"、"公平竞争"、"胜不骄败不馁"的高尚品质,从而服务于文明社会是非常必要的。体育运动不仅是为了增强学生体质,更重要的是要在参与体育运动的过程中注重培养学生健康的人格。

关于智育,他认为:"欧美人之知识发达,学术皆按科学之理得来。"强调不以书本教育为满足,不赞成读书死记硬背。同时他认为:智育不能单纯地被看作是传授知识,并认为教育不能与社会脱节,求学应与实际生活相联系,强调基本理论和技能的训练,以使学生能具有扎实的基础知识和较宽广的知识面,同时亦能具有较强的实用能力。

关于体育,张伯苓认为:"在德、智、体三育之中,我国人最差的是体育,……至体魄,则勿论欧美,与日人相较,已相差甚远矣!"[83]他主张非提倡课外运动,不能改变我国一代代相传下来的柔弱的国民体质。因此,他对学生的体育锻炼,倾注了极大的热情。他提倡"我校运动会取普及主义"。[84]并将体育与营养卫生联系在一起。在1916年的《天津南开学校章程》中,透过学校拟定《学生每日生活的正规》20条,可以看到张伯苓体育主张的实施情况:

上午:

1. 6点1刻醒来,想想今天应做什么。(习惯了,到时自会醒来。)

2. 6点半起床,打开门窗,洗脸、刷牙、漱口,饮凉开水2杯。(白开水利大便。)

3. 6点3刻快走或跑至操场,呼吸新鲜空气,做健身体操 10 分钟。

4. 按时大便一次。

5. 7 点 20 分吃旦餐。

6. 食后漱口,休息。

7. 7 点 3 刻整理书籍,预备上课。

8. 8 点至 12 点上课。(努力听讲。中间休息,或做柔软体操,或散步庭前。)

中午:

9. 12 点午膳。(不要忙,要细细地嚼,食毕漱口。)

10. 12 点 20 分至 50 分与同伴闲谈笑话。(切不可做剧烈运动。)

11. 1 点至 1 点半做事、休息或散步。

下午:

12. 1 点半至 3 点半(或至 5 点半)上课,中间休息或散步。

13. 3 点 40 分整理用具,饮凉开水 2 大杯,更换运动衣服。

14. 3 点 40 分至 5 点努力在户外运动。

15. 5 点休浴,并练习所好之事项。(如音乐、唱歌．或其他课外研究等事。)

16. 6 点晚餐。(不要忙,要细细地嚼,食毕漱口。)

17. 6 点 20 分至 7 点与同伴散步旷野,或闲谈笑话。(切不可做剧烈运动。)

18. 7 点至 9 点半温习本日并预备来日的功课,饮温开水 2 大杯。

19. 9 点半做柔软体操,大便一次,刷牙;想一想一日所做的事,或写日记。

20. 10 点安睡。(不要再用心,须一睡即着。)[85]

1915 年南开学校成立了体育会，组织学生体育锻炼。从 1916
年春季开始，实行"强迫"运动。张伯苓对于南开的体育设备、运
动场地、教师力量，力求完善；而对于体育组织、运动比赛，则更是
力求普及。为了吸引广大同学参加体育锻炼，学校经常开展班级、
年级及各单项体育比赛。全校运动会每年举行。

2. 推广运动竞赛，争取国人早日参加奥运会

张伯苓在进入水师学堂学习时就开始接触西方体育运动，亲
身体会到了它强身健体的功能。在目睹海军战败后，更加意识到
体育运动对于促进中国人民身体素质的提高具有重要的意义。
为了救国图强，并促进社会体育运动的风气开展。他开始学习
介绍新式体育。西方近代体育传入我国，最初主要局限在军队
和军事学堂中，传统塾馆是鄙夷体育的。张伯苓在严修家馆授
课时就开始重视对学生的身体锻炼，将体育课列为授课科目。
没有体育器械，他就自己绘制图样，请木匠制作。跳高时，没有
跳高架，就用椅子架一根长鸡毛帚代替跳高架。杆子需升高时，
就在椅子上加书。这在当时也是令人耳目一新的罕见之举措。[86]
张伯苓引进西方近代体育，大胆开风气之先河。胡适曾说："这
种承认体育在教育上的地位，凸显出张伯苓是中国现代教育的
一位创造者。"[87]

为推动西方近代体育在中国的发展，张伯苓请饶伯森
（C. H. Robertson）为其创办的南开学校的整个新校舍的运动场与
整套的体育课程做设计与规划。[88]使得近代西方体育在南开得以
施行，也使南开的学校教育开近代学校体育的先河。在张伯苓的
倡导下，南开学校开展体育活动是最早的。在建校的次年（即
1905 年）就选派运动员参加校外的运动会，结果跳高比赛名列前
茅，荣获奖牌，这是南开学校在校外比赛中获得名次的开始。[89]

1913 年至 1914 年南开体育的进步颇为迅速,曾取得部分单项冠军,到 1915 年就夺得了全项冠军。此后南开历年在天津、华北等各种联合运动会及球类比赛中多次获得总分第一,所得银杯总计达数十座之多。南开还为我国参加远东运动会选派了优秀运动员。1915 年在上海举行的第二届远东运动会,南开的郭硫彬获得了半英里及一英里赛跑第一名。[90]

张伯苓因经常参加天津基督教青年会举办的活动,听说了奥运会并对此表示出浓厚的兴趣。1907 年 10 月 24 日,在由天津基督教青年会策划的、天津学界第五届联合会运动会闭幕式典礼和颁奖仪式上,张伯苓以《雅典的奥运会》为题发表了演说,他说:"此次运动会的成功,使我对我国选手在不久的将来参加奥运会充满了希望。因为,虽然许多欧洲国家奥运选手获奖希望甚微,但他们仍然派出选手参加奥运会。"同时,他建议:"中国人应该加紧准备,在不久的将来也出现在奥运赛场上。"[91]他还认为,当时最需要的是聘请有技能的教练员,并说已有计划从美国聘请一位奥运会冠军来华做指导,应争取早日实现这一计划。张伯苓是中国历史上明确提出中国要参加奥运会,并提出一些措施来实现这一主张的第一个中国人。[92]由于他敏锐地看出奥林匹克运动会作为传播奥林匹克文化的重要手段,对改革社会风气和塑造国民精神风貌的重要作用。因此,他能够较早地注意开创全国和国际的体育赛事,来推动全国体育活动的普及,以此来推动中国运动竞赛的发展。为中国早日参加奥运会奠定基础。1910 年 10 月,张伯苓与同伴在南京积极筹办第一届全国运动会,他任大会总裁判。在此以后直到第七届全国运动会(1948)张伯苓一直是历届大会总裁判或副会长兼裁判主席。借第一届全国运动会之机,张伯苓以赛会发起人、总裁判的双重身份,与王正廷、伍廷芳等人发起组织了以青年会干事为主的体育组织——全国学校区分队第一次体育同盟会,这是近代中国第一个全国性体育机构。也是中华全国体育协进会的前身。1912年,张伯苓与天津青年会干事葛瑞(Gray)、菲律宾体育协会主席布朗(E. S. Brown)及日本青年会美籍干事克朗(F. K. L. Crone),发起组织远东业余运动协会和远东运动会,并完全按照国际奥林匹克委员会的成规指导各项工作,这是世界上第一个与国际奥委会发生关系的区域性国际体育组织。张伯苓亦成为中国奥林匹克运动的先驱者。

(三)张伯苓体育思想评价

张伯苓是我国近代杰出的爱国教育家,体育活动家。他以办教育来拯救处于水深火热之中的中国,这种教育救国的理想激发他不断思索。他认为"教育里没有了体育,教育便不完全",因为体育运动可以达到促进国民健康的目的,取消东亚病夫的恶名,从而形成他的"体育救国"思想。从中亦可以看出他是从民族未来、民族繁衍的高度,认识和阐述其体育救国的思想。张伯苓对近代体育思想的贡献是他将西方近代体育活动较早的引入学校,"以期个个学生有坚强之体魄和健全之精神"。从而也拓宽了人们对体育认识的视野,使国人对体育的认识不再局限于兵操,已扩展到健身、娱乐、竞技方面。他在南开学校提倡普及体育思想,并将体育与卫生结合,采取"强迫运动"手段推行体育活动。他重视运动竞赛,重视体育道德的培养,这些体育实践活动为近代体育思想的初步形成奠定了基础。基督教青年会为西方近代体育运动传入中国的主要路径之一,张伯苓作为基督教青年会培养的骨干,最早提出中国要参加奥林匹克运动会,也使他能够较早地注意开创全国和国际的体育赛事来推动国内体育竞赛活动的开展,为中国参加奥运会奠定基础。张伯苓的体育思想与实践,对近代中国体育思想的初步形成起到了积极的推进作用。

三、王正廷的体育思想

王正廷(1882—1961),字儒堂,浙江奉化人。他是国际奥委会中第一位中国委员,曾长期担任中华全国体育协进会名誉会长。中华民国成立后,先后担任南京临时政府参议院副议长,北洋政府工商部次长、外交总长、代理内阁总理等职。

(一)王正廷体育思想产生的历史背景

王正廷出生在一个具有基督教背景的家庭中,父亲是位传教士,母亲出身于书香门第。在同龄学子中,他较早接受西式教育。他从小喜好体育运动,在上海中英中学堂读书时就特别喜好网球、游泳、骑术等项目。1896年他考入的北洋西学学堂,学堂课外体育活动颇为活跃,王正廷亦成为校内体育运动的骨干。他少年时期所受的教育是在教会学校完成的,其间的学业也得到过教会资助。当时,中国处于甲午战败之后,在国弱家贫,屡招外侮的情况下,他于1907年,选择赴美国留学,先后就读于密执安大学和耶鲁大学。1910年毕业于耶鲁大学,获博士学位。1911年6月回国,在上海担任当地青年会干事。王正廷归国不久,辛亥革命爆发,他立刻投身其间,担任要职。期间又受孙中山委托赴美活动,争取华盛顿对广州军政府的支持。

在中国近代体育发展过程中,基督教青年会在传播西方的体育活动及运动竞赛、举办校际运动竞赛及运动会等方面,起到非常重要的作用。基督教青年会吸收中外青年为基督教的会员。并借助一些中国的知名人士为其工作。1912年,王正廷开始担任基督教青年会工作,并在中国开展体育工作,任全国协会首任中国籍总干事,此后他利用职务之便,积极支持近代体育在中国的开展工作。他参与了1913年由美国基督教青年会人士倡议成立的远东体育协会,并逐步成为旧中国直接领导和参与国际体育事务的主要人物。

(二) 王正廷体育思想的内容

1. 体育救国

王正廷曾留学日本和美国,对西方的体育理念及中国传统文化认同。因此,他很早就认识到"吾人有精神上之运动,有形式上之运动。精神运动,德育智育可以赅之;形式运动,厥惟体育"。他说:

> 体育为立国之本。体育强则精神奋发,德智二育,亦因之日进。放览称雄大地之各国,莫不特别注意于体育,故体育大会数见不鲜。[93]

指出运动尤其体育运动可以增强人的体质,并可以促进德育、智育的发展。呼吁国人积极锻炼身体,努力运动、强健体魄。他认为"体育兴则国必兴,体育弱则国必弱,乃自然之势"。[94]由此,提出其体育救国的思想,并认为体育可以担当救国的使命。在第五届远东运动会的开幕式上,担任会长的王正廷发表演说:

> 运动之进步与否,不仅关系个人,实为国家强弱之枢纽,盖有健全之身体,而后有振奋之精神,国民能具此种精神,何功不可成?[95]

体育发展与民族未来密切相关,如果每个中国人都具有这种积极向上的精神,那么无论"强己"还是"强国"都是非常有意义的事情。可见其体育思想的核心是"救国"。

王正廷从强种保国的视角出发,看到了女子体育运动的重要意义。因此,他更重视强调发展女子体育。王正廷说:"西人竞言保种灭种之惨,较亡国尤酷。国虽亡而种族奋,兴祖国尚有恢复之一日。若种族孱弱,纵已达极点,故国家有岌岌不可终日之势。"[96]西方人认为民族灭亡比国家灭亡还要残酷,国家虽然灭亡,但是种族还在,国家复兴还有希望。并颇有见地地指出:"今欲救国必先强种,既欲强种,非男女体育同时提倡,可奏效。女子为国民之母,母体不强,其子女必弱。"他进而发出了如果"女子体育与男子体育同时发达,尚虑种族有不强者乎!"的慨叹。[97]如果想要救国,必须强种,想要强种必须男女体育同时提倡。通过体育锻炼可以增进种族之强健,亦能够避天然淘汰之列。这一体育思想是对严复等女子体育思想的继承和发展。

王正廷体育思想的核心是"救国"。因此面对中华业余运动联合会,其成员 1/3 为外籍传教士及教师的局面,他意识到本国的体育事业不能靠外人来主持。在中国教育界和体育界要求从外国人手中收回运动竞赛主办权的呼声中,王正廷身为基督教青年会培养出来的干事,能以国家利益为重,积极的努力构建成立了完全由中国人自己管理的全国性体育组织——"中华全国体育协进会"。张伯苓任该会的名誉会长,王正廷为主席董事,该会董事会15 人全部为中国人,并且取代原有"中华业余运动联合会"的一切职能,对外代表"中国奥林匹克委员会"。"中华全国体育协进会"的成立标志中国体育进入了一个新时期,外国人控制中国体育的局面,从此成为历史。1931 年,国际奥委会正式承认中国体协为其团体成员。中国体育的现代化亦揭开新的一页。

2. 提倡开展竞技体育

在近代的中国,西方的竞技运动首先是在基督教青年会与教会学校中展开的。作为基督教青年会的干事,王正廷对近代体育给予了极大的关注,他参与筹备组织 1913 年和 1915 年的第 1 届和第 2 届远东运动会,并在第 2 届远东运动会上担任会长。王正廷独力承担起筹办运动会的责任,对运动会召开的各项事宜作了认真部署与安排。第 2 届远东运动会在上海召开。这是中国首次举办的大型国际运动会,社会各界为之注目。《申报》称其为"开中国自古以来未有之奇观"。[98]经王正廷的努力和社会各界的大力支持,运动会终于成功举办。中国运动员参加全部 8 个大项比赛,有 52 项夺冠,取得了总分第 1 名的好成绩。国民为之振奋,更引起了全社会对体育竞赛的关注。国人发出感慨"将来我国家在世界上亦占胜利之地位非我希望之奢,尽最后之目的从在此,而我国之运动家尤应为此目的尽全力,但不可以一次之胜利而遂自满足耶"[99]。

赛后王正廷发表文章,提出自己的感言,表达了他积极提倡竞技体育的理念。王正廷认为:

> 此次运动会,吾国所以得首屈一指者,盖因全国之人合力一致。例如足球队、棒球队、泅泳队,为南方之特色,北方于赛跑竞走,尤见优长,故此次竟获全胜,实南北诸君不分畛域,有以致之。由是以观,合则全胜,分则胜败互见,而终至于败。于以知办事之成绩,在有多数人能分任其职。吾国民对于国家之观念,鉴于此其亦可以憬然矣。[100]

此次运动会中国取得好的成绩,离不开全国各地运动员的分工协作、齐心努力,同时,提高了国民的爱国热情和国家观念。王正廷进一步分析指出:"吾国体育,自来只有个人之运动,无联合之运动。闭关自守之,曰其弊不显,值兹世界交通之际,与他国人竞争,则瞠乎其后矣。""凡成大业者,固非一手一足之力所能收效也。齐心合力的结果"。中国自古代以来,体育的形式主要是养生保健,武术等个人形式的单打独斗。随着社会的进步,体育活动无论在形式、内容、规模和社会化组织程度都有了发展。"此次运动会,吾国所以得首屈一指者,盖因全国之人合力一致"。他指出:"体育之运动,尚非结团体不为功,举凡国家之事业,社会之服务,提倡者当益知团体之必不可或缓也。"[101]此次运动会归功于全国人民的通力合作。体育竞赛的成功尚需团体合作。国家事业、社会服务的领导人更应知道团体组织的重要性。因此,运动竞赛对于唤醒国民爱国意识,唤起民族团结意识,合作精神是非常有意义的。

王正廷认为提倡竞技体育可以培养国民坚强的意志品质,唤起国民的竞争意识。他说:"运动会与赛者,非平昔有养成之功不可。例如八百八十码赛跑,虽精力已疲,其达八百七十码时,决不肯恝然中止。盖其心理之坚韧,非达到目的不甘也。"[102]运动员要取得优异的成绩,平时需进行刻苦的训练,比赛前必须有充分的准备,在比赛中需有顽强的毅力,不达目的不罢休的信念,才有成功的把握。运动竞赛不仅能够养成人的坚强的意志品质,而且运动会比赛的竞争性,能唤起国民锐意进取的精神。"有竞争乃有进步,此天演之公理也"。[103]

王正廷认为提倡竞技体育可以并提升中国在国际上的地位,改变近代中国积贫文弱的现状。他说:

　　　　每于寻常时见之吾国文弱劣点,早见轻于外人,交涉之失,侮辱之来,强邻之敢于狡焉思逞者,未尝不由平日有以尝试之也。此次运动会,东西各国,著名士女来参观者不下十万人,我国独出奇制胜,捷足先登,大有一飞冲天一鸣惊人之概,若再亟起以图之,外人蔑视之心理,庶几为之一变矣。[104]

这次运动会引起世界人们的广泛的关注,中国运动员出奇制胜,捷足先登,取得优异的成绩,让东西方各国著名人士刮目相看,不仅改变以往对中国的蔑视的态度,同时亦增强我们民族的自信心。

王正廷认为举办运动会可以转变社会风气,他说:

近日沿途,见男女各生,仿行运动法者甚多,虽不必尽能如格,而其脑筋中若已印有运动必要四字,其影响之由来,谁不指而目之日。运动会之力,推之吾国人人如此,则来日之强,可操左券,其希望之大,岂有涯乎。是在吾国民提倡之,扩充之,自强不息而已矣。[105]

运动会举办后,有很强的示范效应,对城市文化生活的改变立竿见影,运动项目在民间得到广泛传播。来日中国队参加比赛,获胜则大有希望。

(三)王正廷体育思想评价

王正廷作为民国时期我国体育事业的重要领导人,为我国近代体育事业的发展做出过不懈努力。他重视近代体育事业在中国的推广,力图以发展体育运动,提高国民素质,改变国人在世界的形象与地位。王正廷对女子体育有一定程度的认识,提出非男女体育同时提倡,可奏效。王正廷明确提出了体育救国的思想,他认为体育兴则国必兴,体育弱则国必弱,乃自然之势。从一个更高的层面揭示了体育对积贫积弱的中国所具有的重要社会功能、社会价值。王正廷积极提倡开展竞技体育活动,呼吁和重视筹划运动赛会。他认为体育能够强国保族,通过运动会可以唤醒国民爱国意识,唤起民族团结的精神,增强个人的体质,促进身心健康。王正廷体育思想的这两方面内容,在当时中国体育界和体育思想界,都是具有开创性的体育思想,为中国近代体育思想的初步形成,作出了重要的理论贡献。

中国近代体育思想初步形成时期

群体	代表人物	思想内容		核心思想
		针对的问题	主要观点	
革命派	孙中山	体育的文化本质、文化价值、体育功能	强调发展民族传统体育;	体育救国
			提倡军事体育;	
	黄兴	体育的本质、功能和价值	提倡军国民体育思想;	体育救国
			提倡军事体育;	
	秋瑾	体育的社会功能和价值	提倡军事体育;	体育救国
			反对女子缠足;	
体育教育家及活动家	徐一冰	体育概念的内涵和外延、本质、特征	提出"正当体育"的概念;	体育救国
			改革学校体育;	
	张伯苓	体育功能和价值、属性	主张"德智体"三育并进;	体育救国
			提倡开展竞技体育;	
	王正廷	体育社会功能和价值	提倡开展竞技体育;	体育救国

小　结

孙中山作为中国民主革命的伟大先行者,在许多方面都曾提出过闪耀着他伟大智慧的杰出思想,在体育领域亦不例外。透过他提倡传统体育,"欲图国力之坚强,必先图国民体力之发达",

"自火器输入中国之后,国人当弃体育之技击而不讲","袭得他人物质文明之粗末"而丢掉根本,其结果便是"积弱愈甚,为近来有识者所深忧"的精辟见解,可以看出他已认识到体育的文化本质,文化价值。黄兴是军国民观,军国民体育思想的倡导者,而军国民体育思想正是这一历史时期中国主流体育思想,比较全面而深刻地反映了体育的深层本质、特征。秋瑾体育思想的显著特点,就是她大力提倡女子体育。而这一思想的深刻寓意在于其揭示了体育的文化内涵之———对人心智的启蒙价值。革命派个人的体育思想各具特点,同时,他们的体育思想又有相同的特点,就是注重强调发挥体育为民主革命政治服务的功能,即体育不但能增强革命党人的体质,而且能教授军事技艺。因此,他们将近代体育作为训练革命力量的重要手段以培养革命骨干力量,为推翻清政府的统治做准备。

民国成立后,由于革命派提倡,军国民教育继续受到重视,1912 年,民国教育总长蔡元培,将军国民主义教育,作为教育方针的内容提出来,使军国民体育思想成为学校体育的主流思想。所谓军国民体育"本源于资本主义国家的军国民教育,主要是在'尊君'、'爱国'的口号下,借口培养'军国民'而用专制主义和沙文主义毒害青少年和国民,并强制其接受军事训练,以培养对外侵略的士卒和对内镇压人民的打手。"[106] 以蔡元培等为代表的中国近代体育思想主体,在特定的历史条件下,在功能和手段的层面上,接受了这一体育思想,在价值和目的的层面上,对其进行了改造,即不是为了培养侵略的士卒和镇压人民的打手,而是为了强健民族体魄,振奋民族精神中,以抵御帝国主义的侵略。所以,这一时期中国体育思想领域内的所谓军国民体育思想,已成为具有中国特色的不同于西方的军国民体育思想,其本质内涵是通过军事体育在全体国民主要是通过学校体育教学中的统一推广,强健国民的体魄,培养具有军人素质的国民气质,为中华民族的振兴。蔡元培认为游戏,美育也;兵式体操,军国民主义也;普通体操,兼有美育与军国民主义二者[107]。也造成人们将兵操误认为体育的认识。

徐一冰是曾到日本专门学习体育的留学生,王正廷、张伯苓则为基督教青年会培养的体育骨干,从事近代体育的推展工作。由于他们的特殊身份及个人的努力,使3人成为当时著名的体育教育家、体育活动家。他们的出现,标志着体育教育家、体育活动家登上了中国近代体育思想史的舞台,虽然还不是主角,但却具有开创性的历史意义。作为体育教育家、体育活动家,他们对体育的思考与探索,主张与实践,开始超越思想家,政治家,革命家的视角和深度,对学校体育内容的认识已经包含了西方近代的田径、球类等项目及竞赛。特别是在王正廷、张伯苓的努力下,成功地举办第二届远东运动会,进一步扩大了体育的实施范围,由学校扩展到社会,体育的内涵也进一步扩展为健身、娱乐、竞技,使体育受到教育界的高度重视,"今日教育界风发潮涌之一事,何事乎? 体育一事也。……体育非一时事也。我祝教育界之感念与兴会百年如一日"。[108]

中国近代体育思想初步形成,其表征主要在于:1. 对体育的概念、本质,有了较明确的认识,提出了"体育之道,有广狭两义,由广义言之,人类初生,臻捧拯狂,各竞所生,自卫为急,体育乃兴……"(徐一冰语),揭示了体育的自然特征和根源;2. 对体育的社会属性的认识,即将体育作为教育范畴;3. 对体育的精神文化实质的理性认识,即对体育具有振奋民族精神的社会文化的价值的理论概括。4. 对体育的发展提出初步的建设性的意见,提议国家应建立体育专门学校,不仅可以培养优秀的师资力量,统筹管理全国的体育事业，"普及全国体育，谋国民身体之健康，乃国家富强之久计"（徐一冰语）。

注　释

1　3　孙中山：《孙中山全集》第 1 卷，中华书局，1981 年，第 25、249 页。

2　孙中山：《孙中山全集》第 2 卷，中华书局，1981 年，第 359 页。

4　何启君、胡晓风：《中国近代体育》，北京体育学院出版社，1989 年，第 88 页。

5　郭玲伶、孙中山：《陶成章体育思想与体育实践论析》，《绍兴文理学院学报》，2008 年，第 2 期。

6　孙中山：《孙中山全集》第 6 卷，中华书局，1981 年，第 33 页。

7　8　陈学恂：《中国近代教育史》中册，人民教育出版社，1987 年，第 78、79 页。

9　11　孙中山：《孙中山全集》第 5 卷，中华书局，1981 年，第 150 页。

10　孙中山：《孙中山全集》第 9 卷，广东省社会科学院历史研究所出版，1986 年，第 243 页。

12　萧致治：《黄兴的历史地位与黄兴研究的回顾》，《益阳师专学报》，2000 年，第 4 期。

13　15　16　19　20　27　毛注青：《黄兴年谱》，湖南人民出版社，1980 年，第 7、15、15、22、23、24 页。

14　17　18　萧致冶：《黄兴评传》，南京大学出版社，2001 年，第 34、34、58 页。

21　《辛亥革命回忆录》(2)，文史资料出版社，1981 年，第 136 页。

22　23　石彦陶、石胜文：《黄兴传》，人民出版社，2004 年，第 158、159 页。

24　曾业英：《蔡松坡集》，上海人民出版社，1984 年，第 16 页。

25　26　刘晴波：《杨度集》，湖南人民出版社，1984 年，第 44、45 页。

28　33　《黄兴未刊电稿》，湖南人民出版社，1982 年，第 92 页。

29　30　《黄兴集》，中华书局，1981 年，第 450、296 页。

31　《黄兴未刊电稿》，湖南人民出版，1982 年，第 92 页。

32　刘泱泱：《黄兴集外集》，湖南人民出版社，2002 年，第 221 页。

34　李喜所、田涛：《青年黄兴的军人品格与尚武精神》，《社会科学研究》，1995 年，第 2 期。

35　36　37　43　49　陈象恭：《秋瑾年谱及传记资料》，中华书局，1983 年，第 7、17、

24 37、38 页。

38 40 秋瑾：《秋瑾集》，上海古籍出版社，1990 年，第 20、23 页。

39 44 45 47 秋瑾：《秋瑾集》，上海古籍出版社，1979 年，第 112、5、87、5 页。

41 42 朱赞卿：《辛亥革命回忆录》(4)，文史资料出版社，1981 年，第 145 页。

46 郭延礼：《秋瑾年谱简编》，山东教育出版，1987 年，第 35 页。

48 秋瑾：《致湖南第一女学堂书》，上海古籍出版社，1979 年，第 32 页。

50 萧山湘灵子：《中华第一女杰·轩亭冤》(传奇杂剧卷) 上册，中华书局，1962 年，第 108 页。

51 储剑虹、钟瑞秋：《徐一冰先生的诗(四首)》，《体育文化导刊》，1983 年，第 3 期。

52 徐一冰：《体育史》，《体育杂志》，1914 年，第 1 期。

53 56 58 60 《中国近代体育史料》，四川教育出版社，1988 年，第 297、77、109、111 页。

54 赵林：《我国近代最早的体育刊物——〈体育界〉》，《体育文史》，1985 年，第 1 期。

55 朱萍华：《中国近代体育报刊考》，《中国体育科技》，1998 年，第 10 期。

57 62 63 64 65 66 67 58 69 70 71 74 77 93 94 96 97 100 101 102 103 104 105《中国近代体育文选》(体育史料第 17 辑)，人民体育出版社，1992 年，第 22、22、23、22、23、24、25、23、23、24、24、301、301、26、28、26、28、27、27、28、26、27、28 页。

59 佩弦：《体育史》，《体育杂志》，1914 年，第 1 期。

61 徐一冰：《体育与武力辩》，《体育杂志》，1914 年，第 1 期。

72 林伯源：《徐一冰》，《中国学校体》，1986 年，第 2 期。

73 袁大任、王军、古柏：《中国奥林匹克源头析证》，《文化导刊》，2008 年，第 5 期。

75 汤铭新：《我国参加奥运会沧桑史》，中华台北奥林匹克委员会，1999 年，第 35 页。

76 孙彦民：《张伯苓先生传》，台湾中华书局，1971 年，第 11 页。

78 91 孙海麟：《中国奥运先驱张伯苓》，人民出版社，2007 年，第 25、235 页。

79 80 81 82 83 84 崔国良：《张伯苓教育论著选》，人民教育出版社，1997 年，第 8、21、22、22—23、21、21 页。

85 梁吉生：《日新月异——南开大学校长张伯苓》，山东教育出版社，2003 年，第 158 页。

86 郑致光、杨光伟：《张伯苓传》，天津人民出版社，1989 年，第 7 页。

87 姜义华：《胡适学术文集》教育卷，中华书局，1998 年，第 289 页。

88 许义雄：《中国近代体育思想》，启英文化事业有限公司，1996 年，第 157 页。

89　90　《张伯苓纪念文集》,南开大学出版社,1986 年,第 235 页。

92　周利成:《中国奥运先驱张伯苓》,《中国档案》,2008 年,第 4 期。

95　《远东运动会第一日纪事》,1921 年 5 月 31 日《申报》。

98　《远东运动大会》,1915 年 5 月 12 日《申报》。

99　《祝中国运动家》,1915 年 5 月 23 日《申报》。

106　崔乐泉、杨向东:《中国体育思想史》近代卷,首都师范大学出版社,2008 年,第 109 页。

107　高平叔:《蔡元培教育论著选》,人民教育出版社,1991 年,第 7 页。

108　《体育之潮流》,1915 年 11 月 29 日《申报》。

第 四 章

中国近代体育思想的基本成熟时期

　　所谓"中国近代体育思想的基本成熟时期",其涵义是:第一,时间大致界定,在1919年五四运动至1927年蒋介石国民党在南京建立独裁统治这段时间;第二,其内容界定,是指中国进入半殖民地半封建社会以后对世界近代体育和中国体育认识最为科学、最为先进的体育思想;第三,其主体界定,是指当时国内思想界、教育界最为活跃、最具革命性的几位思想家、革命家和教育家蔡元培、陈独秀、鲁迅、陶行知、青年毛泽东、恽代英、杨贤江等人。此外,麦克乐作为美国基督教青年会体育干事,于1913—1926年间,在华传播欧美体育,由于他的体育思想和体育实践对中国近代体育产生较大的影响,以致教育界认为:"麦氏之思想主张,足以左右当时体育之趋向。"[1]因此,将其和中国的思想家、教育家均列为主体对象。之所以将这一时期的体育思想界定为"基本成熟",理由在于:(1)如前所述,体育思想形成的标志应该对体育之本质特征、属性、功能、基本价值的认识的初步完成,而体育思想成熟的标志,便应该是体育思想体系(即在完成对上述几个主要问题的认识的基础上,还拓展到体系之发展战略、方针的认识)的基本完成;(2)中国近代体育思想经过前三个阶段近八十年的探索、发展,特别是经过徐一冰、张伯苓、王正廷等体育教育家、体育思想家在深入实践的基础上,对中国近代体育主要的基本认识已初步完成,人们对世界近代体育和中国体育的探索更深入了一步,将研究的目光拓展到中国体育发展方针、发展战略的领域,认识也更为深刻,使中国近代体育思想初现完整;(3)王正廷、张伯苓、徐一冰等人作为社会性的体育活动家、体育教育家、体育思想家,尽管在利用自己的工作和身份条件,将体育思想直接付诸体育实践,但毕竟时间短暂,传统封建文化对体育思想的发展仍然还有很大的阻力,他们的近代体育思想难以得到更广泛、更系统的实践,亦难以有更深入的理论发展,而到了1919年"五四"运动之后,由于新文化运动的深入开展,"民主"、"科学"成为中国整个思想界、文化界的旗帜性口号,人文的思想相对于前一阶段也更为活跃,特别是这一时期在中国思想界,教育界里造就了蔡元培、陈独秀、鲁迅、陶行知、青年毛泽东、恽代英、杨贤江等一批思想敏锐、先进而同时又特别关注中国体育的思想家、革命家、教育家,同时基督教青年会的体育教育家麦克乐在华传播欧美体育。他们对体育特别是对中国体育、中国民族的体魄认识更为深刻、开放,更接近于中国的社会实际和体育实践,实现了中国近代体育思想传承与演变中一次又一次大的飞跃。

第一节　思想家、教育家的体育思想

五四运动之后,即中国近代体育思想由初步形成发展到基本成熟时期,这一时期,第一次世界大战结束,以军国主义为立国之本的德国战败。陈独秀等先进的知识分子,试图以破除旧的道德伦理为起点,构建起一个能引出民主精神和体现出科学态度的进步向上的新价值观念体系，以求从根本上改造国民的基本素质。这一思想在社会中产生了很大影响，人们开始以民主、科学的眼光判别事理。此时，杜威实用主义教育思想与美国自然体育学说的传入，在教育界，人们对体育的认识从身心二元的观念，转变为身心一元论的观点。思想家、教育家基于资产阶级的民主和科学的世界观，对于体育的概念、本质、属性、功能和价值的认识有了进一步的深入，对体育的自然属性、社会属性进行了论述。

一、蔡元培的体育思想

蔡元培（1868—1940 年），字鹤卿，号孑民，浙江绍兴人，清末进士，中国近代著名的革命民主主义者和教育家。1912 年 1 月，蔡元培被中华民国临时大总统孙中山任命为教育总长，1916 年 12 月任北京大学校长，1927 年 10 月任大学院院长。中国近代教育史上大的事件与蔡元培是分不开的，他的一生都致力于改革旧的教育制度、建立新的教育体系，他为改革几千年传统的封建主义教育进行了创造性的工作，为我国确立近代式的新型教育制度奠定了基石，贡献了毕生的精力。蔡元培是中国近代教育史上最有影响的代表人物之一，同时也是清末民初学校体育的开拓者。毛泽东曾称赞他是"学界泰斗，人世楷模"[2]。蔡元培的体育教育思想是他教育思想体系中的一个重要组成部分，其开风气之先的许多深刻见解，对中国近现代学校体育教育产生过深远的影响。

（一）蔡元培体育思想内容

1. 完全人格，首在体育

"完全人格"是蔡元培所要培养的新人的目标。他认为："无完全人格，欲国家之隆盛，非但不可得，且有衰亡之虑焉。"[3]1912

年蔡元培任民国教育总长期间,发表了《对于新教育之意见》等一系列文章,提出了军国民主义教育、实利主义教育、公民道德教育、美感教育和世界观教育的"五育"方针,倡导以民主、自由和独立的精神改造国民,培育国民新人格。在蔡元培的教育思想中,五育各有不可替代的独特作用,并且是一个相互联系、和谐统一的整体。蔡元培要求在实施这个方针时要有正确的理解,以期全面贯彻,互相促进,而不能彼此割裂,有所偏废。军国民主义教育、实利主义教育、公民道德教育、世界观教育和美育,"五者,皆今日之教育所不可偏废者也"[4]。其中包含在军国民主义教育中的体育,首次被蔡元培作为学校教育的一个组成部分明确提出。

1912 年 5 月,蔡元培出任教育总长时在《向参议院宣布政见之演说》中指出:"在普通教育,务顺应时势,养成共和国民健全之人格。在专门教育,务养成学问神圣之风习。"[5]他正式提出了培养青年学生"健全人格"的教育目标。在蔡元培看来,若想通过改造教育来改造社会,就必须"养成健全人格,提倡共和精神"。1915 年,蔡元培在《一九〇〇年以来教育之进步》一文中又提出:"教育者,养成人格之事业也";"小学教育既以遵循天性,养成人格为本义,则于身心两方面决不可偏废,而且不可不使为一致调和。"[6]1917 年 1 月,蔡元培在爱国女学校演说时指出学校教育"欲副爱国之名,其精神不在提倡革命,而在养成完全之人格"[7]。并认为完全人格首在体育,次在智育,德育为完全人格之本。他指出:

> 体育最要之事为运动,凡吾人身体与精神,均含一种潜势力,随外围之环境而发达,故欲其发达至何地位,即能至何地位,若有障碍而阻其发达,则萎缩矣。[8]

即运动不但能锻炼身体,还能够发展个人的潜能,人类生理、身体与心理、精神两方面的协调发展,都离不开体育。

蔡元培认为体育能增进德育的培养。他指出:

> 凡道德以修己为本,而修己之道,又以体育为本。一切道德,殆皆非赢弱之人所能实行者。苟欲实践道德,宣力国家,以尽人生之天职,其必体育始矣。[9]

他认为如果没有强健的身体作为条件,那么个体就没有能力履行各种道德义务,因而无法完善自身的道德修炼,更无法履行其家庭、社会和国家责任。

蔡元培认为体育能促进智力的发展。他指出:"今经科学发明,人之智慧学术,皆由人之脑质运用之力而出,故脑力盛则智力富,身体弱则脑力衰,新教育之所以注意体操运动,实基于此。"[10]至于体育与智育之关系,尤为密切,他说:

> 西哲有言:康强之精神,必寓于康强之身体。不欺我也。苟非狂易,未有学焉而不能知,习焉而不能熟者。其能否成立,视体魄如何耳。也尝有抱非常之才,且亦富于春秋,徒以体魄孱弱,力不逮志,奄然与凡庸伍者,甚至或盛年废学,或中道夭逝,尤可悲焉。[11]

据此,蔡元培认为学校体育教育在全面发展教育中,具有不可替代的基础作用和前提性。

蔡元培认为美育的实施寓于德、智、体诸育及其日常生活中,尤其与体育联系紧密。体育中含有大量的美育因素,他认为游戏,美育也;兵式体操,军国民主义也;普通体操,兼有美育与军国民主义二者[12]。体育中的各种运动,一方面可使人健康,另一方面可以使身体向美的形式发展[13]。体育能赋予人健美的体形,健壮的体魄,能涵养人的灵性,给人以美的享受。学校的课程中,如游戏、音乐、图画、手工等,都有直接的美育。为了实施美育,人们在"音乐、旅行、游戏等活动中都可以去做"。从而使人进入精神自由的本体世界,达到"为群伦不为小己,为将来不为现在,为精神之愉快而非为体魄之享受"[14]的澄明之境。他认为美育陶冶人的情感,"美感是普遍性,可以破人我彼此的偏见;美学是超越性,可以破生死利害的顾忌,在教育上应特别注重"。[15]

2. 提倡正当体育,反对选手制

蔡元培认为中学时代是人生最重要的一段生活,人的身体、精神以及知识上的良好基础,均奠定于中学时代。就身体而言,中学时代正值人生发育时期,要想将来有健全的身体去担当社会责任和从事社会事业,就非在这时候受正当的体育锻炼不可[16]。什么是正当体育? 蔡元培认为:"体育者,循生理上自然发达之趋势,而以有规则之人工补助之,使不致有所偏倚,又恐体操之使人拘苦也,乃采取种种游戏之方法,以无违于体育之本意者为准。其用意如此而已。"[17]他主张学校应遵循学生身心发展规律实施体育教育,防止体育运动不讲科学,给人的心理、生理带来不必要的损伤,乃至失去体育的本义。

蔡元培针对当时教育界普遍采用奖励比赛胜利者的方法,以推动体育发展的现象,郑重提出了自己的观点:

> 吾以为有害而无益:一曰生理上之害……,一涉竞胜,则人人以好胜之故,而为过激之运动,所伤实多……。一涉竞胜,则人不能不择其可以制胜之技,而专门演习,则生理上一部分偏于发展,而其他部分不能与之适应,失体育之本义矣。二曰教科体育与智育、德育必各保其平衡……。三曰心理上之害。一涉竞胜,则对于人之关系。未竞之先,有希冀之心。既竞以后,胜者,于己为骄矜,于人为蔑视;负者,于己为愧怨,

于人为忮忌。是皆心理上之恶德也。

因此他提出："故吾以为体育必排除奖励及竞胜等种种助长之方法，而一以生理学为标准。"[18] 蔡元培认为体育既然是教育的一部分，就应该以受教育者为本体，以培养身心健康的新时代青年为目的。

1921 年 9 月，蔡元培考察欧美教育回国后对北大学生发表演说时，就把"外国学生最注重体育"，作为 9 个月考察的感想提了出来。他说：

> 我此次游历欧美，知各国虽经大战，其大学生的精神并未退步。学生在校内，既要有活泼进取的精神，又要有坚实耐烦的精神。有第一种精神，所以有发明，有创造。有第二种精神，利害不为动，牵制有不受，专心一志，为发明创造的预备。这些精神，并非全恃天然，可以养成。如法美民族本偏于活泼，然而未尝不坚忍。英德民族偏于坚韧，然而未尝不活泼。体育与美育，皆养成此等精神的作用，是诸位应该注意的。[19]

蔡元培通过考察意识到欧美国家学校体育提倡体育竞技活动与运动会的益处，在于它不仅能增进运动技能，促进身体发育，而且还提高了人们运动的兴趣与养成运动之习惯，培养良好的社会行为规范，使身心获得全面发展。蔡元培曾于 1922 年 4 月，在北京大学以《运动的需要》为题，写文章分析了当时举办运动会时出现的三项缺点。他说："一、各学校注意选手，不谋普及。二、这等选手，专门运动，不必尽力于本分的功课。三、专以运动为竞胜的作用，毫不注意与身体的平均发展与是否紧张过度，妨害卫生。"这些缺点的存在，蔡元培认为"不是运动会本身的坏处，乃是提倡运动的人，要牺牲一部分运动员，去传播学校的虚荣的缘故"[20]。尽管如此，蔡元培对运动会的举办仍然持肯定态度，他说：第一，运动能振奋精神，

"催发兴会";第二,运动会能"交换知识,联络感情";第三,运动会能培养成学生的团体荣誉感和良好的比赛作风。"宁正直而败,毋诡诈而胜。败则反求诸己,不怨尤,不嫉妒"。[21]蔡元培反复强调:"学校的运动,并不以训练几个选手为目的,而以运动的普及为原则。"他说:"健全身体,实为教育上重要任务。健全的方法,运动最要。每种运动,对于身体有其特殊的效力;而种种规则,又可以养成勇敢、正直、服善、爱群诸美德。"[22]蔡元培认为学校体育的目的是以运动为手段,以增进学生的身心健康,并借助竞技活动与运动会培养学生的团体精神。蔡元培的体育教育思想,对于今天学校体育本质的讨论和体育科学的发展仍然具有现实意义。

3. 让学生养成终身锻炼身体的良好习惯

学校体育发展重在普及,让学生养成终身锻炼身体的良好习惯。蔡元培这一思想在《怎样才配做一个现代学生》的文章中体现出来。他说:

> 中国废科举,办学校,虽已历时二十余年之久,然对于体育一项的设备,太不注意。甚至一个学校连操场、球场都没有,至于健身房、游泳池等等关于体育上的设备,更说不上了。运动机会既因无'用武地'而减少,所以往往有聪慧勤学的学生,只因体力衰弱的缘故,不能出其所学贡献于社会。[23]

因此他主张:"这样的现象一定要改变",因为"今日的学生,便是明日的社会中坚、国家柱石,这样病夫式或准病夫式的学生,焉能担得起异日社会国家的重责!又焉能与外国赳赳武夫的学生争长比短!所以学生体力的增进,实在是今日办教育的生死关键",而"欲求增进中国学生的体力,惟有提倡运动一法"。他特别强调现代学生要有"狮子样的体力",但体力的增进并非一蹴而就,需要每天锻炼,他说:"试观东、西洋学生,自小学以至大学,无一日不在锻炼陶冶之中。所以他们的青年,无不嗜好运动,兴趣盎然。一闻赛球,群起而趋。这种习惯的养成,良非易事。而健全国民的基础,乃以确立这种情形,在初入其国的,尝误认为一种狂癖;观察稍久,方知其影响国本之大。这是我们所应憬然猛省的。"[24]蔡元培的这一思想值得我们当代体育教育工作者认真思考,当代学校体育的主要目的是增强学生体质,但是现实的效果却不能令人满意,如果我们能改变一下方法,学校体育在重视增强学生的体质的同时,注意培养学生的体育兴趣和体育锻炼的习惯,像蔡元培那样积极号召"青年们起来吧,养成体育的习惯,锻炼健全的身手,自小学以至大学,无日不参加运动,以养成强坚的体力,去运用思想,创造事业"[25]。相信我国目前学校体育工作的现状一定能有所改善。

（二）蔡元培体育教育思想评价

蔡元培在中国近代教育界具有举足轻重的地位。1912 年他在担任中华民国第一任教育总长时,曾主持召开全国第一次教育会议,制订了"壬子癸丑学制";1922 年,教育部召开的学制会议,他又担任主席,制订主持了这个一直沿用到新中国成立后的"六、三、三制"学制。清末民初时期,蔡元培主张军国民教育,是为了对外实行自卫,对内反对军人强权统治,这在当时无疑是进步的。五四运动以后,蔡元培提倡具德育基础的美感教育体育思想,成为"体育教育化思想的先驱",在某种程度上指导了我国近代体育教育的发展方向。蔡元培认为:"没有强健的身体,振作的精神,决不能有伟大的作为"[26]。"完全人格,首在体育"。这种体育第一的思想在中国近现代教育史、体育史上是非常难得的。蔡元培强调"体育是要发达学生的身体,振作学生的精神,并不是只在赌赛跑跳……"。蔡元培认为体育是教育的重要组成部分,并把体育放在"第一"的教育地位上,强调体育对健康的促进作用,不重视通过体育提高运动水平的结果。

　　蔡元培从受教育者本体着想,把受教育者的身心、知情意看成是受教育者作为人不可分割、和谐发展的整体,从而重视德育、智育、体育、美育和世界观教育5方面的整体发展。蔡元培提倡竞技活动和运动会是因为他意识到竞技运动是一种观念文化,它所负载的价值在深层结构上影响社会心理和民族精神,对于培养青少年团结合作、坚忍不拔、吃苦耐劳等多方面的品质,具有不可替代的作用。竞技运动同时也是一种提高审美意识的情感文化,蔡元培指出:"美感教育使人进入精神自由的本体世界,达到为群伦不为小己,为将来不为现在,为精神之愉快而非为体魄之享受的澄明之境。"他认为,"游戏,是美育。普通体操兼有美育",实质上指明了体育在立足于人的培养时,不能忽视体育活动过程对学生身心的影响。

　　蔡元培学贯中西,气象博大,他的教育思想不仅继承了中国传统文化的精华,同时也吸取了西方先进文化的养分。蔡元培在1907年至1926年间曾5次出国,留居海外近12年之久。蔡元培走出国门留学欧洲的经历,让他直接感受世界教育思潮的理论结构和变化趋势。近代欧洲人文主义教育思想家主张教育应以受教育者为本位,通过教育使人的身心得到和谐发展。蔡元培广泛吸取国外学校的体育理论和手段,形成了自己的体育教育思想。蔡元培是民国时期中西体育思想集大成者,也是我国体育思想史上的一份宝贵的遗产。时至今天,仍值得我们认真借鉴。蔡元培认为:"没有强健的身体,振作的精神,决不能有伟大的作为"[27]。"完全人格,首在体育"。对体育的文化教育功能作了全新的揭示。蔡元培关于正当体育的思想,是对徐一冰体育思想的继承,而他关于体育的人格教育功能、终身体育的思想,则是对中国近代体育思想的重大贡献。

二、陶行知的体育思想

陶行知(1891—1946 年),字文濬,安徽歙县人。他从小聪明过人,6 岁时能在 3 刻钟内熟读背诵 43 行《左传》。1910 年考入南京金陵大学文学系,由于信奉明代哲学家王阳明的"知行合一"学说,改名为"知行"。1913 年提前 1 年以第 1 名的成绩毕业于金陵大学。1914 年赴美国留学,入伊利诺大学攻读市政。1915 年转入哥伦比亚大学研究教育,颇受美国著名教育家杜威所器重。1917年获得政治硕士、教育学监两个学位,回国后,任南京高等师范学堂教授兼教务长。1921 年南京高等师范学堂改组为东南大学,任教育系主任。1923 年任北京中华教育改进社主任干事,在此期间,他在全国各地推进平民教育运动。1927 年他创办的晓庄师范正式开学,在教学过程中,他逐渐地向学生阐述"生活即教育"、"社会即学校"、"教学做合一"等理论。1930 年由于支持晓庄各中心小学师生的栖霞旅游斗争,被国民党通缉,被迫逃亡日本。1934 年由于体认到"行是知之始,知是行之成"的道理,于是改名为"行知"。1936 年 8 月,应邀出席英国世界新教育会议,在伦敦拜谒马克思墓。1945 年参与组建中国民主同盟,并被选为民盟中央常务委员,兼任教育委员会主任委员。

陶行知毕生致力于中国的教育事业,毛泽东赞扬陶行知是"伟大的人民教育家",宋庆龄称他为"万世师表"。他是改革旧教育、创建新教育的先驱者之一。陶行知吸收了杜威实用主义理论的精华,并在丰富的教育实践中不懈探索,形成了自己系统的教育理论——生活教育理论,为贫穷落后国家办现代教育开辟了一条新路。他在关注中国教育的同时，也非常关注青少年的健康问题，并提出了许多有价值的体育思想和观点，对中国近代体育的发展产生了积极而深远的影响。今天，我们对陶行知先生这份宝贵的文化遗产进行梳理和总结，对当代体育教育事业的持续健康发展仍具有深远的现实意义。

（一）陶行知体育思想内容

1. 对体育价值的阐释

中国近代体育的发展是在传统体育与现代体育、东方体育与西方体育的碰撞与融合中不断前行，在这个渐进的发展过程中，人们对体育的本质以及本质功能与价值的认识也不断深化。陶行知站在身心一元论的立场上，对体育的本质功能与价值进行了全面而深刻的分析与阐释，他认为：

> 健康之精神寓于健康之身体，休闲时间要多活动，锻炼体魄。
>
> 身体上的生活固然要紧，精神上的生活也是要紧的。设使两者要去其一，那就是我们最不幸的一件。我们总要使得我们的身体、精神，都是很健全的、愉快的。这可就算是高尚的生活，反之就是低微的生活。[28]

陶行知认为人是灵与肉的统一体，健康之身体是健康之精神的物质基础，体育运动不仅仅可以强身健体，同时也促进个体形成健康的心理、健康的人格，使人的身心获得全面协调发展。体育之价值在于身心两健，这是由体育本质属性所决定的，也正是由于这一特殊价值，陶行知给予体育教育以高度的重视，他认为："有学识道德而无健全之身躯，则筋骨不能劳，体肤不能饿，心意不能困，咸施夸毗之病夫,又何能运起学识道德,以树不世之业,而为人类造莫大之福哉。"[29] 纵有广博的学识,尚好的品德,而无强健的体魄,也难以肩负造福人类之伟业。

2. 坚持健康第一,德智体三育并重

陶行知认为学校教育应坚持德、智、体全面发展。1924 年,时任东南大学教育系主任的陶行知兼任南京安徽中学校长,南京安徽中学是由安徽旅宁同乡会发起,为安徽流落南京的失学学生恢复创办的学校。董事会推举陶行知为校长,陶行知以先进的教育理念,将一个停办多年的同乡会学校,很快办成了一所师资力量强、教学质量高的知名中学。陶行知为安徽中学制订的校训中云"德性宜竺实也,知识宜富实也,身体宜健实也"。其核心为一"实"字,"修身治学乃应落实在'名'与'实'的统一上,'实'为关键,""德性宜笃实,知识宜富实,身体宜健实,"[30] 这"三育"都做"实"了,才能培养出有思想,有才能,有体魄,能够改造社会的新人。这种新人应当是德智体全面发展的。从这时起,陶行知即明确提出了中学教育应坚持德、智、体全面发展。陶行知还进一步强调指出,健康的身体是一切的根本,"因为'健康第一'。没有了身体,一切都完了"!"忽略健康的人,就是等于在与自己的生命开玩笑"。[31]1923 年他在致程仲沂先生的信中说:"知行以为体健是人生的一个最要目的,也是学问的一个最要目的。学生是学习人生之道的人,学以厚生则可,学以伤生是断断乎不可的。"[32] 他在写给胡适的信中再次提道:"人生第一要事是健康,第二要事是健康,第三要事还是健康。"为保证大家的身体健康,陶行知主张建立科学的健康堡垒,呼吁"大家都成为建立'科学的健康堡垒'的主要的成员之一,健将之一,共同来保证'健康第一'的胜利"。[33] 陶行知认为健康的身体是生活的出发点,也是教育的出发点。没有

健康的身体,就失去了生活、学习和工作的物质基础。

3. 体育与卫生保健相结合

陶行知认为体育锻炼可使身体强壮,卫生保健可以预防疾病,体育与卫生保健相结合,可使身体更加健康。陶行知指出"健康教育,除运动外,首推卫生"。"卫生者,保生命也"。欲保持健康的机体,运动、卫生二者缺一不可。体育锻炼对健康固然重要,卫生保健对预防疾病之功效亦不能小视。在当时我国医疗水平相当落后的状况下,加强卫生保健,预防疾病尤为重要。陶行知说:"我们要以决心推进卫生教育的效力来代替医生,以保证健康的胜利。""用卫生教育代替医生,卫生的首要在预防疾病,减少疾病。卫生教育做得好,虽不能说可以做到百分之百不生病的效果,但至少可以减少百分之九十的病痛"。[34]陶行知强调卫生教育的重要性,并将卫生教育付诸实践,他为育才学校订立了《育才卫生教育二十九事》,其中包括"预防疲劳之休息;离开咳嗽者五尺远;不用功或运动过度;饭后半小时内不得看书、运动、游泳;睡眠时候充足,十六岁以下以九小时为度;营养之科学分配;适当的运动"。等。[35]从中我们可以看出陶行知的学校卫生教育内容之科学而全面。为青年人的身体健康竖起了一道极为重要的保护屏障。

4. 注重于对体育社会属性的研究,主张体育与社会实践相结合

陶行知的"生活教育"理论主张"生活即教育"、"社会即学校",并注重于对体育社会属性的研究,如体育的教育功能、政治功能、军事功能等。体育的育人功能主要表现为两个方面,首先从德、智、体三育的关系上,陶行知认为:"体育为德、智二育之基本",没有强健的体格,德智二育就丧失了生物学基础。健康的身体,是德智二育健康发展的重要物质载体;其次就体育运动本身而

言,也有"三育"的功能,体育除能强健筋骨之外,还可以培养青年人拼搏进取、公平公正、遵纪守法、团结协作的优良品质,以及促进运动智能的发展。由此可见,体育是培养德智体全面发展新人的物质基础和重要手段。陶行知还将体育与爱国主义教育相结合,他将体育作为提高军事技能的一种手段,当国家处于危难之时,能够"保卫中华民国领土与主权之完整"。陶行知指出要通过体育锻炼"使得每个人都有一个健康的体魄,当有敌人来侵犯时,或拒敌人于国门外,或把敌人就地消灭,或以健康之身体与之拼杀"。[36]体育与爱国主义的结合,一方面,通过体育运动可以锻炼与来犯之敌英勇抗争的强健体魄,另一方面,通过爱国主义教育可以激发青年人投身体育锻炼的积极性,二者的结合,更加凸显出体育所具有的社会价值。

陶行知的生活教育理论,主张拆掉学校与社会之间的围墙,使学校与社会融为一体,以社会生活教育大众。陶行知所要办的学校"是以青天为顶,大地为底,二十八宿为围墙"。[37]学校要充分运用社会的力量以谋进步,社会也要吸收学校的力量以图改造,以达到相融互济的效用。陶行知所办的工学团,"就是将工场,学校,社会打成一片,产生一个富有生活力的新细胞"。[38]晓庄学校的创办是对陶行知生活教育理论的成功试验,在晓庄学校创建之初,学校准备了"田园二百亩,供学生耕种;荒山十里,供学生造林;最少数经费,供学生自造茅屋居住"。[39]在这里,学生们不仅可以从书本中学到科学文化知识,而且也可以从社会生活、生产实践中受到教育。晓庄学校在体育方面更是与社会实践紧密结合,他们每年都与村民举行"联村运动会",其运动项目包括国术、登山、挑柴、挑粪、举石担、玩石锁、掷球、提水竞走以及短跑等等。陶行知校长还亲自创编了锄头舞、镰刀舞、蓑衣舞。[40]这些运动项目都与生产、生活实践紧密结合,既培养了学生生产、生活的技能,又强健了身体,充分体现了陶行知的生活教育理念。

(二)陶行知体育思想评价

陶行知为中国近代伟大的教育家、民主战士,他为改革传统教育、创建新教育以及人才培养倾注了毕生精力,也为后人留下了宝贵的精神财富。陶行知关于体育价值的认识;健康第一,德智体三育并重的思想;体育与卫生保健相结合的主张;特别是注重于对体育社会属性的研究,主张体育与社会实践相结合等一系列深邃而精辟的论述,对中国近代体育教育的发展产生了深刻的影响。陶行知的体育思想既蕴涵了时代的思想主流,也凸显了其独具的思想特质。关于体育的功能与价值,陶行知认为体育的价值在于身心两健,体育"使得我们的身体、精神,都是很健全的、愉快的"。这是其他任何教育形式所无法替代的,也反映出这一时代的思想主流。五四新文化运动时期,美国教育家杜威的实用主义思想以及自然主义体育先后传入我国,这一时期,体育教育化思潮盛行,突出强调体育的教育意义,将体育教育的功能从单纯的生物学的身体教育,上升到人的精神层面,使得人的身体和精神和谐健康发展。这一体育价值观的哲学基础是"身心一元论"。陶行知关于"坚持健康第一、德智体三育并重"的思想,其中"德智体三育并重"是对先进教育家、思想家教育思想的继承,并非首倡。但在德、智、体三育的关系上,提出了自己的见解。即"健康第一","体育为德、智二育之基本",没有强健的体魄,就失去了生活、学习和工作的物质基础。这一观点无疑是科学而合理的,时至今日,仍为我们学校体育教育的重要指导思想。陶行知主张体育与社会实践相结合,并注重于体育社会属性的研究,这是他体育思想的特质所在。陶行知是一位唯物主义者,他认为教育并非高深莫测,而是一种实实在在的生活,教育从生活中来,又用来解决生活问题。因此,陶行知主张体育与社会生活、生产实践相结合。这样,通过体育运动,不仅强健了身体,也培养了生产、生活的技能,从而提高了生产和生活的效率。晓庄师范的"联村运动会"是陶行知关于体育与社会实践相结合的成功试验。陶行知的这一体育主张是其生活教育理论在体育领域的具体实践,也充分显示出体育所具有的社会属性和社会价值。陶行知作为中国近代的伟大教育家,在体育领域和体育思想领域,为中国近代体育的发展,更为中国近代体育思想的发展,做出了巨大的贡献。他深刻的体育思想与主张,在中国近代体育思想的传承与演变中,都占据着前所未有的地位。

三、青年毛泽东的体育思想

毛泽东(1893—1976 年),湖南省湘潭县韶山人。毛泽东是一位伟大的思想家、政治家、军事家,同时也是一位杰出的体育思想家与体育实践家,是中国现代体育运动的倡导者,对中国新体育事业的发展产生过深远的影响。

(一)青年毛泽东体育思想产生的历史背景

1893 年 12 月 26 日,毛泽东诞生于湖南省湘潭县韶山冲一个普通农民家里。从青少年时代起,毛泽东就孜孜不倦地学习,博览群书,思想活跃,广泛参与各种体育活动。20 世纪初的中国,国弱民穷,加之鸦片的毒害,许多人体弱多病,处于民族危机境遇下的毛泽东想得更多的是国家的命运和中华民族的危亡。他深知黎民疾苦,更清楚地看到"国力苶弱,武风不振,民族之体质,日趋轻细"。[41]的社会现象,因此,他一方面不断地探求新知,充实自己;一方面开始思考国家民族的前途与命运。他认为国家要强盛,民族要振兴,而国民体质则是基础。1914 年,在湖南第一师范学习的毛泽东受其老师杨昌济的言传身教,接触并研读了大量的中西方文化思想和论著,这期间,德国哲学教授泡尔生的《伦理学原理》是毛泽东哲学思想受益最深的西方论著。他在读德国哲学家泡尔生的《伦理学原理》时曾写道:"吾尝虑吾中国之将亡,今乃知不然。改建政体,变从民质,改良社会,无忧也。"[42]这时的毛泽东对体育已经有了深刻的认识,一种全新的有别于传统的体育观已经形成。

　　陈独秀领导的新文化运动,在广大青年学生中产生了很大影响,毛泽东对陈独秀创办《新青年》发生了浓厚兴趣。在体育方面,青年毛泽东悉心研究并积极践履,针对现实社会中重视德育、智育而忽视体育的现象,结合自身的长期的体育运动实践及思考,毛泽东以二十八画生署名,以民主、科学的眼光判别事理,撰写了《体育之研究》,并发表在 1917 年 4 月 3 卷 2 号《新青年》上。这是我国以近代科学的观点,全面系统地论述体育较早的一篇论著,也是我国体育理论文献宝库中十分珍贵的名篇,在这篇文章中,毛泽东就体育的概念、作用、体育与教育的关系以及锻炼身体的方法与要求等问题,发表了自己的一系列见解。为丰富和发展中国近代体育思想做出了理论贡献。

(二)青年毛泽东体育思想内容

1. 揭示了体育概念的内涵

　　什么是体育,毛泽东在《体育之研究》中从体育的起源论起,他认为体育的最初形式是一种自然的客观存在,即"自有生民以来,智识有愚暗,无不知自卫其生者"。自从有人类以来,没有人不懂得保卫自己的生命。毛泽东又指出:"人则以节度制其生,愈降于后而愈明,于是乎有体育。体育者,养生之道也。"说明体育是在人类社会进化中,随着生产工艺的精细程度和生活的需要而产生并造福于人类,体育是养生的学问。关于体育的内容,毛泽东指出:

> 体育者,养生之道也。……而考其内容,皆先精究其生理,详于官体之构造,脉络之运行,何方发达为早,何部较有偏缺,其体育即准此为程序,抑其过而救其所不及。

要考察其内容,先要研究生理,详细了解人体器官的构造和脉络的运行,哪一部分发达得早,哪一部分偏缺,体育就按照这些程序,抑制那些过于发达的,补救那不够发达的。他认为体育锻炼可抑制身体的偏颇之处,补救其不足之处,使身体平均发达。所以得出的结论:"体育者,人类自养其身之道,使身体平均发达,而有规则次序可言者也。"[43]说明体育是人类特有的锻炼身体的方法。体育能使人体全面发展,其本身有一定的规律性。并且认为"天地盖惟有动而已","动也者,盖养乎吾生、乐乎吾心而已"。[44]主张生活在天地间的人,应当以动为养生的要诀,运动是为了保养我们的生命,使我们的精神快乐而已。

关于体育的目的,毛泽东认为:"动以营生也,此浅言之也,动以为国也,此大言之也。"[45]毛泽东把它分为个人和国家两个层次,即"养生"和"卫国"。体育活动固然有增强体质,延年益寿的一面,但在外敌入侵,国家危亡的历史条件下,实施体育更重要的目的是增强国民的体质,保家卫国。

2. 从理论层面明确概括了体育在整个教育体系中的地位

毛泽东在《体育之研究》中,批判了几千年中国传统"重文轻武"的教育观,正确地阐述了体育与智育、德育的辩证关系。他指出:"体育一道,配德育与智育,而德智皆寄于体。无体是无德智也。"[46]他还形象地比喻"体者，载知识之车而寓道德之舍也。其载知识也如车，其寓道德也如舍"。[47]身体犹如"载知识之车，寓道德之舍，无体是无德智也，一旦身不存，德智则随之而隳矣"。知识和道德都诚然可贵，但身体更重要，车子坚固，才能多拉快跑；房屋不破，才能安身住人。形象生动的描述了体育在教育中的基础作用。

毛泽东近一步分析了体育在教育中作用，他强调在不同教育阶段，德、智、体应有所侧重。如"小学之时，宜专注重身体之发育，而知识之增进，道德之养成次之。宜以养护为主，而以教授训练为辅。今盖多不知之，故儿童缘读书而得疾病或至夭殇者有之矣"。

"中学及中学以上的青年学生，'宜三育并重'。今人则多偏于智。中学之年，身体之发育尚未完成，乃今培之者少而倾之者多，发育不将有中止之势乎"？他以自己的切身体会指出："人独患无身耳，他复何患？求所以善其身者，他事亦随之矣。善其身无过于体育。体育于吾人实占第一之位置，体强壮而后学问道德之进修勇而收效远。"[48]这是毛泽东对体育在学校教育的定位，也是他对学校体育的突出贡献所在。

毛泽东指出了中国教育界重文轻武的传统偏见带给社会和学校的危害。他说："然昔之为学者，讲德智而略于体，乃其弊也，偻身俯首，纤纤素手，登山则气迫，涉水则足痉。""故有颜子而短命，有贾生早夭，王勃、卢照邻，或幼伤或坐废。此皆有甚高之德与智也，一旦身不存，德智则随之"。[49]这种偏德智而略于体格的社会倾向给知识分子的人格完整和社会发展带来了严重危害。他以颜渊、贾谊、王勃、卢照邻等人因身体羸弱而英年早逝为例，证明身之不存而志之不与。毛泽东充分认识到身体与精神共同完善的极端重要性。

毛泽东指出旧式学校偏于智育、德育而忽视体育，课程"多如牛毛"的现象，对学生只能起到"蹂躏其身而残贼其身"的严重危害作用。这样的学校只能培养出"偻身府首","见兵而畏之"的文弱书生。文章还针对当时的学制、课程、教学内容、教学方法的情况提出批评意见。并认为："亦惟是外面铺张，不揣其本而齐其末"，"率多有形式而无实质"。即学校兴起后，办教育的人，仍然没有摆脱陈旧的习俗，即使稍微注意体育，也是表面铺张，不研究它的本质，只追求些细节。现在的体育大多有形式而无实质。"非不有体操课程也，非不有体操教员也，然而受体操之益者少，非徒无益，又有害焉。教者发令，学生强应，身顺而心违，精神受无量之痛苦，精神苦而身亦苦矣。盖一体操之终，未有不貌瘁神伤者也"。[50]上体操课非但没有益处而且有害处。学的人身体顺从而思想抵触，精神受无限的痛苦，身体也就痛苦。一场体操下来体力疲倦，精神憔悴，身心受到创伤。青年毛泽东对这种带强制性的体操课程深为不满。同时指出学校当局偏重书本知识，忽视学生卫生保健的弊端。认为学生的饮食、学校教室的采光、课桌课椅的高低等等都是与学生的健康密切相关的。毛泽东在强调必须通过体育运动的锻炼才能增强体质的同时，并没有忽视其他方面的因素，说明体育运动和卫生保健是增强学生体质不可分割的两个方面。认为当时学制和"密如牛毛"的繁重课程，对学生只能起到"蹂躏其身而残贼其身"的危害。针对这种情况，青年毛泽东提出了"体育于吾人实占第一之位置"。

3. 从科学的视角概括了体育的功能

首先，青年毛泽东认为："体育之效则强筋骨也。"也就是增强体质。他在《体育之研究》中指出："愚昔尝闻，人之官骸肌络及时而定，大抵二十五岁以后即一成无变，今乃知其不然。人之身盖日日变易者：新陈代谢之作用不绝行于各部组织之间，目不明可以明，耳不聪可以聪，虽六七十之人犹有改易官骸之效，事盖有必至者。"[51]人的生命机体时时处于新陈代谢之中，如果我们遵循科学原理勤于锻炼，戒除不良嗜好，就一定可以铸就一副强健的体魄，即使六七十岁之人也概莫能外。"又闻弱者难以转而为强，今亦知其非是"。同样，如果不注意锻炼，则会由强变弱，"盖生而强者滥用其强，不戒于种种嗜欲，以渐戕贼其身，自谓天生好身手，得此已足，尚待锻炼？故至强者或终转为至弱"。"故生而强者不必自喜也，生而弱者不必自悲也"。先天体质强壮的人，如果不注意身体的养护而滥用其强，体强者与可能转化为体弱者；先天体质弱的人，于消极方面则深戒嗜欲，于积极方面则勤自锻炼，久而久之也会变得强壮起来。这一论断强调了后天的努力是身体健康的关键。"勤体育则强筋骨，强筋骨则体质可变，弱可转强，身心可以并完。此盖非天命而全乎人力也"[52]体育的作用在于人类通过后天的努力，改善自身体质（增益其所不能）。

其次，体育的作用不仅仅能改善身体状况，还可以"增知识、调感情、强意志"。毛泽东指出：

> 体育之效，至于强筋骨，因而增知识，因而调感情，因而强意志。筋骨者，吾人之身；知识、感情、意志者，吾人之心。身心皆适，是谓泰。故夫体育非他，养乎吾生、乐乎吾心而已。[53]

他认为身体与精神是对立统一的关系，二者紧密联系，不可分割，共同构成完整的人生。通过体育锻炼达到"文明其精神，野蛮其体魄"的目的。体育是全面发展教育的物质基础，可以间接促进德、智的发展。

青年毛泽东指出：

> 夫知识之事，认识世间之事物而判断其理也，于此有须于体者焉。直观则赖乎耳目，思索则赖乎脑筋，耳目脑筋之谓

体,体全而知识之事以全,故可谓间接从体育以得知识。今世百科之学,无论学校独修,总须力能胜任。力能胜任者,体之强者也;不能胜任者,其弱者也。强弱分,而所任之区域以殊矣。[54]

所谓知识,就是认识世间的事物而发现它的道理。求得知识要靠身体,直观靠耳目,思索靠脑筋,耳目脑筋都是身体的组成部分,身体健全了,知识才能健全。观察事物要靠耳目,思考问题要靠脑筋,耳目脑筋是身体的组成部分,故身体健康对提高学生观察、分析和解决问题的能力以及知识掌握有极大的作用。毛泽东从耳聪、目明、脑灵来说明体育在智育发展中的协同作用,既有生物学依据,又有很强的说服力:

感情之于人,其力极大。古人以理性制之,……然理性出于心,心存乎体。常观罢弱之人往往为感情所役,而无力以自拔;五官不全及肢体有缺者多困于一偏之情,故理性不足以救之。故身体健全,感情斯正,可谓不易之理。[55]

我们遇到某种不愉快的事情,受到刺激,心神震荡不安,往往难以抑止,如果做些紧张剧烈的运动,就可以淘汰陈旧的观念,使脑筋恢复清醒,即刻见效。他举例说明,如冷水浴可以练习猛烈和无畏,还可以练习敢作敢为。凡是各种运动,能够坚持不间断,都有练习耐久的好处。长距离赛跑,对练习耐久尤其有显著的效果。躯干四肢纤细的人,举止轻浮,皮肤肌肉松弛的人,心意柔弱迟钝。身体就是如此明显地影响着心理。

青年毛泽东认为体育:

非等调感情也,又是以强意志,夫体育之主旨,武勇也。武勇之日,若猛烈,若不畏,若勇为,若耐久,皆意志之事。

武勇就是意志。他说:"如冷水浴足以练习猛烈而不畏,又足以练习敢为。凡各种之运动持续不改,皆有练习耐力之益,若长距离之赛跑,于耐力练习尤著。"[56]他还强调指出:"强意志,体育之大效,盖尤在此矣。""意志者也,固人生事业之先驱者"。只有意志才是支配他整个灵魂与行动的唯一要素。毛泽东以体育发达体魄,强健筋骨,只是他的一个方面或最基本的方面,但不是最终目的,最终是要指向意志精神的充分发达。正是因为毛泽东把体育视为磨炼意志的最好手段,以他一生酷爱体育,长期坚持体育锻炼磨炼坚强的意志。

青年毛泽东全面认识体育的生物和社会的功能,以及对促进身心全面发展的作用。这种效用观强调了"强筋骨"是体育最根本作用。

4. 提出了系统的体育锻炼方法

从鸦片战争到新文化运动,近代体育在中国开展了半个多世纪,为什么民族体质还是"日趋轻细"? 特别是 1916—1917 年期间,湖南一师先后发生了 7 名学生死亡的事件,激起了人们对旧教育的义愤,也促使毛泽东对军国民体育现状进行认真的研究和不断的反思。毛泽东指出:"今之提倡者非不设种种之方法,然而无效者,外力不足以动其心,不知何为体育之真义。体育果有如何之价值,效果云何,着手何处,皆茫乎如在雾中,其无效亦宜。"[57]体育提倡者"不得其本,不知体育之真义",误把军事当体育。体育锻炼没有原则性,不知从何着手,因此,达不到锻炼的效果。毛泽东不认同"抑动主静"和以静坐代替运动的观点。他认为体育主要是通过身体运动这一手段来"强筋骨",进而达到"增知识"、"调感情"和"强意志"功效的。毛泽东说:"天地盖惟有动而已",明确指出"运动为体育之最要者"。"有规律的运动是体育的基本方法",它强调两个基本要求:(1)必须符合生理规律;(2)运动是基本手段。

　　青年毛泽东特别强调锻炼的自觉性,他说:"欲图体育之有效,非动其主观,促其对于体育之自觉不可。苟自觉矣,则体育之条目可不言而自知,命中致远之效亦当不求而自至矣。"[58]他提出了三条具体的原则:"运动所宜注意者三:有恒一也;注全力二也;蛮拙三也。""恒"即持之以恒,贵在坚持,毛泽东认为:"凡事皆有恒,运动亦然。""今日之运动承乎昨日之运动而又引起明日之运动。每次运动不必久,三十分钟已足。";毛泽东指出"有恒矣,而不用心,亦难有效。"虽然天天坚持锻炼,但在锻炼时"走马观花",也难以获得健身效果。所以毛泽东提出锻炼时"注全力",即要全神贯注,要注意掌握体育的技巧;毛泽东指出:"运动之进取宜蛮,蛮则气力雄,筋骨劲。运动方法宜拙,拙则资守实,练习易。"[59]并认为"二者在初行运动之人为尤要"。"蛮拙"即不怕吃苦,要逐渐加大运动量。

(三)青年毛泽东体育思想评价

　　青年毛泽东的体育思想是在民族危机刺激下,探索挽救民族危亡、振兴国家的一种思考;同时又是他对体育运动实践的思考,更是他对新文化运动的一种呼应与深化。青年毛泽东体育思想中对体力和意志力的高度重视,体现了他积极进取的人生理想。《体育之研究》是青年毛泽东把忧国忧民的爱国主义,振兴中华的远大抱负,"民主与科学"的时代精神和自己丰富体育实践相结合的产物。毛泽东对历史和现实都有比较深刻的认识,他广泛引用了历史学、心理学、哲学、生理学等学科新知识,以及古今中外体育经验,运用朴素的唯物论和辩证法、西方伦理学和进化论的观点,对体育的基本问题进行深刻的研究,如什么是体育,体育的目的、功能,体育在学校教育中的地位,存在的弊端,不好运动的原因,锻炼方法等。文中对体育的精辟论述,有很强的科学性和实践性。澄清了人们对体育的各种错误认识。对于体育中的各种关系,毛泽东作出了精辟的分析,从"天地盖惟有动而已"的哲学观点出发,肯定人体运动的必然性,对当时盛行的静坐之风,表明自己的态度"不敢仿效";批判"天命论",指出体强体弱可以互相转化的关系;强调"欲图体育之有效,非动其主观,促其自觉不可";强调"身心可以并完"。毛泽东倡导以体育为基础的人的全面发展的新观念,在他看来,思想启蒙只是手段,要振兴国家没有身体强健的国民的是不可能的。因此,他更注重于健全的体格和意志的培养,以铸就既具有新思想又具有实践能力的新人,显现出中国民主主义体育的基本思想。青年时期的毛泽东,对体育内涵的解释,对体育在教育中的应有地位的认识,对体育功能的概括,以及对体育锻炼方法的总结,在当时来说,都是很有见地的,为丰富和发展中国近代体育思想,作出了理论贡献。

第二节　思想家和革命家的体育思想

1919 年,五四运动的爆发,开启了中国整个思想文化领域的一个新纪元。以陈独秀、李大钊为代表的一批最先接受马克思主义的思想家、革命家,将科学社会主义的思想引入中国,并使之得到广泛传播,掀起了新文化运动及随之而来的新民主主义革命运动。在这一过程中,这一批全面而深刻地关注整体复兴的先进知识分子,不可避免地也把目光投入到关系国人体魄与精神的体育上来,对体育的本质、功能、价值发展方针等一系列重大理论进行了探索,提出了真知灼见。从内容上看,他们的体育思想,既继承了近代以来的先进体育思想的精华,如民主和科学的体育思想,又有所发展,如出现新民主主义体育思想。

一、陈独秀的体育思想

陈独秀(1880—1942 年),是我国近代史上一位杰出的人物,在中国近代革命史、政治史、文化史、思想史中都占有举足轻重的地位。他同时也是一位有着丰富教育实践经验和深刻教育思想、对近代中国教育曾有过重大影响的教育家。毛泽东曾称他是中国最著名的文化界领袖,"五四运动时期的总司令"。[60]他是中国共产党的主要创建人之一。

(一)陈独秀体育思想产生的历史背景

20 世纪初的中国可谓内忧外患,民族危机日甚一日,社会处于剧烈的大变革时期。作为受新思想影响至深的陈独秀和同时代大多数知识分子一样,有着强烈民族忧患意识,像许多志士仁人一样,陈独秀的爱国思想和救国抱负是在甲午战争失败以后造成的空前民族危机中生发出来的,他以诗言志,表达为国捐躯的志向:"英雄第一伤心事,不赴沙场为国亡。"[61]这种为国捐躯的志向便是支配他早年活动乃至一生活动的主要动机。他从早年响应辛亥革命开始,就一直对人的现代化问题进行认真的思考,他极力倡导"尽人力"的自强意识。他还提倡自由教育。这些思想酝酿和发展的结果,使陈独秀能够成为新文化运动的伟大旗手。辛亥革命失败了,陈独秀苦苦思索得出的答案是国人思想太旧,致使共和徒有其名而并无其实。他试图以破除旧的道德伦理为起点,构建起一个能引出民主精神和体现出科学态度的进步向上的新价值观念体系,以求从根本上改造国民的基本素质。他以"科学与人权"相号召,突出强调培养国民之个人本位主义意识,培养现代人的素质。陈独秀说:"内图个性之发展,外图贡献于其群。"[62]他健全的个人主义包含两个方面内容:个人自身的充分发展与个人对社会责任的体现。但封建社会扼杀了个人的自由自主之人格与个性。所以陈独秀主张"强大之族,人性、兽性,同时发展"。并认为日本人之所以称霸亚洲,白种人之所以雄视全球,都是因为他们发挥了善斗不屈、力抗自然、信赖本能、个性率真的兽性特长。[63]陈独秀主张要用兽性主义教育来改造国民性,以提高整个民族的身体素质和精神风貌。从而使中国自立于世界民族之林。

(二)陈独秀体育思想的内容

1. 提出体育要发挥其对人的兽性教育,培养国人的刚健奋进的民族精神

陈独秀认为:中国时下的危机不独源于外敌和专制,其最大的病根是国民"抵抗力之薄弱"所致。他还通过列举封建士大夫的"愤世自杀"、"厌世逃禅"、"嫉俗隐循"、"酒博自耽"的消极秉性,以及封建礼教所铸成的普通民众的奴隶性,提出:

> 吾国社会恶潮势力之伟大,与夫个人抵抗此恶潮势力之薄弱,相习成风,耻廉道丧,正义消亡,乃以铸成今日卑劣无耻退葸苟安诡易圆滑之国民性! 呜呼,悲哉! 亡国灭种之病根,端在斯(国民性的弱败)矣![64]

陈独秀进而指出,这种消极的国民性是由文化传统造成的,因此,中国的变革有赖于国民性格和国民文化心理的重塑。没有国民根本之进步,没有多数国民之自醒,建设共和政治只能是一句空话。文化与心理是紧密相关、互为因果的,一定的心理过程总是在特定

的文化背景下产生的,而心理现象其本身又是一种文化现象的体现。文化意识所造成的心理会潜移默化地融进民族的文化心理结构之中,又折射在人们的价值观念、思维方式、伦理道德、风俗习惯等各个方面,成为人们行为的内驱力。因此必须对中国旧的封建文化进行深刻的反思。对于中国文化,陈独秀认为:

> "名为近世,其实犹古之遗也"。
>
> 儒者不尚力争,何况于战?老氏之教,不尚贤,使民不争,以任兵为不祥之器;故中土自西汉以来,黩武穷兵,国之大戒,佛徒去杀,益堕健斗之风。安息于东洋诸民族一贯之精神。

封建文化基本特征是以安息为本位,听之天命,顺从自然,消极厌世,保守苟安;以家族为本为,灭却个性,牺牲自己,注重感情,讲究虚文,直觉空想,迷信权威。"若西洋诸民族,好战健斗,根诸天性,成为风俗。恶侮辱,宁斗死"。崇尚竞争,在竞争中求生存,在竞争中求发展,无论是自古宗教之战,政治之战,商业之战,欧洲全部文明史无一字非鲜血所书。[65]西方传统文化的总体特征,是建立在个人主义的文化基础之上的。这样的文化传统,就倡导并赞许个人自由、个人竞争,鼓励个人充分发挥自己的生命潜能和智慧。而西方的伦理学又大大强化了西方民族的竞争意识。赫胥黎认为伦理过程首先是保证人类社会战胜其所在的自然状态的敌对影响;其次是使社会成员之间对享受资料的竞争,不致削弱社会共同体对自然状态斗争的效力,并有助于造福社会。每个社会成员的"自行其是"行为,是生存斗争的遗传,如任其在社会内部自由发展,社会会被破坏,必须制定一系列法律条文和形成各种道德规范,对之加以限制,这就是"自我约束"。它是伦理过程的要素,每个社会存在的基本条件。如约束过多,也会对社会起破坏作用,这已被西方社会承认为"个人的权利"。赫胥黎亦称之为"合理的野蛮行为"。但是伦理过程倾向于抑制最适于在生存竞争中取得成功的品质,即能力、勤勉、智力才能、不屈不挠的意志以及至少足以使一个人能够了解其同伴们的感情所需的同情心。因此,西洋民族国家利益,社会利益,名与个人主义相冲突,实以巩固个人利益为本位也。因为这些品质是人类本质力量中真正的"强力意志",只有人类这种特殊的动物具有的专长与功能。人类不能牺牲自己的"兽性",让政治和宗教将其断送。赫胥黎说:"人作为一种'政治动物'通过教育、指导和把智慧应用于使生活条件适用于更高的需求。"[66]人类社会适应环境的能力不断在提高,除接受后天的教育与创新的能力外,还同样需要保持本能的"兽性"(即"力"或曰"抵抗力")。

陈独秀的进化论思想深受严复翻译赫胥黎的《天演论》的影响。陈独秀按着进化论者的话说:"吾人之心,乃动物的感觉之继续。人间道德之活动,乃无道德的冲动之继续。良以人类为他种动物之进化,其本能与他种动物初无异致。所不同者,吾人独有自动的发展力耳。""强大之族,人性,兽性,同时发展。其他或仅保兽性,或独尊人性,而兽性全失,是皆堕落衰弱之民也"。一个民族的强大是由于人性、兽性同时发展,"夕皙种(白种人)之人,殖民事业遍于大地,唯此兽性故;日本称霸亚洲,唯此兽性故"。[67]一个民族的衰亡是由于兽性的消失。正因为东方民族由于惧怕个人欲望的极度张扬和对社会、民族结构的严重破坏,孔子主张扩充、强化君权、父权、夫权,以各种"尊卑贵贱"和"血族宗法"来压制、限制人的征服的本能、战争的本能、拼搏冒险精神。从而使整个社会由君臣,父子,夫妻等尊卑之礼形成了一个连环法宝,以维系日益分崩离析的社会。孔子的礼教在他生活的时代,对维护统一的政权是有积极意义的。但是随着社会发展,时代的变迁,不予以否定,最终通过"礼"的实施将人的个性、主体性和创造性消融在贵贱有别、尊卑有序的等级名分之中。严重制约了人的个性发展和欲望的伸张,民族的创新创造力大为降低。儒释道三家学说虽各有差异,但"无一强梁敢进之思"都有着教人谦卑忍让、宿命知足、柔弱不争、退缩苟安、不求进取的弱点。正是国民的这些弱点,使近代中国面临着亡国灭种的危险。要改变这种现状,民族要振兴、要发展,必须"以个人本位主义,易家族本位主义"。[68]个人是社会总体进步的根本力量,只有充分发掘每个人的力量,群体的社会才会进步,倘若每个人都不能以自己为本位去积极从事活动,社会也会走向灭亡或停步不前。中国要强大国民必须克服柔弱守雌、退缩苟安的习性,培养国民崇尚人的力量,征服自然,积极进取,奋斗抗争精神增强抵抗力,才能使中国自立于世界民族之林。

改造国民性是新文化运动的起因和目标。陈独秀认为,教育在改造国民性,创造新民和新文化中起决定作用,他说:"人类美点,可由教育完全发展;人类恶点,也可由教育略为减少。请看世界万国,那教育发达的和那教育不发达的人民,智愚贤否迥然不同,这就是吾人必须教育的铁证了。"[69]"我中国的教育,自古以来,专门讲德育,智育也还稍稍讲究,惟有体育一门,从来没有人提倡(射御虽是体育,但也没人说明),"[70]以至我国曾受教育之青年,"手无缚鸡之力,心无一夫之雄;白面纤腰,妖媚若处子;畏寒怯热,柔弱若病夫"。[71]全国人斯文委弱,奄奄无生气。同时,他看到,"世界各国,德之立教,体育殊重,民力大张,数十年来,青年死亡率锐减,列国无与比伦。英、美、日本之青年,亦皆以强武有力相高。竞舟角力之会,野球远足之游,几无虚日,其重视也,不在读书授业之下。故其青年壮健活泼,国民之进取有为"。[72]他敏锐地意识到体育教育在塑造民族性格、积淀民族心理中的重要作用。陈独秀认为中国人恰恰缺少"兽性"的特点："意志顽狠，善斗不屈"，"体魄强健，力抗自然"，"信赖本能，不依他为活"，"顺性率真，不饰伪自文"。[73]因此他主张用"兽性主义"教育即体育来锻炼国民体格和意志、情操。陈独秀之所以大声疾呼，要重视体育教育，坚持"兽性主义"。是因为体育是竞争和充满野性的，竞争激励着人的进取心理，看到了自己和他人的差距，产生了不安感和危机感，由此唤发起开拓、拼搏和冒险的精神，而这一切又大大促进着自主意识和独立人格的形成。因为没有主体意识和独立人格的人，是谈不上什么开拓进取的，更不用说有胆量投入竞争，并在竞争中获胜了。因此大力提倡体育教育，无疑会极大的有助于中华民族伦理品质的培养。

2. 主张体育与智育、德育并重，认为教育的内容应该包括"三育"

陈独秀早年从事教育工作，对体育比较重视并有所研究。他提倡"三育并重"。1902 年，他给友人信中写道："蒙学莫急于德育，而体育次之，若智育，则成童以后未晚也，诚以德育为人道之本，无德则无以立，智必不醇"。[74]这就是说，人性情操的培养，应先于智育、体育，而贯穿于教育者受教育过程的始终，青少年只有以良好的道德作指导，才能使自己的科学知识得到很好的发挥。初次表达了他对青少年教育的见解。他还提倡"军国民教育"，号召青年参加军训，准备效命疆场。陈独秀认为："国之强弱，当以其国民之智勇富力为衡。"[75]"今世列强并列，皆挟其全国之民之德智力以相角，兴亡之数不待战争而决"。[76]因此他把教育当成立国的根本来重视，倾注了大量心血。1915 年，陈独秀在其所办的《新青年》杂志第 1 卷第 2 号上发表了《今日之教育方针》。他首先列举了欧美各国著名教育家的主张，认为他们的"共通之原理不外智德力三者并重而不偏倚"。他吸取各家之长,在教育的宗旨、教育方针上明确提出"教育之道无他,乃以发展人间身心之所长而去其短",认为教育的基本目的是:"了解人生之真相;了解国家之意义;了解个人与社会经济之关系;了解未来责任之艰巨。"概以言之,应采取"现实主义、惟民主义、职业主义、兽性主义"为归宿。其实质是贯彻民主和科学的精神,使受教育者在德、智、体诸方面都得到发展。13 年后陈独秀所提的教育方针是他早年所提方针的具体化,说明他的教育目标已从强国强种的工具性价值目标取向转变为开发人的潜能、发展人的个性、促进人的全面发展的本体论价值取向。更接近教育的原本含义。在陈独秀看来,教育对人的身心发展,也就是在发展人的德智体诸方面的潜力都有很大的作用,其作用的结果就是把人培养成为人才。然而中国封建旧教育制度下培养出来的青年,其身心的状况令陈独秀非常担忧,对此陈独秀尖锐地指出,中国青年"年龄虽在青年时代,而身体之强度已达头童齿豁之期。盈千累万之青年中,求得一面体壮、若欧美青年之威武凌人者,竟若凤毛麟角。人视吾为东方病夫国,而吾人之少年青年,几无一不在病夫之列"。[77]青年每天心里只想"升官发财",只求追逐私利。为此,陈独秀深为忧虑:身心如此薄弱,将何以任重而致远? 体育教育已成为国家、民族之急需,因此必须改革中国的教育。他推崇日本启蒙思想家福泽谕吉的"兽性主义"教育方法。即"教育儿童,十岁以前,当以兽性主义;十岁以后,方以人性主义"。[78]因此他主张办教育和受教育的人,都应该注意发展"兽性"特长以挽救中华民族于危难之中。在"三育并重"中陈独秀再三强调体育的重要性,是因为他认识到身心强健是作为政治家、军人、实业家……的先决条件之一。也就是只有经过体育之磨炼,人的身心才能得到充分的发展,他日为政治家才能百折不回;

他日为军人才能百战不屈；他日为实业家才能排万难，冒万险，乘风破浪，制胜千里外。身体是德智的载体，体育是教育的基础。因此体育在教育方针中有着极为重要的意义。

陈独秀从人的现代化的角度看到了中国传统教育的弊端，主张教育必须效法西洋，进行改革，要求在发展个性和培养能力上狠下工夫。他说："我们中国教育必须取法西洋的缘故，不是势力的大小问题，正是道理的事非问题。"即西洋教育"非中国所及"。[79]近代以来的资产阶级教育家和思想家认为，人应该是在身体、智慧、德行、信仰等方面和谐发展的。他们普遍提倡教育遵循自然，反对压抑个性。卢梭认为："现在所甚被忽视的身体训练，依我的看法，是教育里最重要的部分，不仅是使儿童健康而强壮，尤其是为了对道德的影响。"并且他反复告诫人们："需要记着的是，我们想得到的不是知识，而是判断的能力。"[80]正是在这种教育观念上，西方式的教育反对灌输教学，提倡培养学生自主能动地学习和思考能力，在知识结构上，西方式教育主张教育是面向实际，服务现实的科学教育。在道德教育上，资产阶级教育家认为要培养人的自由、平等、博爱的精神，自尊、自制、自主、尽职的品质，传授恰当处理社会生活和群己关系的方法。陈独秀深受他们的影响，他竭力推广西方式教育精髓，他认为"青年之于人生幸福问题，以强健之身体为最要"。[81]他说："人身适当之运动，为健康之最要条件，盖新细胞之代谢以运动而强其作用。"[82]针对"中国教育大部分重在后脑的记忆，小部分重在前脑的思索，训练全身的教育，从来不大讲究"的现象，他认为教育应该是全身的，而非单独脑部的。既有体操发展全身的力量，又有图画和各种游戏，练习耳目手脚的活动能力。从而使受教育者无论男女老幼，做起事来，走起路来，莫不精神夺人，仪表堂堂。[83]也就是必须重视体育教育，体育应成为教学的必要内容。他对学校的游戏、体操还有进一步的认识,他从体育与德育、智育相互渗透,相互促进的角度指出:"游戏、体操可以训练儿童心身各种感官,使他各种器官及观察力、创造力、想象力、道德、情感等本能,渐渐的自由生长发育。"情感的陶冶,亦即道德的进行,不能停留在思想理论的单调灌输。通过生动活泼的动手动脑的体育运动来进行情感的培养,使儿童感觉道德之必要,使儿童道德的本能渐渐发展。这就是说,游戏、体操是受教育者身心发展和德育情感陶冶的有效途径。即品德的教育是有效的方法之一。所以"小学的游戏、体操不专是发育体力的,兼且是发育各种器官肢体之感觉神经及运动神经反应的本能和道德情感的"。[84]因此,他反对兵式体操,认为其属于军国民思想,应少向青年人输入杀人的思想。陈独秀上述体育观点,在当时无疑是一个巨大的进步,使得人们对于体育的理解上升到一个新的高度。对近代学校体育发展起到的推动作用,是值得我们今天认真研究借鉴的。

3. 倡导妇女解放,为女子体育发展创造了条件

在新文化运动时期,陈独秀高举民主科学,个性解放的旗帜,以个人为本位,把现代人的发展和人的要求放在首位,而人权自由、个性解放、妇女的解放等则是其宣传鼓吹的中心主题。新文化运动一开始,就把人权与女权并列,把女性解放列入改造社会的主要内容之一。陈独秀抨击封建伦理纲常,帮助广大妇女砸开封建的枷锁。1915年9月15日陈独秀在其创办的《新青年》杂志创刊号《敬告青年》一文中就妇女问题明确提出,在近代解放历史中"要破坏君权,求政治之解放也;否认教权,求宗教之解放也;均产说兴,求经济之解放也;女子参政运动,求男权之解放也"。这里陈独秀把妇女解放与政治、经济、宗教的解放放在同等重要地位,从而使妇女问题超出妇女本身的范围,成为当时反封建斗争的一

个重要内容。为了增强妇女解放自己的信心,陈独秀还在《新青年》杂志创刊号上,发表了法国人论《妇人观》的译文,大力宣传妇女不比男人差,有些方面还超过男人。无疑对鼓励女性起来恢复独立人格,争取自身的解放增强了勇气和自信心。在新文化中,陈独秀作为瞩目一时的思想明星,新文化运动的旗手和五四运动的总司令。他在资产阶级民主主义的立场上,对封建伦理道德压迫妇女的现实进行大胆否定和批判,陈独秀对西方民主思想的宣传和介绍,对于推动国人尤其是女性冲破封建思想的樊篱,促进其思想的觉悟和解放无疑具有积极作用。他提倡"男女平等","女性个性解放""人身自由"。这就为妇女走向学校、走向社会、走向政界创造了条件,也促进了妇女在体育方面努力争取更多的权利和机会。一些大城市的女子学校首先普遍实施体育课和课外体育活动。随着女子体育专业人才的需求增加,女子体育学校也有所发展。由此可见,陈独秀倡导的五四新文化运动在近代体育史上的思想影响是巨大而深远的。对我国近代体育发展也产生了积极作用,推动了近代女子体育的发展。

(三)陈独秀体育思想评价

陈独秀最早接受的是康有为、梁启超的维新思想和主张,认为救国只有维新,因此主张体育救国。康梁变法失败后,他东渡日本,开始接触西方资产阶级反对封建专制的自由平等学说,特别是法国资产阶级革命时期的民主学说,如卢梭的《民约论》,穆勒的《自由原理》,斯宾塞的《代议政体》等。从 1901 年到 1915 年陈独秀曾先后 4 次去日本,在日本期间,他广泛接触西方资产阶级人权学说、人文主义和社会达尔文主义及其他一些社会思潮。他的资产阶级民主主义思想已经确立。科学、民主的理论观念已发展成熟。陈独秀的体育思想是其教育思想的重要组成部分。他的教育思想包括社会教育、学校教育、家庭教育,三者构成了陈独秀完整的教育思想体系。他的教育思想体系,吸收康梁教育思想的合理内核,以改造国民性、个性解放、服务社会、提高全体国民素质、全面培养现代国民为核心目标。他的教育思想与他的哲学思想密不可分。他的哲学思想始终有两个重要特征:一是强调进化论在人类思想中的作用。二是推崇自然科学,主张哲学走实证的道路。前者显然是受到了达尔文的《进化论》、赫胥黎的《天演论》的巨大影响,而且也是当时世界性的社会达尔文主义的反映。而后者,也同样是受西洋哲学及西洋重视科技而富强的事实所启发。正因为如此,陈独秀大力提倡"科学主义"、"启蒙主义"和"兽性主义"要青年无论身体还是精神都要"强"起来,做一代能担负起民族兴亡的新国民。

然而在长期的封建统治中,老尚雌退,儒崇礼让,佛说空无。义侠伟人,称以大盗;贞直之士,谓为粗横。重文轻武,蔑视体力劳动和体育活动成为社会风气。有益于人们身心健康的体育运动从人们的需要中被排挤掉,为封建士大夫所不齿,而要求人们循规蹈矩,"文质彬彬,然后君子"。儒学作为入世哲学,同人们的日常生活和伦理道德结合得十分紧密,成为人们共同信奉的最高准则。共同的心理气质,铸造了中华民族的性格,逆来顺受、明哲保身、因循守旧、柔弱不争、退缩苟安、不求进取。而资产阶级的那种进取主动精神、独立开拓思想、平等自由观念则难以为人接受。陈独秀的特别深刻之处,在于他认识到中国的传统思想与文化对于中国的现代化具有不相适应的消极的一面,历史发展到 19 世纪,整个世界因为商业的发展前所未有地紧密联系在一起,这种联系不是以东方的闲逸恬淡,而是以西方的横厉无前的方式进行的。陈独秀认为这是造成东西民族强弱之原因,而东方民族的"退隐主义",则是其"根本缺点"。缺乏体育传统的中国文化扼杀了中国人的勇于开拓和敢于冒险的精神。因此对"人的培养"这个教育问题,陈独秀提倡教育的培养目标应该是德、智、体等方面全面发展。"惟民主义"、"兽性主义"是其重要体现。特别是他主张要用兽性主义教育来改造国民性,旨在提倡的是独立、率真、自主、自强的个性意识。强调尊重人的个性,培养人的创新精神,促成独立思想。他提倡体育,坚持兽性主义,因为体育活动培养人们勇敢、坚毅、进取的精神,丰富了社会的进取、开拓风气。他认为体育是培养人的身心全面发展的重要途径,通过体育活动可以培养学生的进取精神,促进自主意识和独立人格的形成。从中可以看出陈独秀对体育概念的理解已经超越了强身健体的价值取向,他把体育看作是教育过程中完整的一个部分,即发展人的器官、神经、肌肉,也培养和发展人的社会行为和人的智力。强调学校体育的教育和文化作用。这些观点在近代中国具有重要意义。也为当代体育素质教育提供了重要的研究价值与借鉴作用,启示我们作为学校教育一部分的体育教育,应该是一种广义的文化教育,不仅要向学生传授一定的体育知识技能,增强学生的体质,培养良好的体育锻炼习惯,而且还要将体育作为一种思维方式,行为方式,生活方式和价值观念传授给学生,即对情感、意志、个性等心理素质的综合培养。从而更进一步的充分发挥体育教育传承、创造体育文化的功能。陈独秀关于三育的体育思想,是对前人的继承,陈独秀关于通过体育的兽性教育来培养国人刚健奋进的民族精神的思想,则是具有创新意义的见解,其深刻的思想内涵在于对儒家文化特别是民族文化性格之弊端的尖锐批判。

二、鲁迅的体育思想

鲁迅(1881—1936 年),浙江绍兴人。鲁迅生活在灾难沉重的半封建半殖民地的中国社会,他为了中华民族的存亡兴衰,孜孜不倦地追求救国救民的真理。他一生始终不渝的追求就是改变国人的思想文化观念和精神面貌。鲁迅被毛泽东称为"在文化战线上,代表全民族的大多数,向着敌人冲锋陷阵的最正确、最勇敢、最坚决、最忠实、最热忱的空前的民族英雄"。"鲁迅的方向,就是中华民族新文化的方向"。"鲁迅不但是伟大的文学家,而且是伟大的思想家和伟大的革命家"。[85]

(一)鲁迅体育思想产生的历史背景

自从西方帝国主义列强依靠枪炮和兵舰侵入中国之后,中国已处于生死存亡的严峻时刻。为了使中国摆脱危亡的命运,走向民主和富强,先进的中国人曾经进行了艰难的探索。19 世纪 60 年代开始的洋务运动,从器物层面上开启了中国的现代化。90 年代的戊戌维新运动和 20 世纪初的辛亥革命,则是在理论和制度层面探索中国的现代化。在举国上下寻求救国自强之路,当大多数人把目光集中在坚船利炮的物质层面或共和立宪的制度层面时,鲁迅慧眼独具,突破了物质和制度层面,将中国人的精神重塑提到最突出的位置上,鲁迅在对西方历史和中国现实进行了认真考察思考之后,他认为:"欧美之强,莫不以是炫天下者,则根抵在人……是故生存两间,角逐列国是务,其首在立人"。[86]鲁迅将个性解放、灵明张扬视为"立人"之道。从历史上看,西方近代资本主义的迅速发展,与启蒙运动的对宗教神学的批判和人的个性解放关系很大,西方资产阶级就是在个性解放的口号下,雄心勃勃地投入各种竞争和开拓的。人文主义的弘扬,个性解放、自由、平等精神的光大是欧洲走入现代的法宝,也是中国在晚清年间落后于西方国家的真正原因。在长期的历史发展中,儒家学说和道家思想一起构成了中国传统文化的主骨,它在民族心理上形成深沉的积淀,因而与普遍存在于中国人身上的思想性格、精神气质有着非常内在的联系。鲁迅所揭示的"宁蜷伏堕落而恶进取",即中国民众萎靡不振的保守性,与老子的"无为"思想就密切相关。竞争是社会发展的重要动力。而中国传统文化陶冶的却是抑制本能、克己内省、谨小慎微的谦谦君子,容易安于现状,墨守成规。儒家思想崇尚"中庸之道",反对竞争精神,这些都严重制约了人的个性发展。同时也扼杀了人们的创造力和竞争意识,使人们不仅失去了行动的自由,也失去思想的自由,造成了扭曲的民族性格。这种民族性格的养成也是中国近代备受外族侵略奴役的直接原因。鲁迅明确地指出了"二十世纪之新精神",在于维护人的尊严,光耀人的精神生活,明白人生的意义;必须"立狂风怒浪之间,恃意力以辟生路"。他根据"人文史实之所垂示",强调必须"致人性以全"。[87]

(二)鲁迅体育思想的内容

1. 呼唤、弘扬个体生命的意志和力量,改造"安弱守雌笃于旧习"的国民劣根性

早期的鲁迅,受时代思潮的影响,认为中国的衰败,是因为科学落后,人们身体羸弱,因而挽救中国就要发展科学、强健体魄。经过中日战争和日俄战争的事件,使鲁迅认识到,中国人的失败并不惟其体魄不强,缺少坚舰利炮,而是因受封建社会毒害,灵魂麻木不仁,陷于愚昧衰败而不自知。这种精神状态的国民,即使体魄再强,也是砍头示众的材料。他说:

"现在的强弱固然在有无枪炮,但尤其在拿枪炮的人。假使这国民是卑怯的,即纵有枪炮,也只能屠杀无枪炮者。倘使敌手也有,胜败便在不可知之数了,这时才见真强弱。"[88]

他认为,要使中国真正强大,当务之急是对民众进行思想启蒙,对中国人的精神世界进行重新塑造,只有这样才能解决民族自救和国家图强这一根本问题。

从青年时期开始,鲁迅就以自己对于中国传统文化主潮的深切感受,作过宏观性判断,认为"中国之治,理想在不撄"。[89]这种传统文化特征在几千年中极大地影响了中国人的精神面貌。它让人平和,让人静止,扼杀了人的生命活力,从而使生命僵化、枯萎。因此要解决中国问题,就必须改变中国的固有文化。因此鲁迅对儒家学说及与其相联系的以家族为本位的封建宗法伦理说教展开了激烈的抨击。封建等级制度及其伦理观念就是要求人们从心理上自觉和不自觉的服从上尊下卑,从而决定了不平等的存在。这种封建传统统治状态中的人,只感到自己的渺小,不可能感觉到自己的力量,从而失去了其原始本性。又由于生存的需要,一切非理性的感性冲动纳入了内心对日常伦理生活的满足,从而失去了生命的张扬,处在奴役之中和非人境地,失去自我,失去了基本的活力,从而在精神上走上软弱,缺乏抗争精神和进取精神。在这样的思想和现实存在中,传统中国人缺少平等机会和自我意识,相对于每一个上级阶层和个人,都有一种本然的卑怯。中国封建文化和社会的伦理观念必然使人形成卑怯的心理。最终通过"礼"的实施将人的个性、主体性和创造性消融在贵贱有别、尊卑有序的等级名分之中,鲁迅对于这种"灭裂个性"致使"人丧其自我"的情况,不能不感到深深的忧虑,因为任何强大的集体都应是由无数强化的自我聚集而成的;而一个民族假如是处于个性泯灭、自我丧失的局面之中,它是不可能具有蓬勃的生机和创造力的。它的生存和发展,必然要受到严重的影响。

　　鲁迅还进一步指出:中国封建文化思想根抵全在道教。在鲁迅看来,不但道家思想的内容及影响构成了一个系统,而且儒与道相互渗透、容受和互相补充,构成了一个更大的系统,成为中国封建社会文化思想的主要部分,鲁迅认为儒家的思想在起源上就与道家有直接关系。如儒家主张恢复古代文物制度,尊重古典文化,道家注重自然,蔑弃人力,结果都流于保守,不求进取,亦不重创造;儒家崇尚德化,排斥武力,道家崇尚自然,排斥人力,都注重和平、宽厚的人生观;从历史上看,儒、道以及外来的释很早就处在一种调和、共处的状态中了,也造成中国人缺乏坚定的信念,没有执著的追求,使中国民众养成了适应环境,忍辱负重的麻木性和奴隶性,他们以安息为本,以和为贵,以安分守己、乐天知命为荣耀,于自然不求进取,于强横不求超胜,视"造反"为大逆不道。"守柔"的主张和"不争"的处世哲学一起构成了中国传统文化的主骨,它在民族心理上形成深厚的积淀,因而与普遍存在于中国人身上的思想性格、精神气质有着非常内在的联系。其结果导致国人性格缺乏毅然的决断、缺乏果敢的进取和无畏的反叛精神。所以鲁迅慨叹道:"中国一向就少有失败的英雄,少有韧性的反抗,少有敢单身鏖战的武人,少有敢抚哭叛徒的吊客。见胜兆则纷纷聚集,见败兆则纷纷逃亡。"[90]这种民族性格的养成也是中国近代受到外族凌辱奴役的直接原因,对于国家民族的发展是不利的。鲁迅深深懂得:中国传统学术文化对于民族心理的侵染和伤害是太深重了。在中国传统文化中,国家和共性绝对至上的群体原则是使"人之自我"、"泯于大群","假不随附,乃即以大群为鞭箠,攻击迫拶,俾之靡骋"。[91]中国封建社会对人的个性的压制与束缚是何等严紧！其传统植根之深，力量之大，若想在中国思想文化自身中寻求对这种传统的反抗力量，就不免于失望。当他冲出闭锁的中国"别求新声于异邦"时，他提出了"二十世纪之新精神，殆将立狂涛怒浪之间，恃意力以辟生路者也"。他认为：

> 时乃有新神思宗徒出，或崇奉主观，或张皇意力，筐纠流俗，厉发电霆，使天下群论，为闻声而摇荡……主观与意力主义之兴，功有伟于洪水之有方舟者焉。惟有意力轶众，所当希求，能于情意一端，处现实之世，而有勇猛奋斗之才，虽屡踣屡僵，终得现其理想：其为人格，如是焉耳。

在这里"意力"是个体性的独立人格的内在价值核心。这种"意力"不是单纯的外在力量，而是化为人本身的内在生命意志。鲁迅非常重视这一点，因为他意识到中国本来就是"尚物质而疾天才"的，又何况对于任何敢于触动"故态"的改革家，统治者与保守的民众，都会"协力而夭阏之"，所以"处现实之世……惟有刚毅不挠，虽遇外物而弗为移，始足社会桢干。排斥万难，黾勉上征，人类尊严，于此攸赖，则具有绝大意力之士贵耳"。在鲁迅看来，中国惟有赖这种多力善斗之士，迕万众不慑之强者，才能使纤弱颓废之众张大人格，有所理想；惟有靠这些精神界的勇猛真战士，发扬人之尊严，崇尚人之价值，"尊个性而张精神"，才能打破传统文化和社会对个人心性的束缚，中国才可以救，才能焕发新的生机。他推崇摩罗型的精神界之战士，他们都有"贵力尚强"，"无不刚健不挠"的顽强斗争精神。他们有毅力，是生活中的强者。他们才是社会的栋梁，民众的柱石。

鲁迅认为人区别于其他动物，正是人具有精神活动和无穷的创造力，因而只有张扬精神，充分发挥人的主观能动性，才能推动社会生活前进。他说："精神现象实人类生活之极巅，非发挥其辉光，于人生为无当；而张大个人之人格又人生之第一义也。"[92]他意识到了"心灵是肉体的主宰"，因此将人们对力量的崇尚直接导向了中国人内在的精神力的发掘、启蒙和崇尚方面。也就是生命的强力不仅在于自然生命之旺盛，更在于精神生命之奋进。他认为摩罗精神最为雄杰伟美。因为"人得是力，乃以发生，乃以曼衍，乃以上征，乃至于人所能至之极点"。[93]人若没有这种精神，就会怯于斗争，畏于进取，失去了向上发展的活力。鲁迅期望具有个体精神自由的强力人物的出现，他要借"野性的呼唤"，唤回国人久已丧失的原始生命力，他欲用生命强力来铲除和替代传统中国人深层意识中的卑怯心理，改变国人柔弱的性格，还人的生命以本来的风貌，改变传统中国人世代为奴的生存状态和精神状态，实现人的价值和尊严，实现人的现代化。

2. 主张用近代科学态度继承古今中外合理因素，发展近代体育运动

五四时期，一些守旧分子借口提倡"新武术"和"静坐"，极力推销"国粹"，以抵制新文化运动，抵制近代体育在中国的发展。鲁迅与"国粹"派作了针锋相对的斗争。鲁迅在《新青年》上发表的《随感录三十七》中指出："现在那班教育家，把'九天玄女传与轩辕黄帝，轩辕黄帝传与尼姑'的老方法，改称'新武术'，又是'中国式体操'，叫青年去练习。"接着，鲁迅驳斥了"国粹"派所谓中国人学外国体操不见"效验"，必须改习"新武术"的种种谬论，揭露他们借"新武术"散布"鬼道主义"的实质。

《随感录三十七》发表后，曾有人写文章加以反驳，鲁迅又写杂文作了公开回答，说明反对的不是中国武术，而是借"新武术"掀起的复古逆流。他说："中国武术，若以为一种特别技艺，有几个自己高兴的人,自在那里投师练习,我是毫无可否的意见,现在所反对的,便是:(一)教育家都当做时髦东西,大有中国非此不可之慨;(二)鼓吹的人,多带着'鬼道'精神,极有危险的预兆。"(《拳术与拳匪》载《新青年》,6 卷 2 号,1919 年 2 月版)

对于当时有人鼓吹"静坐法"是"世界上唯一的最好最有效的体育"否定近代体育运动的价值,鲁迅给予有力的批驳。他在《随感录三十三》中揭露那些鼓吹"静坐"的人"先把科学东拉西扯,羼进鬼话,弄得是非不明"。1920 年 1 月,长沙《体育周报》特刊第 1 号发表的《辟静坐》一文,则强调"静坐"的流行对社会的危害性:"静坐的最大害处,就是使人趋于消极,我们一天一天的习静,清心寡欲,就一天一天把进取心消磨了……这样子的静坐,即令能祛病,能延年,也不过替我们中国多造一些人类的寄生虫和社会的蟊贼……。"

鲁迅提倡发展西方近代体育,是鲁迅十分看重其文化力量,这种文化力量对人们的行为意识、伦理道德、心理情感等许多方面都具有巨大的影响力和征服力。它所负载的价值在深层结构方面影响着社会心理和民族精神。西方体育培养了西方人具有敢于反抗、争强好胜、百折不挠的斗争精神,是取代自我贬抑、自我萎缩的君子人格,培养新型人格的重要手段和途径。在中国应该加以提倡和得到发展,而不应该受到阻拦。在鲁迅看来,一个国家或民族的生存的前提,就要能抛掉因袭的负担,追赶世界的潮流,只有获得了"相当进步的智识、道德、品格、思想",中国人才能同先进的国家与民族同步前进,"协同生长,挣一地位",不至于被消灭、被挤出"世界人"行列。[94]世界需要的是本体的人,中国献出的是礼教的人。'世界人'的品格是勇敢,而'中国人'的品格是退让。因此在中国提倡和发展近代西方体育,不仅有振奋民族精神的意义,还有造就新一代民族个性的深远价值。是使中国人成为"世界人"

的需要。如果把"眼光因在一国里",眼界狭小,那就只会"缩进旧圈套里去","和世界潮流隔绝",走向倒退。也就不会有理想人格和"新人"产生。"五四"时期以鲁迅为代表的进步知识分子反对利用"新武术"和"静坐"、极力推销"国粹",这场斗争对于宣传新文化,激发人们的爱国热情都有积极的意义。对西方近代体育在中国的传播,对中国近代体育的发展起到了推动作用。

3. 提倡大力发展儿童体育,借以培养儿童的勇敢精神

鲁迅对中国前途的关注,始终是与关注下一代的命运,关注孩子的教育和成长联系在一起的。鲁迅认为,要疗救"不长进的民族"的根本方法,就是"完全解放了我们的孩子"。因为在传统的教育下,中国人期望或教育儿童的,是在使之向驯良——"静"的一面发展,低眉顺眼,唯唯诺诺,才算一个好孩子,名之曰"有趣"。活泼,健康,顽强,挺胸仰面……凡是属于"动"的,就未免有人摇头了,甚至于称之为"洋气"。为了使中国的孩子都成为这种"低眉顺眼,唯唯诺诺"的"好孩子",传统教育从内容、形式、方法到体制,施行"非礼勿视,非礼勿听,非礼勿言,非礼勿动"的管制。于是历代的孩子们都只能"屏息低头,毫不敢轻举妄动。两眼下视黄泉,看天就是傲慢,满脸装出死相,说笑就是放肆。"在这种"礼教"教育下,造就的是"弯腰曲背,低眉顺眼,表示着老牌的老成的子弟,驯良的百姓"。[95]所以鲁迅呼吁"救救孩子",倡导改革社会教育。

鲁迅认为要使孩子"成一个完全的人"就要教给他各方面的现代知识,使他的思想、品德、能力、体力得到全面的发展。他在《我们现在怎样做父亲》一文中指出,要使后起的人物优异于前,必须"养成他们有耐劳作的体力,纯洁高尚的道德,广博自由能容纳新潮流的精神,也就是能在世界新潮流中游泳,不被淹没的力量"。[96]这就是说家长要教育引导自己的子女在德、智、体三方面生

动、活泼、主动地发展,培养他们成为"健全"的"新人",国家的"栋梁"。为了把新一代培养成"完全的人"、"独立的人","能在世界新潮流中游泳"的现代人,鲁迅强调:新的现代教育,必须从儿童的特点出发,尊重儿童的天性,解放儿童的个性,培养他们自主的能力,"决不能用同一模型,无理嵌定"。这是现代教育和以扼杀个性为特点的封建专制教育的根本区别之一。[97]例如,儿童的想象力和好奇心极强,又好动而不喜欢静,我们的教育本应该形象生动,鼓励他们健康,活泼,挺胸昂首,大胆活动,可是人们却习惯于填鸭式地灌输许多教条,或施行诸多"礼教"式禁锢,把天真烂漫的孩子,培养成"钩头耸背,低眉顺眼,一副死板相"。这与不理解儿童的心理和生理特点有关。

　　鲁迅认为,孩子的个性能否健康发展,同其成长的环境关系极大。为了促进儿童天性的发展,现代教育必须全方位地营造一个有利于个性发展的环境。这环境应该是自由、开放的,不是封闭、禁锢的。其中既包括家庭、学校教育,也包括整个社会氛围。教育者要当儿童的指导者和协商者,而不是命令者,应该以平等民主的态度对待儿童。要尊重孩子的人格和自尊,按其特点和接受能力,因势利导地进行教育,把压制和训斥当作教育,将无助于子女身心的健康和发展。这样才是"完全解放了我们的孩子"。鲁迅关于儿童现代教育的主张对于当代学校体育素质教育仍有重要的指导意义和借鉴作用,值得我们认真地加以总结和学习,以便继承这份珍贵的精神财富。

(三)鲁迅体育观的思想评价

　　鲁迅体育观的核心是"立人",这是他一生思考和实践的主题,也是他的人生探求的出发点和归宿。鲁迅的"立人"思想遍及他所论述的各个方面,成为他观察和评论各种社会问题的焦点。鲁迅的体育观是其"立人"思想的重要组成部分。鲁迅的"立人"思想的形成,受 19 世纪后期兴起的西方现代主义文化思潮的影响,鲁迅赞赏施蒂纳关于"自由之得以力,而力即在乎个人,亦即资财,亦即权利的观点";推崇尼采所倡导的寄希望"惟大士天才"的主张;颂扬基尔凯郭尔的"谓真理准则,独在主观,惟主观性,即为真理"的学说。[98]他从年轻时就立志"我以我血荐轩辕",始终关注着国家民族命运,思考着社会人生。他和同时代的仁人志士一样,都是从文化角度来考虑中国存亡兴衰的机运,并进而从文化入手从事救国兴邦的事业的。

　　鲁迅的文化危机感来自对中国文化的非现代化特征即滞后于世界文化发展的焦虑。鲁迅敏锐地意识到,旧文化,旧的社会心理意识形态对中国社会进步具有阻碍乃至毁灭的作用。他强烈地产生了对民族文化重构的欲望。他格外注重人的内在精神和灵魂超越。鲁迅接受了尼采、斯蒂纳、易卜生等刚性自由意志,特别是尼采的强力意志。自由意志是刚性的,主体以一种巨大的意志力量征服客体,在对客体的征服过程中,体验自我生命的价值和意义。尼采认为生命的本质不是消极的求生存,而是争优越,争扩展,争强力。强力意志才是生命的创造力,生命在对苦难的战胜和超越中表现出欢欣与伟力。因此鲁迅总是强调世界运动的绝对性,以激发生命的活力和运动。鲁迅说:"我们大多数的国民实在特别沉静,真是喜怒哀乐不形于色,而况吐露他们的热力和热情。"[99]鲁迅更多地看到中华民族心理结构方面的病态和虚弱。他要鼓动生命的血性,他认为"人在天性上不能没有憎",[100]尤其针对这个衰弱的国度里衰弱的国民来说。他把具有优良竞技传统的欧洲人概括为:"人 + 兽性 = 西洋人,"而把中国人的性格则概括为:"人 +

家畜性＝某一种人"，[101]其区别就是在于有"兽性"的人具有不屈服于任何强暴，敢于反抗，争强好胜，有百折不挠的斗争精神。而失去了"兽性"的家畜，则"渐渐成了驯顺"，逆来顺受，柔弱卑下，充满奴性。他反对家畜性而主张带些兽性和野性，实质上正是对个性的期盼，对新的民族精神的期盼。鲁迅的生命意识中，秉承了西方对人性的呼唤，对人的尊严的珍视，及突现人的强大力量，彰显生命激昂、永不妥协的精髓。他对国人大声疾呼："世上如果还有真要活下的人们，就先该敢说，敢笑，敢哭，敢怒，敢骂赶，敢打，在这可诅咒的地方击退了可诅咒的时代。"[102]人类个性品格中的这种典型的"强力意志"是构成人的个体行为的调色板，没有这种个体行为品格的充分发育，便不可能有使社会健全和发展的社会行为。历史证明勇猛、昂扬、冒险、进取等非理性素质，无论对于个人还是对于群体的发展壮大，都是极其重要的。在世界各民族走向现代化的进程中曾产生了非常积极的作用。被誉为"德意志国民体育之父"和"德意志民族主义之父"的 F.L. 扬（1778—1882 年），于 1811 年创立了"德国体操"这一运动，其宗旨就是要改变德意志民族软弱的国民性，以期有效的抵制法国的侵略和外族的压制。他的这一创举为德国在上一世纪的崛起做出过伟大的贡献。

鲁迅提倡发展西方近代体育，是鲁迅十分看重其文化力量，它所负载的价值在深层结构方面影响着社会心理和民族精神。他把体育视为培养新型人格的重要手段和途径，并认为体育作为一种独立的文化形态，它的作用是其他任何文化形态所不能取代的，它对中华民族的传统文化既是积极的继承和光大，又是重大的补充和修复。他对体育的认识已经由一种自身的强键、自身潜在能力的开发，上升为对人的全面发展具有作用，即人的全面、自由、和谐的发展,是人的身心的完美展开和全面实现,是个体人格和社会人格的和谐与统一。体育运动也是一种精神文化,人的肉体与精神是不可分割的,体育运动不仅作用于生物的人,而且也同时作用于精神的人和社会的人。体育运动的功能不仅表现于人有形的物质形态,对人的内心世界和社会行为也有相当影响。鲁迅体育思想内容中最大的特点,是将体育的文化教育功能提升到改造国民劣根性的高度,直接反映了他对中国传统文化之糟粕的深刻反省和批判,这一点是鲁迅对中国近代体育思想的重大贡献。

三、杨贤江体育思想

杨贤江(1895—1931 年),字英父,浙江余姚人,1906 年进溪山学堂学习,1912 年考入浙江省立第一师范学校,1915 年 5 月在《学生杂志》发表了他的第一篇文章《学生自动之必要及其事业》,1917 年以全优的成绩毕业于浙江省立第一师范学校,之后进入南京高等师范学校工作并旁听大学课程。1920 年辞去南京高师职务,1921 年受聘担任《学生杂志》编辑,曾与恽代英一起组织并投身于青年革命运动。杨贤江是青年运动的杰出领导人之一。在中国近现代教育史上,杨贤江是第一个较为系统地以马克思主义基本原理阐述教育问题的教育家,是马克思主义教育理论在中国的传播者和奠基人。杨贤江的教育思想在新民主主义革命初期起到了振聋发聩的作用。杨贤江生前著有《教育史 ABC》和《新教育大纲》等著作。杨贤江作为 20 世纪上半叶中国杰出的教育家,在为中国 20 世纪的教育做出重大贡献的同时,也为中国 20 世纪体育事业的发展做出了不可磨灭的功绩,其体育思想与主张,对当代体育事业的发展具有不可低估的借鉴价值。

（一）杨贤江体育思想形成的背景

清末民初时期，中国政治腐败，帝国主义的侵略日益加深，民族危机空前严重。统治阶级长期以来推行重文轻武、文武分途式的教育，致使国人身体孱弱。不少仁人志士不畏艰难，披荆斩棘，向西方寻求救国救民的真理。在维新派和随后的革命派的大力宣传下，国人对于体育有了进一步的认识，社会上掀起了一股重视体育的浪潮。一些进步的知识分子提倡军国民主义教育（指体育和军事训练）。在这些进步知识分子的倡议下，中国教育界逐渐形成了一种学习体操、从事武术和军事训练的风气，文武并重的新式教育从此得到发展和普及。体育被列为教育的主要内容日益受到人们的重视。

处在民族危机日益深重、国内阶级矛盾日趋尖锐的时代，杨贤江从小饱尝饥寒交迫的艰辛，渴望民族独立和民众解放。为了探寻救国救民的真理，他先后到浙江一师、南京高师和上海复旦大学学习或旁听。他努力学习中西方文化，博览中外哲理和教育书籍。求学时期的杨贤江受新思想的影响，对于体育有极大的兴趣，提出了一些体育主张，随后，他接触到了马克思主义，开始以马克思主义作为指导自己行动的思想，1921 年到 1926 年，他主编《学生杂志》，发表了大量的关于体育方面的论文，这些文章比较集中地体现了他的体育思想。

（二）杨贤江体育思想的内容

1. 明确提出学校教育要坚持"德智体三育并重，视健康为第一要务"

杨贤江明确提出学校教育要坚持德、智、体三育并重，视健康为第一要务。他认为要培养青年德、智、体全面发展，三者不可偏废：

> 要而言之，学问以使心思道德日趋于完善为旨。若培植
> 己材而偏于体育，贲获而已；偏于德育，程朱而已；偏于智育，
> 仪秦而已。必兼有三育，融会精澈，始能成为完人。[103]

德育可以造就良好之习惯，智育可以造就清楚之头脑，体育可以造就健康之体魄，杨贤江"三育并重"的思想充分体现了马克思主义关于人的全面发展的教育理论。杨贤江还指出："青年第一要紧，应把身体培养得健康，能够忍劳、耐苦。否则，身体力量不够，虽有努力工作的志愿也不能达。"[104] "盖惟有强健的体格，始能运用精神，以成学问事业"。青年人应树立健康第一的思想，养成"忍劳耐苦，栉风沐雨，几乎是饿不杀，冻不死的才好"。[105] 只有健康的体魄才能担负起"为人群谋福利"，改造人类社会的历史重任。精神委靡，器官衰弱者，"即使博学多闻，而不能裨益人世，果何所用乎"。

2. 从科学的层面对体育的本质、功能、进行了理论概括

20 世纪初叶，随着体育运动的逐渐发展，人们对体育本质、功能与价值认识进一步深化，杨贤江从身心一元的视角，对体育的功能与价值进行了全面的阐释，他认为教育的目的在于"造就完全之人格"，并指出"人是兼有两性的：有了肉体，又有精神；……这种种都发达了，都充实了，才是个完全的人"。[106] 人是肉体与精神的统一体，精神与肉体是不可分割的，完全人格是灵与肉、身与心的高度和谐、完美统一，健康之身体、健康之心理二者为完全人格缺一不可之物。对完全人格之养成，体育具有独特的功能与价值，杨贤江对此指出："体育是造成健全人格，养成具足生活的一种工具，重视体育，实行体育，是个个人应有的态度、应尽的义务。"[107] 体育虽然是肉体的，但其灵魂是精神的，通过体育运动可获得勇敢顽

强、拼搏进取、团结协作、守法自治等优良品质。因此,体育具有身心两健,养成完全人格的特殊价值,是其他任何教育形式所无法替代的,也是体育教育功能和价值的根本所在。

3. 主张体育与卫生相结合

杨贤江指出体育锻炼可使筋骨强健,体育与卫生相结合可以抵御疾病的侵袭,使身体更加健康。杨贤江认为:"青年所需的体育生活,一方面是运动,他方面是卫生。"[108] 体育运动与卫生相结合,才能使青年人过上健康的生活。健康生活包括体育锻炼、卫生健康、平时的起居节律和适当的劳动。他指出健康的身体必须"依运动锻炼体魄","依卫生原则来保护身体"。[109] 运动的种类甚多,如体操、竞技、拳术、登山、徒步、骑马、游泳、童子军等。就卫生的方法,杨贤江提出 4 个字:清洁与节制。所谓清洁:是清洁你的思想,清洁你的身体和身体的附属物。所谓节制:是起居有常,饮食有节,动作有度。[110] 杨贤江进一步指出卫生包括物质卫生和精神卫生两个方面,日常生活除注意物质卫生外,还应特别注意精神卫生,他说:

> 精神的卫生,则安定心神一也,安分守己二也,祛除愤怒三也,心存乐观四也,面观愉色五也,戒妄言与毁人六也。盖人生莫大苦痛,莫甚于精神之忧伤,而保健康第一要法,实在于精神之养护……。[11]

杨贤江认为精神之卫生也是保持健康的重要环节。

4. 注重于体育自然属性的研究,主张在大自然里进行自然的身体活动

1923 年以前,杨贤江主要是以生理学、心理学、教育学等学科来注重于体育属性的研究。他认为体育运动应遵循人体生长发育的规律,"体育底重要,原不在青年期为然,乃是亘于人生全期的。

但青年期因为身体的变化较多,对于疾病的抵抗力没有安定,便当有十分的锻炼"。[112]他认为青春期为人体生长发育特殊而重要的生理阶段,在身体与运动方面应给予更多的关照。杨贤江还将生理学与心理学融会贯通,概括总结出体育的目的是使体格、体质、体力、气力四要素均衡强健发展。前三者体格、体质、体力为生理学要素,气力为心理学要素,他说:"气力乃是精神之力,而且简直是意志力。"[113]杨贤江在阐述体力这一生理要素时,"用心理学知识解释练习习惯动作何以这样容易(省力)"。[114]可见,杨贤江以自然科学为基础对体育自然属性的研究在当时已达到了相当高的境界。

杨贤江把青年比作万物复苏春天里的一切生物,"经过隆冬的蕴藏",让他们"睁开眼睛罢,舒展肢体罢,循着向上的轨道,勇猛前进罢"。"只有动!活动!前进的活动!才能促进生机,保住生命。动就是生啊!要生须得动啊"!杨贤江让青年人在大自然里"自自然然的动",大自然给青年提供了活动筋骨,陶冶情趣的极佳环境,"和风里,阳光下,流水上,碧海边,那里都是怡情、娱目、健身、壮气的好处所。你们怕自己的田园小,可以向周围开拓啊!你们怕自己的生活单调,可以去和'自然母亲'亲热啊"![115]杨贤江说:"我主张一种自然的运动法,如走路、跑步、做工、种植、登山、游水等。我尤提倡童子军的教练,如野宿、斥堠、烹饪、救急等。因为这种种能锻炼体魄,能愉快精神,……做这种活动的时候能供给我们在自然界中生活的机会,能多得'自然母亲'的恩惠。"[116]杨贤江视自然界为一所公开的大学,在这里青年人不仅可以强健筋骨,锻炼体魄,领略自然之美,还可以学习"动物学、植物学、矿物学、地质学、农学、自然地理学,乃至物理学、化学、宇宙发达史、生物发生学等自然科学"。"只要我们肯与自然界相亲,她是终有恩惠赐给我们的。自然界不仅是个大学校,她简直是个生命之源泉啊"![117]

5. 提倡普及人民大众的体育

杨贤江后期的体育思想(1923 年以后),尤其是接受了马列主义理论之后,具有了明显的阶级性和人民性。人类进入阶级社会以后,教育具有明显的阶级性,哪个阶级占有统治地位,哪个阶级就掌控着教育权,教育就必然维护该阶级的阶级利益和政治诉求。在原始社会,教育为全人类所享有,进入阶级社会后,教育权是跟着所有权走的。杨贤江指出:"教育的分配,主要是受所有的多寡以决定;就是所有的特权联系到教养的特权;从而有产阶级成为有知识阶级,无产成为无知识阶级。这样的教育,根本是少数有钱人的专有品,无产者自可不必享受,也且不容享受。"[118]作为教育组成部分的体育在阶级社会中同样具有阶级性,半封建半殖民地的中国社会,体育只是为少数人而服务的,劳动人民根本没有享受体育的权利。杨贤江对此指出:"遵守卫生规则,练习运动方法,自是青年生活应尽的本分,也是应享的权利。但是青年啊! 你们以为这样想到了便能这样实现了吗? 不! 决不! 老实说,在现在这个私产制度方面,青年能享受这方面美满的生活的,实只有少数的富家子弟罢了。那些大多数的无产青年仅仅谋个温饱还是难得,怎能再讲究卫生,怎能再练习运动?"[119]杨贤江认为,青年人不能讲究甚至不配讲究体育的主要原因是"现代社会制度的缺陷"。"有志的青年们为自身阶级的利益起见,便有起来改造这个不良的社会制度的天职"。[120]要使每个人都享有体育的权利,普及人民大众的体育,就必须起来进行政治革命,推翻封建主义和帝国主义,建立新型的社会制度,政治革命已经成为发展新民主主义体育的前提,任何改良教育、改良体育都是行不通的。杨贤江所倡导的新民主主义体育是人民的体育、大众的体育。为实现大众体育的目标,杨贤江认为体育锻炼应充分利用自然条件,进行自然的身体运动。

他指出体育运动"须利用自然界的设备如海水、高山、森林、田野以及清风明月——'不须一钱买'的等等,乃至做工,走路等极自然的运动——绝不是资本家的卫生规则和运动方法"。[121]杨贤江所提出的运动健身方法是符合我国国情的适宜选择。

(三)杨贤江体育思想评价

杨贤江作为 20 世纪上半叶中国杰出的教育家,虽然只活了36 岁,但他给后人留下了一份宝贵的文化遗产,他对教育的起源及教育的本质进行了深刻而精辟的论述,同时对体育的本质、功能与价值以及体育自然属性之研究也颇为深刻。他的体育思想与主张对 20 世纪上半叶中国体育事业的发展产生了积极而深远的影响。杨贤江"三育"并重的教育思想充分体现了马克思主义关于人的全面发展的教育理论,是对前人先进教育思想的继承,在此基础上,对于"三育"之间的相互关系提出了自己的观点,杨贤江视健康为第一要务,突出强调了体育的物质性、基础性。他指出即使博学多闻,而没有健康的体魄,也无法担负改造人类社会的历史使命。杨贤江将体育的价值从单纯的物质层面的身体教育,提升到人的精神层面,旨在促使人们的身心和谐健康发展,并将体育作为养成健全人格的重要手段。他对体育功能与价值的认识,不仅在当时具有前瞻性,即使今天看来也是极其科学合理的。杨贤江并非从事体育教育的专业人士,但是在他早期的体育思想中,对体育自然属性的研究已经达到了相当高的水平。他以生理学和心理学为基础,深刻阐述了体育的目的是使生理及心理"四要素"均衡强健发展。在当时即使是专门从事体育教育的专业学者,能达到此研究水平的也寥寥无几。杨贤江对体育功能与价值的认识以及对体育自然属性的研究,为中国近代体育理论的形成奠定了理论基础。纵观杨贤江的体育思想,最为突出的特质是其所具有的鲜明的革命性和人民性。他认为政治革命是实现人民大众体育的前提,并提出了实现大众体育的具体路径。为新民主主义体育的发展指出了一条正确的道路。他的体育思想与主张对 20 世纪上半叶中国体育事业的发展产生了积极而深远的影响。

四、恽代英体育思想

恽代英(1895—1931 年),字子毅,祖籍江苏武进,中国共产党早期领导人之一、杰出的革命教育家。1913 年,恽代英考入武汉中华大学预科,1915 年,进入中华大学文科攻读中国哲学,在校期间他博览群书,除了阅读大量社会科学方面的中外书籍外,还广泛涉猎自然科学。1917 年 6 月,恽代英在《青年进步》杂志发表了《学校体育之研究》,这是继毛泽东以二十八画生为笔名发表的《体育之研究》之后,又一篇专门讨论体育的文章,这篇文章表达了恽代英对学校体育的看法和主张,体现了他的体育思想的主要内容。此外,在他的教育著述中,还有《家庭教育论》、《儿童公育在教育上的价值》、《美国元老之健康》、《普通体操之改良》、《普通体操之意外结果》、《与黄胜白先生论中学体育》、《最良之五分钟体操》、《体育理论之正缪》、《户外生活》、《说棍球之益》等涉及体育或专门讨论体育的文章,这些文章中对体育多方面的看法,都体现了恽代英对体育比较深刻的认识。

(一)恽代英体育思想形成的背景

恽代英出生于湖北武昌,童年接受家塾教育,1909 年随父母迁往鄂西北老河口,后来一直靠自学。恽代英成长的年代正处于中国清末民初时期,这时候的中国在经历了甲午战争的失败后,维新派为了救亡图存,提出了改革教育,培养人才,提倡强兵尚武,对体育进行了大力宣传,康有为、梁启超、严复等人纷纷宣传体育的重要性,提倡对国民尚武精神的培养。戊戌变法失败后,面对日益严重的阶级矛盾和民族矛盾,清政府不得不实行所谓的"新政",并于 1903 年颁布了《钦定学堂章程》,规定各级各类学堂要开设"体操科",以"体操科"为代名词的近代体育得到了官方的肯定,这些举措一直延续到辛亥革命清朝覆灭。而在辛亥革命前,资产阶级革命派也一直大力鼓吹"军国民教育"或尚武教育,既为抗御外侮,也为用暴力推翻清王朝的统治做革命准备。辛亥革命后,蔡元培出任教育总长,发表了《对于新教育之意见》,其中五项新的教育方针中就包括"军国民教育"。当时许多人希望通过实行举国皆兵的制度,以对强邻交通之自卫和抑制军人成为特殊势力。所以说"所谓军国民教育者,诚今日所不能不采者也",军国民体育占据了学校体育的位置。从当时整个大环境来说,体育受到了全社会前所未有的重视。

恽代英从小就非常重视体育,喜欢读书的同时也注意到不能死读书。通过读书恽代英了解到外国人的教育不但重智育、德育,还很注意体育。他认为中国古代也是非常注意人的活动的,名医华伦就说过的"户枢不蠹,流水不腐"也很有道理。因此,恽代英不仅主张读书,也要增加运动。由于没有运动场,恽代英就带着弟弟们到郊外踏青、放风筝。1915 年恽代英进入中华大学文科攻读哲学,对哲学的研究为他对当时社会上体育状况能够进行深层次研究和分析提供了重要的理论工具和方法,虽然他早期的哲学思想并不是很成熟,也没有形成自己的理论体系,但是"在认识论方面,贯彻了唯物主义反映论,强调了经验的重要,已经显现了辩证法的光芒",[122]而且坚持理论联系实际,反映在他对体育的认识上,

1917 年 6 月发表于《青年进步》杂志的《学校体育之研究》则最能体现这种特征。在《学校体育之研究》一文中,恽代英提出了一系列的问题,比如学校体育的目的、方法,以及与社会心理的关系,列举了当时社会上流行的几种体育观,并对这几种体育观的利弊进行了分析,提出了比较全面的学校体育主张。1917 年,恽代英开始注意国外体育状况和研究体育理论。他长年阅读美国 P. S. 出版公司的《Physical culture》,并翻译了许多体育方面的文章,"对于体育问题,下过一番工夫"。[123]这对于恽代英体育思想的进一步发展起到了很大的促进作用。

(二)恽代英体育思想的主要内容

1. 学校体育思想

恽代英将学校体育从整个体育系统中单列出来,作为一个相对独立的系统,对其进行了深入的研究,提出了自成体系的学校体育思想。他认为学校体育应该有明确的目的,那就是促进学生之健康。但是当时"学校宣体育之目的,在社会心理上颇不一致"。[124]有人坚持军国民体育教育;有人坚持学校体育是为了在运动会夺锦标,以博得社会的赞赏;有的学校开展体育活动只是为了应付上级的检查。对此种学校体育状况,恽代英做了分析和批判。他认为:"普通言军国民教育以请拨枪支为第一要务,此实一大误点。枪支固不可不习,然须先视学生之体力,足以胜任练习与否而断之。"[125]学校教育就应该与军队上的简单粗暴训练方法加以区别,学校不但要使学生有强健的体魄,而且要让学生知道为什么要有强健的体魄,不但要使学生拥有健康的身体,而且还要让学生知道保持健康的方法。简单地认为军国民教育就是练习打靶,学习枪械的使用是不正确的。学校教育贯彻军国民体育,也要看学生的实际情况,学生的体质可能各不相同,如果不看实际情况,一律实行统一的操练方法可能适得其反。

对于学校锦标体育,恽代英则认为在运动会上取得好成绩可以博得社会的注意是不争的事实,但参加运动会,取得好成绩只是"学校教育之余事,所谓正当之体育,不再是也"。普通学校不像专门的体育学校,并没有培养运动员的责任,普通学校应该关注全体学生,"学校之所谓体育,应对于各学生,无论其体质强弱,平均加以注意。苟各学生之体育,皆可及格,虽无何等特优之运动家,在运动会中,不能出人头地. 而就学校之天职言之,已无愧为能尽其职者"。[126] 因此,恽代英是反对学校体育走锦标主义路线的。

恽代英把当时学校体育总结为:片段的、偏枯的、骤进的、枯燥的体育,针对学校体育的种种弊端,恽代英提出要把学校体育改进为:系统的、圆满的、渐进的、有兴趣的体育。要实现学校体育的改进,必须传授学生生理卫生知识,恽代英引用 Sandon 的观点,认为要想使身体强健,不仅需要用力操练,而且需要用心操练,也就是说,不仅要让学生知道怎样锻炼,而且要让学生明白锻炼所采取方法的科学依据。中国学校对于生理卫生课程的重视程度不够,"吾国学校,非不以生理卫生学列为中学课程之一,然恨中学授此课程,而中学之授此课程者,又不过于一学期中,每星期为二三时之教授而已"。[127] 因此,要对生理卫生课程高度重视,这样才能让学生学到足够的生理卫生知识。美国大学每学期都有生理卫生必修课,这是中国应该学习的。恽代英认为,由于学生个体体质不尽相同,不同的学生需要不同的锻炼和卫生方法,在教师的指导下进行锻炼。他认为当时学校仅有的几种体操锻炼方法是不足以满足不同体质学生的需求的。学校还应该学习清华大学的模式,由校医对学生进行体质监测,然后进行指导,从而促进学生的锻炼效果。

恽代英指出,身体锻炼不同于技术学习,要长期坚持才能取得效果,关键在于持之以恒,如果每周仅仅锻炼一两个小时是起不到任何作用的,对于采取什么样的锻炼方法,恽代英认为"最良之法,莫过于学校定为每日清晨,有一小时或半小时之体操练习,不间断则收效易,而每日于课前行之,既无损于正课,又可以促成早起之习"。[128] 对于强度较大可能造成人体伤害的运动,恽代英认为即使造成轻微的人体伤害也属于个别现象,但是在剧烈的运动中,能养成人之勇敢心。因此,相对于轻微的损伤也是得大于失的。有些人不运动的,虽然保证了身体不受伤害,但是"精力消耗于无形之中,时而染病,耗月日之力而不愈",[129] 倒不如从事一些运动。

恽代英认为应该对学生进行强迫运动,但是要考虑到社会上某些人的看法,一定要推广安全性较高的运动。对于不喜欢运动的学生要因势利导,通过强迫安全的运动,使学生参与运动。"安全则人乐从,强迫则功易集。欲求运动之普及,舍是其将安归"。恽代英还注意到运动的安全性与运动强度的区别,"安全以无危险为旨逐,但无危险,无论其强烈或柔线,皆在强迫之列,且欲使强迫体育收效,则安全的强烈体操尤应注意"。[130]

另外,恽代英指出的重要之处就是学校体育要对男女学生的体育锻炼加以区别,"男子之体操,可以强健为惟一目的",但是"女子有分娩之义务为男子所无",[131] 因此,男女学生体操练习应该有所不同,女生最好进行柔和缓驰的运动。这也是恽代英告诫体育工作者应该注意的问题。

对于当时学校体育存在的问题,恽代英做出了深刻的分析与批判,提出了辩证的、符合实际情况的看法,认为学校体育的目的是促进学生的健康,让学生学到保持健康的方法,并通过对当事学校体育状况的分析与批判论证了自己的观点,对学校体育工作的开展有非常强的指导意义。

2. 提倡民族传统体育以改良社会风气

恽代英十分注重通过体育去改良社会,这是他体育思想的又一个极其重要的方面。他认为,体育游戏活动对于改良社会风俗,屏绝少年入恶之门极有关系。麻将虽然对智力有益,但是害处大于益处,而且,牌九、扑克基本上就是赌具,因此要禁绝。他目睹当时社会上赌博风炽,对此深恶痛绝,他呼吁全社会兴体育,禁赌博。他说:"赌博为牧猪奴事,人多乐之。然至踢毽子、跳绳之事,则人多鄙其为儿戏而不为。究竟较儿戏牧猪奴事高一等也。"[132]恽代英劝诫人们,赌博对社会的危害很大,年轻人为了赌博荒废了学业,很多人走上犯罪道路。当时社会上有人认为从事游戏不成体统,有的人看见人家踢毽子、捉迷戏,便要皱起眉头,说这是小孩子玩的,大人玩不成体统。但是毕竟体育游戏活动可以活泼筋骨,流畅血脉。因此,恽代英主张用正当的体育游戏活动来取代赌博,这对改变社会风气有很好的作用。恽代英主张让妇女参加体育活动,提高妇女争取自我解放的意识,解除封建礼教对妇女的束缚,改变封建陋习。1922 年,辛亥革命已经十多年了,可是在四川泸州地区还有妇女缠足,恽代英利用组织运动会的机会,对前来观看的妇女进行宣传,让她们自觉地解下裹脚布,并把它堆在运动场中央。闭幕式时,恽代英亲自高举火把,点燃了堆积如山的裹脚布,全场欢声雷动,妇女们热泪盈眶,从此,泸州地区的妇女打破了千余年缠脚的陋俗。

3. 注重卫生保健养成良好的运动习惯

恽代英认为保持良好的生活习惯对促进人体健康有很大帮

助,所以,恽代英在衣食住行日常生活中都提出了科学的观点。在他的日记里,对衣食住行的科学观点都有记录,"食取有味,而略偏素食。再盘碗分为各份以重卫生。"每天早上起来要喝2杯开水,"衣取轻、薄、暖、短、紧(但不欲其拘束身体)为标准,不拘西式,亦不着令人注意材料",[133]衣服被子要经常洗晒。恽代英认为居住的地方应该宽敞明亮,通风透气,要有适合运动的场地,还要种植一些花草来改善空气质量。为了采光合理和避免冬天的风雪,卧室不能朝西或者朝北,理想的卧室应该是浅而宽的,"盖如此,室中光明一如庭院,便于作事,利一。日光晒入室中,无形中消灭微生物不少,利二。自然养成早起之习,利三。可行日光浴法,利四。床上受日光,被褥易免菌害,利五"。[134]平时窗户应该打开,利于通风,冬天则需要考虑到采用火炉取暖的安全性,要留通气孔。恽代英认为洗澡要用冷水或者热水,冷水浴能健身,热水浴能去体内之积垢,而温水浴最不足取,因为温水浴健身不如冷水浴,去垢不如热水浴。但过冷过热之水也不能用,恐损伤皮肤。而且洗澡时不要用肥皂,要以手摩擦去垢,这样沐浴时得到按摩的好处。恽代英认为要坚持早睡早起,早上起床后要练习拳术1次,晚上睡觉前要练习5分钟,每次用眼超过25分钟就要休息5分钟,不能用眼过度。可以说,恽代英对于日常生活中的方方面面都提出了要求,现在看来其建议也很有科学性。

　　恽代英关注体育,除了丰富的体育言论和主张,恽代英还注意养成体育活动习惯,他从小就非常喜欢运动,小时候经常带着弟弟妹妹放风筝、踏青,为哥哥由于长时间的只读书不重视运动最终拖垮了身体而痛心不已,所以非常注意劳逸结合。他对体育活动的参与几乎从未间断过,并对自己的日常体育活动加以记录,"在他的日记中,体育是基本栏目,包括饮食起居的规定、体育锻炼、健康状况,阅读体育方面的书籍、杂志,改变自己的生活习惯"。[135]恽代英喜欢打乒乓球,认为在乒乓球上取得的进步会促进网球水平的提高。恽代英在中华大学学习以及毕业后留任本校附中部校长期间,他希望学生读书要注意劳逸结合,所以积极提倡读书之余出外散步、郊游、登山和做游戏。自己还经常利用课余、节假日组织大家到野外郊游、参观、做八段锦、打乒乓球,参加各项活动,锻炼体力、磨砺意志。在川南师范担任校长期间,恽代英大力推行教育改革,"凡有束缚学生之思想、身体的一切不良管理,必须打破"。[136]恽代英认为,强国必先强种,长期封建社会所形成的文弱之风,是我们民族被西方列强侮辱欺凌的原因。因此,他主张国人经常从事体育锻炼,养成良好的运动习惯,则整个社会的文弱之风必有改变。

(三)恽代英体育思想评价

恽代英的体育思想内容丰富全面,尤其是他的学校体育思想,在其哲学思想指导下,对当时的学校体育状况进行了精辟的分析,对学校体育的概念、本质、目的、改革内容和方法等都做了科学的阐述,不仅丰富了学校体育内容,也使人们对学校体育的概念有了全新的认识,为学校体育理论的构建奠定了坚实基础。他的体育思想使当时社会中人们认清军国民体育、锦标体育的危害有积极意义,对促进学校体育的改革有十分重要的指导意义。他重视和提倡中国传统体育的健身、娱乐项目,旨在发挥民族传统体育改良社会风气的作用。他的注重卫生保健与养成良好的运动习惯的主张,在当时历史时期具有重要意义。在中国近代体育思想的传承与演变中,恽代英第一个明确提出在推广、学习西方近代体育的同时,要继承中国传统民族体育的合理成分。他关于学校体育的思想,关于继承中国传统民族体育的思想,是他的创新。

第三节　基督教青年会体育家的思想

　　基督教青年会(YMCA)是由英国伦敦的乔治．威廉于1844年6月6日发起创立的。青年会创立的宗旨:"发扬基督教精神,团结青年同志,养成完美人格,建成完美社会。"[137]1895年,第一个在我国提倡体育的基督教青年会在天津成立。美籍传教士来会理,首先被派至我国天津,开始有计划地向中国青年宣扬基督教,并以德、智、体三育并重,传播西方的体育活动及运动竞赛,举办校际运动竞赛及运动会等方式。[138]基督教青年会也成为西方社会向中国传入近代西方体育的主要机构。青年会的体育机构和它所推行的近代体育内容在中国是逐步完成的,大致经历了发展时期(1896—1912年)、兴盛时期(1912—1922年)、转移时期(1923—1928年)。在1913—1926年间,麦克乐受美国基督教青年会的委派,曾两度来到中国传播西方近代体育。他在中国期间,国内正是处于新文化运动兴起和发展时期,基督教青年会在中国的体育事业也正处于兴盛时期。麦克乐以民主和科学的立场和观点,反对军国民体育,宣传和提倡自然体育,对中国近代体育和体育思想的发展以自然体育代替军国民体育做出了应有的贡献。陶行知先生曾在《民国十三年中国教育状况》一文中,对麦氏如此评价:"由于麦克乐教授指导的大量研究,或许是今年进行过的最重要研究。"[139]

一、麦克乐体育思想

　　麦克乐(Charles Harold McCloy 1886—1959年),美国人。生

于美国俄亥俄州的玛丽埃塔,青年时期,麦克乐就读于美国的约翰·霍普金斯医学院(Maraietta),并取得了医学博士学位,由于具有人体科学方面学识的背景,为其日后从事体育工作,并成为体育家奠定了坚实的基础。1913年,麦克乐来华担任中国基督教青年会体育部干事,并编辑体育书籍。1916年为南京高师体育科第一任主任。1917年,到上海与柯乐克一道任中华基督教青年会全国协会体育部干事。1921年任东南大学体育系主任。1922年任中华业余运动联合会书记,并任中华教育改进社附设中华体育研究会体育及国民游戏组主席。1924年旧中国最高教育机关编定的《第一次中国教育年鉴》(丙编)中赞许他说:"十年前来华体育家中麦克乐氏之贡献最大。"他是中国近代体育理论、学校体育和体育科学研究的奠基人之一。[140]

(一)麦克乐体育思想的内容

1. 体育为教育系统中的组成部分

麦克乐认为体育是教育中的一部分,他说:"教育系统底里边,非加入体育,那教育底制度,就算是不完全。因为无论德育,智育,社会教育,没有不和体育有密切的关联的。最关紧要的,还是儿童教育。"[141]他认为体育教育,为德育、智育、群育之根本事业。而儿童的体育非常重要。对于体育在教育上占有怎样的地位,尤其是对儿童教育上有多重要的意义? 他从生理学、生物进化两个方面进行了论述。从生理学方面来看,他认为:"因轻忽身体之故,不能增长体力性,而个人之启发力决断力亦因之而减少。"[142]麦克乐认为体育为三育的基础,由于体力的衰弱,就可知体性退化之时,则智力与德性也随着退化。体育教育对于儿童来说非常必要。他认为:

司动脑部之区域,与管理智慧脑部之区域,其两部联合神经之功用,尚未发达。如欲发达此联合神经,则教育家当多用体育,列入教育制度,以补救者教育之缺陷。盖欲使儿童教育,克臻完备,必须用各种天然体育,以发达其固有之体性,而兼及其智性与德性。若依其已至成人,而始施以天然体育,则时机已失,多无效益。[143]

儿童体育对其神经系统的发育是非常重要的,如果这一时期不予施加儿童体育教育,对儿童的整个教育都是不利的。

麦克乐从生物进化方面论证体育在教育中的作用。他说:

肌肉发生之需求,能使身体他部,向前演进,……在儿童方长之时,必须使之运用肌肉,以刺激身体的各部,始能有全体之发达。因此教育制度,当包括各种体育之效用也。由天演一方面观之,智性与德性,系为天演较近之性。而体性则为天演较古之性。教育家按天演之法,教育儿童,应先注意于天演较古之性,而后及天演较近之性。当儿童时代,第一要意,当使儿童成为一最健全之精神,与能运动之身体,然后可使之受各种精细之教育。[144]

教育家教育儿童应遵循进化规律,首先要注意多让儿童参加游戏活动。因为游戏活动对于儿童身心正常发育是不可缺少的部分,身体操练对于正在发育的儿童是非常有价值的。他指出:"吾人若防成人时有神经衰弱之病,即当注意幼稚园与初等小学校之体育。"[145]

麦克乐在《近五十年来中国之体育及武术》一文中指出:"体育者不独发达体力与康健率为能事,必也有教育上之价值,始可称为体育。因体育者应含有教育之作用,所以养其体力,启其智慧、尊其德性也。"[146]他认为体育教育对人格的发展、生活教育、增进中国德谟克拉西(民主)程度的进程都有一定的作用。他指出课堂的教育,在现在文明开化的时候,虽然很重要,但课堂教育,"只能发达职业上底知识,和研究底性质。至于激发本性,普通生活的习惯和社会交际底性质,靠着课堂是难以发达的。关乎人生活的本性,更不能有。必得需用他种教育来补助他,并且也得靠着他种教育来激发他那所学的。才可以实现出来"[147]他认为体育教育中的团体项目和游戏可以承担此项任务。他主张须多注重适宜的球戏和运动。少注重那专制式的教材。球戏和运动应该包含许多个人的自由在内。可以培养利人利己的品格;要多注重校内竞争游戏,用分组的方法,使各组相互比赛。自己选举组长,管理比赛的事宜,可以培养选举,自治的民主修养及互相帮助,相互信任,注意团体统一的精神。他指出:"因为体育活动是属于行动,体育最会激发个人的本能,就能做民主教育的中心。"[148]他说:"中国如果要希望成为一个高尚的民主国家,应该要从提倡体育教育着手。"[149]麦克乐认为在一个学校内,普及运动与选手运动是应当并重的。他说:"在一个学校内,大概有两种运动;一是全校普及运动,一是所谓代表运动(或称选手运动)。若一个学校之内,只有选手运动,并无全校普及运动,就难以培养德谟克拉西的精神。"[150]

2. 主张加强体育师资的培训与创编体育教材

20世纪20年代正是我国学校体育系统向欧美式学校体育系统过渡的重要时期。针对中国大多数的教育家,不知道体育的价值和体育教育的内容,家长不主张激烈竞争活动的现象,麦克乐指出中国体育应有之改革,除了经济问题而外,就是体育必须按照体育专业人才、体育材料与方法、专业精神与道德三个方面进行。他认为:"由于体育的功能不但是为增进健康率和体力,也是有教育上的作用。就如要发达一个灵敏的姿势,训练服从,勇敢,决断,启悟心发明心,自发性,自恃,进取精神,奋斗精神,自信,自赖,遇意外时能有敏捷顺应的反应;并且要使学者有君子精神,尊重他人的权利,领袖资格,忠心协同性,牺牲性,尊重规则等等的目的。"[151]为达到体育教育的目的,精心培养体育教师很有必要的。因此,麦克乐认为:"在教育界中,应当养成有学识,有资格的,有高尚理想的体育专家。绝对的必须学习体育教授法和体育一切底教材。并且也得兼习体育根本的科学,如生物学,教育心理学和种种属于教育的科学。有这样的人,才可以成一个体育专家,才能以使学者得着益处。"[152]体育教师对担负起国家的教育文化的事业起到非常重要的作用,因此对体育师资的培养必须要加强。

　　麦克乐认为被动的体操不是体育,所谓被动的体操就是"人造的不自然体操。如兵式柔软体操,瑞典体操和种种器械体操。这些体操的教育,都是被动的教育,他造成的境遇,是属于军队的,不是属生活的"。[153]然而由于当时合乎有教育价值的出版物在中国很少,所以体育教练员虽然很有志研究,仍然不能获得所需的材料,于是不得不仍守着固有的军操和兵式柔软体操。因此,中国体育界所需要的必须研究适合中国情形的体育系统制度和体育教学的细目。"因为根本上的合理论上的材料很缺乏,最要紧的就是具体的细目,关于这种细目,在此时应当格外注重一种适用的教材"。他推荐江苏省教育会体育研究会使用的六项教材:(1)个人训练。如游泳、跑、跳、腾跃等;(2)武术;(3)运动上的比赛。多用竞争的活动,提倡团体的比赛;(4)游戏;(5)战时有价值的活动;(6)注重各样测验身体上技能和能力的标准;使每个学生操练自己的身体,一直达到及格的地位。[154]从麦克乐所推荐的教材内容中可以看出,他不仅重视学生运动技能的掌握以发展学生的身体。

同时也注意发展学生的社会适应能力和智力,更重视民族传统体育项目的开展。1924 年,麦氏创编了类似教学大纲的《东南大学秋季教材》。此教材迅速推广到许多学校,极大地推动了学校体育教学工作的开展,为当时学校体育教育系统的形成奠定了基础。

3. 提倡普及体育

麦克乐认为:"民主并不是重贵族而轻贫民或重富人而轻贫民。"不过是"使每一个人有相等的机会"。[155]因此,"如欲使体育最有助益于中国,不惟于学校内应提倡体育运动,尤应于社会青年界与幼年界普及体育"以改良社会人格,培养新的国民。他建议应极早设法提倡一种较简易之体育系统。他指出:"施行此种计划,专门人材实甚缺乏。是以吾人应极早设法提倡一种较简易之体育系统,俾可容易推行。专门人材增多之时,更提倡完全之体育。"其具体方案:"应先备几种最简单之体育教授纲目,然后组设推广体育教习所,以养成多数能按细目教授之人才。譬如能在各省组设全省体育教习所,使各县选派数人来省就学,毕业后即散归各县,将传习所所授之课程教授学生。虽方法甚为简单,然结果必优。如在每年均有进步,则数年之后,即能大为改变现时之教育状况也。"[156]

当专业人才充足时,麦克乐建议组织全省体育系统。他指出:"是以中国应趁各省教育上统一组织,加入体育一科。并组织全国体育研究会,或教育部附设体育科,以联络全国之制度与行政,使各省均能采用全世界最近之新研究。"[157]当学校体育组织稍有进步时,麦克乐建议要注重公共运动之组织。他指出:

> 中国儿童不入学者较入学者为数甚多,是以鄙意不必过于注重最大之公共运动场,最好在各处派定公共运动指导二

三人,使其一面在城内空场提倡种游戏运动,一面又在学校与体育教员联络,组织学生服务团使学生将习得之游戏与运动,于课暇分教全城儿童。如此组织则较自己教授为更难,并初时结果,尚无自己所教者为良好,但数年以后,其结果即大有可观,因其易于普及全城也。此法之优点,即因不专用一二空场,系利用全城一切社会机关,并使社会将来领袖担负责任。[158]

对于中国体育系统的建立,麦克乐提出建议:"中国体育系统不应直接择自欧美。因各国之民性不同,其遗传及社会之精神又不同。是以应从事于数年之实验,并研究各国最优美之教材及行政法,即能采其精英,变通应用,成一适合中国民性之体育系统。"对于新系统所需要的教材,他认为:"无论何国,构成新系统时,均宜利用其本国之教材。在中国则有固有之国技,因历史与民俗之关系,更不宜轻视也。"[159]对武术的教授法和教材及中国固有之游戏法加以科学的研究。

他认为普及运动与选手运动是应当并重的。普及运动推广的好坏与运动竞赛成绩的获得是成正比的。他说:"如能提倡此种普及运动,即不必过注意选手比赛。因如有十万青年注意运动,则其中自必能出数百最敏捷灵巧之选手。中国素来在远东运动会上失败之原因,并非中国人身体缺乏可能,实因练习运动者过少,无选拔之余地也。"[160]运动会是作为提倡体育的一种工具和手段。

(二)麦克乐体育思想评价

麦克乐认为体育教育的目的及方法,当以学生体质及人格和民主的需要为标准。以学生生长为最要紧。这种教材,是要刺激他身体的生长,或精神生长,或本性发展。因此,他非常看重学生对技能的掌握,强调发展体能特征为体育的基本目标。在此基础上注重生活的经验和民主精神的培养。也就是说他非常看重人类体能特征的发展,认为在教育中这是体育的重要目标。麦克乐将民主教育精神引入中国体育界,将人格教育的精神融入体育活动中,落实于生活中。使学者有君子精神,尊重他人的权利,领袖资格,忠心协同性,牺牲性,尊重规则等等。

麦克乐作为美国自然体育思想的代表人物之一,他所倡导的自然主义体育思想是以生理学、心理学、教育学、社会学等学科为基础,将体育的功能和价值从健身提升到人格、社会适应的层面,他的先进性是当时国内推行的军国民主义体育思想不能相比的。因而使其替代了军国民主义体育思想在中国得以传播发展。麦克乐在中国推广其自然体育思想的理念时,提出中国体育应有的改革。针对我国学校体育系统向欧美式学校体育系统过渡时期存在的问题,麦克乐认为体育专业人才是最迫切需要解决的。因此,他强调加强体育师资的培训与创编体育教材,并对近代学校体育系统的形成与人才培养做了大量的具体工作。此外,麦克乐将对中国体育的研究目光拓展到体育发展方针和发展战略的高度,提出普及运动与选手运动是应当并重的方针,建议应极早设法提倡一种较简易之体育系统,并将其体育思想与体育实践紧密结合,促进了中国学校体育系统的形成,扩大了体育的教育范畴,在很大程度上改变了中国近代体育观念,对中国近代体育的创建和发展做出了巨大贡献,产生了深远的影响。吴蕴瑞在《三十五年来中国之体育》一文中这样描述:"十年前,来华体育家中麦克乐氏之贡献最大。当时麦氏之思想主张,足以左右当时体育之趋向。"

中国近代体育思想基本成熟时期

群体	代表人物	思想内容		核心思想
		针对的问题	主要观点	
教育家	蔡元培	体育的文化教育功能;体育本质、价值	完全人格,首在体育;	体育教育化
			强调"正当体育",反对选手制;	
	陶行知	体育的属性、本质和功能;体育发展的目标	体育为德、智二育之基本;	健康第一
			体育与社会实践相结合;	
			体育与卫生保健相结合;	
	青年毛泽东	体育的概念、本质功能	体育者,人类自养其身之道,使身体平均发达,而有规则次序可言者也;	体育救国思想
			体育之效,至于强筋骨,因而增知识,因而调感情,因而强意志;	
革命家教育家	陈独秀	体育的文化教育功能、价值和属性	用兽性主义教育改造国民性;	体育救国思想
			教育内容应包括"三育";	
	鲁迅	体育的文化教育功能、价值	呼唤、弘扬个体生命的意志和力量;	体育救国思想
			"尊个性而张精神";	
	恽代英	学校体育;体育的文化教育功能	学校体育的目的是促进学生的健康;	体育救国思想
			提倡民族传统体育以改良社会风气;	
	杨贤江	体育的属性和功能;体育的本质、价值;体育发展目标	体育具有身心两健,养成完全人格的特殊价值;	体育为人民大众服务
			主张体育与卫生相结合;	
			主张在大自然里进行自然的身体活动;	
			政治革命是实现人民大众体育的前提;	

（续表）

群体	代表人物	思想内容		核心思想
		针对的问题	主要观点	
基督教青年会	麦克乐	体育属性、功能和价值；体育的发展战略和方针	体育为教育系统中的组成部分；	体育教育化
			建议应急早设法提倡一种较简易之体育系统；	
			普及运动与选手运动是应当并重的；	

小　结

每一个国家、民族所发生的思想启蒙运动，都会对社会生产、社会生活特别是精神生产、精神生活产生巨大而深远的历史影响。五四新文化运动当然不会例外。这一时期，人们对体育的认识已发生了根本转变。1922年北洋政府颁布的《壬戌学制》正式将"体操科"改名为"体育科"，打破了兵操就是体育的观念，将体育作为教育的组成部分来实施，彻底废除兵操，体育课程内容改为以田径、球类、体操、游戏等为主。思想家、教育家、体育家将体育定位在教育，并从生理学、心理学、社会学方面对体育的本质功能与价值进行了全面而深刻的分析与阐释。他们认为人是灵与肉的统一体，健康之身体是健康之精神的物质基础，体育具有身心两健、养成完全人格的特殊价值，是其他任何教育形式所无法替代的，也是体育教育功能和价值的根本所在。因此，提倡德、智、体全面发展，三者不可偏废。此时人们对体育价值的认识从强国强种的工具性价值目标取向，转变为开发人的潜能、发展人的个性、促进人的全面发展的价值取向。

思想家、教育家、革命家基于资产阶级的民主和科学的世界观，对体育的自然属性、社会属性、文化教育功能进行了论述。杨贤江将生理学与心理学融会贯通，概括总结出体育的目的是使体格、体质、体力、气力四要素均衡强健发展。前三者体格、体质、体力为生理学要素，气力为心理学要素。陶行知主张体育与社会实践相结合。他提出拆掉学校与社会之间的围墙，使学校与社会融为一体，以社会生活教育大众。充分体现了陶行知的生活教育理念。陶行知第一次在中国教育界和体育思想界明确提出了"健康第一"的体育思想，将体育与健康摆在了首要位置。陈独秀提出通过体育的兽性教育来培养国人刚健奋进的民族精神的思想。恽代英提倡用体育来改良社会。

体育教育家还将研究的目光拓展到中国体育发展方针、发展战略的领域。20年代，正是我国学校体育系统向欧美式学校体育系统过渡的重要时期。麦克乐针对中国体育发展现状提出中国体育的应有之改革方针和策略。他建议应极早设法提倡一种较简易之体育系统。当专业人才充足时，麦克乐建议组织全省体育系统。对于中国体育系统之建立，麦克乐提出："应从事于数年之实验，并研究各国最优美之教材及行政法，即能采其精英，变通应用，成一适合中国民性之体育系统。"[161] 对于新系统所需要的教材，他认为："无论何国，构成新系统时，均宜利用其本国之教材。在中国则有固有之国技，因历史与民俗之关系，更不宜轻视也。"[162] 但是必须对武术的教授法和教材及中国固有之游戏法加以科学的研究。在近代中国体育的发展方向上，恽代英明确提出在推广、学习西方近代体育的同时，要继承中国传统民族体育的合理成分。

这一时期，随着科学社会主义思想在中国的传播，一些先进的知识分子开始接受了马列主义理论，政治上开始脱离小资产阶级民主改良主义而转向共产主义,世界观正在发生转变,由资产阶级领导的旧民主主义文化向无产阶级领导的新民主主义文化转变。由西方转向俄国,逐步用马克思主义的立场、观点和方法来思考中国问题。他们开始把体育运动作为整个社会改造运动的组成部分来思考,对体育的性质和任务也就有了新的认识。杨贤江早在1921年就参加了马克思主义研究会的学习讨论,[163]他接受了马列主义理论,并认为体育作为教育的重要组成部分在阶级社会中同样具有阶级性,半封建半殖民地的中国社会,体育只是为少数人而服务的,劳动人民根本没有享受体育的权利。要使每个人都享有体育的权利,普及人民大众的体育,就必须起来进行政治革命,推翻封建主义和帝国主义,建立新型的社会制度,政治革命已经成为发展新民主主义体育的前提,任何改良教育、改良体育都是行不通的,并提出了发展大众体育的具体路径,并为解放区和根据地的新民主主义的体育思想奠定了基础。

　　这一阶段的体育思想在中国近代体育思想的传承与演变中,具有的主要特点有:(1)从主体上看,无论是蔡元培、陈独秀、鲁迅、陶行知和杨贤江,还是青年时代的毛泽东和恽代英,都是当时中国思想战线上叱咤风云的人物,他们思想敏锐而激进,往往兼有思想家和革命家(陈独秀、鲁迅、杨贤江、恽代英)或思想家和教育家(蔡元培、陶行知、毛泽东)的双重身份;此外,基督教青年会的体育干事麦克乐于1913—1926年间,在华传播自然体育思想,对近代体育思想形成影响深远。(2)从内容上看,他们的体育思想,既继承了近代以来的先进体育思想的精华,如主张健身强国的体育思想和自然主义体育思想。又有所发展,如提倡新民主主义体育思想。(3)从实践上看,他们不仅仅局限于在著书立说,发表个人主张,而是努力地身体力行,将自己的体育思想付诸教育实践。

在中国近代体育思想基本成熟时期,军国民体育思想逐步失去了主流地位,取而代之的是自然体育思想。自然体育思想取代了军国民体育思想,不仅使中国近代体育思想成熟起来,并且对此后以至中国现代体育思想的形成发展奠定了良好的基础。

注　释

1　王学杰:《第一次中国教育年鉴》(丙编)1924 年,第 887 页。

2　蔡建国:《蔡元培先生纪念集》,中华书局,1984 年,第 2 页。

3　4　高平叔:《蔡元培教育文选》,人民教育出版社,1988 年,第 14、5 页。

5　6　11　15　18　高平叔:《蔡元培全集》第 2 卷,中华书局,1984 年,第 164、412、172、209、412 页。

7　8　14　17　高平叔:《蔡元培全集》第 3 卷,中华书局,1984 年,第 7、8、34、412 页。

9　10　高平叔:《蔡元培全集》第 1 卷,中华书局,1984 年,第 172、59 页。

12　16　20　21　22　25　高平叔:《蔡元培教育论著选》,人民教育出版社,1991 年,第 7、461、380、381、649、663 页。

13　张汝伦:《蔡元培文选—文化融合与道德教化》,上海远东出版社,1994 年,第 376 页。

19　26　27　高平叔:《蔡元培全集》第 4 卷,中华书局,1984 年,第 94、262、262 页。

23　24　聂振斌:《蔡元培文选》,天津百花文艺出版社,2006 年,第 177、178 页。

28　陶行知:《生活的教育》,山东文艺出版社,2006 年,第 26 页。

29　陶行知:《陶行知全集》第 1 卷,四川教育出版社,1991 年,第 209 页。

30　于曰良:《陶行知最早制订"中学德智体全面发展"校训》,《爱满天下》,2004 年,第 5 期。

31　32　33　34　35　陶行知:《陶行知文集》,江苏人民出版社,1981 年,第 717—719、63、720、719、682 页。

36　徐家杰:《陶行知体育思想研究》,《武汉体育学院学报》,1999 年,第 5 期。

37　38　陶行知:《陶行知文集》江苏人民出版社,1981 年,第 407、362 页。

39　姚群民:《晓庄试验乡村师范大事记兼注》,《南京晓庄学院学报》,2007 年,第 3 期。

40　程本海:《在晓庄》,上海中华书局,1930 年,第 90 页。

41　43　44　45　46　47　48　49　50　51　52　53　54　55　56　57　58　59
　　《中国近代史资料》,四川教育出版,1988 年,第 372、373、375、375、373、373、374、
　　374、375、375、376、377、376、376、377、372、377 页。

42　《毛泽东同志的青少年时代》,中国青年出版社,1979 年,第 47 页。

60　毛泽东:《"七大"的工作方针》,1981 年 7 月 16 日《人民日报》。

61　62　63　64　65　67　68　69　70　71　72　73　75　76　77　78　79　81　82
　　83　陈独秀:《陈独秀著作选》第 1 卷,上海人民出版社,1993 年,第 20—21、184—
　　186、146、152、165—166、146、165—166、322—325、95、184—186、184—186、146、
　　110、212、184—186、146、322—325、184—186、269、322—325 页。

66　赫胥黎:《进化论与伦理学》,科学出版社,1971 年,第 28—31 页。

74　王光远:《陈独秀年谱》,重庆出版社,1987 年,第 6 页。

80　张焕庭:《西方资产阶级教育论著》,人民教育出版社,1997 年,第 140 页。

84　陈独秀:《陈独秀文章选编》中册,三联书店,1981 年,第 82 页。

85　毛泽东:《毛泽东选集》第 2 卷,人民出版社,1991 年,第 698 页。

86　87　89　93　94　96　97　98　鲁迅:《鲁迅全集》第 1 卷,人民文学出版社,1981
　　年,第 56、35、68、68、298、136、51—54、54 页。

88　90　101　102　鲁迅:《鲁迅全集》第 3 卷,人民文学出版社,1981 年,第 10、142、
　　414、43 页。

91　鲁迅:《鲁迅全集》第 8 卷,人民文学出版社,1981 年,第 32 页。

92　鲁迅:《鲁迅全集》第 2 卷,人民文学出版社,1981 年,第 54 页。

95　鲁迅:《鲁迅全集》第 6 卷,人民文学出版社,1981 年,第 81—82 页。

99　鲁迅:《鲁迅全集》第 7 卷,人民文学出版社,1981 年,第 293 页。

100　鲁迅:《鲁迅全集》第 10 卷,人民文学出版社,1981 年,第 176 页。

103　104　105　107　108　110　111　112　115　116　117　杨贤江:《杨贤江教育
　　文集》,教育科学出版社,1982 年,第 8、210、161、85、86、86、14、70、83、86、56 页。

106　113　114　杨贤江:《杨贤江全集》第 1 卷,河南教育出版社,1995 年,第 200、291、
　　290 页。

109　杨贤江:《我之个人卫生谈》,《学生杂志》,1917 年,第 11 期。

118　杨贤江:《新教育大纲》,人民教育出版社,1961 年,第 21 页。

119　120　121　杨贤江:《杨贤江全集》第 2 卷,河南教育出版社,1995 年,第 17、18、18 页。

122　李良民等编:《恽代英学术讨论会论文集》,华中师范大学出版社,1985 年,第 52 页。

123　135　136　金立人:《恽代英教育思想研究》,辽宁教育出版社,1993 年,第 182、4、32 页。

124　126　127　128　129　130　131　《恽代英教育文选》,湖北教育出版社,1991 年,第 54、54、56、57、58、58 页。

132　吴庆华:《论"兴体育,移风气"》,《体育成人教育学刊》,2003 年,第 4 期。

133　134　杜莲茹、韩雪峰主编:《名家日记》,东北师范大学出版社,1996 年,第 46 页。

137　聂啸虎:《早期基督教青年会与中国近代体育的社会化趋势》,《体育文史论文集》(2),1986 年,第 72 页。

138　汤铭新:《我国参加奥运会沧桑史》,中华台北奥林匹克委员会,1999 年,第 35 页。

139　陶行知:《陶行知全集》第 1 卷,湖南教育出版社,1984 年,第 538 页。

140　谭华:《体育史》,高等教育出版社,2005 年,第 266 页。

141　152　153　156　157　158　159　160　161　162　《中国近代体育文选》,人民体育出版社,1992 年,第 56、69、63、115、115、116、114、116、114、114 页。

142　143　144　145　麦克乐:《体育在教育上生物学之关系》,《新教育》,1925 年,第 4 期。

146　147　《中国近代体育文选》(体育史料第 17 辑),人民体育出版社,1992 年,第 108、62 页。

148　《中国近代体育史料》,四川教育出版社,1988 年,第 400 页。

149　150　155　《中国近代体育文选》(体育史料第 17 辑),人民体育出版社,1992 年,第 63、398、389 页。

151　154　《中华基督教会年鉴》,中华续行委辨会出版,1921 年,第 97、98 页。

163　董宝良、陈贵生、熊贤君:《中国教育思想通史》第 7 卷,湖南教育出版社,1994 年,第 381 页。

第 五 章

中国近代体育思想的深入发展时期

所谓"中国近代体育思想的深入发展时期",其涵义是:第一,时间大致界定在 1927 年国民党在南京建立国民政府至 1949 年中华人民共和国成立这段时间;第二,内容界定是指中国近代体育思想不仅在对体育之本质、特征、功能、价值、属性的理论认识层面较前一时期有所深入,并且在对中国体育之发展战略、发展方针等理论与实践有机结合的认识层面也较前一时期有所系统化;第三,主体界定是指活跃于这一时期国内体育教育舞台上的以郝更生、马约翰、吴蕴瑞、袁敦礼、方万邦、程登科、张之江等著名体育教育家、体育思想家、体育活动家,以及中国共产党领导下的革命根据地体育工作的领导人毛泽东、朱德等人。之所以将这一时期的体育思想界定为"深入发展",理由在于:(1)人们对任何事物的认识都不会停留在某一个水平上而凝固化,必然是随着人们的实践的变化发展而变化发展。中国近代体育思想历经近 90 年的传承与演变,到 20 世纪 20 年代,虽然已基本成熟,但毕竟只是"基本成熟",绝不是完美无缺而无发展余地,其内容在许多细节上都有待深化;(2)中国近代体育思想之传承与演变的"基本成熟"阶段,毕竟时间短暂,先进体育思想的发展不能不受到体育实践的环境的局限;

从 1927 年蒋介石在南京建立国民党一党专政的独裁统治到中华人民共和国建国的 22 年,尽管仍然存在着新旧军阀之间争夺领地和统治权的斗争,国民党反动政府与中国共产党及其领导的人民革命武装之间的阶级斗争,以及中华民族反对日本军国主义侵略的民族斗争,但国民党毕竟在此间的大部分时间里对全国实行着经济、政治、文化的独裁统治,而正是这种独裁统治,为作为社会文化事业之重要组成部分的体育事业的正规化、统一化创造了一定的社会条件,也为体育思想与体育实践的全面结合提供了舞台,从而为中国近代体育思想之深入发展创造了条件;(3)国民党虽然在政治上、经济上、文化上对国统区实行着独裁统治,对中国共产党领导下的革命根据地实行了 10 年的残酷围剿,但对作为并不具有明显阶级性,且对国家之强大具有直接促进作用的体育及体育思想,则不但没有采取强压政策,反而是比较宽容的。1930 年 4 月在第 4 届全国运动大会上,国民政府主席兼大会名誉会长蒋中正先后 3 次致词,4 月 1 日晚在西湖大礼堂欢迎运动员会上,蒋中正致词:"我们要使我们的民族和世界一切的民族平等,就要实行体、德、智三育,这三育实在不能缺一个的,……使中华民族在国际间的地位平等,使总理的三民主义能够永久实现。现在闭幕以前,很希望各位有一种对于中国怎样使体育发达的决议案,使政府可以参考,使中国不致有被列强压迫的痛苦的贡献。"[1] 从中可以看出国民政府对体育的关注。正是政府予以一定的重视,从而也促进了中国近代体育思想的深入发展;(4)由于近代以来体育越来越成为一项专业性的人类实践活动,体育思想便具有很强的学科性特点,这也便决定了体育思想的发展在其主体层面,呈现出这样一条规律:逐步由以思想家、政治家、军事家、教育家为主向职业性体育思想家、体育教育家为主的转变。中国近代体育之传承与演

'

变,在主体层面,胚胎时期,是以政治家为主;在萌芽时期,是以思想家、革命家为主;在初步形成时期,出现了职业体育思想家,体育教育家,体育活动家的身影;在基本成熟时期,职业体育思想家,体育教育家,体育活动家在体育思想领域中的地位有所提升,但仍是与革命家并存的局面;而到了"深入发展"时期,则明显呈现为以职业性的体育教育家、体育思想家为主的鲜明的主体特点。由于职业性的体育教育家、体育思想家专注于体育事业的发展、体育思想的研究和探索,必然使体育思想的发展更加深入、更加系统。

自然主义体育思想的主要代表人物是郝更生,马约翰,吴蕴瑞,方万邦,他们主要从国外归来,更多的吸收了西方先进体育思想的精华。民族体育思想的主要代表人物是程登科,张之江,而新民主主义体育思想的主要代表人物则是中国共产党,中国工农武装和中国红色根据地的毛泽东和朱德等。

第一节　自然主义体育思想

在中国近代体育思想基本成熟时期,以至此后的深入发展时期,军国民体育思想逐步失去了主流地位,取而代之的是自然主义体育思想。所谓自然主义体育思想,即主张作为教育之组成部分的体育,因自然体育思想源自于欧洲18世纪的自然主义哲学思想和自然主义教育思想。而在自然主义教育思想主要创造者卢梭的标准系统中,体育是身体的教育过程,按照这一逻辑,体育则是教育的组成部分,应当充分顺应体育主体即受教育者的生长发育,体质增强的自然规律,服从自然法则,利用自然条件锻炼身体,培养个性,使之自然发展。20世纪初,这种自然体育思想在美国体现为"新体育",20年代至30年代,在美国形成了自然体育的风潮,并向世界各国传播,对中国产生了极大的影响。美国自然体育学派的代表人物为麦克乐、威廉姆斯等。麦克乐非常看重学生对技能的掌握,强调发展体能特征为体育的基本目标。在此基础上注重生活的经验,和民主精神的培养。麦克乐曾2次来中国工作,在中国的体育思想界有很大的影响。威廉姆斯对中国的影响是通过他的学生吴蕴瑞、袁敦礼、方万邦等在中国对自然体育思想的传播推广来实现的。

一、郝更生体育思想

郝更生(1899—1976年),江苏淮安人,体育教育家和体育活动家。少年时期受五四新文化的影响,使他认识到国家积弱,人民贫苦的原因是科学落后,因此立志工业报国。1919年赴美,初入哥伦比亚大学习土木工程。郝更生从同胞体质普遍孱弱的中国,来到运动精神蓬勃发展的美国,"体育救国"乃在其心目中形成一个强烈的愿望和坚定的信念。他认为若不早日"体育救国",若干年后中国人不但要亡国,而且更有"减种"的可能性。郝更生与好友徐志摩商量,徐志摩认为提倡体育,是复兴国家民族的根本大计,很赞同他选择了这条途径。于是郝更生转学春田大学专攻体育。[2]

1919年是第一次世界大战之后美国对体育政策调整时期,体育的目标从生物、医学的角度,朝向教育、社会规范的方向进展。[3]并将学校卫生教育与体育训练合一。郝更生于1920—1923年期间就读于美国,美国式的体育思想,尤其是"新体育"思想对他初期的体育思想影响很大。1925年,郝更生毕业于美国斯普林菲尔德学院(旧译春田大学),回国后任东吴大学、清华大学教授。1929年至1932年任东北大学体育专修科主任,继任山东大学体育系主任。1927—1929年他主编了《体育》杂志,积极宣传他的体育理念。1929年,郝更生在《体育》杂志中刊登《体育原理纲要》,内容涵盖体育原理的渊源与取材、体育与生活之关系、人之天赋及其进化、体育之历史、体育的根本问题、体育对近代生活的贡献、体育之目的与内容、体育的设备与管理、体育的心理学基础、体育措施的问题评价、测验等。[4] 从中可以使我们探析其对体育的理解认识。郝更生曾主持华北体育联合会、北平中等以上学校体育联合会,先后主办第3届、5届、6届、7届全国运动会。

1933年郝更生被教育部聘为首任体育的督学。他曾任教育部国民体育委员会常委、中华全国体育协进会总干事、中华体育学会主席等职,并曾担任中国出席第11届、14届奥运会代表团的领导职务。作为重要的体育官员,他主持和参与制订了许多重要的体育法规,对促进近代体育的发展特别是学校体育的规范化起到了积极的作用,他的体育思想体现在体育行政的实践上。

(一)郝更生体育思想的内容

1. 体育教育化的思想

体育教育化思想是指体育是教育的一环,即德、智、体、群四育之一,体育与其他三育具有同等地位。郝更生认为,体育教学有狭义与广义之分,狭义者仅限于技能的学习,即主学习。广义者另增加附带学习和随同学习,诸如知识、态度、行为、道德之养成。[5] 即体育不但能发挥身体的、技术的教育功能,而且有德育、知识、和群育方面的教育功能。他在《第十届世界运动会》一书的序文中更详细的做了叙述:"体育为教育之一,亦为百事力行之基础,于可供给国民机体充分发育机会,训练国民随机运用,身体以适应环境,能力培养国民,合作团结精神,养成国民侠义勇敢,刻苦耐劳风尚,以及引导国民,以运动与游戏为娱乐习惯之余,尤可进国民于坚忍勤劳活泼健强之路。……窃愿体育界之教学同人，于理论及技术两方面力求进步之外，注意'奥林匹克'之真实精神，为邦国树勇德兼备之风。"可见"身心合一，以人为本，适应需求论"的民主精神更充分的体现在体育多元化发展的目标上。[6]

1927年，郝更生指出："体育教育之设施，系依教育原理，用天然及科学方法，以谋各个人身心上之进步，俾享有快乐及健康之生活也。"1937年，郝更生再度发表《十年来我国之体育》一文，并指出："体育注意军事技能之养成及国防意识之灌输，因非常时期体育目标之一，然体育真正的目的，实为普遍培养国民一般健全而有效率之体能，在百年大计之教育过程中，确系一种最基本之工作。"可见郝更生教育化的体育思想并没有因时局的变化而改变。前后10年，郝更生对体育的认识在本质上没有多大的调整。

郝更生从历史经验来说明体育教育化的重要性与必然性。他说："德智体三育并重之原理，在我国古时六艺教育中已发挥尽致。惜西汉以后，仅重知识教育，国民体格之锻炼，渐不注意，致演成今日民族极弱现象。鸦片战争以后，近代化之教育输入中国，但以兵式操代替体育，致收效不大。"[7]从中国的教育史上来看，哪个朝代不重视体育教育必然会导致民族衰弱。郝更生认为教育化是今后体育发展的必然趋势，他指出："国民政府奠都南京，政府对于体育之倡导，可谓不遗余力。"九一八事变后，教育方案以下列三事为基本目标：(1)注意体格训练，(2)改进精神训统，(3)注意生产能力与国防教练并于教育部内设体育组，负责推进国民体格训练事宜。[8]只是由于行政系统尚未能健全，经费未能确定，干部未能充实，导致原定方案不能圆满实施。

当抗战全面开始后不久，郝更生指出：

　　　　体育者，乃根据生理心理等学科，以大肌肉在有机体及规

律活动中之一种教育方式，用以锻炼全民之身心充实抗战力
量，增植建国知能之基础教育也。[9]

强调国民体质的发展是体育的重要目标，尤其在抗战期间，国民体
格强弱与抗战成败有直接的关系。郝更生认为中央召集全国国民
体育会议，集全国体育与教育专家于一堂，商议有关抗战建国之基
本工作——国民体育之实施，决议案有七十余件，虽难免老生常
谈，然国民体育之实施，应从教育着手正本清源，其道无它。果
能——见诸实施，裨益必多。[10]可见在其体育行政的实践中，自始
至终主张教育化的体育思想。

在抗日战争转为攻势防御时期，郝更生对体育有了更深刻的
认识，对于什么是体育，他再次阐述了自己对体育概念的认识，他
指出："所谓体育系从日常生活中锻炼身体，使其发育健全而能发
挥应有效能之教育方式也。合理化之体育，必须从广义方面推广，
所谓广义体育不仅锻炼体格、增进技能或利用闲暇调节身心而已
也，必须注意日常生活良好习惯之养成，及公民应有一切美德之培
植，以及坚强抗战意志与增厚建国实力。"[11]体育的目的不仅使身
体得到锻炼，还可以达到教育上的各种目标，体育可以担负救国的
使命。

郝更生在《反攻胜利之体育训练》一文中指出：

体育为适应国家民族要求而生之一种教育，此种教育之推
行，不仅在军事方面可以作一切训练之基础，即在建国之伟业
中，亦为不可忽视之要素，健全之精神寓于健全之身体，健全之
身心，为一切事业成功之母。身体方面教育，即体育是也。[12]

依据体育教育化的思想，根据当时的局势，郝更生提出了发展体育
的新目标：(1)供给国民体育充分平均发育之机会。(2)训练国民

随机运用身体以适应环境之能力。(3)培养国民合作团结抗敌御侮之精神。(4)养成国民侠义勇敢刻苦耐劳之风尚,以发扬民族之精神。(5)养成国民以运动及游戏为娱乐之习惯。[13]由此可见体育教育化是其坚守的信念,他的体育教育化思想是对麦克乐自然体育思想的继承和发展。

2. 以"分工合作"为原则,推进中国体育发展

1932 年后,郝更生应教育部聘任体育督学,兼国民体育委员会主任委员、体育师资训练所长、中国童子军总会常务理事。并创立中国滑翔总会。作为政府体育官员,他首先想到了他需要解决的问题:"对于今后中央与地方体育行政组织,如何使其健全整齐? 学校体育如何使其真正普及? 如何使其能改进团体生活? 如何达到'体训合一'的目的? 社会体育,如何使其能改正社会上不良的娱乐,而可养成爱好户外生活的习惯? 军警体育,如何加紧推行? 固有的国术,如何使其发扬光大?"[14]这些问题都需要郝更生在今后的工作中做出部署和安排。关于体育工作如何推进? 郝更生提出了突破国家幅员广阔、经济支绌、交通阻塞等限制,在非常时期,采用"分工合作"的原则,从学校方面、社会方面、军警方面、和体育师资训练四个途径改进国内体育,使国内体育界及其他各界负责人士,彻底认识国民健全体格的养成,为复兴民族过程中最应首先注意的基本工作,以达到解除国难复兴民族的目的。[15]郝更生非常重视学校体育工作,他亲自奔赴全国各地考察,运用行政的力量推动学校体育的发展,并详细的提出今后学校体育改革的要点:(1)专科以上学校应将体育课定为必修科,把过去锦标式的体育课外活动,变为一种体育上的普遍训练;各校的体育设施应当有受过专门训练的人去负责;学校体育经费,应当要有准确的预算和决算;体育课,也应该排定在五时以前,这样才能使学生有充分参

加课外活动的机会;学校当局应当常常地注意改进学生生活环境的整洁与卫生条件。(2)中学的体育方面就是体育教材,应当积极改进,推荐教育部编订中小学体育教授细目,做一个教授上的参考;对于中学的体育教员,应当采用专任制,使学校体育有具体的推行和方针;关于学生生活方面的注意问题,如改进学生生活环境的整洁与卫生条件,应有人在旁边给予相应的指导;对于中学生在所谓"青春时期"的生活,应该有精密的指导。(3)应该尽量地扩充小学的游戏场;改进小学体育教材;小学校举行学生健康验查,每学期至少要有一次;要同学生家庭保持联系,改变学生家长对体育的偏见。[16]郝更生意识到学校体育为开展社会体育的基础,因而对学校体育给予了特别的关注,作为体育行政长官提出的建议,对当时学校体育的改进必然会产生一定的影响。

关于社会体育,郝更生认为

> 今日国内各地多有体育协进会或类似的组织,应该因地制宜,随时随地从微小的,浅近的方面负起提倡的责任,更可联合其他一切体育以外的团体——如各种卫生及医学的机构——尽量在卫生和医学的立场下谋人民的健康而使其达到体力健全的境界。全国体育协进会尤要担负起领导的责任。今后甚盼提倡国术的团体和个人一方面尽量利用国术的特点,满足一般社会人士身体上所需要的适宜的活动;同时一方面利用国术设备的简单的便利尽量向乡村农民间去推展。关于国术教材内容的整理也是此刻一件不可缓办的事,其要意不仅在将特殊的优点发扬光大,更要使其科学化近代化俾能成近代的合理的体育制度。此外关于富有科学精神和近代教育思想的国术师资的养成亦不可缓。[17]

　　关于军警方面,他认为"近代军警,不仅应有专门的技能及智识同时应有坚强活泼灵敏的身体和能应付各种环境的能力。近代军警的训练不仅训练军警战斗及维持治安的能力,对于他们的身体多给予一种活泼敏捷的严格训练。我们可以从田径赛器械操及团体游戏中,给他们得到此和技能的机会"。[18]

　　关于各种体育师资训练方面,郝更生认为"训练的范围不仅应限于专门技能及理论,同时应注意到我国历史的背景同今日的危机以及国际间现代的大势;对于体育在民族复兴中的地位,应有充分认识;对于体育在教育上的责任,应能充分明了;此外关于个人生活合理化同人格的进修尤应有深切的培养。否则对于在复兴民族过程中建立国民体力基础的工作将无从做起"。[19]

　　1941 年郝更生总结自己 20 年工作经验,反思国民体育未能获得合理发展的原因,指出了症结所在:(1)缺乏正确的理论指导;(2)体育行政系统未能建立;(3)体育人才缺乏;(4)体育经费未能筹措;(5)体育团体组织很少。因之社会中未能养成良好体育之风尚。

　　对于中国体育之实施,郝更生认为除上列 5 项应逐项谋有效之改进外,更应于下列 4 项求合理之措施:(1)体育实施不仅应配合于整个教育中,且应分别入于各层社会及个人生活中。(2)体育不仅应视为锻炼个人体格之工具,更应以体育原理及其活动方式培养一股团体精神与道德。(3)体育应认为在儿童与青年时期不可缺少之基本训练,故今后国民体育,应分层推进,以短期内完成此基本工作。(4)今后体育之推进,应划定并确立国民体格技能标准,悬为,常年校阅,比较。[20]

3. 体育必须为政治服务

　　体育是一种社会文化活动,它和社会的政治、经济都有密切的关系。体育与政治的关系表现在政治对体育有集中的影响作用，同时体育又必须为政治服务。南京国民政府的成立，标志着国家形式上的统一，国民政府在体育事业上，赋予体育运动为改进国民体质、振奋国人精神和民族复兴的重任，相继出台了一系列的体育法规。1932年，教育部首度召开全国体育会议，郝更生与袁敦礼、吴蕴瑞共同起草了《国民体育施行方案》。国民体育实施方案中，对于今后体育的目标，中央及地方体育行政组织与设施，体育推行方法，体育考成方法，以及今后分年实施计划等项，均有简要的规定。说明政府通过颁布相应的方案，逐步推行自己的体育理念。政府主导下的体育运动，有利体育的发展，同时体育亦将担负起政府赋予的多项使命。第5届全运会被安排在1933年10月10日开幕，在国民政府的国庆日举办运动会，表明政府对体育运动增强国民体质作用的高度认同和重视，同时利用运动会提升民族的凝聚力，激发民族自信心，唤醒民众担当民族复兴的重任。作为全国最高体育行政长官，郝更生更认为运动竞赛为一种激励青年奋发有为的工具。他说："全国数千青年齐集首都，作体力上的砥砺，此不仅为空前的盛举，也是民族复兴过程中，青年应有的锻炼。尤其是对于青年精神上的振作及团体生活的养成，均有不少的鼓励。"[21]为此，郝更生不失时机地利用第五届全国运动会对全国青年提出希望：（1）守法，以一扫过去运动竞赛屡为胜负而争执的缺乏运动精神行为；（2）奋斗到底，以防杜绝比赛即予弃权退赛及半途而废的自甘堕落现象；（3）团体之纪律，以维所属团体之荣誉，重视团体的组织、集合、行动、合作等态度。[22]

1933年，郝更生担任教育部专任教育督学，专管体育行政业务。面对各种层面的体育需求，学校体育、社会体育、军警体育、运动赛会的举办与参与等，郝更生都要拿出相应的策略，同时又要将国家"复兴民族"的理念融入贯彻其行政之中,使得这一时期的体育发展充满政治色彩。

第 7 届全国运动会原定 1937 年在南京举行,作为筹备会的总干事,郝更生利用中央广播电台就大会的历史、愿望、及大会所负的使命发表演说,并表达了自己对于本届大会的 3 点愿望:(1)利用召开大会的机会,可以了解全国各地体育设施情形;青年体格发展到如何程度;(2)借大会在首都举行的机会,使我们民族团结的精神同组织的力量,以及新生活的推行与实施,都可以有具体的表演;(3)唤醒全国同胞认识体育的锻炼在民族复兴过程中之地位。因为体力是一切事业的基础,是国家复兴的原动力。[23]从中可以看出体育承载了更多的政治使命。郝更生根据国家政策,及将面临的抗日战争,筹备工作所设计的竞赛内容:锦标与表演项目并重;提倡团体表演,包括学生、公务员、军警等;特殊表演,包括滑翔机、武装赛跑、手榴弹掷远。[24]从中可以看出郝更生强烈的体育救国意识。郝更生认为大会的使命,不仅希望在竞赛成绩上有良好的收获,最要紧还是要使得本届大会表现:(1)青年的纪律;(2)人民的程度;(3)民族的精神;(4)全国民众团结的力量;(5)整个民族一致向上的情绪。所以本届大会的成功,不是单纯体育运动会的成功,而是整个人民集团表演的成功。[25]现实的严峻形势,迫使郝更生不得不将体育沦为政治的工具。最终这届全运会因时局变化而延至 1948 年在上海举行,承担第 7 届全国运动会总干事的郝更生,在《本届全运会筹备经过及其意义》一文指出举办此届运动会的意义:(1)为挽回因抗战致民气消沉之颓风,奋发国人之朝气与自强之精神;(2)唤起全国各地对体育十余年的沉寂,恢复运动设施与活动;(3)积极整军建警,提升国防力量;(4)引导青年积极从事体格的锻炼,以激励进取之心;(5)树立运动会中公平竞争与忠诚守法的态度,以促进民族宪政之实现。[26]充分表现出其体育为政治服务的倾向。

(二)郝更生体育思想的评价

　　郝更生体育思想在中国近代体育思想传承与演变的过程中,具有重要的地位和作用。他通过著书立说,将体育理论系统化。教育化的体育思想是郝更生体育思想的基础。他认为:"体育教育为锻炼人民体魄,繁荣人民生活,发扬民主精神,与提高道德水准之有效方法。自应与其他科学并驾齐驱,共负是项伟大之使命。"[27]可见郝更生将体育提升为具有理论基础的应用科学,并具有培养社会规范行为的功能。他认为体育的功能,不仅是锻炼体格,而且可以在团体运动活动中领会人生的理想与快乐,将运动竞赛扩展到人类生活的一部分。在民族危亡之际,郝更生意识到体育必须担负起救国的使命。他积极主张将体育活动深入军队中去,以改良士兵的身体素质,增加士兵的战斗力,充分体现了其体育救国的思想,具有很强的时代性。郝更生作为重要的体育官员,对于学校体育、社会体育、军警体育、传统国术等的发展,都有宏观的规划与抱负。他对体育在那个时代与政治所形成的密切联系的解释,以及对发展体育的规划和构想,对当时整个社会体育思想的进步具有很大的启发意义。

二、吴蕴瑞体育思想

　　吴蕴瑞(1892—1976年),字麟若,江苏江阴人,体育教育家,我国体育理论研究的奠基人之一。1916年吴蕴瑞考入南京高等师范体育专修科。当时该专修科第一任主是在中国最早传播自然主义体育思想的美国人麦克乐(C. H. Meclog)。1918年吴蕴瑞毕业于南京高等师范学校体育专修科。1919 年至 1920 年先后在南京高等师范学校、东南大学体育系科任教。这期间,麦克乐可以称为吴蕴瑞在体育道路上的领路人,对其体育思想的形成有着极为重要的影响。1924 年吴蕴瑞毕业于南京东南大学体育系,获学士学位,1925 年考取江苏省公费留学名额,赴美国芝加哥大学医学院学习解剖学、生理学,后转入哥伦比亚大学体育系,吴蕴瑞在哥伦比亚大学的学习期间,有幸进入经威廉士严格挑选的高材生组成的体育原理研究班,很是受老师的赏识。威廉士(J. F. WilliaMs)是美国自然主义体育思想的杰出代表,在该校担任体育系主任。1927 年吴蕴瑞获硕士学位,随即绕道欧洲考察,同年回国任南京中央大学体育系讲师兼系主任,后历任东北大学、北京师范大学、南京中央大学体育系教授。新中国成立后,他于1950 年任南京大学体育系主任,1952 年任新中国第一所体育学院——华东体育学院(1956 年更名为上海体育学院)院长。吴蕴瑞终生从事体育教育事业,治学严谨,著有《运动学》、《体育原理》(与袁敦礼合作)、《体育教学法》和《田径运动》等。其精辟而深邃的体育思想,对中国现代体育的发展产生了重大而又深远的影响。

(一)吴蕴瑞体育思想内容

1. 基于"身心一元论"的全面发展观

"身心一元论"是吴蕴瑞体育思想的哲学基础。吴蕴瑞站在身心一元的立场上,对体育的本质、功能、目的进行了全面深刻的阐释,同时对"身心二元论"的体育思想进行了深入剖析并予以了批判。哲学史上关于"身心观"的讨论,较之与身体密切相关的体育理论更为久远、更为深刻。对身体与灵魂关系的不同回答,形成了不同的身心观。身心二元论的创始者是西方哲学开山鼻祖柏拉图,他认为人的存在由可见的身体与不可见的灵魂两部分组成,身体是灵魂的坟墓。到了中世纪,经典身心二元论的代表人物笛卡儿,将传统"身心二元论"演绎得更加鲜明,他将完整的人严格地分为两种完全不同的实体,即身体和灵魂,视身体为灵魂指导之下复杂的机器。身心二分,心高于身,身体成为纯粹的物理性存在。因此,体育学科自诞生之日起就被视为低于其他"智识"学科的纯粹的身体教育。身心二元理论统治西方文明长达几千年的历史,其存在有着内在的历史必然性,但这种哲学观点终因"无法解决心身和谐问题而终难成立"。[28]随着科学的发展,人们生活方式和思维方式的改变,传统的身心二元论越发显示出与时代发展的脱节,从而使身心一元论逐渐成为哲学身心观的主流声音。身心一元论主张人是一个有机统一体,身心不可分。"作为体育运动主体的人,是肉体与精神的统一体,精神与肉体是不可分割的,人的生理方面和人固有的各种想法是密不可分和相互影响的"。[29]吴蕴瑞对身心一元论有较为深刻的认识和认同,他认为"由生物学言之,生命为一,心身自不能不为一;由心理学言之,有行为之机体为一,心身亦自不能不为一"[30],既然身心为一,体育的功能就不能仅仅局限于身体的强健,肌肉的发达。吴蕴瑞认为:

> 吾人既知心身非二体,则体育之功用仅仅为增加体力,强壮体格,矫正身体缺陷之观念,其不合理已不待言。

> 故体育于活动表面上言之不得不谓之为身体之活动,但就其意义言之,实全部机体之行为也。明乎此,则体育之设施只顾及动作与技能,而忽略其感情之状态及精神之成分——全部机体之行为——者,吾人亦不得不对之怀疑矣[31]。

吴蕴瑞所言体育之身体运动,其"身体"的含义是灵与肉的统一体,与二元论纯粹物理性"身体"的含义截然不同。体育是以身体活动为方式对整个身心的教育,体育的本质目的在于教育人。因此,体育运动在增强体质、促进身体健康的同时,也促进个体形成健康的心理、健康的人格和高尚的思想品格。在培养儿童和青少年思想品格和体育道德方面,吴蕴瑞认为应从"培养个人品格、培养社交品格、培养公民品格"[32]三方面着手,以身体活动为外在形式的体育能够促进个体身心和谐发展,使之身心并健,实现人的全面发展,这也是体育教育的最终目的。体育的目的始终贯彻于体育实践的全过程,欲达成身心和谐发展这一教育目的,体育过程中各要素必与之相适应。吴蕴瑞说:"吾人既认机体为一元,不独选择动作须估计此原则,即指导方法与教授环境,均不能不深加注意也。"[33]他强调体育教育过程中的教材选择、教师教法和教学环境要充分考虑学生的心理因素。吴蕴瑞不仅从理论层面阐明了体育教育的功能与目的,而且对围绕体育目的而展开的体育实践也有较为深刻的研究与论述,由此可见,吴蕴瑞体育教育思想在身心一元理论基础上,已形成了一个由理论到实践科学完整的思想体系。

2. 主张体育学术化

吴蕴瑞在上世纪 20 年代末留学归国后,便提出了"体育学术化"的主张,倡导以科学的态度与方法研究和实施体育。他担任国立中央大学体育系主任期间,对体育专业教育内容进行了规划,在课程建设方面,多学科并重,而非仅仅培养运动员而已。他认为体育系的毕业生,即将来中国体育界之先驱,以体育为终身事业者,尤需注意体育本身之科学,如体育原理、体育教学、体育生理、组织行政、建筑设备等,相关学科知识,诸如物理、化学、教学原理、统计、教育心理等科目,均应修习。[34]吴蕴瑞进一步指出,中国在远东运动会上成绩落后,其重要原因是:"缺乏科学之基础,""欲求进步,舍讲求科学方法岂有他道哉"？他强烈呼吁"科学家应与体育家携手,以解决体育上一切疑难问题"。[35]吴蕴瑞认为体育教育和体育竞技必须与科学相结合,才能培养出优秀的体育人才,创造出优异的运动成绩。吴蕴瑞这一思想的形成,最早受到其老师麦克乐的影响,麦克乐于1922年在《体育季刊》上发表的《科学方法和体育教育的关系》一文中指出,不论是制定体育目标、选择体育教材、甚至应用体育的方法时,均需要透过科学的方法予以筛选或厘清。[36]吴蕴瑞师从麦克乐之后留学美国,先是在芝加哥大学医学院修解剖学与生理学,这为他日后的体育学术化思想奠定了坚实的学术基础。吴蕴瑞为实现体育学术化的理想,身体力行,在体育理论和体育实践两个领域悉心研究、不懈探索,取得了开创性的成果。在体育理论研究领域,吴蕴瑞将物理学运用于体育研究,认为体育学中的人体测量、物料性质测试、身体检查、运动力学、运动分数量表、体育建筑与场地设备等,均可藉物理学的知识,以提升体育的研究与服务。[37]吴蕴瑞在借鉴欧美体育学者研究成果的基础上,于1930年撰写了《运动学》一书,此书将解剖学与力学同时应用于运动科学,又称人体机动学,它是我国运动生物力学研究的第一部巨著。在体育实践领域,吴蕴瑞对短距离跑的起跑技术和终点裁判,均以科学的方法进行研究与分析,短距离跑速度快、距离短,竞跑者相差甚微,终点名次判决难度较大,吴蕴瑞通过对人的眼球、视网膜之结构及视觉特性的研究,认为裁判员为静止物体,跑者为移动物体,如此产生的视觉现象即须做特殊的考量,诸如裁判员所立的位置与角度、视线的位置与角度、观察的时机与焦点、跑道附近的相关设施以及裁判员的心理状态等,均影响到裁判判定的正确性。[38]有关起跑技术中的静止方式、跑后的跑式、呼吸等问题,国外学者已有系统的研究,但吴蕴瑞并没有盲目照搬,而是经由本土的实验和操作,在实证实际应用时的可行性之后,再运用于体育实践。由此可见,吴蕴瑞在体育研究方面具有科学严谨的治学态度。

3. 倡导体育普及化

清末民初国民体质羸弱,普及体育有名无实。究其原因,吴蕴瑞指出:

> 清末民初体育界对体育目标未能认清,提倡无方,措施未得其当,乃大加挞伐,以致国民体质孱弱的状况未能改善。清末时期的倡导体育者,因留学日本,乃将那些瑞典式的变相体操搬入中国,并未涉及"普及"二字,民国初年,来自美国的提倡体育者不少,所采教材与教法虽较日本新颖实用,但大多专攻运动训练,亦将"普及体育"束之高阁,如此蹈外国覆辙,贻误青年之罪,非同小可。[39]

此外,他认为另一重要原因是当时的选手制和锦标主义盛行,注重一单位一团体少数体育精英之培养,并在运动赛会上设置总锦标,以运动选手在赛会上夺标多者为荣,促使普通百姓误以为体育就是运动赛会,一般人无力参加体育,这就更加阻碍了体育普及化的发展。在此背景下,吴蕴瑞积极倡导普及大众体育,以求改变国民体质衰弱的境况,实现民族体质的复兴。

首先,吴蕴瑞主张普及学校体育。吴蕴瑞任国立中央大学体育系主任之后,即为非体育科和非运动班学生开设了普通体育课程,学生每周均必须修2—3小时,同时根据学生的体能状况,将其分为3个等级,体能相近的学生被编为1个班级共同上课,以利于学生维护自身尊严、消除自卑感、激发学习兴趣。使每个学生都能够积极地参与体育运动,达到全面普及的目标。吴蕴瑞认为普及学校体育也是实现学校教育目标不可或缺的重要途径之一："教育而缺体育,不得称为完全之教育,故普及体育,即所以完成教育。"[40]

其次,吴蕴瑞主张普及全民体育。特别强调不得忽视女子体育,他认为男女体育应平均发达以复兴民族的体格。封建社会女子社会地位低贱,体育发展在性别上严重失衡。吴蕴瑞认为:

> 欲讲民族体格之复兴,固不外提倡体育,欲提倡体育,尤须注意女子体育。吾国提倡体育数十年,大概偏重男子忽略女子,欲谋男女体育平均发达不得不多注意女子体育,此其一。吾国女子缠足之风,流行已数十代矣,故欲谋女子身体恢复至祖先强健之状况,不得不多注意女子体育,此其二。[41]

故欲实现全民体育普及化,先要普及处于弱势的女子体育,以便达成男女体育之均衡发展,最终实现普及全民体育的目标。

在吴蕴瑞的积极倡导和呼吁下,国民政府对普及国民体育给予了高度重视。1932年教育部在南京组织召开了全国体育工作会议,会议组织者请郝更生、吴蕴瑞、袁敦礼3人共同起草《国民体育实施方案》,并在此次会议上讨论通过。此方案的实施对象系全体国民,实施目标在于普及全民体育,方案内容包括目标、行政与设施、推行方法、考成方法和分年实施计划等。其范畴涵盖学校体育与社会体育、中央与地方、政府与民间、奖励与督导以及短期与长期计划等等。[42]体育普及化由学者思想上升为国家的体育政策是一个质的飞跃,在这个推进与发展过程中,吴蕴瑞做出了巨大贡献。

4. 坚持洋土体育的融合互用

近代中国的"西学东渐",是伴随着资本主义列强的鸦片和炮舰一起进入中国的,故大多数国民对西洋文化自觉地产生了逆反心理。[43]五四新文化前后,自然主义体育传入中国,并得到迅速发展。本土体育在"师夷制夷"和"保存国粹"传统思潮的影响下，与西洋体育展开了一场长期的论争。洋土体育论争的根源在于中西文化之差异，至 1932 年全国体育会议召开之前，洋土体育的论争达到了高潮。导致论争高潮的诱因是中国运动员在远东运动会和奥运会上接连失败，促使国人对中国体育发展道路进行深刻反思，加之，全国体育会议召开在即，会议将讨论《国民体育实施方案》，众多关心体育的各界人士都想在体育会议召开之前表明自己的观点与主张。因此，酝酿已久的洋土体育之争此时达到了巅峰。

1932 年 8 月 7 日，天津大公报社评发表了《今后之国民体育问题》一文指出：

> 吾人对于国民体育之问题，自国难以来思想被迫而改变。痛感此后应就中国之需要，定中国之方针。应舍过去模仿西洋之运动竞赛，从此不惟不必参加世界奥林匹克，且决然脱离远东奥林匹克。……夫欧美日本流行之运动竞赛，究之，乃有闲的国民之游戏事也，……至于体育效果则选手阶级之人，反往往损害健康，甚至夭寿。……故时势至此，西式之运动，中国既不暇学，亦不必学，且不可学。中国之体育问题，势须就本身另谋出路，不必东施效颦，更毋庸羡慕彼等为也，抑自最浅显者言之，外国养成一大选手，需多少时日，费多少金钱。中国徒有多数选手，亦无钱送往洛杉矶。……吾人今愿大声疾呼以告全国之主持体育者！曰：请从此脱离洋体育，提倡土体育！中国人请安于作中国人，请自中国文化之丰富遗产中，觅取中国独有的体育之道。[44]

此后，中央国术馆馆长张之江对 8 月 7 日天津大公报社评发表了自己的见解，他也认为西洋体育无裨于国民健康，即使有益，也受限于中国的经济条件,难以普及,所以发展体育,"非提倡土体育之国术不为功,盖国术之用,不仅健身强种,且可拒寇御武"[45]。吴蕴瑞也加入了这场洋土体育之辩,但他与传统的民族主义者所持的观点、立场有很大不同。他主张国民体育的目标应朝"适应个性"与"适应社会"两端努力。适应个性乃以儿童为本位,只要能合乎儿童天性之需求者,不分洋土体育皆然;适应社会者意指顺应社会情势或潮流的需要,以国难时期之需为例,为培养智勇兼备之士,洋体育仍可弥补土体育之不足。[46]吴蕴瑞以科学的态度,深刻分析了洋土体育的本质、功能,认为体育应适合个人和社会的需要,且洋土体育均不同程度具有强健身体、却病延年、提升军事体能、适应社会的功能,对洋土体育应抱"择善而从"的态度,对各种体育方法加以科学的分析,取其长而提倡之。因此,洋土体育不应相互排斥,而应互为补充,互为体用,相辅相成。

(二)吴蕴瑞体育思想的评价

吴蕴瑞作为我国现代体育理论科学的奠基人之一,在传统与现代、东方与西方体育思想的碰撞与融合中,没有迷失方向,而是形成了自己独特的思想体系,他的许多思想观点是具有开创性的,为推动中国近代学校体育、社会体育的发展做出了巨大贡献。

(1)吴蕴瑞基于"身心一元论"的全面发展观,扩大了中国现代体育的教育意义,并提升了学校体育的地位与价值

吴蕴瑞体育教育思想的核心观点是基于"身心一元论"的全面发展观,他强调体育的教育价值和文化价值,认为体育是教育和文化的一种形式或方法。吴蕴瑞认为"体育之目的,若专在技能上之应用,或借练体育之活动,达一种与文化无关之目的,则根本错误。要知应用为体育之副产品,并为自然之结果,不必专以之为

目的也"。[47]从外在形式上看体育确实为一种身体运动，但站在身心和谐统一的"一元论"的立场上，体育具有更深刻的教育意义，透过体育能够传承并创造文化，对运动主体的人格塑造、道德培养及情感陶冶具有其他任何教育形式所无法替代的功能。体育由纯粹的身体教育到身心的全面发展，扩大了体育本身的教育意义。吴蕴瑞从生理学、心理学以及个体和社会需要等多方面研究学校体育，从而提升了学校体育的地位与价值，不再让人以为体育只是单一的身体教育，体育可以与其他"智识"学科并驾齐驱，相提并论。

（2）吴蕴瑞主张体育学术化及其研究成果，开创了中国现代运动生物力学研究之先河

国人大多认为体育是一种以身体运动为方式纯粹的技术，无需施以科学研究。致使"有科学根底而好事研究者，舍之而他求。有技能而以有技术为能事者，每缺乏科学之基础，不知所以研究"。[48]待远东运动会及世界运动会兴起时，人们发现我国的运动成绩与其他国家相差甚远。吴蕴瑞认为欲提高运动成绩，使我国运动员跑得快，跳得高，"其最重要者为应用力学"，"应用力学之于运动，犹工程学之于建筑，土壤及肥料学之于耕稼，其重要可知"。[49]为满足社会需要，并贯彻"体育学术化"的主张，吴蕴瑞将力学和解剖学应用于体育研究，并于 1930 年撰写了《运动学》，此书共有两编，第一编为应用力学，第二编为运动，在第一编中多作者自化之公式，无物理基础者不易了解。吴蕴瑞所著《运动学》开创了我国运动生物力学研究之先河，为后人的进一步研究奠定了深厚的理论基础。

（3）吴蕴瑞倡导体育普及化及其亲身推动，实现了中国现代体育普及化由学者思想到国家体育政策质的转变

吴蕴瑞站在强国保种、救亡图存、民族复兴的高度，积极提倡

"普及全民体育"，以实现民族体质的复兴，并将其普及化思想付诸实践，首先在学校体育中按学生体能状况，进行分级教学；其次强调普及女子体育，使男女体育均衡发展。吴蕴瑞的体育普及化思想得到了体育同仁和关心国民体质健康的各界人士的广泛认同，体育普及化、大众化思潮在社会上引起的强烈反响，同时也引起了国民政府的高度重视。1932 年全国体育工作会议召开前夕，大会邀请郝更生、吴蕴瑞、袁敦礼 3 人共同起草了旨在普及大众体育、提高国民体质的《国民体育实施方案》，吴蕴瑞作为直接起草者之一，将其体育普及化思想全部倾注于《方案》之中。学者个体或群体的思想观点只有被政府采纳才能变为主流思想，对社会群体产生更深刻、更广泛的影响，这一转变是质的飞跃。在吴蕴瑞及其同仁的大力宣传和积极呼吁之下，将体育普及化思想融于国策之中，对全面提高国民体质做出了巨大贡献。

（4）吴蕴瑞坚持洋土体育的融合互用，指明了中国现代体育健康发展的方向

吴蕴瑞对中国体育发展道路问题，即在洋土体育的取舍上，没有简单的做出优劣评价，而是以科学的态度，理性地进行了分析。他对洋体育没有照抄照搬，对待传统的"国粹"体育也没有妄自尊大，而是克服了狭隘的民族意识，其取舍的原则在于是否合乎人的生理和心理以及个体与社会的需要，与体育之洋土无任何关系。因此他认为无论何种体育活动，不能以其国粹而提倡之，也不能因其舶来而鄙弃之。[50] "自西方体育传入中国以来，我国传统体育界的'国粹派'一直与西方体育较量、抗争……撞击实际是以传统体育和西方体育的相互承认和融合而宣告结束的"。[51] 洋土体育碰撞与论争之后，虽然没有达到两者的普遍认同和真正融合，但通过碰撞与争论，加深了人们对洋土体育本质特征、功能与价值的认识，

使人们更加清楚地认识了洋、土体育各自的长处与短处，为洋土体育的相互融合奠定了思想基础，从而促进了洋土体育融合的进程。

三、马约翰体育思想

马约翰（1882—1966 年），厦门鼓浪屿人，出生于基督教家庭。1900 年在教会中学接受教育，1904 年考入圣约翰大学，2 年预科，4 年理科，最后 1 年学习医科。1914 年受聘于北京清华学校体育部担任教师兼任英文书记员。1919 年，赴美国春田大学进修 1 年，回国后任清华学校体育部教授、主任。1925 年，再次赴美国春田大学攻读硕士后，继续担任清华学校体育部主任。并任教育部高等教育审议委员。新中国成立后，马约翰历任全国体育总会副主席、国家体委委员、全国体育总会主席。马约翰在清华大学从事体育教育五十余年，其代表作为《体育的迁移价值》。他是我国著名的体育教育家、体育思想家。具有丰富的教学、训练和科研工作经验，是我国近代体育事业的主要开拓者之一。对我国近现代体育的理论与实践做出了突出贡献。马约翰既是一位具有丰富经验的实践家，又是一位具有高深造诣的体育理论家。其深邃的体育思想非常值得我们认真思考与借鉴。

（一）马约翰体育思想产生的历史背景

圣约翰大学 7 年的学习生涯是马约翰投身于体育事业的真正起点，为马约翰体育思想的形成奠定了坚实的理论和实践基础。该大学非常重视体育，使他有机会接触到西方最先进的体育思想和最流行的运动项目。从小就喜好运动的马约翰是该学校足球、田径、网球等代表队的主力，在训练和比赛中，马约翰亲身体验到了体育所带来的各个方面的好处，如体育能增进身体健康，增强人体机能,从而保证学习,保证工作。尤其是在一些国际性比赛中,他强烈地感受到体育所具有的强大民族凝聚力和振奋力,也促使他放弃医学而终身从事于体育事业。

19 世纪末 20 世纪初,以杜威为代表的实用主义教育思想取代了传统的赫尔巴特教育学。马约翰作为一个由美国基督教会抚养大、教育大的基督教徒,深受美国教育影响。在基督教青年会所办的(明强)中学、(圣约翰)大学和美国春田学院学习期间,以及在清华学校工作期间,马约翰接受了自然主义体育思想。为其体育思想的形成进一步奠定了基础。他先后两次留学美国,在春田学院专门进修体育,使他能亲身感受到西方的社会环境与教育环境,及体育文化环境。随着生理学、解剖学等生物学科的迅猛发展,运动解剖学已初具雏形,在神经解剖学上对大脑构造的认识已深入组织细胞水平,发现了神经元结构。这一时期,俄国生理学家巴甫洛夫提出条件反射学说,为早期行为主义心理学奠定了理论基础,这些无疑都对马约翰体育思想的形成产生了巨大的影响。

(二)马约翰体育思想内容

1. 体育是学校教育不可或缺的重要部分

马约翰认为体育是重要的教育因素之一,1925 年马约翰第二次来到美国,在春田大学研究院攻读硕士学位期间,对体育的教育价值有了进一步的认识。他认为体育的功能是多方面的,包括身体的、智育的、道德的等诸方面。对于体育的目标他非常认同 J. E. WilliaMs 的观点即:“体育的目标应当是给每个人提供一种机会,使他的行动对体格有益,在心理上可以给人以鼓舞和满足,在社会上是高尚的。”[52]因此,体育具有广泛的教育价值,非仅限于身体教育。在当时的历史条件下,体育的教育价值常常遭到人们的质疑，马约翰认为有必要先弄清什么是教育？他认为：

> 教育是一个活跃的过程，带着发展或授给青年人以实用能力和品质这个目标来推动训练，其目的是振奋生活中有生命力的基础。用一句中国谚语，就是"玉不琢，不成器"。琢，就是教育，它的目标就是开发美的品质，使它永远闪光，它的目的是提高艺术方面的标准。[53]

体育就是让青年人可以经常通过艰苦、紧张的运动训练来雕琢和磨炼自己，从而发展并获得很好的性格和健壮的体魄，去促进社会的进步和改良。马约翰先生在《体育运动的迁移价值》一文中详细地加以分析，他认为体育具有的教育价值包括两个方面：即体力效果和教育效果。"体育锻炼和比赛中对身体素质方面的提高，表现为体力效果。例如肌肉训练、准确性、协调性、耐力和敏捷等等；体育锻炼和比赛中对道德、性格和社会品质方面的培养可以看作是教育效果"。[54]关于体育对于性格的培养，马约翰指出：

> 体力的适应性和主动性是构成性格的活的细胞。性格是各种意志松散的统一体，控制一个人对条件刺激所产生的一切情绪的反应。例如，勇气是一种道德品质，它能使人在危急关头正确的应付。这种品质由自信心和意志所支配。勇气通过体力行动表现出来是勇敢，通过精神状态表现出来正直。在体育界，"勇敢"通常用"胆量"和"勇气"来表达，它的反义词是"怯懦"。对一个运动员来说，人们说他"怯懦"要比尖刀刺背还要糟糕，而被人誉为充满勇气有胆量的人，则无比自豪。[55]

体育运动对于品格的培养，马约翰认为：

> 所有的技能和体育运动，都为青年人提供了发展坚持性

的机会。坚持就是每天进行持续而细心的练习和训练,使技能更加完美。这种趋势教育着青年人并使他们确信,持续和坚持不懈的努力一定会导致成功。勇气、坚持、自信心这是球员和运动员绝对必要的品质,这种品质会深深地印在运动员的脑海里,以致成为他的不变的性格。

关于道德的培养,马约翰认为:

　　通常人生道路中的社会品质,包括公正比赛、胸怀坦荡、诚实、善良、大公无私等等;就社会和民族而言,还包括忠实、合作、自由。人类本来就是社会性的,因而所有这些社会品质都是本能的、固有的。但是由于生活的条件,这些品质被疏忽、被忘记了。所幸的是体育开拓挽救并恢复这些社会品质。所有这些美德都被汇集在体育运动的训诫中,这就是"体育道德"。[56]

运动作为体育的首要因素,并具有教育因素的广泛获得范围,正在由许多力量蓬蓬勃勃地推动起来,例如学校、工业界、运动场、社会和宗教机构、俱乐部等等。今天,教育者已经开始认识到,这个巨大的教育效力归属于体育,因而将"体育作为教育活动的带头力量"。[57]马约翰通过大量研究和实践,发现了体育在教育中的优势,"体育是教育中唯一比较全面、完整的系统,它发展身体效能,与精神品质同时并重"。[58]为此,他非常重视体育的教育价值。并进一步指出体育是德智体三育的基础,他说:"凡人不论从事何种职业,只有受过德智体全面教育,才有可能更有效地充分发挥自己的才能,而体育尤为全面教育的基础。因为没有健壮的体魄,是很难承担国家建设事业的艰巨任务的。"[59]

　　1934 年,马约翰在其论著中,进一步阐述体育为教育之重要部分,他指出:"吾人若谈体育,对体育之观念,甚属重要。普通人多以为体育只是踢球赛跑,平常说教育救国,而体育不在内,这都不对。体育实在是教育最重要最有效的方法。"[60]教育的责任是培养"有高深的学识、身体强健、健全的人格"等社会所需人才,而"体育最重要的目的,即授予如何利用身体,当心身体的知识。各种运动即为利用身体的训练;有了健全的身体,才有健全的精神,才能求高深的学问。运动尤其是养成高尚人格的最好方法。学生在课堂听讲,难知其为人如何,因属被动的、静的;而在自动的运动,充分发挥其精力精神时,其气质为人,于斯可见,其人格与道德可由是培养;据此可知体育于前述三点皆有贡献,故体育为教育之重要部分"[61]。马约翰根据多年从事体育运动的经验认为,年轻人在运动中,尤其是在对抗比赛中最易流露出他本人的真实的思想品德。因此,他们自身为教师提供了进行教育的最佳时机。

2. 体育运动的价值,可以迁移并影响社会

马约翰认为运动的价值可以概括为:"通过适当组织的运动,人们可以增进对环境的敏感性和对于生活中各种情况做出反应的'有准备性';可以增强美好的道德品质和性格;会增强作为公民的品质和社会品质。"[62]并认为这些品质不是专属运动领域,运动会把这些性格和品质迁移到社会生活中去。这种迁移基于生理学、心理学及社会学研究领域的研究基础。即:"生理基础、和谐的整体、用过去的经验判断现在的行动、最大地激发起孩子们的天性和情绪。"[63]这四方面基础。有些学者对于马约翰的体育迁移价值的理论有些疑问,马约翰说:"很自然,人们会问,这些品质是专门属于运动领域,还是对今后整个人生道路也会有效吗? 换句话说,它们是否能够迁移? 运动中的诚实作风是否会影响到社会生活中的各种关系? 它们是否相同?"[64]马约翰的回答是肯定的,他

认为运动中形成的道德品质无论好与坏都能迁移到社会生活,对人生会产生很大影响。他指出:"产生一种美德与养成不良的品质,其原因和方法是相同的。管理不好的运动无疑会产生所不希望出现的性格。无论结果是好是坏,都有迁移效果。"[65]因此,应特别注意青少年的体育运动,使他们在运动中形成良好的道德品质,因为"通过比赛和运动能够培养青年人健康的道德品质和习惯。成千上万的孩子们在运动场上总是会无意识地显现出他们的自然本能和特性,运动为他们矫正不良习惯和培养正确的习惯提供了最多的机会"。[66]由于体育运动的迁移价值及其重要性,马约翰特别注重运动道德的培养,他强调"球可输,运动道德可不能输。运动员不能说假话,不许欺骗,不许踢人、压人、打人"。"清华的校队,不仅要求有好的技巧,而且要求有好的风格"。[67]

在体育比赛中,马约翰要求学生要始终保持"清华精神",即:"1. 奋斗到底不退缩;2. 纯正的运动道德;3. 为社会做贡献或牺牲;4. 合作和帮助他人;5. 永葆清华荣誉。"[68]他要求体育教师、教练员在体育运动中应当加强对青少年优良道德品质的培养。使他们通过身体运动,去主动克服各种困难,以培养坚定的意志品质。如果在运动中我们能有意识地加强这种顽强意志的培养,使青少年具有了坚强的意志品质,那么,从体育运动中培养起来的这种良好的道德品质就会发生迁移,使他们能以同样的精神去对待未来所从事的各项工作,从而促进社会进步与发展。

3. 体育要坚持普及与提高相结合

马约翰认为普及与提高相结合就是既重视身体素质的普及,又注意竞技体育的重点提高。他指出:"提到'体育'二字,一般人就联想到该校的球队实力如何? 战绩如何? 似乎一所学校的体育,也就是以训练少数的代表队为宗旨。这种见解完全错误。这种校队不过是体育活动的一种而已"。[69]基于这种认识的"体育",不是我们所要提倡的体育运动。他说:"水木体育的最大目的是普及,使每个学生皆有机会来运动,不但在学校里运动,而且踏入社会后仍然继续运动"。[70]他号召每个年轻人一定要锻炼自己的肌肉,他说:"you, the young Men, Must train your Muscles!"。[71]1928年,马约翰在《清华周刊》上撰文说:"至于普及全体学生体育一事,体育部尤为重视,深加注意者也。故以全校平均之体力而论,我清华可与国内任何学校相比。均可不居人下,此可以事实为凭,无待鄙人赘述者也。"[72]马约翰反对锦标主义,始终坚持普及与提高相结合,并付诸体育教育实践,使清华学子的身体素质水平普遍得到提高。马约翰进一步提出了普及的方法,他说:"关于清华体育的普及,普遍性,是由我提倡起来的,体育的普及,一方面要求普遍到每一个人,一方面要求把体育的一些基本技术,如跳高、跳远、赛跑、某些球类等,加以普及。……我在体育的普及中,特别强调一种精神,即普遍的、活跃的、自动的、勇敢的精神;强调'干到底,绝不让步(别松劲)'的精神。"[73]马约翰所倡导的普及是使人人都有参加锻炼的机会,同时掌握一些基本的实用的运动技能,使其终身受用。

马约翰不仅重视体育运动的普及,同时也十分重视运动技术水平的提高。他本人不仅是一位优秀的运动员,也是运动竞赛的积极倡导者与组织者。他曾担任第11届奥运会中国田径队总教练,具有丰富的体育训练与竞赛经验。在马约翰的积极倡导和精心组织下,清华大学的竞技运动蓬勃发展,许多运动队都是由他亲自指导训练,清华大学的篮球动员还曾代表中国参加远东运动会。马约翰认为竞技运动除能强健身体,提高运动技术水平外,还有一项重要社会功能:从大的方面讲,能够激发民族精神、养成爱国主义思想;从小的方面讲,能够增强团结,养成团体意识、提高良好声誉。马约翰对此指出,竞技体育有3大作用:(1)能引起全校学生运动的精神,而助身体的发展;(2)能引起爱母校的精神,而养成团体的观念;(3)能提高学校的声誉。[74]他两次去美国学习深造,对运动和竞赛有了更为深刻的认识,他进一步认为:"经过运动和比赛,我们能够使青年人获得健康和优美,机敏和文雅,正直和勇敢,准备并适应于尽自己的职责,为民族发展贡献自己的力量。运动和比赛铺平了民族发展之路。"[75]由于运动竞赛具有上述运动之外的功能,马约翰予以了高度的重视,也充分体现了马约翰对竞技体育的深刻理解。

(二)马约翰体育思想的评价

马约翰是中国近代体育的开拓者之一、著名的体育教育家、体育思想家、体育实践家,是我国"体育界的一面旗帜"。1984年国家决定在其家乡厦门鼓浪屿建立"纪念性雕塑",以表彰他在体育事业中所做出的突出贡献。这在体育界是独一无二的。马约翰关于体育是学校教育的重要部分的观点、体育要坚持普及与提高相结合的思想以及体育运动的价值,可以迁移并影响社会的理论,不仅对中国近代体育教育的发展产生了积极的影响,而且对当代体育也具有重要的借鉴价值。马约翰关于体育要坚持普及与提高相结合的思想,一方面,注重大众体育的普及,以实现民族体质的复兴;另一方面,注重体育竞技水平的提高,能在重大国际比赛中取得好成绩,以振奋民族精神,摘掉"东亚病夫"的帽子,这与新中国成立后的体育指导思想是相契合的。马约翰认为体育是学校教育的重要部分,突出强调体育的教育意义,视体育为德、智、体三育之一,而且体育本身也具有德、智、体三育的功能,除强身健体外,体育对青少年德育、智育的发展也具有积极的促进作用。马约翰关于体育运动的价值,可以迁移并影响社会的理论,极具科学性和前瞻性。他对体育的迁移价值科学而严谨的论证也是前无古人的。也正是由于体育的迁移价值,使体育的功能不仅局限于身体本身,在运动中形成的优良品质能够迁移到社会生活,从而实现了体育的教育价值,同时也提升了体育在学校教育中的地位。体育的迁移价值是马约翰体育思想的核心内容,也是极具学术价值的思想理论,对于我们今天体育教育的健康发展仍具有不可低估的借鉴价值。

四、方万邦体育思想

方万邦(1895—1969 年),福建闽侯县人,1919 年毕业于国立北平师范大学体育科,1926 年赴美留学,入哥伦比亚大学教育学院,师从威廉姆斯,获体育硕士学位。回国后,先后任北平师范大学体育教授、安徽大学体育主任兼体育教授、国立中央大学教授。1936 年任上海市立体育专科学校教务主任。1942 年在江津任国立师范专科学校校长。新中国成立后任华南师范学院(现为华南师范大学)体育教授,1969 年 3 月因病逝世,终年 76 岁。方万邦是我国近代著名的体育教育家,他在引进西方体育科学,创建中国的体育理论,编写学校体育教材和培养体育人才等方面都作出了重大的贡献。

(一)方万邦体育思想产生的历史背景

20 世纪 20 年代前后,美国、日本以及西欧某些国家就认为体育原理是独立的体育专业科目。当时中国虽然已经提倡体育数10 年,体育仍然不被重视,绝大多数体育教师只注重体育实践,忽视原理,对教材教法,一味模仿盲从。这期间,方万邦从美国获得体育硕士学位回国,并把西方的自然体育思想带到了中国。他不仅向学生宣讲自然体育思想理论,且身体力行地带领学生在操场上训练。为了更好地宣传自然体育思想,他还撰写、翻译了大量的体育著作。方万邦出于期望中国体育有正规的发展,使体育教育在中国民族复兴的运动中发挥更大的作用,以唤起社会,尤其是体育界对体育原理的注意,他于1933年出版《体育原理》一书,通过此书,他希望"可以使社会,特别是体育界了解体育的根本原则;可以明了体育的真义和价值;可以获得选择确立体育目的内容和方法的能力;可以获得研究批评及解决各种体育实际问题的能力;可以获得研究批评各种体育的论著的能力;可以养成独立的思想和远大的眼光;可以明了各种运动的意义和价值;可以了解体育在教育上的位置和责任;可以获知体育与其他科学的关系;可以认识现行体育的缺点所在和改进的方法"。[76]此外,方万邦教授还编写了《新体育教学法》、《青年体育》、《健康教育》、《欧洲体育史》、《师范学校教科书(体育)》上、中、下三册、《课外运动——球类》等著作。透过这些著作,我们可以看到他的体育思想主张。

(二)方万邦体育思想的内容

1. 提倡"六化主义的体育"

（1）教育化的体育

方万邦认为"二十世纪体育在教育园地里占有极重要的部分,一面为了一般教育家认识了体育真正的价值;一面为了一般体育家能够努力发挥体育在教育上的效能;因此它的地位和价值一天高似一天,体育教育化在今日已不成问题了"。[77]所谓教育化的体育,他认为:"是以身体大肌肉活动为工具的一种教育,与过去的专注意身体训练的体育迥然不同。"[78]尽管体育是经过"大肌肉活动",但并不是"使全身肌肉得到最大的发达"而谋达到教育目的的一种教育。他认为体育在于教育系统中代表新教育精神和理想的一种教育,现在教育家都力倡各种新方面的教育,这些方式在体育教育里都包含了。他说:

> ①新教育注重实验,而学校运动场就是体育的实验室,儿童的精神,个性、能力、行为、态度等都可以在此表现出来。②新教育提倡自动,体育也是一种自动教育。体育除教员准备外,都属于学生的活动,而且教员所准备的,都是供给学生活动的教材和引起学生活动的方法。③新教育注意发展个性,新体育的训练方法,都以发展个人的技能和态度为目的,而摒弃一切呆板的器械的有形式体操,以实行适合个性的各种分级分组的方法。④新教育趋重社会化,现在体育中之各种团体的活动、竞争、比赛处处都表现着体育是一种社会的教育。⑤新教育倾向于科学化,体育的田径成绩也是用科学的方法测量。⑥新教育主张教育即生活。体育也是一种生活教育。体育的技能,知识和态度都是由学生自动之活动中得来。⑦新教育着重训练整个的机体,现代体育不独增进身体的健康和运动的技能,更要发达各种道德行为的标准。[79]

因此,方万邦反对把体育看成是单纯锻炼身体的活动。他认为体育的目的是指示趋势的最高标准,并在其《我国现行体育之十大问题及解决途径》一文中对这一问题提出自己的看法。他说:

> 我国体育教师多以发达肌肉为训练目的,他们以为肌肉发达便是身体健康,因此在课程中定了许多持重、举石、操练铁哑铃等,专为发达肌肉的运动,这种观念实是错误的原因,因为身体健康在发达内脏器官和神经系统,而肌肉只是

> 身体的附属物,……现在的体育训练,不在发达身体的肌肉,而在发达神经系统,因此器械的、呆板的、笨重的练习,却不如自然的、技巧的、敏捷的活动了。[80]

他认为体育的目的就是通过运动来达到教化的功能,不是锻炼肌肉以增进练习者的力量,而是通过身体的运动来教育人,附带地增强他们的肌肉力量。也就是说体育的目的不再只是锻炼体魄,而是培养个人身体心智和道德各方面能力的发展所不可缺少的要素,使人能获得健康的身体,快活的精神和健全的社会性的人格。更非其他教育方式所能够替代的。对于体育目标,他认为目标却是在目的中分析出来,指示特殊要点的。体育目标应包含生理、社会、生活上的需要。他认为:

> 体育虽不能尽一切教育的能事,却为教育的良好工具,并可为实施新教育的先驱,体育不能离开教育而独立,教育需要体育的完全,体育与教育的关系深切,于此更可明白了。[81]

(2)普及化的体育

方万邦认为体育是一种重要的教育,普及体育不论在生理,教育,民族,生活,经济,无论哪一方面,他都有充分的理由和健全的理论根据。[82]他从几个方面加以论证:①就生理方面说,人们的身体,要达到充分的发达,永久能保持在健康的水平线上,各时期须予以适当的运动,使他自然地平衡发展。反之,失去了这种运动的机会,便不能达到健全和充分发展的目的。因此,为适应各个人们生理上的需求,获得健康的效果,体育是要普遍化的。②就教育方面说,"教育机会均等"是全世界一致的呼声,体育是教育的一部分,在教育机会均等的口号下。体育应普及化。不幸过去的国内体育竟走上了"选手运动"那条路,而忽误了体育普及的使命,这畸形的发展,这落后的现象,在那剥夺了大众身体训练的机会,假如要使我们的体育走上新生的途径,这种选手制的体育必须加以改善。而建设那合理的正常的普及体育。唯有普及体育乃能使人们的身体平均地发展。亦唯有普及体育才可以使我们病弱的青年获得新生的希望。③就民族方面说,我国民族的衰落,国民体格的柔弱,精神的萎靡,是无可讳言的,复兴民族是人人应负的责任,是目前最迫切的工作,也是整个教育的目的,但是复兴民族先决问题,是要使个个国民有健全的身体,健全的精神,和健全的人格,体育是训练这种国民的良好工具,特为复兴民族的教育里,是占何等的重要的地位啊!复兴民族既非训练少数国民或任何阶级可以成功,那么在复兴民族体育中的体育普及,当然是刻不容缓了。④就生活方面说,教育即生活,生活即教育,生活的好坏,对于人们的习惯,态度,知能,健康,都有极大的影响,体育生活在教育有特殊效能。非其他生活可以替代,……因为现在社会的生活。多失于偏颇,干枯,单调,若不予以适当的调和,很难达到理想教育目的的实现。调和的方法:最好是实行普及体育,这样,不仅恢复心身的疲劳,更能促进美满丰富的生活。⑤再就经济方面说,经费的支配适当与否,是以效果来判断,体育的设施,若依据了这种经济原则,无疑地普及体育较选手体育经济的多,若把全部的体育经费只供给少数的选手,不但是不经济,而且更不公平。因此,普及体育在经济方面,也具有相当理由的。[83]

针对当时学校和社会的体育,把体育看成少数人的专利品,方万邦认为"不但有背体育原理,且违背教育本旨"。[84]并认为要使体育走上新生路途,这种选手制的体育,必须把他打倒。他提出了具体解决普及体育运动的方法。他指出:

> 普及体育需要能力较强的体育教师,像课程的分配、组织

的严密,管理的完善,设备的适宜,计划的周到,领袖的训练等,非有精明能干的体育教师,绝难胜任。虽然在复兴民族的教育宗旨下,普及体育势在必行,至于教员能力不及,更当积极从事于师资进修与训练,不能因噎废食。[85]

方万邦意识到使病弱的民族获得新生的希望是提高教师的素质,充分发挥体育教师在普及体育中的作用。他主张打倒选手制的体育,建立普及化的体育,并提出了解决普及体育运动的方法,是对五四时期恽代英、杨贤江等人的体育思想的继承和发展。

(3)游戏化的体育

方万邦认为游戏对于儿童的教育是非常有价值的。他指出:

> 教育的目的在改善儿童并增进儿童生活的能力,所以对于儿童的发达应有适当辅导……,在儿童时期中,他们需要表现自己的能力的。此种表现决不仅需要智识,而更需要活动的机会。有活动的机会,儿童自己的能力就能够尽量地表现出来的。游戏即为儿童表现能力的活动,他们在游戏中,不知不觉地而且快乐地得到了许多神益。所以游戏是儿童教育一种最好的工具,同时亦为儿童学生幸福的萌芽。[86]

指出了游戏在体育教学中所占的重要地位。针对"数千年来,中国的家长完全漠视游戏的价值,严禁儿童从事于嬉戏。旧式的教育,亦莫不以'勤有功,戏无益'的遗训,作为至理名言,自'启蒙'的时期起,便把儿童纳入刻板式的生活,夺尽了儿童游戏的机会,丧尽了儿童的活泼与天真。"[87]的现象,他认为"阻止了儿童的活动,便是妨害了他们的生长和发育。结果文弱、萎靡、怯懦、颓唐等等便成了大多数国民的现象,积弱的影响,使我们整个民族日趋于没落之途"。[88]方万邦认为这种教育必须改变。他强调学校必须重视儿童的游戏教育,因为游戏是儿童的本性,本性又是教育的原动力。"谁都晓得儿童便是未来的主人翁,倡导儿童的游戏教育,使他们个个都能正常的充分的发达,这未始不是民族复兴的一条路吧"![89]通过对儿童施以游戏等娱乐活动,不仅可以达到体育的目的—教育,而且可以振兴国家、复兴民族。

(4)生活化的体育

方万邦认为生活和教育不可分离,这在现代教育思想中,已成为一个可靠的定论了。他指出:

> 体育也是一种生活教育。体育完全是一种生活的方法,它的技能,知识和态度都是由学生自动之活动中得来,它的活动含有娱乐、工作、比赛、组织、方法及其他一切丰富的生活要素,而不是供给抽象的呆板的教材,若要调和社会、学校、家庭的生活,提倡业余运动与普及体育,实为必要。[90]

因此,生活化的体育必须选择一些对于生活有贡献的技能,并且这种技能既有教育的价值,又能贴近生活。通过体育可以培养学生各种生活的基本能力,"保持身体健康的能力、生活应变和安全的能力、在生活和工作中把握和充分发挥自己才干的能力等"。[91]

(5)科学化的体育

方万邦认为:"现今一般人对于体育思想和目的的谬误,都是为了(因为)以前提倡体育者缺乏科学的眼光所致。"方万邦认为的体育科学化,是从"一切原理的研究"、"一切课程的编制"到"设备的计划和其他行政管理的事项"都应包括科学的原理。比赛跑的时间,跳跃掷重的距离,各种游戏的记分等,几无一不用完全客观的方法。

（6）自然化的体育

方万邦认为："自然体育所包含的基本动作如跑、跳、攀、举、摆、踢、掷、打、接等都是人类古代生活经验的遗传,在儿童神经系统中已有爱好这些活动的倾向,所以自然体育可以引起儿童的兴趣;使儿童的精神感着愉快,因为它正切合了儿童的心理。"[92]从自然体育的生理价值来看可以"使身体平衡发展;自然体育不仅注意了儿童身体的发达,更注意'全人'的训练,所以它对于人格的陶冶,社会性的训练,都有莫大的价值"。[93]自然体育不仅指动作和方法,更要自然环境。方万邦认为："健身房的富丽宏伟,怎及得平原旷野,室内活动,决没有草地上那样的天然风景、充足日光和新鲜空气,富饶的美国已想从物质的供养中挣扎出来,回到自然中去,经济衰落的我国更应充分地利用着这健康的美的,美妙的自然环境。"[94]他认为唯有自然的环境才能调和现在文明的生活。

2. 重视青年体育

方万邦认为："青年是国家的元气,社会的命脉。青年身心发展如何,对于国家、社会、民族的前途,均有莫大的关系"。[95]国家的富强,民族的复兴是必须依赖于青年来担负抗战建国,复兴民族的责任的。青年的责任如此重大,促使方万邦关注青年体育问题。他认为重视青年体育很有必要。就生长意义言之,他说:

> 青年正在发育旺盛时期,最好利用各种体育的活动,使他们固有的能力,都能够得到充分的发展,为了适应他们这种的需求,在良好体育教师或领袖指导下,每日每人至少须有两小时以上的户外大肌肉活动。又因为青年具有好动的天性,体育乃成为他们教育良好的工具,对于他们身体心智和道德各方面能力的发展,均有莫大的贡献。[96]

就成熟意义言之,他认为:"体育尤为此期教育所不可缺少的要素,如果青年教育中缺少了体育,无疑的,他们便不能得到健全发展的目的,而且缺少了这种教育,更非其他教育方式所能够替代的。"从性别意义言之,青年男女在生理、心理的发育已有显著的差异,他认为:"青年需要的体育课程也不能一样,至于激烈竞争的运动,男女更宜分开练习,以免受到不良的影响。"青年时期易唤起性欲有关的感情作用,有发生犯罪作恶的趋势。方万邦认为:"体育教师最宜注意因势利导,使他们所有的精力,都借着正常的体育活动以发泄之,而获得教育上美满的效果。"[97]此外他还指出青年体育的价值:增进青年健康幸福,加强青年抗战建国力量,发展青年优美的德性,增进青年生活的能力。上述观点和措施全面而具体,是其青年体育思想的充分体现。

(三)方万邦体育思想的评价

方万邦从师于自然体育学派的代表人物威廉士,因此,他的体育思想体系属于自然体育。方万邦将体育定位在教育中,强调体育的首要使命在于教育,以提升体育的地位和功能。他认为:"过去的体育全偏重于技术,几把参加体育活动的理由完全不顾。今虽仍有注意体育的'如何'方面,但已趋向于'何以'方面了。"即已从思想层面来考虑体育的发展,[98]体育目标从过去停留在身体的锻炼上面朝向多元化发展。应该看到自然体育始于16世纪的欧洲,一战前后传入我国,但没有形成完整的理论体系。后经吴蕴瑞、袁敦礼、方万邦等人大力提倡,30年代快速发展并达于鼎盛。自然体育思想的传播和发展使中国体育开始出现了较为系统的理论与方法,并从人的生理、心理、社会和个体的需要来研究体育,既充实了体育的内涵,又扩大了体育的教育意义,尤其是对学校体育课程的发展具有一定的影响,在当时来讲是一种进步。但是将体育增强体质的本质功能,说成是副产品,以教育为目的,强身为手段,致使学校体育任务不明确,效果不明显,也造成一些负面的影响,出现了"放羊式"的教学效果。针对国民体格衰落,处在民族危亡的关键时期,国人应如何砥砺精神,锻炼体魄,来挽救这危亡的民族?方万邦提出打倒选手制的体育,建立普及化的体育,并提出了解决普及体育运动的方法,这是对五四时期体育思想的继承和发展。

20世纪30年代,我国出现了"洋体育"、"土体育"两派,方万邦认为两者都不全面,忽视了空间和时间的差异。指出食"洋"不化和食"土"不化都是错误的。从而提出了"教育化的体育、科学化的体育、普遍化的体育、生活化的体育、自然化的体育和游戏化的体育"。具有进步性和预见性,至今仍有研究价值。方万邦的"六化"的体育思想,为中国近代体育思想的深入发展做出了突出的理论贡献。方万邦从国家、社会、民族的前途命运的高度,认识和提倡青年体育,值得我们今天认真思考与借鉴。方万邦的体育思想具有创新价值,在中国近代体育思想发展进程中,起到了承前启后的作用。

第二节　民族体育思想

在中国近代体育思想的深入发展时期,除作为主流体育思想的自然主义体育思想之外,还有国粹主义体育思想和民族主义体育思想。国粹主义体育思想认为"一国之国民自有他种族上、文化上的特质,设法使他发扬而广大之,乃是国民的天职"。[99]这是植根于爱国主义思想的表现。国粹主义体育思想之代表人物主要是马良、张之江,褚民谊等。

　　民族体育思想是留学德国的南京中央大学体育系教授程登科提出的观点,其主要代表人物为程登科、萧忠国等。20世纪30年代中国社会摆在国人面前无法回避并首先需要解决的突出矛盾是民族存亡危机。此时,从德国学成回国的程登科从当时的国情出发,将体育与民族的危亡直接联系在一起,提出了"民族体育"思想,其目的就是抗敌御侮、救亡图存、自卫卫国。程登科强调在20世纪弱肉强食的时代,体育的目的应为国家的强盛,民族的生存而努力,必须将体育建立在组织化、纪律化的方式上,训练青年具有坚强的意志,健全高尚的人格,强壮的身体,完全为国家民族前途着想。作为既能强身健体、凝聚民族精神,又能提高军事技能的体育,应当成为民族振兴的工具。

　　在国粹主义体育思想和民族主义体育思想的内容中,都蕴含着前期军国民体育思想或健体强国思想的要素。国粹主义体育思想和民族主义体育思想之间既有明显的区别,又有密切的内在联系。就区别而言,是在表达形式层面,前者强调的是大力推广、发展中国的传统武术,后者强凋的是中西结合的体育运动形式。就内在联系而言,是在体育功能、价值、目标层面,二者都主张体育为民族振兴服务,都是在健体强国这一思想主题之下展开的。从这一个意义上讲,国粹主义体育思想,也是一种民族的体育思想,是另一种意义上民族主义体育思想。

一、程登科的体育思想

　　程登科(1902—1931年),字健蜀,四川重庆人,祖籍湖南衡山。幼年的程登科5岁习武。小学和中学均在教会学校接受教育,求学经历非常艰辛,以半工半读为学校和学生服务来抵免自己的学费。他学习勤奋努力,各科成绩始终名列前茅。1920年以优异成绩考入南京高等师范学校体育科,接受麦克乐自然主义体育思想的熏陶。1925年毕业后,先后在苏州、杭州、上海三地的体育专科学校任教。1929年自费赴德国柏林体育大学进修,接受军事化体育教育。1933年学成回国,受聘于南京中央大学体育系教授,并任南京中国日报《军事、国术、体育》周刊的主编。在此期间,发表了许多极具影响力的体育论著。1938年历任南京中央大学体育系主任、重庆大学体育科主任。还曾担任三民主义青年团中央体育指导委员会主任委员、教育部国民体育委员会委员。留德回国至抗战结束,为程登科人生与事业的鼎盛时期。

程登科是20世纪30年代民族体育思想的主要代表,一位衷心爱国的体育专业学者。他所倡导的民族体育是"根据三民主义的民族主义和复兴民族的口号为原则,将洋、土体育打成一片而创造为中国的'民族体育',并要有所应用,期能增加国防力量"。[100]其目的是"御侮抗敌、复兴民族",是一种强种强国、救亡图存的体育。基于这一体育目的,军事化体育是其民族体育思想的主要内涵和精髓,并以全民为对象推展军事化体育来振作全体国民的民族精神,强健国民的体魄,养成国民御侮抗敌的坚强意志和自卫卫国的军事能力。程登科完全站在国家的立场上,在民族危亡之际,其民族体育思想服从并服务于"复兴民族"的基本国策。"民族体育"无疑是适合国情的体育、极具时代特征的体育。为充实国防力量,取得抗战胜利起到了积极作用。

(一)程登科体育思想的内容

1. 民族体育思想的核心——军事化体育

20世纪30年代的中国政局动荡,国势衰微,民族存亡危机加剧,众学者纷纷寻求救国之方略,程登科选择了"体育救国"的路线,将政治、军事、体育三者有机结合,积极倡导民族体育思想来提升国防力量,以达"救亡图存、复兴民族"的目的。正是由于"救亡图存、复兴民族"这一目的,决定了民族体育思想的核心为军事化体育。程登科对此指出:

> 复兴民族则必持军事化来完成这个目的,体育在现在已被认为强国强种与复兴民族的工具,复兴民族要军事化,那么,体育既系复兴民族的工具,强国强种的生命线,体育当然尤先必需军事化了。[10]

欲实现"复兴中华民族"的伟大目标,体育与军事必须相互结合,构成民族体育的主骨,程登科进一步指出:

> 体育为民族之骨,军事为民族之髓,故体育与军事为"民族体育"之骨髓,理应联络一气,表里相通,互相为用,是以有打成一片之必要,而为创造"民族体育"之骨髓。[102]

军事化体育的内容主要由体育军事化、军事体育化两方面构成,体育军事化的实施对象为学生和普通民众,而军事体育化的实施对象则是军队士兵。

体育军事化是"用原有的体育术科,不改体育内容,而以军事精神管理之、训练之,务使受训者绝对服从。是故,以军事精神完成体育军事化"。[103]程登科所倡导体育军事化是以"复兴民族"为宗旨目标,而改革学校体育的颓风也是其推行军事化思想的主要原因之一。程登科指出:

> 现在的学生对于体育浪漫成性,而施教者亦无训练目标。故不但学生浪漫自由成性。即体育教师的精神,也有多半颓唐、不振的。是以当前的体育目的,连健康二字也发生疑问,

即使有,也不过为极少数的学生享有。所以,我们要挽回这个颓风,整顿体育,改革过去的浪漫行为,则必需体育军事化,才能适应现在的环境,革除过去的颓风。[104]

当时的体育教育过分强调学生的天性,造成他们自由散漫,无组织性和纪律性,这将有碍于服从、自治、合作、守纪律等良好公民性格的养成。而这些良好的民族性和公民道德是一个国家、一个民族得以兴盛和繁衍的重要因素。程登科说:

> 我国目前,任人宰割,受人耻辱,虽然有其复杂的因子。而无组织、无纪律,却是一个最大的原因。所以我国要刷除耻辱,复兴民族,必须在每件事情上,都要建筑组织化与纪律化,这样才能生出伟大的力量,才能谈到自救,才能谈到复兴,体育则更不能例外。[105]

体育军事化是改造国民性,复兴民族的最佳途径。程登科不仅从理论上阐释了体育军事化的概念,并对如何实施体育军事化也做了详尽的阐述。体育军事化的具体目标为:

> 矫正一般错误体育观念,使之守纪律,知服从,爱民族,爱国家;实行复仇雪耻的国术、军事、体育打成一片之革命体育;达到健全国家中坚细胞,以发扬民族精神,充实民族力量,绵延民族生命为目的。[106]

体育军事化的教材由普通教材、中心教材、利用环境军事化的体育教材构成,这三类教材由基本体能到战场应用技能循序渐进而成。体育军事化的实施方式,就是有纪律、有组织、有精神、有秩序、整齐严肃团结一致之体育。[107]

军事体育化“就是先分析军事上的战斗力,视何者运动对于军事有帮助者,则尽量地应用到军事上去,这是以军事为主的,故与学校体育稍有不同,即在提倡应用的体育,以体育训练兵士战斗力,增加兵士作战能力,是故非仅求健康身体而已"。[108]军事体育化是一种应用体育,用以提高士兵的战斗能力,而且还"可丰富军队的生活,改换军队沉闷冷酷的空气,充实军队的训练,扩大军队的机构,而使之更臻强固,更有效率"。[109]军事体育化的主要目标为:

> (1)增加国防力量及士兵战斗力;(2)增加军警本身的体力及生活量;(3)增加军警的勇敢敏捷及坚韧耐劳的精神;(4)提高国际地位,完成新时代的军事训练;(5)激励并能辅助民众体育;(6)改善军警生活并能消除嫖赌等恶习惯。[110]

军事体育化的组织设置与管理相当周密,军队中师以下单位均设有专职的体育训练指导员,为士兵提供训练指导,士兵训练要严格按照进度表执行,并有考试标准及奖惩条例。训练教材主要有应用教材和折中教材,考虑到士兵训练有一个逐步适应的过程,折中教材的难度相对较低。在训练中力求与军队严格的风纪保持一致,摒弃学校体育自由散漫的教学风气。

2. 民族体育思想的实施对象——全体国民

近代以来,我国民体质羸弱,疾病缠身,健康状况甚是堪忧。并且精神萎靡、思想散漫、意志衰退已达极点,以此国民来实现"救亡图存,复兴民族"的伟业实属无望。因此,欲达到民族体育的目的,必须使中华民族的每一个细胞都无比强健,都具有御侮抗敌的坚定意志和大无畏的牺牲精神。程登科指出:"现在我国人民,体短瘦弱,已是普遍现象,至于坚毅果敢的民族性,早已丧失殆尽,我们要挽救这个狂澜,实行我国'国家兴亡,匹夫有责'的古训。"[111]因此,实行体育全民化是"复兴民族"的必经之路。

程登科认为我国国民健康状况达今日之境地,体育发展道路的偏差是重要因素之一。几十年来,我国体育走的是一条贵族化的道路,只为少数人而服务。他说:"目前我国体育何尝不是为个人而体育,为少数人娱乐而体育,为少数人健康而体育,何曾施惠小民,更何曾为国家而体育,为民族而体育。"[112]少数人的健康对整个民族生命的延续与发展的作用是显而易见的,程登科指出:"同志们,吾人试一思维,我四百万方里广袤的领土,四万万数千万的同胞,欲求御侮图强,以目前极少数的体育健康者,何有济于强种强国! 然则必为采用体育军事化与军事体育化的主张。"[113]使全体国民都参与其中,养成强健的体魄,顽强的意志,爱国忠勇的品格,共图"民族复兴"之大业。体育全民化的主要目标为:

（1）要求全国民众体育化,并训练成为牺牲、团结、勇敢、守法、遵命的公民;（2）御侮抗敌,为国家的后盾。增加民众自身的健康就是增加生产率;（3）复兴民族作自强不息的基点,消除"东亚病夫"之讥;（4）实验体育教育是人格教育,运动场是人格试验场。[114]

程登科利用军警权力以辅助民众体育使体育全民化,以克服师资、场地、经费不足的困难。体育全民化的教材多以我国固有传统体育为主,以适合我国国情的西洋体育为辅。

（二）程登科民族体育思想的评价

首先,民族体育思想是特定历史条件下的必然产物。任何一种思想理论的形成与传播,绝不是偶然的,其背后都有着必然的时代需要,都是对现实的回应,试图解决现实社会存在的各种问题与矛盾。20 世纪 30 年代中国社会摆在国人面前无法回避并首先需要解决的突出矛盾是民族存亡危机空前加剧。自九一八事变始，日本帝国主义加紧了对我中华民族的侵略步伐，欺凌我中华民族的事件不断发生并逐步升级。致使中华民族背负着丧权辱国的巨大压力。此时，我国的体育犹如幼稚的孩子，狰狞凶狠的饿狼步步紧逼，而自己却不自知，仍自顾自地玩耍着、娱乐着、快乐着。1933年学成回国的程登科从当时的国情出发，将体育与民族的危亡直接联系在一起，突出强调体育强种、强兵、强国的重要作用，并认为面对外敌入侵，军事上的强大是第一位的。作为既能强身健体、凝聚民族精神，又能提高军事技能的体育，应当成为民族振兴的工具。因此，大力提倡"民族体育"，即军事化的体育、全民化的体育，以振奋民族精神、强健民族体魄、提高国防军事能力，实现民族复兴。民族复兴必须依靠军事化来完成这一目的，严明的组织性、纪律性以及强健的体魄是取得战争胜利的必要条件，军事化的体育训练恰能培养守纪律、知服从、意志顽强、体格发达的忠勇国民。而且实现民族复兴大业必须依靠全民族的力量，实行全民化体育，使每个国民都具有抗敌御侮，救亡图存，自卫卫国的能力。因此，民族体育是时代需要的体育、复兴中华民族的体育。

　　程登科所提倡的民族体育是将体育作为救亡图存、强民强国的重要工具，这一"体育救国"的思想并非程登科首倡，其思想内容既是对晚清维新派"尚武强国"体育思想的传承，也是对西方武备教育及军事化体育的借鉴。"体育救国的思想最初产生于清末维新派运动期间，以军国民主义尚武思想奠立其基础"。[115]维新派代表人物梁启超明确指出："尚武者，国民之元气，国家所恃以成立，而文明赖以维持者也。""立国者苟无尚武之国民，铁血之主义，则虽有文明，虽有智识，虽有广众，虽有广土，必无以自立于竞争激烈之舞台"。[116]梁启超、康有为等维新派先进人士希望在中国推行以尚武为核心的军国民教育,以抵御外侮,挽救贫弱的旧中国。民族体育思想是对"尚武强国"思想内核的传承与发展。同时,程登科对西欧各国的军事化体育进行了深入研究并加以借鉴,在古代斯巴达以及近代的德国、意大利等国家,尚武精神及军事化体育训练成为国家自立自强的重要因素。斯巴达"野蛮"的军人教育,使其民众"从征赴敌,如习体操,如赴宴会,冒死喋血,曾不知有畏怯退缩之一事"。[117]因而才能雄霸希腊。第二次世界大战前夕,纷纷崛起、日益强大的西方列强无一不对青年进行军事化体育训练。而此时正值程登科留学德国,身临其境,感触颇多。正源于此,其后的民族体育思想明显刻有德国军事化体育的印记。

其次,如何看待体育军事化与教育化的论争。20 世纪 30 年代初,程登科极力提倡的体育军事化思想在社会上产生了强烈反响,赞成者与反对者兼而有之。北平师范大学方万邦教授对体育军事化思想提出了质疑,并根据杜威新教育的 7 个观点,得出体育教育化的结论。方万邦指出:"体育是教育的一环,是以身体大肌肉活动为工具来完成教育目的的一种教育"。"体育虽不能尽一切教育的能事,却为教育的良好工具,并可为实施新教育的先驱,体育不能离开教育而独立,教育需要体育而完全"。[118]体育的根本目的在于促进人类健康与娱乐。

对于体育军事化与教育化两种思潮的冲突,我们不能简单地判断孰是孰非。第一,两种思潮的逻辑起点不同,方万邦是从教育上立论,而程登科是从时代上立论。因此,俩人的观点和结论自然不会相同。第二,从表面上看,两种思潮的争论相当激烈,但程登科对体育所固有的本质功能予以了肯定和认同。只是在特定历史时期,这种教育化的功能和目的,不能满足现实社会的需要。程登科对此指出:"本来体育系促进人类健康与娱乐为目的的,不过处在这个 20 世纪强食弱肉的时代,诚如达尔文氏进化论所说:'优胜劣败',也就不容许我们把体育视为健康与娱乐为目的的了。"[119]程登科进一步指出体育教育化的目的与现实社会的发展状况不相适应,"体育教育化吗?好是好的,可惜没有兼顾到时间性,或者可说只是恨这个号称文明古国的中华,还没有滋长到这么一个园地"。[120]假使处在经济繁荣、社会稳定的今天,有人再提出体育军事化,我想每一个中国人都会起来反对。程登科强调特定的时代迫使我们必须强种强国,才能立于世界民族之林。而体育正好具有强种强国的特殊功效,因此,决不能等闲视之。程登科将自己的体育主张与救亡图存,强兵强国的时代主旋律相结合,充分体现了一代知识分子体育救国的爱国情怀。

民族体育思想的历史局限性有二,其一,全民体育化以军警权力辅助民众实行,带有强迫性与专制性。其二,程登科从御侮抗敌,救亡图存的角度提倡体育,过分强调了体育的工具性。

二、张之江的体育思想

张之江(1882—1969 年),西北军著名将领,中国国术(武术)主要倡导人和奠基人。1928 年,张之江在南京创办了中央国术馆。1933 年,创办国立国术体育专科学校。1936 年,中国国术馆选拔武术队参加第 11 届奥运会的表演,国手们的精湛武艺震惊了西方,张之江也因此获得了第 11 届奥运会以"五环"为标志的纪念章,并被誉为"中国国术开始走向国际体坛的第一人"。建国后,任全国政协委员,受到毛泽东等党和国家领导人的接见,1969 年病逝。张之江对中国武术事业的发展做出了卓越的贡献。[121]

（一）张之江体育思想产生的历史背景

张之江幼年上私塾，随祖父攻读诗书，并习练武术，先后毕业于东三省讲武堂、国民政府陆军大学将官班。1901 年，张之江应征入清朝新军，先后参加辛亥革命时推翻清廷腐败帝制的滦州起义与反对袁世凯称帝的云南起义。在京郊南口大战中，任国民军总司令，缴讨军阀混战，有力地配合了北伐军胜利进军。后升至陆军上将。

张之江是西北军宿将之一，西北军在冯玉祥倡导下，有重军体锻炼的传统，官兵们吃苦耐劳，作风顽强，有较强的战斗力。张之江在统领西北军时期就非常重视武术，规定凡西北军均须通过练拳、劈刀、刺枪、体操 4 项主要科目。1926 年，张之江率领国民军向绥远、甘肃总退却途中，因疲劳焦虑突发中风之症，不少名家劝其锻炼武术，可保身体康复，张之江遂开始练习武术。不数月，果然病体逐渐好转，因而每天坚持武术锻炼，从不间断，并认为："武术真是一项国宝，它真有却病强身之效。"[122]他通过自身体验，确认武术不仅杀敌自卫，而且能治病救人，使身体健壮起来。于是张之江开始重视起中国的传统武术。1927 年，时局突变，张之江急流勇退，被委任为国民政府军政部长而不就，只任国民政府委员，并以全身心投入倡导国术运动。他认为国术是中华民族所固有的国粹，应将其由民间推向上层，开始筹办国术研究馆。进入 30 年代，随着民族危机的日益加深，日本成为中华民族最危险的敌人。面对强邻迫侮，国耻日增的时局，张之江认为当务之急要提倡国术，恢复我国固有技能。

（二）张之江体育思想的内容

1. 倡导国术,恢弘民族尚武精神

中华武术源远流长,是我国优秀的民族传统文化,但是,中国封建社会长期以来为防止民众暴乱,消减人民的反抗能力,形成重文轻武的固习。尤其是义和团反清运动之后,封建统治阶级对民间武术的摧残变本加厉,致使国人体力极为衰弱,被外国列强讥为"东亚病夫"。辛亥革命以后,张之江先生目睹我国民气不振、操作不力、生产日减、民贫国弱备受帝国主义列强侵略凌辱的社会现实,积极宣传体育救国的思想,力倡武术,以便强种强国,壮我中华。张之江指出:"国术是我们固有的技能,是锻炼体魄的方法。"[123]并认为经过数十年来许多同志的论证,武术具有重要的价值,不是反科学的。可归纳如下几点:

> （1）国术以手眼身步为锻炼的本位,是四肢百体协同的动作。（2）国术锻炼的功效,能增长神气,调和血脉,有百利无一害。（3）国术不受经济的束缚,有平民化的可能,不分老幼,不拘人数,不拘贫富,不分性别,不拘场合。不拘空间时间,随在都可练习。（4）国术是体用兼备的,既可以强身强种,同时并能增进白兵格斗的技术,不论平时战时,皆可得着国术的功效,使人人皆有自卫卫国的能力。（5）国术是一种优美的锻炼,稍得门径,便有可观,果能得其精深,手眼身步,具有风虎云龙的变化,足以增加体育上的兴趣和美感。提倡国术不但是完美最易普及的体育,也是我们救国最重要的工作。[124]

他强调练习武术是强身健体、防身自卫、保护国家的有效途径。指出了在我国恢复发展国术的有利条件和实行民族体育化的可能性。

1931 年 9 月 18 日,日本强占沈阳,制造了九一八事变,灭亡中国成为他们既定的方针。1932 年,第 10 届奥运会在美国洛杉矶举行,中国运动员在奥运会上的失败,促使国人对中国体育道路发展进行深刻的反思。国术是张之江一直提倡的,站在强种救国的立场,张之江认为中国体育的发展之路应该重视提倡本民族的传统体育。他指出:"所谓民族体育者,即我国固有之国术拳勇技击是也。""勇武之精神,为我民族之天性"。"念大难当前,应积极恢复民族体育"。[125]通过对体育的目的、价值进行反复认真的分析后,张之江认为:"欧美体育值得借鉴的地方只是在于他的方法,因为它侧重于团体竞争、协同互助、寓健康教育于游艺之事。这点好是好,但若为普及全民起见,则又嫌其组织,艰于设备,多不便利。而我国之国术有发扬蹈厉、奋斗无畏之精神,寓教战于运动中,具有体用兼备之收效。"最重要的是"国术之与我民族,有悠久之历史,为固有之技能,不分性别,老幼咸宜,归纳精神于道义,兼重武德之修养,岂不较诸他种体育,尤适合我民族性乎"![126]张之江认为体育的目的在健身、自卫、卫国、强国强种,提倡国术的目的正可以达到打败日寇的目标。恢复我国固有技能,提倡国术,以作当务之急,而免于沦亡之惨也。因此,他指出:"国家的所以衰弱,完全因为我们把与国同生死的武化忽略了。我们要注重与国同生死的武化,就赶快来练习国术。强种才能强国,所以种族不强,国家在这世界里,便无存在的可能。"[127]

2. 提倡"术德并重,文武兼修"

张之江认为提倡国术可以达到三个目标:要保存国粹,发扬国光;要健身强种;要自卫卫国,要御侮雪耻。基于对国术的功能与价值的认识,张之江决定创建国术馆,以发扬光大这一国粹。1927年 3 月 15 日,《国民政府公报》第 41 期刊载第 174 号公文批准备案。在李烈钧、冯玉祥、钮永建、蔡元培、李济深、于右任等人的积极协助下,3 月 24 日,国术研究馆在南京正式创建,馆址位于西华门头条巷,馆长由张之江担任。张之江向当时的国民政府申请并获准把"武术"改为"国术"并得到批准。[128]武术由此从一门普通的技击术上升到国术的高度,成为民族传统文化的重要组成部分。"国术"这一提法,使武术的社会地位大大提升,并引起社会各方面的重视。

出于保存国粹,发扬国光的目的,张之江先生在大力提倡恢复发展武术,并搞好武术训练,以提高国民健康水平的同时,十分注意强调习武者的思想品德的修养。将武德的修养与武功的练习看成是同等重要,相辅相成,缺一不可。他说:"术德并重,文武兼修。"张之江认为所谓"术":就是我们所练的国术;德:就是指思想品德。[129]并认为"德、智、体"三育中,德育是基础,而且很重要。他指出:"智勇强健了以后,假使没有德育作基础,那么本领愈好,深恐为害愈大,学识愈高,为患作恶愈甚。"[130]张之江正确地解答了既有思想品德的修养、武德不断提高,又有健康体魄的健全国民的辩证关系。强调"术德并重,文武兼修",是张之江先生在推进民众国术化的过程中,加强思想品德教育的一个十分重要的方面。

针对民族衰弱的现象,张之江认为这完全是由于"重文轻武"的因袭观念导致的结果。因为自汉唐以后,文武逐渐分离,习文的只是终日埋头书案,不再去练武,身体得不到相应的锻炼,成为文弱书生。习武者只管习武,不学文,不注重文化素质和思想品德的提高,行为粗野、骄横,甚至做出危害社会的事情。因此,他提出:

> 无论失之于粗野或偏重于文弱——所得到的结果,就是落后,不及格,失败,不自由,不平等,譬如粗野不文的人,他的思想要落后,知识不及格,当然免不了失败。至于文弱的人

呢？因着他的体魄衰弱，精神萎靡一定要影响他的事工，以致落后不及格，结果也是同样的失败！两种毛病，都足以造成不自由，不平等。所以我们中国现时这样的贫弱，在国际间受尽种种的压迫，束缚，得不到自由，平等，这都是因着我们的粗野和文弱所造成的！[131]

因此，他提出改进的两种方法。（1）术学兼备。（2）练修并重。

张之江提出：要坚持"术学兼备"。所谓"学:就是我国的文学。今后是无论学生或教员，除练习国术外，都应随时的努力文学"[132]。他用论语中"质胜文则野，文胜质则史，文质彬彬，然后君子"的论述来说明文质兼备，缺一不可的道理。他进一步的强调："不过并不是仅仅的能以读书，识字，或会做文章，就算文了，必须要通达世界，辨别善恶是非；要养成文明的脑筋和高尚的思想，能够与我们这雄强的体魄，并驾齐驱，才能做一个健全的国民。"[133]再次强调思想品德的重要性。

对于"练修并重"。张之江认为："练:是属乎体质外表一方面的;修:是属乎精神灵性一方面的。关于练的方面，固然是要专心致志，精诚无间；而修的方面更是要十二万分的努力，朝乾夕惕的用工，才能有成就的希望！"对于只是练而不修。他认为："那就没有道，没有精神，没有保障，就难免为非作歹，入歧途，危害社会。"因此要坚持"既练修，既修且练，双方并重，然后才能有伟大造就和成功"[134]。

2. 改革国术，使之规范化、科学化、国际化

张之江信奉"体育救国"，但更坚信"国术救国"，他认为只有"国术救国"才是最急需的方案，是当前中国最实用的方案。这恰如一勺水虽不算多，但可以应涸鱼的急需，国术虽不算高远的救国方案，可以应弱国的急需。[135]关于怎样才能完成国术救国的任务，他认为改革国术必须使之规范化、科学化、国际化。张之江从国际各

民族重视对拳脚技击之术的训练中认识到中国改革国术势在必行。张之江指出："考现代世界各民族之趋势，对于拳脚技击之术，均有急起直追，争先恐后之训练，如日、德、意、美、法、俄、捷克斯拉夫诸国，而朝野上下，一致努力者，尤以日本为最，德国次之。"[136]

张之江认为改革国术，主要是革除它的弊端、统一流派等，使之规范化、科学化、国际化。1928年6月，国术研究馆易名为中央国术馆。中央国术馆是中华民国时期主管国术的中央行政机构之一。作为馆长，张之江主张："无论少林，武当，内家，外家，均应推诚相与，肝胆相照。释已往之猜疑，造将来之幸福。"[137]要求学生学习时兼收并蓄，而不是互相鄙薄、彼此保密，方能保存并发扬武术这一中国固有之国粹。除拳术外，还要学会器械，如刀、枪、剑、棍、鞭等，还有摔跤、散打、劈剑、刺枪、拳击等。为了消除门户之见，中央国术馆取消原来实行的武当、少林两门制，改设教务处，教务处下设教授班和练习班。国术馆教学强调泛学博通，要求学生广学各门派拳种之精华，练打兼能。他把古老的中国武术纳入了现代教育的范畴，促使武术在价值取向、运动训练思路、教法、表演以及竞赛方式上都向着科学化与规范化的方向挺进，使传统中华武术逐渐适应现代社会的变化过程并向现代化迈进。

中央国术馆还聘请各派武术专家，汇聚一堂，相互交流研讨，对有价值的东西，进行挖掘，用科学的方法进行整理，将各派精华，融化于一炉，编出统一的新武术教材向全国推广。[138]在国术馆的教材中，许多拳术方面的理论、图解，经过整理编成书籍，图文并茂。书内插图，多半请专家表演，每场拍下分镜头，再制版印刷[139]。这些材料对于研究武术的发展与训练，有着不可低估的作用。

1936年8月，第11届奥运会在德国柏林举行。为促进国术与国际体育的融通结合，张之江提出：组建一支国术队随中国体育代表团赴欧表演。这一建议得到了当时中国奥委会同意,并决定由他亲自担任选拔委员会委员,选出张文广、温敬铭、郑怀贤、金石生、翟涟源(女)、傅淑云(女)、刘玉华(女)等人,在团长王正廷率领下乘邮轮"康脱尔罗素"号赴柏林。先在汉堡表演了两场,受到市民们的热烈欢迎。此后又在柏林兴登堡体育场举行了正式表演,表演项目有太极操、各种拳术的单练和对练、器械飞叉等共20项。特别是傅淑云表演的达摩剑,舞得出神入化,如银龙缠身,劈、刺、挑、剁急如闪电,连在场的纳粹元首希特勒也站起来鼓掌久久不停,并让国家摄影团专为傅淑云的表演摄制了纪录片。在接见我国术队员时,还连连称赞中国武术周身运动的美妙。离开柏林时,奥运会组委向队员们赠送了纪念奖章,并托队员转赠给张之江馆长一枚金盾奖章。[140]

4. 改革国术,使之普及化

早在1928年张之江就提出了国术普及化问题。在国民政府教育部召开的全国教育会议上,张之江就国术普及提出议案:请令全国学校定国术为体育主课案。他指出:

> 现全国学校体操,多采欧美式训练,既未尽合国情,尤多不切实用,较诸国术,实有天渊之别。盖强国之本,在于强种,强种之本,在于强身,而强身之本,要以国术为唯一方针。且溯我国国术之发明,每多出于道家,不仅锻炼体魄,且能增进道德。体德二育,兼包在内,尤足以助青年之发展。丞应订国术为主课,而参以他国体育,如此两美并收,为效颇巨。况强邻环伺,倭入更暴,岌岌不可终日,为御侮雪耻计,提倡国术,更不得视为缓图。学生而外,民众体育,亦应以此为基本训练。除列为各级学校正课外,更力求普及于全国民众。入而仕农咸能吃苦耐劳,出时充兵,更可冲锋陷阵;不及十年,种族强大,胜算

可操,一旦国家有事,二百万健儿可立召集,何侮不御,何耻不雪。再此技为我国特长,邻邦仿效,犹知辗转传习,我国舍田耕田,竟置固有技术于不问,国弱不振,此为一大原因。[141]

张之江提议定国术为全国体育主课的目的是将国术在学校普及,在此基础上,将国术推向社会,尤其是广大的农村,使全民习武,全民皆兵,强种强国。正如他所说:

> 国民革命,首先唤起民众;我们要承认武器是有限的,惟有国术这件宝贝,只能普及于民众,力量异常伟大。所以真正要唤起民众,要国民革命成功,便要普及国术。[142]

出于强国强种、自卫卫国的目的,张之江提倡将武术的普及从学校推广到社会,以及农村,形成全民习武,全民皆兵。这是他对近代中国的"体育救国"思想的继承和发展。

1931年,张之江继续提倡国术普及化。他在国民会议中提案,请审定国术为国操,推行全国学校暨陆海空、省警民团实行普及,以图精神建设,达强种救国案。他提出:"精神建设以图自强";将国术"普及全民定为国操";"扩充师资统一教材";并提出具体的措施:

> 凡国内学校,以及陆、海、空军、省警民团,应将国术训练列为必修课程,定为国操。其各省县市公共体育场,应仿照首都体育之办法,酌量割出一部,建为国术场与各项体育并重。而以考察之权授之于中央暨各省市团国术馆,故欲求普及全民众国术化之口号实现必待[143]。

中央国术馆为了把国术普及到全国民族当中,号召各省、市、县皆成立国术馆,馆长由各省主席、市、县长担任,副馆长由武术名家担任,这样以国家行政权力的命令下发,对于国术发扬光大起到推波助澜的作用。各省最先创立的国术馆为湖南省国术馆,随后有江苏省、浙江省、安徽省、河北省等相继把国术馆建立起来。"国术国考",全称"全国国术考试",这是中央国术馆的首创。仿旧时武科考试(童试、乡试、会试),设县考、省(市)考、国考;仿武科外场(试武)、内场(试文),设术科和学科两门考试,用以考评习武者技能学识,区别等次。按规定各级国术考试每年举行一次,但实际只举行过两次全国国术考试。中央国术馆在南京两次成功组织领导了"国术国考",大胆借鉴了西方现代体育的比赛方法,制定和实践了武术拳械单练与对搏的竞赛规则,选拔了优秀人才,一改武术在人们印象中传统竞赛的形式,在一定程度上使传统武术向现代体育演进迈出了可喜的一步。

(三)张之江体育思想的评价

张之江既是一位功勋卓著的爱国将领,又是一位名扬中外的武术活动家,对中国武术的发展做出了重大贡献。张之江认为提倡国术的目的在健身、卫国、强国强种。因此,他利用其在行政部门的力量,极力促进国术行政组织扩大化,并积极推广国术运动。他通过建立国术馆打破了传统武术的门户之见,将各门各派武术聚集在一起,共谋发展和进步,这在中国武术史上是史无前例的。通过举行考试,研究整理武术典籍,开展对外宣传和交流等工作,有力推动了中国武术的改革和发展,对近代中国武术和传统体育的保存与发展作出了重要贡献。张之江所创建的国术馆系统是中国历史上首次由政府对武术加以统一管理的尝试。国术馆的建立使武术首次纳入了政府的管理范围,从而有利于传统武术的改造和发展,并向规范化、科学化、普及化、国际化迈进。

　　张之江强调国术的是强身健体、防身自卫、强种强国的价值和功能。在抗战时期,他更强调弘扬中华民族的文化以增强民族的自信心和凝聚力,亦可以振奋民族精神,达到杀敌御寇的目的。他将国术作为救亡图存、强民强国的重要工具,充分体现了其国术救国的体育思想。张之江对中国近代体育思想的主要贡献,第一是他关于民族体育规范化、科学化、国际化、普及化的思想;第二是他强调泛学博通,提倡"术德并重,文武兼修"的思想。两方面的贡献有力地推动了对中国武术的普及和发展,对国术能够成为近代体育的组成部分亦起到积极的推动作用。张之江体育思想使我国武术文化从颓靡走向振兴,从渐被淘汰走向普及,从中国走向世界。

第三节　新民主主义体育思想

　　新民主主义体育源于五四运动以后,以陈独秀、李大钊为代表的一批最先接受马克思主义的思想家、革命家,将科学社会主义的思想引入中国,随之而来的在中国又掀起了新民主主义革命运动。他们逐步用马克思主义的立场、观点和方法来思考中国问题。开始把体育运动作为整个社会改造运动的组成部分来思考,对体育的性质和任务也就有了新的认识。由于以蒋介石为首的国民党发动了四一二反革命政变,中国共产党以武装革命创建了井冈山革命根据地。在共产党的英明领导下,在中国近代体育思想的深入发展时期里,新民主主义体育思想在井冈山革命根据地和解放区得到蓬勃的发展。

一、革命和战争时期毛泽东体育思想

　　毛泽东(1893—1976年),字润芝。湖南省湘潭县韶山人。

1914年,毛泽东考入湖南第一师范学校学习。1921年7月代表湖南共产主义小组出席中国共产党第一次全国代表大会。1927年8月与湖南省委一起领导湘赣边界的秋收起义。1927年10月率领起义部队上井冈山,发动土地革命,创建中国第一块农村革命根据地。1928年4月毛泽东与朱德、陈毅领导的起义部队会师,成立工农革命军。从此,以毛泽东为主要代表的中国共产党人,开创了以农村包围城市、最后夺取城市和全国政权的道路。毛泽东是中国最主要的马克思主义革命家、思想家和理论家,中国共产党、中国人民解放军的创始人。[144]他从辩证唯物论和历史唯物论的高度,深刻揭示了体育的强国、强民功能和价值,为新中国体育思想的形成奠定了基础。

(一)革命和战争时期毛泽东体育思想产生的历史背景

在五四新文化运动中,有关身心协调发展;德、智、体全面发展;身体各部均衡发展符合现代自然科学和教育理论等等的体育观点得到广泛的传播。这期间,毛泽东接受了民主与科学的体育观,并于1917年在当时很有影响的《新青年》杂志上发表了《体育之研究》论文。毛泽东就体育的本质、目的、作用及其与德育、智育的关系等基本问题做了全面而深刻的论述,并对体育实践中的各种不良倾向做了分析批评,提出了富有时代性和创造性的体育观点。这些观点在其以后领导中国人民进行反帝反封建的伟大斗争中进一步完善和发展。为中国新民主主义革命体育思想的形成和发展奠定了基础。

苏联十月革命胜利,给中国先进民主主义者带来希望曙光,以李大钊、陈独秀为代表的启蒙思想家接受马克思主义,并逐步用马克思主义的立场、观点和方法来思考中国问题。他们开始把体育运动作为整个社会改造运动的组成部分来思考,对体育的性质和任务也就有了新的认识。1918 年 8 月毛泽东离开湖南去北京,在这里接触到许多的新思想,他开始认识并接受马克思主义的唯物史观、阶级斗争和无产阶级专政学说,在政治上开始脱离小资产阶级民主改良主义而转向共产主义。世界观发生转变,促使毛泽东最终抛弃了社会改良主义,于 1920 年底和 1921 年初,初步找到了对中国社会进行根本改造的理论武器——马克思列宁主义。马列主义成为中国新文化的指导思想,改变了中国新文化发展的方向,即由资产阶级领导的旧民主主义文化向无产阶级领导的新民主主义文化转变,由西方转向俄国。毛泽东的文化价值取向的转变,代表着毛泽东一代有志救国救民的先进分子的共同选择。这是中国近代以来的第二次文化选择。

1927 年,以蒋介石为首的国民党,发动了屠杀共产党人的四一二反革命政变。为了挽救革命,中国共产党发动并领导了南昌起义,秋收起义,广州起义,开始了第二次国内革命战争,创建了中国工农红军,开辟了以江西瑞金为中心的红色革命根据地。在瑞金中央苏区及后来以延安为中心的陕甘宁边区的体育工作中,毛泽东将体育同中国革命事业联系起来,提出了体育为民族的解放和人民革命的政治和军事斗争服务的主张。

(二) 革命和战争时期毛泽东体育思想的内容

1. 开展体育运动,提高人民的体质

早在五四运动中,毛泽东就看到人民群众的巨大力量,其群众史观初步显现。他在《释疑》中说:

> 以后的政治法律,不装在穿长衣的先生们的脑子里,而装在工人们农人们的脑子里。他们对于政治,要怎么办就怎么

办。他们对于法律,要怎么定就怎么定。[145]

在延安建立革命根据地后,毛泽东根据革命形式和根据地建设需要提出苏维埃文化教育的总方针:

> 在于以共产主义的精神来教育广大劳苦民众,在于使教育为革命战争与阶级斗争服务,在于使教育与劳动联系起来,在于使广大中国民众都成为享受文明幸福的人。[146]

从中指明苏区的体育发展方向是养成工农群众的集体精神与强健体格,适应阶级斗争需要,为锻炼工农阶级铁的筋骨、战胜一切敌人服务。并通过有关政令中规定"体育运动,应在工农群众中去开展,发动群众经常做各种运动,特别是做关于战争需要的运动,如跳高、跳远、赛跑、游泳等运动,强身健体,锻炼在革命战争中所需要的技能"。[147]这个决议集中表达了这一时期体育工作的任务及遵循的原则,指出体育工作方向和目标。

1933 年 12 月 14 日,在湘赣省文化教育建设决议草案中提道:

> 提倡群众的赤色体育运动与卫生防疫运动,对于发展革命战争和文化教育建设有密切的联系。政府应积极提倡公共体育场及运动器具,举办赤色体育竞赛,特别要发动广大群众来参加,强健群众的身体,养成群众集体的娱乐生活。[148]

从中也可以看出体育工作的任务与遵循的原则。在毛泽东的关怀下,人民大众广泛参与的以军事体育为特色的体育活动在苏区迅速的开展起来。1933 年,《青年实话》"少共中央篮球队三战皆捷"的报道中,不仅有声有色地描述了体育比赛的热烈场面和气氛,而且还高度概括了苏区体育蒸蒸日上、蓬勃发展的情况:"在苏区内,体育运动是一天天地向前开展着。红色的体育健儿,一天

天的多起来了。在江西,在福建,在前线,在后方,到处都在举行体
育比赛,发展红色体育运动。"[149]这是苏区体育活动的真实写照。

　　1934 年 1 月,毛泽东同志在全国第二次苏维埃代表大会的报
告中总结当时苏区体育活动时,对于苏区群众体育的发展给予了
充分肯定。他说:"群众的红色体育运动,也是迅速发展的,现虽
偏僻乡村中也有了田径赛,而运动场则在许多地方都设备了。"[150]
抗日战争时期,在发展教育的同时,根据地党中央领导大力提倡体
育运动,在八一抗战动员运动大会闭幕会上毛泽东指出:

　　　　运动大会精神很好,此为边区第一次,我们应该把运动大
　　会精神发扬到全苏区去,发扬到每个人民中去,因为我们体育
　　运动应该是大家的,现在日本帝国主义打起来了,我们要唤起
　　民众坚决打日本,坚决抗战是要每个人民参加的,正好像体育
　　运动也要大家参加一样,大家努力,学习军事体育来武装我们
　　的手足。同时更要学习政治来武装我们的头脑,希望大家
　　把这一大会的精神带到各个地方各个部队中去。[151]

号召开展了包括体育运动在内的"各种运动"来提高边区军民的
文化水平和民族自觉思想。在民族危亡的关键时刻,体育运动
肩负起了它应有的历史使命,具有鲜明的时代特色。

　　在毛泽东体育思想的指引下,解放区的体育运动获得了迅速
的发展,出现了中国历史上从未有过的由人民大众广泛参与的特
点,表现了边区体育的人民性的特征。这种人民性的特征,在
1937 年 5 月 21 日苏区体委决定八一举行全苏区运动会的通知中
就有所体现:

　　　　大会的任务是发展苏区与红军的体育运动,健强我们每
　　个人民的身体,是提高文化,增强国防力量,准备对日抗战中

极重要的任务。关于大会的目的是把体育运动成为广大群众的运动,使每个工人、农民、学生、红军指战员、青年、成人、儿童、妇女都能在工余时间到运动场上活动,真正使每个苏区人民更加有活泼、愉快、健康的身体。[152]

毛泽东在党的代表大会报告中,在兴国调查的文章中和有关指示、文稿里,都极力肯定了"群众的红色体育运动"。红色的体育运动也以简单、广泛、实用、实效的特点在苏区军民中广泛的开展起来。在苏区以及后来的根据地,从参加体育活动的成员看,工农大众不仅成为体育的主要对象,而且已经成为体育的主人。

2. 体育为革命战争服务

在土地革命战争、抗日战争、解放战争中,毛泽东始终认为体育必须为革命战争服务。1927 年,毛泽东在苏区对红军战士指出:"你们要加强训练,打好野操(野外操练)。要锻炼好身体,才能打敌人。"[153] 他始终把体育作为训练战士身体素质的重要手段。1929 年,毛泽东在《中国共产党红军第四军第九次代表大会决议案》中指出:"士兵会的娱乐工作内容'1、捉迷藏等;2、打足球;3、音乐;4、武术;5、花鼓调;6、旧剧'。"[154] 从中可以看出他将体育作为丰富部队的娱乐手段。1946 年毛泽东在解放区工作的方针中强调:"应利用作战间隙着重练兵。不论野战军、地方军、民兵,都是如此。练兵项目,仍以提高射击、刺杀、投弹等项技术程度为主,提高战术程度为辅,特别着重于练习夜战。"[155] 毛泽东将当时的体育运动和军事斗争紧密结合在一起,其目的是为了增强士兵军事斗争的体能和技能,特别强调提高士兵的军事技术,为解放战争服务。因此,必须发展体育运动,锻炼战士强而有力的身体,同时丰富士兵文化生活。

在抗日战争这个大的历史背景下,边区体育不仅仅是为了增强全民体魄而进行的体育锻炼,更重要的是为了提高军事技能、为全面备战民族战争而进行的体育锻炼。毛泽东多次强调抗日根据地的体育应起到为抗日战争服务的作用。1937 年 8 月，毛泽东在全苏区八一抗战动员运动大会开幕式上讲道："我们现在只有一个方针，这个方针就是坚决打击日本！立即动员全国民众、工农商学兵、各党各派各阶层，一致联合起来，与日本帝国主义作殊死的斗争！这是民族独立与自由的不二方针。我们今天举行这个抗战动员的运动大会，就是向着这个方针迈进。我们这个运动大会，不仅是运动竞赛，而且要为抗战动员起来。"[156]因此，尤须要有体育运动以锻炼我们的身躯。

1942 年 10 月，毛泽东在南泥湾兴华农场所指出：

> 我们共产党，八路军的体育工作是一种新型的体育工作，它的目的和方法都和过去的体育工作不同。我们的体育工作是为无产阶级服务的。[158]

那就是使体育在锻炼好革命人民的体魄，增强人民体质的同时，为政治服务。抗日战争时期又进一步指示部队"我们的军队是很需要体育的"。1942 年毛泽东为延安首届体育节题词"锻炼体魄，好打日本"，发出了为祖国、为革命而锻炼身体的伟大号召。毛泽东清醒地认识到，部队的战斗力与士兵体质的强弱、与人民体质的强弱有着直接的联系，而增强人民体质的有效途径就是开展群众性的体育活动，从而使体育运动作为一种全民性运动得以广泛开展。同时也指明了体育运动为当时的民族解放战争直接服务的正确方向。这一指导思想便成为了陕甘宁边区体育的主要目标，边区的广大机关干部、战士、学生把体育运动当作一项重要的革命工作来做。毛泽东指明了体育运动为当时的民族战争直接服务的正确方向。在提倡增进体质发展的同时，将体育锻炼的目的直接与当时的政治使命结合,对于造就人具有坚定正确的政治信念起到了促进作用。

(三)革命和战争时期毛泽东体育思想评价

毛泽东的体育思想是毛泽东思想的重要组成部分,他的体育思想是对中国革命现状与革命道路不断探索与反思的结果。在新民主主义革命时期,科学社会主义理论使毛泽东能够从社会变革的角度认识体育的地位和作用,毛泽东开始把体育运动作为整个社会改造运动的组成部分来思考,对体育的目的和目标也就有了新的认识,在毛泽东看来,近代中国首先要解决的是一个民贫体弱的问题,而体育强身健体的功能可以成为变化民质的手段。体育的功能通过作用于个体,从而间接的作用于社会。这就使他不仅能从自然科学的角度,而且能够依据社会发展的现状去把握中国体育,从而提出真正适合中国国情的体育发展方针、目标和任务。新民主主义体育必须为革命斗争服务,必须为普遍提高劳动者的身体素质服务。体现了毛泽东体育思想的基本特征,人民性、革命性、科学性。所以毛泽东强调体育为增强战士的体质服务,为争取战争的胜利服务。在提倡增进体质的同时,将体育锻炼的目的直接与当时的政治使命结合,而其思想的最高境界是服务于民族与国家的整体利益。革命和战争时期毛泽东体育思想为新中国体育发展,在制定方针、政策方面积累了经验。

二、朱德的体育思想

朱德(1886—1976 年),原名代珍,字玉阶,出生于四川省仪陇县。1907 年朱德到成都考入了四川高等学堂附设体育学堂,并且以各科优异的成绩,顺利地完成学业。1908 年朱德应聘到仪陇县高等小学堂任体育教员。他想通过教育实现救国,立志用体育来改变国民的体质。严酷的事实使朱德深感此路行不通。在孙中山民主革命思想的影响下,朱德决心投身军界,以武力来拯救灾难深重的中国。他考入了云南陆军讲武堂。在讲武堂,朱德加入了孙中山先生领导的同盟会。走上武装推翻清王朝的道路。经历了辛亥革命及其以后的讨袁战争、护国战争、护法战争的失败,朱德对资产阶级民主革命所抱的希望开始破灭。

"五四"运动爆发后,马克思主义在中国得到广泛的传播,朱德此时思想有了新的转变,朱德说:"中国革命继续向前发展,我的思想也继续向前发展。当我发现了中国革命的正确道路时,我便加入了中国共产党。"[159]1922 年朱德来到了德国,为他学习马列主义理论提供了良好的环境。1925 年 7 月朱德由柏林前往苏联。在莫斯科,朱德比较系统地学习了辩证唯物论、政治经济学、军事学等,朱德的马列主义理论水平得到进一步的提高。1926 年 7 月朱德回到中国。

1928 年 4 月,朱德与毛泽东在井冈山会师,创造了中国人民的军队,建立了人民革命的根据地。1931 年中华苏维埃共和国临时中央政府成立,任中央革命军事委员会主席。抗日战争爆发后,任八路军总指挥。解放战争时期,任中国人民解放军总司令。

朱德同志是一位杰出的无产阶级革命家、政治家、军事家,中国人民解放军的主要缔造者之一,中华人民共和国的开国元勋,是以毛泽东为核心的党的第一代中央领导集体的重要成员。同时也是一位卓越的体育家。

(一)朱德体育思想的内容

1. 使体育运动普及到军民间,造成风气,养成习惯,经常进行

由于苏区生活十分艰苦,朱德对军民的身体健康尤为关心,他

强调要从实际出发,加紧开展军事训练和体育活动,提高军事技术,增强部队的战斗力,做好战争准备。在一次军事体育比赛的总结中,朱总司令指出:"今天的军事体育比赛,是有相当的成绩,但是还不够的很啊!你们好的更要帮助落后的,革命的比赛是要把落后的赶到先进的水平线上来。你们要加紧学习军事,提高政治文化水平,巩固与扩大一百万铁的红军,来与敌人做更大的决斗。"[160]说明了苏区体育竞赛是用来提高部队的战斗力的手段。同时指明了苏区的体育运动的目的是为了锻炼体魄,增强体质,为战争服务并活跃军民文化生活。

1940年5月,朱德从抗日前线回到延安协助毛泽东主持党中央工作。朱德对延安的体育工作特别关注,他不但亲自参加体育领导工作,还亲自组织体育比赛,特别是篮球、排球赛,并经常和群众一起参加篮球、排球赛。1942年1月25日,在延安军人俱乐部成立了延安新体育学会,朱德同志被推选为新体育学会的名誉会长。朱德亲自参加了会议并做出指示:"中国体育运动尚未十分开展,尤其在延安,过去没有注意提倡。今后各机关、学校、部队要有组织有计划地注意推行。机关、学校以体操为主,球类、器械为辅,部队则应建立正规的器械运动。发动各种体育比赛,提倡跳舞、狩猎、游泳等,并把体育与卫生密切联系起来。"[161]为体育运动的发展指明了方向。

为了进一步的推动民众体育活动的开展,并希望民众体育的活动,能够随着"运动大会"的召开而蓬勃地发展起来,朱德与贺龙等16位同志在延安发起举办九一扩大运动会。立即得到延安各界的热烈响应与支持,同时掀起了群众性体育运动热潮。由朱德总司令发起筹备了九一运动大会,这也是延安第一次召开的最大规模的运动会,朱总司令任筹备会长。大会于1942年9月1

日,在延安北门外青年运动场隆重召开。在九一扩大运动会开幕会上,朱德指出:"我们运动会的目的是:第一,看各机关部队的体育运动发动了没有;第二,看看操练得怎样;第三,相互学习,更加普遍地开展体育运动。"[162]他把开展体育运动竞赛作为增强军民体魄和夺取革命胜利的重要手段。希望各机关、部队、学校通过运动会的推动,把运动变为普遍与经常。要求运动选手,应以身作则,将身体锻炼好,为大家做榜样。朱德不仅要求积极开展体育活动,而且自己身体力行,经常参加体育活动,以此带动群众性体育活动的开展。

朱德同志还为延安《解放日报》撰写了《祝九月运动大会》的代社论,他在代论中指出:"从华北我军与敌人的作战中,使我深深感觉我们在体力上是逊于日本很多的。回到后方,看见机关学校办事人员文弱多病,动作迟缓,精神不振的样子,这种感觉更加强烈。用这种体力去和敌人竞争,不论在战场上、在工作中,或在学习中,我们都要吃亏一着的。因为无论在生产或打仗上,我们都是技术装备落后的国家,在与敌人长期斗争中取胜,所赖于比敌人更能动手动脚,十倍百倍的勤快耐劳者实多。"[163]深刻论述了开展体育运动的重要意义。

朱德又提出改进的方法,他说:

改进我们军民的体力,应从两方面着手,一即改善军民生活,丰富军民给养;二即普及运动和卫生保健知识。前者我们已经努力在做,并获得了显著的成绩。

朱德在肯定成绩的同时,又指出了不足。他说:

在普及体育运动和卫生保健知识方面,我们的成绩还很小。有些人的头脑中还存在着重文轻武,鄙视体育的旧观念。

文弱之风还在猖獗。

因此,他提倡:

> 我们一定要把这种风气转移过来,只有变文弱为雄武。军强文壮,才好打仗办事,力任艰巨;而文弱之风如继续存在,不论在个人或在集团,都只有处处挨打,处处落后的份儿。[164]

再次强调普及运动和卫生保健知识对革命和战争的意义和作用。他号召青年"不但要以近代科学的丰富知识来充实自己,而且要培养成健全强盛的体魄,把自己锻炼成坚强结实的一代,来担负抗战建国的艰巨事业"。强调体育为抗日战争服务。

朱德进一步指出:

> 体育运动,这是一件移风易俗的大事,我希望我们各级军政首长,加以重视和提倡;我希望社会人士,予以响应和推动。特别希望各地的体育工作者,排除人们的鄙视和阻碍,专心于自己的事业,适时适地地提倡各种体育运动的形式,如军事体操、柔软体操、器械操、民间舞蹈、拳术、打球、赛跑、赛马、游泳,务求使之普及到军民中间,造成风气,养成习惯,经常进行。[165]

在朱德同志的倡导下,革命根据地的体育运动得到了广泛的发展。

2. 体育运动的发展方向应着重于军事方面

朱德在《军事教育必须从实际出发》一文中指出:

> 为了搞好部队的技术学习,尚有二事是需要举办的:其一,为开展军事体育运动,锻炼体力,养成尚武精神的问题;其二,是在部队中有计划地开展教育战线上练兵运动的问题,如以连或团为单位,选择几个最好的射击手、投弹手、刺杀手,作

为大家学习的标准,名称叫"神枪手"、"贺龙投弹手"等,对这些人,部队中应该有计划的培养、教育、奖励、提拔他们,务使大家觉得学好一门技术是无上的光荣,因而自愿的向这些人学习看齐,造成竞技之风。[166]

从而指明了在军队中开展体育运动的重大意义。

1942年8月31日,在九一运动大会的前夕,朱德亲自参加了各领队会,在会上他强调指出:

> 我们运动的目的,在强健身体,以及提高技术两项。所谓提高技术,并非狭义的仅作球艺而论,而是说,在使身体强健过程中,创造出许多办法,而为将来训练大批军事技术人才准备。[167]

进一步指明体育运动发展的方向。朱总司令在九一运动大会上致开幕词,他指出了运动会的目的意义"把身体锻炼好,是为了参加战斗……"。准备战斗,这是我们运动大会头等重要的意义。他特别强调将来运动的发展方向"应着重于军事方面,特别是器械操,把许多的人,都锻炼成为坚强的人。现在大多数同志,论政治、文化都已具备相当进步水平,所缺者为健全体格"。[168]强调将来运动发展的方向,以便"把许多人都锻炼成为坚强的人",具有"健全体格"的人。

对于如何开展军事训练,朱德做了进一步的说明,朱德认为,体力训练能有效地运用自己的武器和克服战斗情况不利因素的影响,能保证军事技能的形成。他说:"如果你体力不好,再有勇气,再勇敢,也是空的。"并说"体力这个东西是练得出来的,就是很文雅的知识分子,只要练也可以练出来。"[169]用什么办法练体力呢?他认为首先是体操(徒手体操、军事体操、持枪体操、器械体操)、跳高、跳远。愈动体力愈好,体力愈好愈爱动,这样就愈练愈好。开始练的时候会痛,休息三天五天,然后再练。痛的时候正是长体力的时候,不要怕痛就不干了,痛了还是坚持练,包你以后就不痛了。吃点苦有什么了不起。经常练下去体力就会加强,大家懂得了这个道理就不怕痛了,就愿意去练了。我们打仗拿枪杆子,体力要周身发展均匀,吊杠子是很好的训练。体力发展均匀了,要怎样用就怎样用。日本练兵的方法有些我们要学。他们先搞一个月的体操,各种体操都搞,这一个月都是练体力。六个月的练兵是很有作用的。体力搞好了,拿枪就稳了,爬山、跑散兵都行,这也就是技术。[170]

(二)朱德体育思想评价

朱德青年时期读过体育学堂,做过体育教师,使朱德对体育的功能和价值有更深刻的认识,他把体育运动看成是一件移风易俗的大事,号召全边区的人们重视和提倡。在新民主主义革命时期,朱德用马克思主义体育观总结新民主主义体育的经验,认识到新民主主义体育应以工农大众为主要对象,并以维护其体育的利益为出发点。他提倡各机关、学校、部队,还应有组织、有计划地进一步开展体育运动,举办各种体育比赛,并把体育与卫生紧密结合起来,走体育普及化、经常化之路,这是他对民主体育思想的继承和发展。为了争取革命战争的胜利。朱德在提倡增进体质发展的同时,将体育锻炼的目的直接与当时的政治使命结合,提出体育运动的发展方向应着重于军事方面,走体育军事化、普及化、经常化之路。他的体育思想为中华人民共和国体育思想的产生和发展,奠定了良好的基础。

中国近代体育思想深入发展时期

流派	代表人物	思想内容		核心思想
		针对的问题	主要观点	
自然体育思想	郝更生	体育发展战略和目标;体育的本质、功能	体育实为普遍培养国民一般健全而有效率之体能,在百年大计之教育过程中,确系一种最基本之工作;	体育教育化
			体育必须担负起救国的使命;	
			以"分工合作"为原则,推进中国体育发展;	
	马约翰	体育属性、功能和价值;体育目标	体育是学校教育不可或缺的重要部分;	体育教育化
			体育运动的价值,可以迁移并影响社会;	
			坚持普及与提高相结合;	
	吴蕴瑞	体育的本质、功能;体育发展的方向	体育的本质目的在于教育人;	体育教育化
			体育学术化;体育普及化;	
			坚持洋土体育融合互用;	
	方万邦	体育属性、本质、功能;体育发展的方向	提倡教育化、普及化、游戏化、生活化、科学化、自然化的体育;	体育教育化
民族体育思想	张之江	体育的功能、价值;体育发展的方向和目标	练习武术是强身健体、防身自卫、保护国家的有效途径;	体育救国
			术德并重,文武兼修;	
			改革国术,使之普及化、规范化、科学化、国际化;	
	程登科	体育的功能和价值;体育发展的方向和目标	体育军事化是改造国民性,复兴民族的最佳途径;	体育军事化
			用军警权力以辅助民众体育使体育全民化;	

（续表）

流派	代表人物	思想内容		核心思想
		针对的问题	主要观点	
新民主体育思想	毛泽东	体育功能和价值；体育的发展任务、方向	开展体育运动，提高人民体质；	体育为人民服务
			体育为革命战争服务；	
	朱德	体育功能和价值；体育发展方向和目标	运动的目的在强健身体，提高技术两项；	体育为人民服务
			体育与卫生紧密结合，走普及化、经常化、军事化之路；	

小　结

在中国近代体育思想深入发展时期，中国近代体育思想形成了一个以自然主义体育教育思想为主，以西洋体育与国粹体育相互排斥，相互融合，民族体育与自然主义体育竞相发展，以新民主主义体育为重要补充的新格局。

自然主义体育教育思想的代表人物吴蕴瑞、方万邦等人将体育定位在教育，强调体育是透过身体的教育，体育的本质是教育的一环，教育目的即体育目的。体育是发展本能的活动，利用自然的体育环境，激发学生本性的反应，从而进行人格教育。利用团体合作的竞赛活动，培养合作奋斗等精神，进而使学生习得他们在社会所需要的价值观。体育是人类生活的经验和习惯，体育即生活。自然体育学派主张体育教育化、学术化、普及化、生活化、个性化、游戏化。并作为核心观点，不断深化，不断完善。自然主义体育思想在中国的传播和发展，为中国近代体育思想的终结，画上了一个比较圆满的句号，同时为中国现代体育思想的产生、发展，奠定了良好的思想基础。

以张之江等为代表的国粹主义体育思想的精华在于国术可以强身健体、防身自卫、强国强种。在抗战时期，弘扬中华民族的文化，以增强民族的自信心和凝聚力，亦可以振奋民族精神，达到杀敌御寇的目的。其特征表现为民族性、实用性、平民性。

程登科强调在 20 世纪弱肉强食的时代，体育的目的应为国家的强盛，民族的生存而努力，必须将体育建立在组织化、纪律化的方式上，训练青年具有坚强的意志，健全高尚的人格，强壮的身体，完全为国家民族前途着想。作为既能强身健体、凝聚民族精神，又能提高军事技能的体育，应当成为民族振兴的工具。民族体育思想是以民族为本位，极具时代性、平民性、纪律性的特征。

以毛泽东、朱德为主要代表人物的新民主主义体育更强调体育的社会属性和社会价值，并认为新民主主义体育是以工农大众为主体，并以维护其体育利益为出发点，体育可以锻炼体魄，增强体质，为抗日战争和解放战争服务，为无产阶级的政治路线服务，并活跃军民文化生活，充分体现出体育的人民性、革命性、科学性的特征。他们主张体育要军事化、大众化和经常化、民族化。他们的体育思想为新中国体育发展，在制定方针、政策方面，以及组织管理方面积累了经验。

上述四种体育思想，各有所长，各有所侧重，但又有如下共同特征：其一，丰富和发展了中国近代体育思想对体育本质、特征、功能、实质的认识；其二，丰富和发展了中国近代体育思想对体育形式的认识；其三，丰富和发展了中国近代体育思想与体育实践的密切联系；其四，实现了中国近代体育思想主体从政治家、革命家、思想家为主到以教育家、体育家的全面转变，从而使中国近代体育思想的传承和演变，达到了一个前所未有的高峰，也同时为中国现代体育思想的产生、发展,奠定了坚实的思想基础和实践基础。

注　释

1　汤铭新:《我国参加奥运会沧桑史》,中华台北奥林匹克委员会,1999 年,第 94 页。

2　郝更生:《心酸话留美——我学体育的经过》,《革命人物志第二十二集》,中央文物供应社,1977 年,第 191 页。

3　周恃天:《西洋体育史》,黎明文化事业股份有限公司,1971 年,第 512 页。

4　5　郝更生:《为体育教学进一解》,《教与学月刊》,1940 年,第 3 期。

6　沈嗣良:《第十届世界运动会》,勤奋书局,1932 年,第 2 页。

7　8　10　20　《抗战时期陪都体育史料》,重庆出版社,1989 年,第 277、278、277—278、279 页。

9　11　12　13　郝更生:《反攻胜利之体育训练》,《国防周报》,1942 年,第 4—6 期。

14　21　23　24　25　黄季陆:《革命文献第 55 辑抗战前教育概括与检讨》,中央文物供应社,1971 年,第 559、556—557、587、590 页。

15　17　18　19　郝更生:《我国体育今后在分工合作原则下进展的动向》,《体育季刊》,1935 年,第 1 期。

16　《中国近代体育史资料》,四川教育出版社,1988 年,第 119 页。

22　郝更生:《对于本届全国运动大会之最低希望》,1933 年 10 月 11 日《申报》。

26　郝更生:《本届全运会筹备经过及其意义》,《世界月刊》,1948 年,第 2 期。

27　郝更生:《我们今后的责任》,《中华体育》,1945 年,第 1 期。

28　维之:《心身关系研究的困境与出路》,《南通大学学报》(社会科学版),2009 年,第 3 期。

29　毕明军:《身心观与体育运动》,山东师范大学硕士论文,2006 年,第 4 页。

30　31　33　吴蕴瑞:《吴蕴瑞文集》,黑龙江科学技术出版社,2006 年,第 47、48—49、48 页。

32　47　吴蕴瑞、袁敦礼:《体育原理》,上海勤奋书局,1933 年,第 115、136 页。

34　吴蕴瑞:《国立中央大学体育概况》,《体育杂志》,1929 年,第 1 期。

35　姚颂平、肖焕禹:《身心一统和谐发展》,《上海体育学院学报》,2005 年,第 5 期。

36　麦克乐:《科学方法和体育教育的关系》,《体育季刊》,1922 年,第 1 期。

37　吴蕴瑞:《由物理方面观察的体育》,《科学的中国》,1933 年,第 2 期。

38　吴蕴瑞：《五十米及百米之裁判法及其心理学上之根据》，《体育季刊》，1933 年，第 4 期。

39　40　吴蕴瑞：《普及体育之意见》，《体育杂志》，1929 年，第 2 期。

41　吴蕴瑞：《吾国民族复兴中女子体育之重要》，《体育杂志》，1935 年，第 1 期。

42　《民国时期体育史料选编》，《江苏体育文史》，1991 年，第 3 期。

43　熊晓正、陈晋章、林登辕：《从"土洋"对立到"建设民族本位体育"》，《体育文史》，1997 年，第 4 期。

44　《今后之国民体育问题》，1932 年 8 月 7 日《大公报》。

45　《中外体育文献选集》，国际体育研究社，1970 年，第 33 页。

46　吴蕴瑞：《今后之国民体育问题之我见》，《体育周报》，1932 年，第 1 期。

48　49　吴蕴瑞：《运动学》，健行文化事业有限公司，1984 年。

50　吴蕴瑞：《体育之国界问题》，《教育丛刊》，1935 年，第 2 期。

51　谷世权：《碰撞的结果是融合》，《中国学校体育》，1999 年，第 3 期。

52　53　54　55　56　57　58　62　63　64　65　66　75　马约翰：《体育的迁移价值》，美国春田大学硕士论文，1926 年。

59　鲁牧：《体育界的一面旗帜——马约翰教授》，北京体育大学出版社，1998 年，第 80 页。

60　61　马约翰：《中国青年体育之重要》，《清华大学校刊》，1934 年，第 11 期。

67　73　马约翰：《谈谈我的体育生涯》，《职业杂志》，2001 年，第 5 期。

68　《北京体育文史》第 1 辑，内部发行，1984 年，第 90 页。

69　70　马约翰：《体育概况》，《清华周刊》，1934 年向导号。

71　许汉群：《青年人，要锻炼你们的身体》，《清华校友通讯》，1950 年，第 4 期。

72　74　马约翰：《关于进一步开展体育活动和运动员制度的谈话》，《清华周刊》，1920 年，第 11 期。

76　91　方万邦：《体育原理》，上海商务印书馆，1933 年，第 4—5、128 页。

77　78　79　80　81　85　90　92　93　94　《中国近代体育文选》，人民体育出版社，1992 年，第 249、257、250、257、248、244、250、247、247、247 页。

82　83　84　方万邦：《我主张普及体育的几个理由》，《勤奋体育月报》，1934 年，第 1 期。

86　87　88　方万邦：《儿童的游戏》，《教育杂志》，1935 年，第 12 期。

89　方万邦：《儿童的游戏》，《教育杂志》，1935(25)12:53

95　96　97　方万邦:《青年体育》,商务印书馆,1941 年,第 1、2—3、3 页。

98　方万邦:《晚近体育教育的趋势》,《教育杂志》,1935 年,第 11 期。

99　许义雄:《中国近代体育思想》,启英文化事业有限公司,1996 年,第 15 页。

100　102　程登科:《我们应否提倡中国的民族体育》,《勤奋体育月报》,1936 年,第 1 期。

101　103　104　105　108　112　113　119　120　程登科:《读方万邦先生"我国现行体育之十大问题及其解决途径"中所持对体育军事化不切实用的检讨》,《体育季刊》,1935 年,第 3 期。

106　程登科:《体育军事化的教学刍议》,《教与学》,1936 年,第 7 期。

107　110　戴伟谦:《程登科之民族体育思想》,师大书苑,1999 年,第 99、104 页。

109　程登科:《世界各国体育军事化的例证》,《教与学》,1940 年,第 3 期。

111　程登科:《怎样利用军警权力辅助民众体育使全民体育化》,《体育季刊》,1935 年,第 2 期。

114　程登科:《中国今后民众体育应有之动向》,《体育研究与通讯》,1934 年,第 1 期。

115　许义雄:《中国近代体育思想》,启英文化公司,1996 年,第 608 页。

116　117　梁启超:《新民说》,中州古籍出版社,1998 年,第 182 页。

118　方万邦:《我国现行体育之十大问题及其解决途径》,教育杂志,1935 年,第 3 期。

121　杨建英、闫民:《张之江对武术的贡献及启示》,《武术科学》,2008 年,第 4 期。

122　《黄骅市文史资料》第 3 辑,黄骅市文史委员会编,1992 年,第 50 页。

123　124　127　129　130　131　132　133　134　136　137　张之江:《张之江先生国术言论集》,中央国术馆,1931 年,第 5、6—7、8、51、74、48、50、51、84、37 页。

125　《中国近代史资料》,四川教育出版,1988 年,第 472—473 页。

126　135　张之江:《急切需要的国术救国》,《时事月报》,1933 年,第 7—12 期。

128　易周. 中央国术馆[EB/OL]. 博武网,2004 年 9 月 28 日。

138　张淑贤、闻增臣:《提倡武术壮我中华》,《武术》,1988 年,第 6 期。

139　孙文飚:《民国时期的中央国术馆》,《江苏地方志》,2008 年,第 4 期。

140　门惠丰、王建平:《张之江与中国武术》,《中华武术》,1994 年,第 6 期。

141　142　《中国近代体育议决案选编》,人民体育出版社,1990 年,第 90—91、92 页。

143　张之江:《先生国术言论集》,中央国术馆,1931 年,第 101 页。

144　王朝美、王章维:《中国革命史教学必备》,新疆人民出版社,1990 年,第 26 页。

145　毛泽东:《毛泽东早期文稿》,湖南出版社,1990 年,第 519 页。

146 147 148 150 154 160 曾飙:《苏区体育资料选编》(1929—1934),安徽省体育史编辑室,1985 年,第 3、24、25、285、27、36 页。

149 曾飙:《中央苏区体育史》,江西高校出版社,1999 年,第 128 页。

151 152 156 《陕甘宁边区体育史料》,陕西省体育文史工作委员会,1986 年,第 250、232、1 页。

153 何启君等:《中国近代体育史》,北京体育学院出版社,1989 年,第 366 页。

155 《中国近代体育史料》,四川教育出版社,1988 年,第 678 页。

157 《运动大会闭幕了》,1937 年 6 月 6 日《新中华报》。

158 谢武申、王鼎华:《共和国体育元勋》,人民体育出版社,1990 年,第 38 页。

159 166 169 170 朱德:《朱德选集》,人民出版社,1983 年,第 8、95、100、103 页。

161 162 163 164 165 168 王增明:《陕甘宁边区体育史料》,陕西省体育文史工作委员会,1986 年,第 53、324、21、21、21、320 页。

167 王增明:《陕甘宁边区体育史料》,陕西人民出版社,1990 年,第 23 页。

下篇　中国现代体育思想的传承与演变

所谓"中国现代体育思想的传承与演变",并非指中国现代 (1949年以来)存在于体育思想领域中的所有体育思想,而是指产生、发展于中华人民共和国成立之后的具有现代性质和现代价值的体育思想,即人们对现代体育的认识。因现代体育与传统体育和近代体育相对照,在内容和形式等各方面,又发生了很多的变化。存在决定意识,作为对现代体育的认识的现代体育思想,必然区别于作为对传统体育的认识的传统体育思想和作为对近代体育的认识的近代体育思想,即强调现代体育思想一定是指具有现代性质、现代价值的体育思想。这里所谓的现代性质、现代价值,一是指其关于体育的认识对于本时代体育的发展具有现代性的指导意义,能促使体育事业按照现代体育的规律去发展;二是指其关于体育的认识及其所蕴含的体育价值理念,都出自于现代的文化视角和思维方式。

当然,具有现代性质和现代意义的体育思想,与中国近代体育思想、中国传统体育思想也不是格格不入、水火不容、互不相干的,具有现代性质和现代意义体育思想在六十多年的产生与发展过程中,一方面,是伴随着对中国传统体育思想和中国近代体育思想继承和发展;另一方面,是对西方优秀体育思想的借鉴与吸收。

第 六 章

中国现代体育思想的奠定及初步发展时期

　　所谓"中国现代体育思想的奠定及初步发展时期",其涵义是:第一,时间大致界定在 1949 年 10 月中华人民共和国成立至 1966 年 4 月"文革"发动之前 17 年时间;第二,其内容界定是指具有中国现代性质的体育思想成为新中国体育事业发展的主导思想,并通过体育制度的安排、体育组织的设定和体育运动的发展来实现从理论到实践的转换。同时,面对新民主主义社会和社会主义建设初期的特定时空条件,围绕着建设"新体育"这一主题,现代体育思想得到了初步发展;第三,其主体界定是指新中国第一代领导集体,主要代表人物为毛泽东、朱德、周恩来、贺龙等。体育界官员师存统、冯文彬等。体育教育家和体育思想家徐英超、马约翰、吴蕴瑞、苏竞存、凌治镛、马启华、陈镇华、马钧、管玉姗、梁兆安等。之所以将这一时期的体育思想界定为"奠定及初步发展",理由在于:首先,建国伊始,百业待兴。新中国的体育事业同其他事业一样,在体育制度和机构、体育运动队伍方面,是一个从无到有的过程;欲构建反映和体现人民民主专政国家政权性质的新体育,首先必须从体育思想上提出和界定新体育的性质、目的,发展新体育的战略方针,奠定新体育运行和发展的思想基础。其次,奠定和发展现代体育思想,一是要对适应旧中国国体和政体的体育思想、对以美国为代表的资产阶级体育思想进行全面批判,二是要对解放区和根据地的体育思想进行继承和改造,在此基础上,体育思想者们思考更多的是,如何建设一个与新中国国体与政体相适应的社会主义新体育,社会主义体育的本质是什么,社会主义体育的功能和作用是什么,新中国体育的发展战略等等问题。再次,以毛泽东为代表的中国共产党人在中华人民共和国建立之初,适应中国社会变革的大趋势和广大人民群众的体育需求,便及时提出了新中国的体育发展任务、发展方针,为中国现代体育思想勾画出了基本的框架系统,并成为国家的主导体育思想,其内容主要是人民体育思想。中国现代体育思想的奠定,表现为人民性的体育思想在这一时期提出并得到了全面贯彻,从根本上奠定了共和国体育事业发展的思想基础,并成为贯穿着共和国 60 年的一条主线。"发展体育运动、增强人民体质"的体育思想已经成为毛泽东思想的有机组成部分,这一体育思想也为改革开放 30 年的中共第二代、第三代、第四代领导集体不断继承和发展。最后,中国现代体育思想的初步发展,表现为体育思想在政治性、统一性和单一性这三个维度中艰难行进。一方面,体育的政治性功能不断被强化,体育思想带有浓厚的政治化色彩。在新中国成立及其以后的相当长时间里,由于我国政治、经济、外交等方面面临的特殊时空环境,体育被涂上了较浓重的政治色彩、赋予了较多的政治性功能,由此而生发的体育思想也具有较多的政治倾向。对这一特殊的历史现象,做简单的对与错的评价显然是不够的。另一方面,体育思想的发展线索较为单一。新中国前 17 年的政治环境决定了体育思想的"统一性"和"单一性",大部分时间是"一个声音在说话"。1956 年 5 月的贯彻"双百"方针,曾经出现了体育思想领域的百家争鸣,但很快就被 1957 年下半年的"反右"扩大化打压下去了,可谓昙花一现。

第一节 人民体育思想

一、人民体育思想产生的历史背景

新民主主义社会国家政权的建立,是新中国成立初期人民体育思想产生的社会基础。中国人民在中国共产党的领导下,经过 28 年的艰苦卓绝的不懈奋斗,推翻了压在我们头上的帝国主义、封建主义和官僚资本主义三座大山,取得了新民主主义革命的胜利,建立了工人阶级领导的,以工农联盟为基础的人民民主专政的国家政权。这一国家政权的性质和目的是充分体现人民意志和代表人民利益的,是一切权利属于人民的和为人民服务的。与此相适应,体育事业作为新民主主义社会和未来社会主义事业的有机组成部分,其制度的构建、机构的创设和体育运动的发展方向,都必须服从和服务于为人民服务这一中心要旨。显然,作为体育事业发展的指导原则和指导方针的体育思想,自然要彰显——新中国的体育事业是人民的体育事业这一主题。"现在我们的体育事业,一定要为人民服务,要为国防和国民健康的利益服务,不但是学生,而且工人、农民、市民、军队、机关和团体都要搞体育"[1]

中国共产党在新民主主义革命时期的体育实践,是新中国成立初期人民体育思想产生的实践基础。中国共产党在领导新民主主义革命的伟大实践中,深刻地认识到,要挽救中国,条件之一就是必须增强整个民族的体质,积极开展体育运动就是强国强民的重要手段。在 28 年的革命实践中,中国共产党领导的人民军队在各个时期和各个根据地开展了轰轰烈烈的群众体育运动。土地革命斗争时期,1932 年在江西,毛泽东同志就经常教育身边的警卫战士、地方干部和儿童团员等,要他们经常参加体育锻炼,并且在毛泽东的带领下,广大干部和战士经常进行做操、跑步、爬山、骑马、游泳、踢足球、打秋千、跳高、跳远等体育运动。为了使体育运动更好地进行,他们还在瑞金的沙洲坝修建了大的运动场。1933年 5 月在苏区召开了中华苏维埃共和国第一次运动会,之后,还宣布成立中华苏维埃共和国赤色体育会,以指导苏区的群众体育。抗日战争时期,解放区在大力发展文化教育的同时,还大力提倡群众性体育运动。1942 年 9 月,在延安召开了革命战争时期规模最大的一次运动会,即著名的九一运动会。这次运动会极大地推动了陕甘宁边区群众体育运动的发展。可以说,新民主主义革命时期的群众性体育运动,不仅为新中国成立后进行新体育的建设提供了坚实的实践基础,而且也为新民主主义社会体育思想的形成提供了素材;以毛泽东同志为核心的老一辈革命家在整个新民主主义革命时期的体育实践和体育思想的不断丰富,是新中国成立初期人民体育思想产生的主体条件。新中国成立初期人民性体育思想的形成,从思想主体来说,是同以毛泽东同志为核心的第一代领导集体的体育思想和体育实践紧密相连的。毛泽东同志等老一辈革命家,不仅具有丰富的体育实践,而且也积累了较为系统的体育思想和体育理论。以毛泽东为例,1917 年,24 岁的青年毛泽东,发表了《体育之研究》的文章,阐释了较为系统的体育思想。在此后的革命实践中,毛泽东同志不断丰富和发展自己的体育思想,即运用辩证唯物主义和历史唯物主义的基本立场和观点,把提高人民的素质作为体育的核心,充分体现了体育的阶级性和人民性,使其成为毛泽东思想的有机组成部分。在老一辈革命家中，像朱德、贺龙等，他们不仅是体育运动的践行者，而且也提出了许多较有见地的体育思想，其主旨都体现了发展人民的体育事业的思想。这些都为新中国成立初期人民性体育思想提供了思想养料；对古今中外体育思想的学习和借鉴，为新中国成立初期人民体育思想的产生提供了思想源泉。从新中国成立后我国体育事业发展的情况看，老一辈革命家对体育事业的指示和指导，不仅仅是以一个政治家的身份出现的，而更多的时候是以一个体育思想家和实践家的身份出现的。这些都源于他们有较高的体育理论修养和体育实践经验，而较高的体育理论修养是同他们对古今中外体育思想的学习、吸收和借鉴分不开的。其中，最具代表性的是毛泽东同志。毛泽东同志对古今中外体育思想的学习和借鉴包括对我国传统体育文化思想、我国近现代体育文化思想和西方体育文化思想三个方面，在此基础上，运用辩证唯物主义和历史唯物主义的世界观和方法论进行了批判地吸收。

二、人民体育思想的内容

第一，人民体育思想产生的起点。1949 年 9 月 30 日召开的中国人民政治协商会议第一届全体会议通过的《中国人民政治协商会议共同纲领》，第 48 条规定就是"提倡国民体育"。关于"国民体育"的内涵，冯文彬做了概括性的阐释："为了迎接新民主主义的经济建设和文化建设的高潮，我们必须开展推动一个广泛的体育运动，以便使人民的身体健康、国防建设和新民主主义的经济和文化建设得到更有利的支持和进展。"[2] 就是说，"提倡国民体育"的宗旨是提高广大人民的健康水平，同时，通过体育运动的开展，在人民的健康水平提高的基础上，更好地推动国防、经济和文化等项建设的进程。第二,"提倡国民体育"思想建构的理论基础是毛泽东所确立的新民主主义文化。即国民体育"应有民族的特性"[3]。因为,新民主主义文化"是反对帝国主义压迫,主张中华民族的尊严与独立的"。[4]国民体育应建立在科学的基础之上。它应该而且必须崇尚科学,反对一切封建迷信,并通过体育事业的发展移风易俗,建构具有文明精神、引导人们积极向上的体育文化。国民体育"反对落后保守、狭隘宗派、互相诽谤攻击等错误以及企图把体育作为个人或少数人的工具"。[5]按照新民主主义文化是大众的文化的要求,国民体育是人民大众的体育。就是说,"新民主主义的体育是大众的。体育应该为人民服务,并逐渐成为人民自己的,要将少数人的运动改变成为国民的普及的运动;要从学校发展到工厂到部队,从城市发展到农村。从知识青年发展到劳动群众中去,到一切人民中去。"[6]第三,"提倡国民体育"思想的本质和核心是体育为人民服务。作为文化建设重要组成部分的体育文化,在新民主主义革命时期表现为大众的体育文化,进入新民主主义社会以后,则表现为人民的体育文化。即我们的体育文化是广大人民群众自己的体育文化,体育文化建设是为广大人民群众服务的。从思想基础上说,体育为人民服务思想,是毛泽东为人民服务思想在体育文化建设方面的具体体现,也是毛泽东新民主主义文化纲领在新中国成立后建设新国家的自然延伸,同时,还是基于要改变在旧社会体育事业仅仅为少数剥削阶级服务、广大劳动者无法获得体育权益的状况的自然要求。第四,"发展体育运动、增强人民体质"是对体育为人民服务最经典的诠释。1952 年 6 月,毛泽东同志为中华全国体育总会题词:"发展体育运动,增强人民体质。"1953 年 6 月 23 日,在中共中央讨论体育工作时,毛泽东同志曾强调:"体育是关系六亿人民健康的大事","发展体育运动,增强人民体质",对社会主义新体育的性质和发展方向给予了明确的定位。从一般意义上说,体育是同人类社会相始终的,其性质和发展方向受一定社会的经济、政治、文化制度所决定,同时,它为一定的政治、经济和文化服务。在阶级社会里,体育是为统治阶级服务的工具。基于此,衡量体育性质的标准自然是看它是为多数人服务还是为少数人服务的问题。在此前提下,还要看其在一定的社会历史条件下社会功能发挥得如何。毛泽东同志提出的"发展体育运动,增强人民体质",规定了社会主义新体育的性质是为广大人民群众服务,为社会主义建设事业服务;其发展方向是人民不断获得更多更好的体育权益。这是中国体育发展史上亘古未有的新篇章。

三、人民体育思想的评价

人民体育思想是共和国体育思想的主基调。这一体育思想孕育于新民主主义革命时期,新中国成立初期由第一代领导集体系统阐发并形成科学体系,是毛泽东思想的有机组成部分,在我国体育事业发展中得到全面贯彻。中国共产党第二代、第三代和第四代领导集体,根据我国体育事业发展面临的新情况和新问题,不断丰富和发展人民体育思想,使其成为贯穿于共和国60年体育事业的整个历史进程的主线。第一,人民体育思想是毛泽东思想的有机组成部分。人民体育思想彰显了毛泽东思想的活的灵魂。首先,人民体育思想坚持了实事求是的思想路线。这一思想深刻地分析了体育的本质、功能和作用,从我国体育发展的实际出发,把握了我国体育事业的发展方向;其次,人民体育思想坚持了群众路线。这一思想紧紧抓住社会主义的体育事业是人民的体育事业这个本质核心问题,坚持了发展体育事业的目的是为了人民群众、体育事业如何发展是依靠人民群众、从群众中来，到群众中去的认识路线；最后，人民体育思想坚持了独立自主原则。独立自主地发展我国体育事业，处理好国家之间的关系，坚决反对别国借助体育干涉我国内政。第二，人民体育思想是贯穿新中国 60 年体育事业发展的主线。人民体育思想是新中国体育思想的精髓。首先，人民体育思想作为主导和主流体育思想已经上升为意识形态。其次，新中国成立 60 年来，从体育思想发展的轨迹看，都是在人民体育思想统领着各种其他体育思想。最后，以"发展体育运动，增强人民体质"为核心的人民体育思想主导着体育事业的发展方向。历史发展证明，我国体育事业要不断走向辉煌，就必须毫不动摇地继承、坚持和发展以"发展体育运动，增强人民体质"为核心的人民体育思想。展望我国未来体育事业的发展，我们必须毫不动摇地继承、坚持和发展人民体育思想。

第二节　体育为政治服务的体育思想

体育与政治的关系密不可分，却又错综复杂，这是客观的现实。从一般意义上讲，无论是体育对政治的干预，还是体育受政治的制约，都是既有积极的一面，也有消极的一面。只有在二者的关系上保持一定的"度"，才能更好地发挥积极作用。而超越了一定的"度"，就会使其消极作用彰显出来。

纵观新中国成立后 17 年我国体育发展史，就体育与政治的关系来说，表现为一种特殊的形态。总体特征是体育与政治的关系过分"紧密"，个别时期，政治干预体育的现象较为严重，使体育具有了严重的"政治化"色彩。就体育思想而言，新中国成立初期，为了清除以美国为代表的资产阶级旧体育的影响，建设以苏联为榜样的新体育，提出了"批美学苏"的体育思想；1956 年，在贯彻"双百"方针后，1957 年，党内整风运动开始，体育界展开了"大鸣大放"，曾对新中国的体育事业存在的问题及发展方向和体育理论的有关基本问题展开了较为热烈的"争鸣"；1958 年的"大跃进"时期，各行各业都掀起了近乎疯狂的"跃进"风潮，体育战线也提出了"大跃进"的体育发展战略思想；60 年代初，为适应国民经济及社会发展的"治理、整顿、充实、提高"的发展战略的需要，体育战线提出了"八字"方针指导下的体育发展战略思想。

一、"批美学苏"的体育思想

（一）"批美学苏"体育思想产生的历史背景

新中国成立初期，在体育思想发展进程中，曾经历过一段"批美学苏"的特殊历史时期。今天人们往往用简单化的态度对待这一历史时期，将其看成是"左"的意识形态主导下的产物。因此有必要对"批美学苏"体育思想进行历史、客观、辩证地分析和评价，使其恢复本来面目，并从中把握共和国体育思想传承与演进的逻辑线索。

第二次世界大战后，随着东欧和亚洲社会主义国家的建立，在世界上形成了以苏联为首的社会主义阵营和以美国为首的资本主义阵营，两大阵营的对垒成为 20 世纪 50—60 年代冷战时期国际形势的主要特点。在社会主义阵营内部，后起的社会主义国家的一般选择是，在意识形态的价值取向、制度的构建、外交策略的选择及政治经济文化和社会建设等方面以苏联为样板、向苏联学习。中国作为社会主义大国，新中国成立初期，由于受到帝国主义的全面封锁，又严重缺乏建设社会主义的经验，"我们在国际上是属于以苏联为首的反帝国主义战线一方面的,而不能向帝国主义一方面去找"。[7]同时,在仿照苏联模式、以苏联为样板构建社会主义的进程中,必须清除以美国为首的帝国主义对我国在政治、经济、文化、教育、外交等方面的影响。

作为文化教育有机组成部分的体育事业,在新中国成立伊始、百废待举的形势下,在以什么样的体育思想为主导、构建什么样的体育组织、如何发展体育运动等问题上,无一例外地都受到国际国内政治环境的影响和制约。就体育思想而言,当时面临着"破"与"立"的双重任务。"破"就是基于对旧体育本质的认识,即"30年来中国体育理论、制度、方法、作风几乎完全是美国的一套"。[8]必须从思想上予以清算,消除体育思想的崇美倾向;"立"就是建立一套为构建社会主义性质的,发展人民的、大众的体育运动需要和服务的体育思想体系。"立"的途径就是以苏联为样板,仿照和借鉴苏联模式,具体办法就是大力宣传苏联社会主义体育事业的伟大成就、积极组织出国访问交流、邀请苏联体育代表团来中国进行技术示范、邀请苏联体育专家来讲学、大量翻译和出版苏联体育理论和体育技术方面的书籍、吸收苏联体育的基础理论、体育管理、运动训练、学校体育、大众体育、国防体育的思想和观念。

(二)"批美学苏"体育思想的内容

"批美学苏"体育思想作为一个历史过程,兴起于1949年,终结于1959年,与中苏的友好关系十年繁荣的"蜜月"期相始终。第一,关于批美。"批美"体育思想的形成和发展所循的逻辑路径是:概括了旧体育本质的是反动的、没落的、为少数人服务的。关于旧体育和美国体育的关系,当时的基本结论:一是旧中国的体育学人有四分之三是留美归来的；二是旧中国的体育思想、体育组织和体育方法几乎完全是美国的一套。[9] 关于美国体育的本质："美国是资本主义发展到帝国主义的国家，它的组织、经济、军事、教育等都是为资产阶级服务的，体育自然也一样，不能设想一个帝国主义国家为资产阶级服务的体育，对于一个半封建半殖民地国家受压迫的人民会合适和有益处的。""国民党反动派是美帝国主义、地主、大资产阶级的集中代表，因此，他们搞体育是为了讨好美国主子，有利于他们的反动统治，为他们少数人直接服务"。[10] 因此，旧体育与新体育是对立关系，是水火不容的，必须深入批判旧体育，清除旧体育的流毒和影响，清算体育思想中的"崇美"倾向。

第二，关于学苏。首先，在思想认识上要深刻认识苏联社会主义体育的本质特征。"苏联的人民体育事业是在伟大的社会主义建设中产生的，苏联的体育已成为苏联人民生活中的重要组成部分。苏联的体育与资本主义国家的体育有着本质的不同，苏联的每个体育工作者及运动员都知道他们的运动的目的不是别的，就是为了承担祖国的生产建设，保卫祖国和保卫世界和平，像这样怀有目标的体育事业，是资本主义国家中从来没有的"。[11] 其次，通过广泛宣传苏联体育取得的成就来鼓舞和激发人们的斗志。苏联"从城市到乡村，都有体育团体，百万人民有规律地进行着体育活动；苏联运动员在和欧洲及世界各国运动员的竞赛里，……保持了苏联在运动上的光荣"。"群众的积极性和创造性是我们成功的基石，保证了我国体育运动不断向前进"。如果"没有布尔什维克党和苏联政府的关切和帮助，所有这些成功是不会实现的"。[12] 最后，在苏联体育思想和体育理论主导下，创立了新中国体育理论的学科体系。"其总体特征是以马克思列宁主义为思想基础，以巴甫洛夫学说为自然科学基础，并依据教育学原理来指导。具体表现为：

从阶级性、工具性方面来界定体育的社会性质和生活职能;强调体育的国家性、统一性和人民性;突出了体育和其他社会现象的不同之处是发展人的体质,并确定体育是进行共产主义教育的手段"。[13]

(三)对"批美学苏"体育思想的评价

第一"批美学苏"体育思想是特定时空条件下的唯一选择。"特定时空条件"包含三个层面:其一,"批美学苏"体育思想是全方位地消除崇美思想、学习苏联的一个组成部分。其二,全方位地消除崇美思想、学习苏联是由当时的国际国内客观条件决定的。其三,全方位地消除崇美思想、学习苏联符合我国建立社会主义制度,进行社会主义建设的价值取向。第二,在"批美学苏"体育思想主导下,我国体育事业获得了迅猛发展。"批美学苏"体育思想是"破"与"立"辩证互动过程,对于整个体育事业的发展来说,"破"的作用是"隐形的",主要体现在人们的认识和观念上,而"立"的作用则是"隐形和显形"兼备的,更多地体现在实践层面。通过学苏,大力宣传苏联社会主义体育事业的伟大成就、积极组织出国访问交流、邀请苏联体育代表团来中国进行技术示范、邀请苏联体育专家来讲学、大量翻译和出版苏联体育理论和体育技术方面的书籍、吸收苏联体育的基础理论、体育管理、运动训练、学校体育、大众体育、国防体育的思想和观念。第三,"批美学苏"体育思想的贯彻过程,得到了苏联体育界和苏联人民的无私帮助,谱写了中苏传统友谊的篇章。长达10年的向苏联学习的过程,不仅使我国体育事业的整体水平大幅度提高,而且更得到了苏联体育界和人民的全力帮助与支持,加深了两国人民的传统友谊。第四,要辩证地看待"批美学苏"体育思想存在的局限性。受特定时空条件的限制,"批美学苏"体育思想不可避免地存在着局限性。主要有将"批美学苏"体育思想意识形态化、照搬苏联的发展模式和迷信苏联经验等问题。应该说,上述问题不仅局限在体育领域,而是带有普遍性的问题。站在今天的角度,应该历史、客观、辩证地对待这些问题。

二、"大鸣大放"的体育思想

(一)"大鸣大放"的体育思想产生的历史背景

在共和国的历史上,"大鸣大放"具有特定的历史内容。它即可以指从 1956 年 5 月到 1957 年 8 月这一特定的历史时期,也可以指这一时期我国思想界、知识界各种声音的"鸣"和"放"。1956 年 5 月,在贯彻毛泽东同志提出的"百花齐放,百家争鸣"方针后,要求人们在宪法范围内,可以发表各种学术思想。7 月 21 日,人民日报发表了《略论百家争鸣》的评论员文章,进一步强调,只要做过认真研究,不成家的也可以鸣,大人物可以鸣,小人物也可以鸣,鸣得好的固然欢迎,鸣得不好的也没有关系。自此,鼓励各种学术思想的广泛争鸣拉开了序幕。在整个知识界开始了学术争鸣热潮,体育界的知识分子和体育工作者亦投入进来。1957 年初,针对党内的官僚主义、宗派主义和主观主义等不良作风的滋长,特别是一些党员干部的骄傲自满和特权思想的蔓延,中共八届二中全会决定开展整风运动。毛泽东同志强调整风要采取"放"的方针,即"就是放手让大家讲意见,使人们敢于讲话,敢于批评,敢于争论"。从历史史实上说,体育界的"鸣"和"放"略慢于全国的形势,主要原因是,在此前曾展开过"批判体育工作中的资产阶级思想",对吴蕴瑞、袁敦礼和方万邦三位体育界著名人物的体育思想进行过批判。基于此,《新体育》等杂志发表文章号召人们大胆跟进,并多次召开座谈会,力促体育界的"大鸣大放"。

(二)"大鸣大放"的体育思想的主要内容

体育界的"鸣"和"放",持续了一年左右,表现最集中的是在1957年的5月至8月,尽管时间短暂,但体育思想的内容却极其丰富:第一,对当时体育界存在的一系列问题进行了批评。具体有:由于国家和地方体委存在的官僚主义、宗派主义和主观主义,使一些问题得不到重视和解决;国家体委和体总分工的不同,一个是政府部门,一个是全国群众性组织,体委所表现出的衙门作风和领导的官气,正是这种管理体制不顺造成的。因此应改革体育的管理体制;在普及与提高的关系上,体委只重视体育竞赛,不重视群众体育和体育教育,特别是忽视青少年运动员的思想品德的教育和培养;应重视体育科研工作,扩大体育学术园地,鼓励体育学术研究,提倡不同学术观点的交流与争鸣。第二,对"批美学苏"思想进行了反思。具体有:不能以苏联的做法为判别是非的标准;应该学习资本主义国家一些好的东西,必须了解世界体育科学和体育实践的发展态势,在体育工作中,"往往怕戴资产阶级、反对学习苏联的帽子而不敢提意见,结果只有翻苏联的、学苏联的一套,不敢学习其他国家的经验"。[14]第三,强调体育是科学,要按科学规律办事,不能单凭号召。董守义针对此强调:"在别的国家里,体育科学研究上可以存在十几种不同的见解,研究体育的人可以听到许多不同的意见,再取长补短进行创造。我们过去只允许一种意见,难免不造成教条主义的学习方法。""不懂技术而决定技术的事情,又不吸取别人意见是不是主观呢? 科学是要通过仔细研究的,不是光凭冲锋陷阵的勇气发一声号令所能解决得了的"。[15]

（三）"大鸣大放"的体育思想的评价

《关于建国以来党的若干历史问题决议》对"大鸣大放"和反"右"扩大化进行了总体评价：

> 一九五七年的经济工作，由于认真执行党的"八大"的正确方针，是建国以来效果最好的年份之一。这一年在全党开展整风运动，发动群众向党提出批评建议，是发扬社会主义民主的正常步骤。在整风过程中，极少数资产阶级右派分子乘机鼓吹所谓"大鸣大放"，向党和新生的社会主义制度放肆地发动进攻，妄图取代共产党的领导，对这种进攻进行坚决的反击是完全正确和必要的。但是反右派斗争被严重地扩大化了，把一批知识分子、爱国人士和党内干部错划为"右派分子"，造成了不幸的后果。[16]

从体育界的"鸣"和"放"来看，第一，所反映的问题是基本属实的，基本都是针对当时体育界存在的问题的"鸣"和"放"，鲜有对党和社会主义制度发起攻击的言论。第二，针对问题提出了一些务实的解决办法和对策，表达方式也是和风细雨的。第三，从这些体育思想的内容来看，有许多思想具有较大的超前性和恒久性，有些体育思想对我国当代体育事业的发展仍具有启示意义。总的说来，1957 年的反右扩大化，体育思想界的损失惨重，此后的 20 年时间里，体育思想家、体育教育家和优秀的体育工作者被剥夺了发表思想和言论的权利，使我国现代体育思想传承的一根重要的链条中断了。

中国现代体育思想的奠定及初步发展时期的主导体育思想

流派	思想内容		核心思想
	针对的问题	主要观点	
人民体育思想	体育的本质、功能、目的；发展方向	提倡"国民体育"的宗旨是提高广大人民的健康水平；	体育为人民服务
		提倡"国民体育"思想的本质和核心是体育为人民服务；	
		发展体育运动,增强人民体质；	
		体育是关系六亿人民健康的大事；	
"批美学苏"体育思想	体育的本质、功能、发展方向	突出体育本质是发展人的体质,确定体育是进行共产主义教育的手段；	体育为政治服务
		以苏联体育思想和体育理论为主导,创立新中国体育理论的学科体系；	
"大鸣大放"的体育思想	新中国的体育事业存在的问题及发展方向和体育理论的有关基本问题	了解世界体育科学和体育实践的发展态势；	体育事业应该科学发展
		重视群众体育和体育教育,重视青少年运动员的思想品德的教育和培养；	
		强调体育是科学,要按科学规律办事,不能单凭号召,重视体育科研工作,扩大体育学术园地；	

第三节　"文革"前 17 年的其他体育思想

从新中国成立到"文革"前的 17 年,我国经济社会的发展经历了 1949 年 10 月至 1956 年 9 月的新民主主义社会和 1956 年 9 月至 1966 年 4 月的社会主义建设的初步探索两个阶段。从总体上说,我国体育事业的发展可谓百废待举。一方面,适应新民主主义社会建设的需要,建设"新体育",要在指导思想上、制度构建和组织设立上、体育运动的发展上,必须有一套有别于新民主主义革命时期的新思路、新模式和新做法;另一方面,新民主主义社会不是一个特定的社会形态,具有过渡性。适应社会主义建设需要,尤其是面对建国初期国际国内的特定时空环境和条件,体育事业按照什么思路发展和怎样发展等问题,也是需要深入研究和探讨的课题。因此,在人民性体育思想定位一尊、适应不同时期需要的具有政治性功能的体育思想的阐发之外,其他体育思想也得到了相应发展。

面对建国初期我国体育资源的相对短缺的局面,体育事业的发展是以普及为主,还是偏重提高,在体育思想界进行了探讨和争鸣,形成了"普及与提高相结合"的体育思想。1953年后,为了建立工业化为先导独立的国民经济体系,我国开始探索并实施高度中央集权的计划经济体制。为了适应计划经济管理体制的需要,体育事业的发展模式也在逐步淡化社会管理,进而强化计划性和指令性的集权式管理模式并形成了一整套与之相适应的体育思想。

面对抗美援朝后的复杂的国际形势,我国把国防活动作为全民性的爱国事业来推动,以"中国人民国防体育协会"为依托,在城市成立"国防俱乐部",大搞"全民皆兵"的国防体育运动。"全民皆兵"的国防体育推动下,遍布城乡的小型多样的群众体育运动也发展了起来。形成了国防体育与群众体育相结合的,为我国的国防建设和生产建设培养后备力量和人才的体育思想。

在学校体育思想方面,从建国初期毛泽东同志主张的"健康第一,学习第二"到50年代中后期,毛泽东同志发表的"三育两有"的教育方针,学校体育思想尽管在个别时期受到"左"的思想的干扰和破坏,但主流是健康和积极向上的,我国学校体育思想在"三育两有"的教育方针指导下逐步走向成熟。

一、"普及与提高相结合"的体育思想

(一)"普及与提高相结合"的体育思想产生的历史背景

自新中国成立至1952年第15届奥运会(赫尔辛基奥运会),我国体育运动的指导思想和具体指导方针是以普及为主。赫尔辛基奥运会的召开,使我们深感我国体育运动水平较低,使新中国体育事业在国际交往中处于十分不利的局面,也影响了我国的国际地位。自此,如何在普及的基础上提高我国体育运动的水平提到了议事日程,在体育思想界展开了关于"普及"与"提高"的关系的讨论,最终形成了"普及与提高相结合"的体育思想。

"普及与提高相结合"体育思想的提出,是对近代体育思想,尤其是新民主主义革命时期体育思想的继承和发展。1940年1月,时任八路军120师师长的贺龙同志,在其签署的《体育训令》中就指出:"体育运动应该在全师内广泛开展起来,成为一种群众运动,同时要在普及的基础上的提高,经常组织体育比赛和表演,选出优秀选手再去指导普及。"1942年5月,毛泽东同志发表了著名的《在延安文艺座谈会上的讲话》,毛泽东同志站在辩证法的哲学高度,就整个文艺工作的"普及"与"提高"的关系进行了系统、全面的论述,指出:"我们的提高,是在普及的基础上的提高,我们的普及,是在提高指导下的普及。"据此,延安体育界在认真学习和贯彻《在延安文艺座谈会上的讲话》精神的基础上,提出了体育的大众化、民族化、生活化和经常化的发展方向。

（二）"普及与提高相结合"的体育思想的主要内容

纵观从 1952 年到"文革"前"普及与提高相结合"体育思想的发展和演进过程,表现为,从体育思想的提出到体育工作方针的确定过程,并且这一过程是同我国在此时不同阶段的体育工作的实际需要紧密结合的。具体发展和演进过程经历了有限范围的"提高"、在普及的基础上培养提高和普及与提高成为体育工作的两个方面三个阶段。所谓有限范围的"提高",是在 1952 年 2 月赫尔辛基奥运会召开及之后的一段时间所提出的。当时所言及的提高主要是如何迅速提高我国运动技术水平,并将此与"国家地位"联系在一起,同时,将"普及"与"提高"的对象、范围做了区分,"普及"是以广大人民为对象,提高的对象是国家运动队,即"在适当范围内"的"提高";所谓"在普及的基础上培养提高",是指在 1954 年后开始强调在群众体育发展的基础上抓提高工作。国家体委在 1954 年提出了:"在训练运动员的工作中必须明确:迅速提高我国在国际体育运动中的地位,应与我国人民体育运动的加强相适应;这些受过训练的运动员应在国内成为体育运动的宣传员、组织员、指导员,通过他们到各地巡回表演,以推动各地群众性体育运动的开展,提高各地运动水平。"在体育竞赛中如何处理好"普及"与"提高"的关系,1955 年 2 月,国家体委指出:"加强竞赛运动,尤其是要注意开展基层的各种竞赛活动或举行单项竞赛,以便经过竞赛,使群众性的体育运动更加普及,在普及的基础上发现、培养优秀运动员,提高运动技术水平,并逐步走向制度化。"[17]到 50 年代末,已形成优秀运动员由群众体育运动中产生,并服务于群众体育运动的观念;所谓普及与提高成为体育工作的两个方面,是指 60 年代初,中央提出"调整、巩固、充实、提高"的八字方针后,针对在"大跃进"期间体育发展战略的浮夸、冒进状况所进行的战略性调整,在思想观念上强调缩短战线、保证重点的战略思路。在 60 年代上半叶,这一战略思想的流变过程可概括为:工作重点的转移、对优秀运动员的专门培养和运动竞赛的目的是提高运动技术水平三个方面。

(三)"普及与提高相结合"的体育思想的评价

"普及与提高相结合"体育思想是我国建国初期体育思想发展的一次有益探索。第一,这一体育思想是人民体育思想在发展步骤和发展战略方面的展开和延伸,无论是"普及"还是"提高",其总体目的都是为了"发展体育运动,增强人民体质。";第二,把"提高"我国体育运动水平放到彰显我国国力的地位,并与我国的国际地位联系了起来,这是新中国成立初期提高我国国际地位的现实需要;第三,在"普及与提高相结合"辩证关系的讨论上,站在了对立统一的哲学高度,能够正确地把握和指导我国体育运动发展的战略;第四,就这一时期"普及与提高相结合"在不同阶段的传承和演变上看,能够针对不同阶段我国体育运动发展所面临的具体实际,实事求是地提出有针对性的思路和想法。

二、计划管理的体育思想

(一)计划管理的体育思想产生的历史背景

在改革开放前的 30 年时间里,我国采取并实施了计划经济的管理体制来促进国民经济及社会的发展。历史地看,计划经济管理体制的实施,有其必然性,从我国当时所面临的国际形势看,帝国主义的封锁、国际共产主义运动中以苏联为师是其外在条件,就我国当时所面临的国内形势而言,社会主义建设经验不足、优先发展重工业的客观要求是其内在条件。计划经济管理体制开始于1953年"一五计划"的实施,在"文革"前完成了三个五年计划,有力地促进了我国国民经济及社会发展。

计划经济管理体制是通过在经济领域的实施和贯彻为主体和先导的,同时,在此主体和先导作用下,社会发展的其他各项事业亦采取了计划管理体制与之配合与呼应,进而形成了全国一盘棋的局面。作为社会发展重要部门的体育事业在此时期也逐步采取了计划管理的体制模式,计划管理的体育思想就是在这样的环境下孕育、形成、发展的。

(二)计划管理的体育思想的主要内容

如果说,计划经济管理体制在经济领域的推行始于1953年的"一五计划",那么,体育事业发展的计划管理模式则始于50年代末60年代初,二者并非同步。就计划管理体育思想的内容而言,包括:在体育管理方面,设置三级训练体制的思路、在思想管理方面,强化优秀运动队的政治思想管理,在摆脱苏联管理模式方面,强调"走自己的路,树自己的风格"的管理思想,在体育运动发展步骤和目标方面,主张"缩短战线"与"一致对外"的战略思想。所谓设置三级训练体制的思路,是指在60年代高度集中的管理体制之下,在体育领域逐步形成的集中人、财、物力,并通过统一的规划、调配和布置,以此达到为保证部分重点项目形成优势,攻击尖端而培养优秀运动队伍后备人才的训练体制的思路。在这一思路引导下,60年代初,对全国青少年业余体校从数量上进行了压缩,其目的是使在训练质量的提高得到可靠保证。1963年到1965年,逐渐形成了一个从基层单位业余体校,到重点业余体校、中心业余体校和专业运动队的、有广泛的普及面、层层衔接的业余训练三级人才培养网络和体系;所谓强化优秀运动队的政治思想管理,是指通过加强运动队思想政治工作,达到加强对优秀运动队伍的管理的目的。1963 年,国家体委下发了《关于试行运动队伍工作条例(草案)的通知》指出:"以政治为统帅,以训练为中心,思想教育和技术训练、战术训练、身体训练相结合"是今后运动训练工作的中心。在当时的历史背景下,整个体育工作始终贯穿了政治挂帅,抓试行作风建设这条主线,具体做法:一是学习解放军、大庆油田精神,形成"三从一大"训练原则。二是掀起学习毛主席著作热潮,树立标兵。三是以中国乒乓球队为标兵和榜样。所谓强调"走自己的路,树自己的风格"的管理思想,是指在竞技体育方面,如何摆脱在 50 年代形成的、一整套苏联竞技体育训练模式。在60 年代上半叶,"走自己的路,树自己的风格"的管理思想的流变过程比较复杂,经历了反反复复的争论,最终达成共识。1960 年,经中央批转的全国体育工作会议情况报告指出,要根据我国的实际情况,吸收国外经验,开展科研和技术革新活动,创造出适合我国实际的训练方法。1963 年,在贯彻"双百"方针中,强调尊重科学、钻研业务、鼓励不同风格的训练方法的运用和竞争。1964 年后,各优秀运动队在技术革新、总结经验的基础上,全面启动了训练方法的改革;所谓主张"缩短战线"与"一致对外"的战略思想,是指针对"大跃进"运动中,竞技体育战线过长、摊子过大,进而造成人力、财力和物力极大浪费的局面,从 1961 年开始,提出缩短战线、确保重点、猛攻尖端的原则,并对运动队进行了有步骤的调整和精简,以 10 个主要项目为重点进行了部署,更好地保障了重点运动项目和优秀运动队的人、财、物供给。同时,为提高竞赛质量,要求各优秀运动队树立"国内练兵、一致对外"的思想。

（三）对计划管理的体育思想的评价

对体育进行计划管理是计划经济体制的有机组成部分,计划管理的体育思想是对体育进行计划管理的必然反映。从总体上看,计划管理体育思想的主旨和实施效果是好的,对体育事业的发展所起的作用是积极的。第一,无论是三级训练体制的设置思路,还是缩短战线的举措,不仅仅反映了对体育进行计划管理的内容,而且也是当时特定时空条件下指导体育事业健康发展的正确主张,都是对"大跃进"以来体育事业发展中战线过长、摊子过大局面的矫正性反映;第二,强化优秀运动队的政治思想管理工作,特别是对先进人物的宣传和学习,尽管其中掺杂了"左"的错误思想指导下的突出政治的形式主义因素,但总体上对整个运动队伍发扬勤学苦练的精神、树立正确的荣誉观、培养不怕困难的思想作风,其效果是明显的。可以说,如果剔除"左"的东西,强化优秀运动队的政治思想管理工作对今天体育事业的健康发展具有很好的借鉴意义;第三,"走自己的路,树自己的风格"的体育思想,是体育战线在当时特定条件下坚持解放思想、实事求是思想路线的一次艰难而有益的探索,无论是思想主张还是实际效果都是积极的,也为我们今天探索适合实际的体育管理体制和运行模式积累了一笔宝贵财富。

三、国防体育和群众体育思想

（一）国防体育和群众体育思想产生的历史背景

建国后,我国所面临的国际环境仍然存在着战争的威胁。到20世纪50年代末以后,中苏关系全面恶化,苏联在中苏边界和蒙古陈兵百万,对我国虎视眈眈,一再施加战争压力,特别是核讹诈。美国插手越南战争,企图从南边威胁我国。印度也蚕食我国领土,制造边界流血事件。这迫使我国在军事斗争准备上由准备解放台湾和防止外国的侵略、干涉,转向准备对付苏、美两个超级大国及其他敌对势力的战争挑衅。基于此,以毛泽东同志为核心的第一代领导集体十分注重国防建设,毛泽东同志明确指出:要"建设强大的国防。"同时,毛泽东把人民战争思想的基本原理运用于指导国防建设,确立了在党的统一领导下,动员全民办国防的基本指导原则。即国防建设有赖于全军指战员和全国工人、农民及其他人员一道,团结一致、共同努力。为此,要在全社会持久深入地进行国防教育、增强全民的国防意识、要建立健全相应的国防法规,以法律形式规定有关部门和全体公民的国防义务和责任。在此背景下,国防体育的发展成为体育事业发展的一项重要内容,它以群众体育为载体,把国防体育和群众体育紧密地联系在一起,进而形成了这一时期的颇具特色的国防体育和群众体育的体育思想。

(二)国防体育和群众体育思想的主要内容

国防体育兴起于 1955 年,是以抗美援朝结束后我国把国防活动作为全民性的爱国事业为起点的。国防体育兴盛于"大跃进"时期,成为群众业余体育的重要内容。60 年代后国防体育的规模虽有收缩,但其内容和质量却得到了强化。国防体育和群众体育的思想在 1955 年至 1965 年 10 年中,其内容的演变可分为三个阶段:第一阶段,以成立"中国人民国防体育协会"为标志,作为全民性的爱国事业的国防活动找到了有效的实施载体。1956 年 3 月,国务院决定成立"中国人民国防体育协会",并对开展国防体育活动的对象给予确定,"目前工作的重点是学校和一部分工厂,其次是机关;农村暂时不搞"。第二阶段,1958年"大跃进"进程中,更加明确了国防体育的指导思想:为我国国防建设和生产建设培养后备力量和人才。同时要求,为践行这一指导思想,为祖国培养大量兵员,需要对广大人民进行爱国主义、国际主义、革命警惕性、组织纪律性的教育,需要培养大量的航空、气象、航海、潜水、跳伞,各种军事工程、无线电、摩托等技术人才,需要军民团结,把普及科学技术与促进生产结合起来。国防体育在"大跃进"热潮中以更大规模开展了起来。到1960年,国防俱乐部从1957年的174所增加到1408所。1962年,根据"八字方针"的要求和国防俱乐部发展的实际,有针对性地调整为所。第三阶段,1960年后,全国掀起了"全民皆兵"的练兵热潮,国防体育进一步强化。60年代,中苏、中印边境局势紧张,台湾海峡也笼罩着战争的阴云,美国悍然发动侵越战争,我国周边环境不安定因素诸多。据此,第一代领导集体做出了"加强战备"、要"准备打仗"的决策,国防体育更具军事化特点。1962年,军事野营、射击和三防等群众性的国防体育活动得以广泛开展。同时,各级俱乐部有了明确的分工:国家体委直属俱乐部主要抓优秀运动队的训练工作,省级国防体育俱乐部主要抓指导和推动群众活动,市级国防体育俱乐部以开展群众活动为主要内容。1963年后,形成了国防体育活动融入了民兵训练,与群众体育相结合的特色。在农村,民兵组织得到了加强。在城市和乡村,民兵训练、射击、登山、武装泅渡等群众性国防体育活动得到了普及性开展。在《中央批转国家体委党委关于全国体育工作会议的纪要》中,将"国防体育"置于重要的专门标题,并要求"国防体育必须认真抓,用很大力量来抓"。

（三）对国防体育和群众体育思想的评价

从1955年到1965年，整个世界局势正在从"战争与革命"向"和平与发展"的转换过程中，我国所面临的国际环境是战争的威胁依然存在，特别是60年代后周边环境不安定的因素加大。因此，第一代领导集体对国际局势和我国所面临的威胁的判断是基本正确的，所采取的决策也是得当的。毛泽东同志的人民战争思想在当时特定时空条件下反映和表现为"全民皆兵"的国防体育思想，以及通过群众体育为载体的全民练兵的体育活动，是十分必要的。尽管大的战争没有打起来，但"加强战备"、要"准备打仗"的思想是不能被抹杀和歪曲的。总之，国防体育和群众体育的思想是毛泽东人民国防观的具体体现，至于国防体育和群众体育在"大跃进"时期有形式主义和脱离实际之嫌，主要是在执行方面的问题。国防体育和群众体育的思想对今天的启示主要是在新的历史条件下坚持、继承和发展人民国防观。因为，人民群众是我国国防的主体，通过国防教育，正确地解决人民群众的动员组织领导的问题。只有加强全民国防，才能筑起反抗侵略、反抗霸权主义、反对扩张和掠夺，保卫国家安全和维护人民根本利益的铜墙铁壁。同时，正义性和群众性，是人民国防特有的政治优势。把这种政治优势转化为军事优势，是新时期我们保卫祖国、取得国防斗争胜利的重要因素。改革开放使我国发生了翻天覆地的变化，人民的生活得到极大的改善；同时，在国际上我们树立了热爱和平、维护稳定的良好形象，树立了一个公正处理国际事务的大国形象，我国的国际地位愈来愈重要。这是我们今天新的政治优势，也是我们在现代条件下进行人民国防的政治基础。只有通过国防教育，才能把政治优势转化为保卫和平与战争中的军事优势。如果说，国防体育和群众体育较好地体现了人民国防观,那么,在新世纪如何坚持、继承和发展人民国防观,应该成为认真研究和讨论的重要问题。

四、"文革"前 17 年的学校体育思想

(一)学校体育思想产生的历史背景

"文革"前 17 年的学校体育的发展包括 1949 年至 1956 年和 1957 年至 1966 年两个阶段。前一阶段是中小学建设新学校体育的初步探索和高校体育专业的整顿时期,这一时期是在建立人民性新体育的指导思想下,通过对旧中国体育和以美国为首的西方体育思想的批判中,按照苏联模式构建和发展我国学校体育的;1957 年以后,随着社会主义制度的建立,毛泽东同志适时地提出了社会主义教育方针。1957 年 2 月 27 日,他在最高国务会议第 11 次扩大会议上,作了《关于正确处理人民内部矛盾问题》的著名演讲,对我国社会主义教育方针作了经典表述:"我们的教育方针,应该使受教育者在德育、智育、体育几方面都得到发展。成为有社会主义觉悟的、有文化的劳动者。"周恩来也指出:"我们今后的教育方针,应该是培养合社会主义觉悟的、有文化的、身体健康的劳动者。"学校体育经过前 7 年的初步探索、整顿和发展中,形成了"三育两有"教育方针指导下学校体育思想。

(二)学校体育思想的主要内容

关于新中国成立初期对旧中国学校体育和西方学校体育的批判所形成的学校体育思想。主要集中在两个方面:一是就其内容而言,旧中国的学校体育是仿照西方学校体育构建的,其教育内

容、手段和目标都是资产阶级的,是为少数人服务的,是对青少年有着巨大毒害性的。在美国,"学校的体育教育是以培养个人的自私自利为目的,一切的学习与研究都是为了发展个人的名誉地位与摄取金元,一切问题的考虑都是唯我是从。现在美国学校体育已经将原子弹与战争的宣传列为正课的一部分"。[18]也有文章批判时说:"在美国虽然也把体育活动说成是一种教育的方式,但是它不是教育广大人民锻炼健康的身体,而是教育少数的运动选手与体育商人如何地去赚钱、去做生意;大资本家们利用体育活动麻醉人民,企图使得人民脱离反抗压迫与剥削的政治斗争,永远做他们的奴隶。"[19]二是就形式而言,认为尊崇美国的旧式学校体育没有规范和统一。有体育专家把旧时代的学校体育形容为"无头无尾的教学",所谓无头,就是各年级的体育要达到什么具体的目标,各年级的体育有什么不同之处等,均没有具体明确的规定;所谓无尾,就是每年教学以后,学生究竟从体育课程中得到什么益处,很少见有具体的证明,所给的体育分数究竟代表什么、有什么意义,是极其含糊的。[20]在对旧中国学校体育和西方学校体育批判的基础上,对于应该建立什么样的学校体育,学界初步达成了如下共识:应以"无产阶级的立场、唯物论的观点和方法、建立起新的中小学体育教学的主要骨架"。基本思路是,第一,明确新中国学校体育的任务,要分析体育课程在学校中所能完成的特殊任务和公共任务并明确具体地列出来。第二,根据那些明确的具体任务,选择能达到该项任务完成的各种教材。第三,要进行是否完成教学任务的考核工作。考核不是一个抽象的分数,而应是每个学生一张详细的事实报告。[21]

　　关于1957年后在"三育两有"教育方针指导下学校体育思想。"三育两有"教育方针发表后,我国学校体育的应有地位得到了确立和巩固,在体育思想界澄清了人们对学校体育的糊涂认识,即体育在学校中的地位不仅仅是开设的一门课程的问题,而且是培养全面发展人才的一个不可缺少的方面。这也正是1954年《中华人民共和国宪法》所规定的:"国家培养青年、少年、儿童在品德、智力、体质等方面全面发展。"在学校体育教育方面的具体展开。教育方针的制定保证了学校体育的实施。在高等教育方面,针对当时少数人提出的:"可将四年制专业二年级的体育课改为选修,借以减轻学生的学习负担"的意见,高教部在1957年5月专门下发了《关于高等院、校一、二年级学生体育课不能改为选修课程的通知》。此后,在学校体育教育贯彻"三育两有"教育方针中,由于受"大跃进""左"的思想的影响,一度出现了"高指标",创"双红"、"四红"等,使学校体育教育异化成为政治服务的工具。这一趋势,在1962年后,得到了遏制,1962年3月,国家体委下发《1961年体育工作会议报告书》指出:"在贯彻体育为政治、为生产劳动和国防建设服务方针中,曾经一度有主观片面的、错误的提法和做法。"此后,学校体育教育工作逐渐走向了正规。如学校体育教学和保健卫生、学校早操、课间操和课外活动广泛地开展了起来。

(三)学校体育思想的主要内容的评价

"文革"前17年的学校体育思想的形成及其演变在总体上说是正态的。无论是前7年的对旧中国学校体育教育和西方体育思想的批判,还是后10年在"三育两有"教育方针指导下学校体育思想的形成和演变,都是当时特定时空条件下学校体育教育的发展所必需的。"三育两有"教育方针的确立,充分体现了马克思主义关于人的全面发展的思想。它明确规定了中国教育事业的社会主义性质和方向,指出了培养社会主义建设人才的基本要求。体育作为培养社会主义事业建设者和接班人的必备要求,提高了体育教育在学校教育中的地位。从 1957 年到 1966 年的 10 年中,尽管在"大跃进"的个别时期出现失误外,体育课程设置和课时安排在各级各类学校,都基本得到了保证。

中国现代体育思想的奠定及初步发展时期其他体育思想和学校体育思想

流派	思想内容		核心思想
	针对的问题	主要观点	
"普及与提高相结合"体育思想	体育的发展战略、发展目标	有限范围的"提高";	体育为人民服务
		在普及的基础上培养提高;普及与提高成为体育工作的两个方面三个阶段;	
计划管理的体育思想	体育发展战略、目标	设置三级训练体制的思路;	体育为人民服务
		主张"缩短战线"与"一致对外";	
		强调"走自己的路,树自己的风格";	
"文革"前17年的学校体育思想	学校体育的目标和任务	以无产阶级的立场、唯物论的观点和方法、建立起新的中小学体育教学的主要骨架;	培养身体健康的劳动者
		学校体育是培养全面发展人才的一个不可缺少的方面;	

小　结

　　1949 年 10 月 1 日,中华人民共和国宣告成立,以此为开端,中国人民在中国共产党的领导下,开始了为建设一个崭新的共和国而努力奋斗的历史进程。建设和发展新中国,对于中共党人来说，是一项崭新的事业。我们的探索是艰难而曲折的，取得的成就是辉煌的，付出的代价也是空前巨大的。新中国的体育事业同其他事业一样，也开始了艰难而曲折的探索过程，在体育制度和机构、体育运动队伍方面，是一个从无到有的过程；在体育思想方面，一是要对适应旧中国国体和政体的体育思想、对以美国为代表的资产阶级体育思想进行全面批判，二是要对解放区和根据地的体育思想进行继承和改造，在此基础上，体育思想者们思考更多的是，如何建设一个与新中国国体与政体相适应的社会主义新体育，社会主义体育的本质是什么，社会主义体育的功能和作用是什么，新中国体育的发展战略等等问题。

纵观"文革"前17年体育思想的发展历史，表现为三大鲜明特征：第一，体育的人民性是贯穿这30年的一条主线。"发展体育运动、增强人们体质"的体育思想已经成为毛泽东思想的有机组成部分，这一体育思想也为改革开放30年的中共第二代、第三代、第四代领导集体不断继承和发展；第二，体育的政治性功能不断被强化，体育思想带有浓厚的政治化色彩。体育具有政治性功能，但体育本身不是政治，这在今天已经取得了共识。但在新中国成立及其以后的相当长时间里，由于我国政治、经济、外交等方面面临的特殊时空环境，体育被涂上了较浓重的政治色彩、赋予了较多的政治性功能，由此而生发的体育思想也具有较多的政治倾向。对这一特殊的历史现象，做简单的对与错的评价显然是不够的。一般地说，在党的路线、方针、政策符合客观规律的时候，其统领下的体育思想也是积极的，对体育事业及其他事业的发展是具有积极作用的。反之，当党的路线、方针、政策出现偏差时，其统领下的体育思想不仅违背了体育发展的客观规律，而且对体育事业及其他事业的发展负面影响则是巨大的；第三，体育思想的发展线索较为单一。新中国前 30 年的政治环境决定了体育思想的"统一性"和"单一性",大部分时间是"一个声音在说话"。1956 年 5 月的贯彻"双百"方针,曾经出现了体育思想领域的百家争鸣,但很快就被 1957 年下半年的反右扩大化打压下去了,可谓昙花一现。

　　回顾和讨论"文革"前 17 年体育思想的生成、内容及发展轨迹,需要说明的是,上述归纳的三个特征只是概括性判断,一些问题需要在具体表述时加以说明,如人民体育思想,其本身就具有极强的政治性功能,它揭示了新中国社会主义体育的本质、目的和任务,只是因为它是贯穿社会主义体育思想的主线,被单独提炼出来了。

注　　释

1　3　4　朱德:《朱德副主席在中华全国体育总会筹备会议上的讲话》,《新体育》,1950 年第 7 期。

2　5　6　冯文彬:《新民主主义的国民体育—在成立中华体育总会筹备大会上的报告》,《体育史料》(第九辑),人民体育出版社,1983 年,第 3、3、4 页。

7　《毛泽东选集》,人民出版社,1991 年,第 1475 页。

8　9　10　徐英超:《论改造体育的两个问题》,《新体育》,1950 年,第 7 期。

11　12　戈尔节拉则:《在全国体育工作者暑假学习会上的讲话》,《新体育》,1950 年,第 6 期。

13　伍绍祖:《中华人民共和国体育史》(综合卷),中国书籍出版社,1999 年,第 43 页。

14　15　董守义:《体育工作中的几个问题》,《新体育》,1957 年,第 13 期。

16　《邓小平理论与当代》,中国红旗出版社,1998 年,第 183 页。

17　《中央体委党组关于召开全国体育工作会议的报告》,《体育运动文件选编》(1949—1981),人民体育出版社,1982 年。

18　马启伟:《我对美国体育的认识》,《新体育》,1950 年,第 6 期。

19　管玉珊:《我认识了美国体育》,《新体育》,1951 年,第 7 期。

20　21　苏竟存:《对于中小学体育改造的几点意见》,《新体育》,1950 年,第 1 期。

第 七 章

中国现代体育思想的"畸变"时期

所谓中国现代体育思想的"畸变"时期,其涵义是:第一,时间大致界定在 1966 年 5 月"文革"开始至 1976 年 10 月"文革"结束 10 年时间;第二,其内容界定是指"文革"时期由于极左思想的泛滥,在意识形态领域的以阶级斗争为纲、体育为无产阶级政治服务思想的主导之下,具有政治性功能的体育思想被推向了极致,浸染了浓厚的极左色彩。在极左色彩体育思想的主导下,全盘否定了新中国成立 17 年来体育事业取得的成就,我国体育事业遭到严重摧残。同时,在周恩来等领导同志的干预下,畸形的体育思想在个别时期也曾得到暂时的遏制和纠正;第三,其主体界定是指新中国第一代领导集体,体育界的领导人。之所以将这一时期的体育思想界定为"畸变",理由在于:(1)"文革"是"一场由领导者错误发动的,被反革命集团利用的,给中国共产党、国家和各族人民带来严重灾难的内乱"。[1]在这场内乱中,体育系统是重灾区,体育思想的演进处于停滞、倒退,个别时期对这些错误暂时遏制的惨淡局面。(2)"文革"对所谓"反动学术权威"的批判,使许多有才能、有成就的知识分子遭到打击和迫害,许许多多体育思想家、体育教育家被批斗、关进了牛棚也严重地混淆了敌我。对体育思想而言,

直接的后果就是大批教育家、思想家被作为"反动学术权威"逐出
体育队伍,现代体育思想的传承与演变,处于停滞状态。使体育思
想主体只剩下新中国第一代领导集体、体育界的个别领导人。
1966年8月以后的一段时期,由于体育机关停止了正常工作,体
育思想主体仅为第一代领导集体的一部分人。(3)"文革"初期极
左思想泛滥,极左的思想路线和政治路线在中国社会的经济、政
治、文化等各个领域、各个层面都占据了统治地位,体育领域和体
育思想领域当然也不例外。虽然发展体育运动、增强人民体质的
口号没有变,但是,由于极左思想的泛滥,批判体育领域的"资产
阶级思想"、"修正主义思想"和以"阶级斗争和路线斗争为主课"
成为指导的体育思想。在意识形态领域的以阶级斗争为纲、体育
为无产阶级政治服务思想的主导之下,具有政治性功能的体育思
想被推向了极致,浸染了浓厚的极左色彩。成为了"文革"10年主
导的体育思想,其他各种体育思想,都被扣上了资产阶级的帽子,遭
到了无情的批判和打击。(4)"文革"10年,体育思想尽管受极左思
潮的干扰和影响,在周恩来等领导同志的干预下,畸形的体育思想
在个别时期也曾得到暂时的遏制和纠正。在有的方面甚至表现出
一度畸形兴盛的局面。主要表现为外交体育思想和竞技体育思想。

第一节　以"阶级斗争和路线
斗争为主课"的体育思想

一、以"阶级斗争和路线斗争为主课"
的体育思想产生的历史背景

1966年5月发动的"文革",其起因是错误地认为在党内特别

是在中央存在着一小撮走资本主义道路的当权派,存在着无产阶级和资产阶级两条路线、两条道路的斗争,在国际上,帝国主义亡我之心不死,因此,要狠抓阶级斗争,要反修防修。在狠抓阶级斗争思想的支配下,反映在教育领域,就是"教育要革命",要砸烂一切封、资、修的资产阶级的教育模式,教育要为无产阶级政治服务。在体育教育方面,就是主张以"阶级斗争和路线斗争为主课"的体育思想。

二、以"阶级斗争和路线斗争为主课"的体育思想的内容

以"阶级斗争和路线斗争为主课"的体育思想是"文革"中关于体育在教育领域发展思路的体育思想。时间始于 1967 年 2 月的"复课闹革命",主要内容反映在中共中央于 1967 年 2 月发出的《关于小学无产阶级文化大革命的通知(草案)》《关于中学无产阶级文化大革命的意见(草案)》《关于大专院校当前无产阶级文化大革命的规定(草案)》三个文件中,核心思想就是在大学、中学和小学中高年级实行军训。第一,学校取消班级建制,改为军事建制。将师生统一按班、排、连、营建制编队,设连队委员会、政治辅导员等,实行军事化。第二,将体育课改为"军体课"。军体课教学的主要内容是学习军队的常规、队列、投弹、刺杀等简单动作。认为原有体育课教学内容属于"资产阶级教育"的范畴,教师的体育课教学只能与军训有关。第三,"军体课"的教学目的和任务是以阶级斗争为纲、突出政治。1970 年北京市的军体课教材将其表述为:高举毛泽东思想伟大红旗,突出无产阶级政治,培养学生成为坚强的无产阶级革命事业的接班人;以阶级斗争、两条路线斗争为纲,彻底批判反革命修正主义路线,提高学生阶级斗争和两条路

线斗争的觉悟;向解放军学习,培养学生"一不怕苦、二不怕死"的革命精神,加强组织纪律性,掌握一定的军事体育的基本知识和技能,增强体质为参加三大革命运动服务。

三、以"阶级斗争和路线斗争为主课"的体育思想的评价

作为"文革"初期的以"阶级斗争和路线斗争为主课"的体育思想是特定历史条件的产物,它是中国现代体育思想史传承演进进程中的严重倒退,使体育思想特别是体育教育思想的畸形发展达到了登峰造极的地步。第一,将体育教育完全政治化。体育教育成为政治的附庸。第二,无视体育教育自身发展的规律,在政治挂帅的名目下,在紧密结合战备,带有敌情观念的主张下被"军事化"了。

第二节　"为无产阶级斗争服务"的体育思想

一、"为无产阶级斗争服务"的体育思想产生的历史背景

"文革"10年,崇尚的是斗争哲学,在国际上,同帝国主义斗争,反修批修。在国内,同走资本主义道路斗争,批判封资修。在社会发展各个领域及各项工作中,突出政治,大搞政治挂帅。在体育与政治的关系上,整个"文革"时期,突出政治,把政治挂帅作为衡量体育发展的最主要标准,使政治对体育的干预严重地超越了一定的"度",消极作用甚大。到了"文革"中后期,我国体育事业面临的局面是,"文革"初期被"砸烂"的体育管理组织已经恢复,

但来自各方面的干扰和破坏还相当严重。一方面,体育队伍,尤其是竞技体育队伍由于受"文革"初期的严重冲击,多年中断比赛和有效的训练,竞技水平明显低下。另一方面,政治形势的变化,特别是"乒乓外交"的成功,竞技体育如何发展,是体育思想者所面临和思考的问题。所以,在此复杂的局面下,体育思想既受极左思潮为主流的思想的支配,又有极力挣脱羁绊的冲动和欲望,进而形成了这一时期特有的体育思想。"为无产阶级斗争服务"的体育思想正是在这一背景下形成的。

二、"为无产阶级斗争服务"的体育思想的内容

"为无产阶级斗争服务"的体育思想主要表现在竞技体育领域,时间起始于 1972 年,中间经历了"文革"中后期。这一体育思想是在"为无产阶级斗争服务"的前提之下,发展竞技体育的一次有益探索。第一,"为革命攀登技术高峰"。随着"乒乓外交"的成功,我国体育对外交往活动在中断多年后又频繁起来。但此时体育队伍的涣散,竞技水平的低下,已经成为竞技体育走出国门的障碍。因此,在当时的政治环境下,话语逻辑的表达方式为:基于为加强同"世界各国革命人民的交往"之需要,维护和彰显经过"文化大革命战斗洗礼"及取得"文化大革命胜利成果"的国家形象,提高技术水平,恢复和组织专业队伍训练,业已成为体育"为无产阶级斗争服务"的一项迫切任务。1972 年后,在《新体育》复刊后发表的《为革命攀登技术高峰》等文章里,尽管仍以政治挂帅为前提,但在体育与政治的关系的论证上,指出二者是辩证统一的关系,我们的运动员不但要政治水平高,而且要业务水平过硬,要提高业务水平,必须加强训练,钻研技术。第二,"加强体育队伍组织性、纪律性"。针对"文革"以来极左思潮泛滥对体育组织管理

的严重冲击,进而形成的无政府局面,1972 年后,体育思想界的声音已经悄然变化。认为体育工作要更好地贯彻毛主席的革命体育路线,实现"体育为无产阶级斗争服务"的根本任务,就必须彻底批判无政府主义,消除无政府主义对体育事业的影响和破坏,保证体育组织管理系统的正常工作,保证体育训练秩序有条不紊。在这一思想的影响下,体育组织管理系统和体育训练队伍得以恢复和正常工作,并在"文革"这个困难条件下取得了一些成绩。第三,在提高体育竞技水平的路径上"严格训练、严格要求"。在1973 年到 1975 年的 3 年时间里,尽管在政治氛围上极左思潮依旧很浓,但以周恩来为代表的一些领导人及部分体育工作者在有限的空间内为纠正错误思潮做出了积极努力。同时,这一时期的体育发展在客观上又面临着新的形势和课题。发展"乒乓外交"成功后我国体育对外交往的好形势,迎接第三届全运会,恢复我国在亚运会上的合法权利等。在此主客观条件下,竞技体育的发展光靠"空头政治"是解决不了问题的声音发了出来。1973 年 12 月下发的《全国训练工作纪要》指出:其一,要贯彻"严格训练、严格要求"的发展原则,努力提高训练素质。其二,争取科学的训练方法和手段,把革命干劲和科学求实精神结合起来。其三,教练员不仅要思想革命化,还要不断提高科学和知识水平。其四,在训练方法上,要贯彻"百花齐放,百家争鸣"的方针。

三、"为无产阶级斗争服务"的体育思想的评价

应该说,"为无产阶级斗争服务"的体育思想是在"文革"畸形年代里,在特定时空条件下所表现出来的特殊的体育思想。这一体育思想表明了两种不同趋向的斗争和交织。一方面,突出政治,体育为"无产阶级斗争服务"是大前提,是左右各个领域、各项事

业发展的"纲",是控制其他思想的总体发展的主流思想。另一方面,在体育如何"为无产阶级斗争服务"问题上,在特定的主客观条件下,又有不同的表现形式。既可以用形而上学的思维方式解读"为无产阶级斗争服务",那就是不要技术,不顾及业务素质的高低,"文革"前半期的表现就是明证。另一种解读方式就是运用辩证的思维方式解读"为无产阶级斗争服务",那就是将体育与政治,思想觉悟与业务水平辩证地看待,不仅要突出政治,还要尽快提高业务水平。可以说,"文革"中后期的"为无产阶级斗争服务"的体育思想在一定的意义上有其积极与合理的成分,在有些方面的探索是在浓重阴影笼罩之下闪烁出的一线光亮,对于中国现代体育思想的传承演进而言,从对极左思潮有限度的抵制方面看,有一定的积极价值。

第三节　"文革"中的"乒乓外交"思想

"文革"10年,我国外交事业在曲折之路上艰难行进。从总体上看,可概括为"前忧后喜","文革"前半期,国内极左思想猖獗,外交工作的正常秩序被严重冲击,国际上,中苏关系全面交恶,主要资本主义国家与我国的敌对关系依旧。进入1970年后,在中美苏大三角关系中,美国由于深陷越战泥潭难以自拔,出于对自身国家安全的考虑,在国际政局上由攻势转入守势,并希望借助中国的力量来牵制苏联。于是,中美关系悄然回暖,毛泽东等国家领导人注意到了这一迹象,及时地调整了外交政策,提出了"一条线"、"一大片"的联美反苏的外交政策。1972年,中美关系开始了破冰之旅,中日邦交正常化之后,主要资本主义国家亦同我国建立了大使级的邦交正常化关系,中国外交关系的大门终于打开。显然,这些成绩的取得,是与以毛泽东、周恩来为代表的老一辈革命家的积极努力和我国经济社会的发展使国际地位的提高分不开的。同时,在"体育为社会主义外交服务"思想的主导下,体育工作为外交事业的发展做出了相当成绩。主要是"乒乓外交"的运作成功,成为共和国外交史和体育发展史上的盛事,由此也形成了"乒乓外交"的体育思想。

一、"乒乓外交"的体育思想产生的历史背景

历史发展到20世纪70年代,我国处在一个极为特殊的时空环境之中。在国际上,新中国成立初期主要资本主义国家对我们的经济封锁和政治歧视并未改变,60年代之后中苏关系又全面紧张,形成了中苏、中美、中日等的双边关系处于极其不正常状态。虽然中美关系和中日关系有些松动的迹象,但都没有实质性的好转。基于此,打破中国同这些国家关系的僵局,在外交上寻求一个有利的时机和突破口,是第一代领导人面临的一大难题。在国内,"文化大革命"正当其时,"左"的思想意识正浓,各行各业大搞"斗、批、改",体育工作几近瘫痪,1967年、1969年的第29和第30两届世乒赛我国都没有派队参加。1971年初,日本乒乓球协会主席,日本爱知工业大学校长后藤甲二先生来北京访问,盛情邀请我国派队出席将于1971年3月28日至4月8日在日本名古屋举行的第31届世乒赛。在我国是否派队出席问题上,党和国家领导人十分关注。毛泽东同志做出了"我队应去"的指示。此后,在毛主席、周总理亲自指挥下,创造性地运用"乒乓外交"打开了中美关系的大门。

二、"乒乓外交"的体育思想的内容

"乒乓外交"是在 20 世纪 70 年代初叶,错综复杂的国际形势下,中美两国领导人对国际形势的正确判断及寻求改善两国关系的前提下,以中美乒乓球队互访为形式,借此实现两国高层对话为实质内容的。时间为 1971 年 4 月 10—18 日美国乒乓球队访华至1972 年 4 月中国乒乓球队回访美国。过程为邀请美国乒乓球队访华的前奏阶段:亚乒联主席后藤甲二先生力邀我国派队参加 31届世乒赛,毛主席做出"我队应去"的决策——在 31 届世乒赛上,美国乒乓球代表团官员做出了要访问中国的暗示——中美两国乒乓球队员的奇遇并被赋予了政治涵义——毛主席决策,邀请美国队访华。"小球转动大球","乒乓外交"的实现阶段:在美国队访华的同时,美国政府采取了"五个对华政策新步骤",结束了长达20 年的对华贸易禁令政策。高度评价了"乒乓外交"。尼克松总统发出了本届和下届政府将致力于美中关系正常化的长远目标,使大陆中国与世隔绝的状态结束的信息——中国政府抓住了这一契机,周总理开启了"巴基斯坦渠道",向尼克松总统发出了"愿意公开接待美国总统特使基辛格博士,或美国国务卿甚至总统本人来北京商谈"的信息——1971 年 7 月美国总统特使基辛格秘密访华,1972 年 2 月尼克松总统正式访华,与中国政府缔结了具有历史意义的《中美上海联合公报》,中美关系翻开了新的篇章。

三、"乒乓外交"的体育思想的评价

"乒乓外交"形式在"乒乓",内容在"外交"。它是新中国成立后在体育界、外交界的一次重大且令人称颂的事件,它是通过体育的方式解决了令高层领导人头痛和棘手的且具有全球效应的政治外交问题。这一典范事例说明,体育在促进世界和平、沟通世界各国人民的相互了解增进友谊、体育在为政治服务,为外交服务的桥梁与纽带作用,在"乒乓外交"带动下,20世纪70年代中国对外关系有了重大突破和发展,中国先后同70个国家建立了外交关系,基本完成了同西方国家的建交过程。中国对外关系的发展,表明中国的国际地位有了明显的提高。从此,"乒乓外交"以一个人民之间的友谊促动国家之间的交流与和解的成功典范而载入了史册。

小 结

"文革"10年,是我国经济社会发展上全面倒退的10年。在主流体育思想方面,一是"以阶级斗争为纲"的意识形态主导之下的,表现为"左"的色彩上升为极致的体育思想;二是取得较好效果的体育外交思想。此外,其他体育思想也得到了相应的展现,主要是竞技体育思想、国防体育思想和学校体育思想。一方面,这些体育思想在当时的时空条件下,无疑具有"左"的色彩;另一方面,这些体育思想对于体育发展的某些具体问题也进行了一些有益的探索。所以,总结这一时期的其他体育思想,分析成因、界定内涵、评价功与过和是与非,需要具体问题具体分析。

当共和国走过60年风雨历程之后,站在一个新的制高点上如何重新审视60年所走过的路,并对其做出客观、公正的评价,尤其是对改革开放前30年、特别是对"文革"10年的评价,已经是一个必须正视的课题。诚然,1981年11月的中共十一届六中全会发表的《中共中央关于建国以来党的若干历史问题的决议》对新中国成立后32年的历史做了总体的评定,可作为我们评价历史问题的纲领性文件,但是,有两个问题值得我们思考和研究:第一,在对某些特定阶段的总体评价前提下,对这一阶段的某些具体问题缺乏实事求是的具体分析,往往以总体规定来界定具体问题的对与错和是与非;第二,"当今中国社会上有相当一些论著为了论证改革开放的必要性和伟大成就,对前30年采取历史虚无主义态度、或者片面地只讲失误或不足、甚至是用歪曲或诬蔑的手段进行基本否定、割裂、扭曲改革开放前后两个30年的继承和发展关系。这对于我们科学认识新中国60年的历史发展,从而总结历史经验教训把握有关历史发展规律是非常有害的"。[2]上述两方面的问题对于"文革"10年的研究上表现得尤为严重。应该说,在"文革"10年我国体育思想的传承和演变上,以"文革"是10年浩劫,是我们党、国家和民族的历史的大倒退来定调子是正确的,但对于某些具体的体育思想及其传承和演变采取一概否定的做法也是缺乏实事求是态度和精神的。本书认为,我们对"文革"时期体育思想的内涵、意义和影响研究的还不够深入。"文革"时期体育思想方面有许多资源有待挖掘,只有将共和国61年作为一个整体来看待,才能相对客观、公正地把握这一时期体育思想及其传承和演变,也才能还历史的本来面目,并总结经验、汲取教训,以利于我国体育思想健康、科学发展。

注　释

1　《中国大百科全书》(简明版),中国大百科全书出版社,1998年,第5066页。

2　曹雷、程恩富:《新中国60年经济发展是一个辉煌整体》,《军队政工理论研究》,2009年,第8期。

第 八 章

拨乱反正和探索时期的体育思想

所谓"拨乱反正和探索时期",其涵义是:第一,时间大致界定在 20 世纪 70 年代末至 90 年代中期;第二,其内容界定是指体育思想领域对"以阶级斗争为纲"、"体育为政治服务"的极左体育思想的批判,新时期主导体育思想的逐步确立,其他体育思想争相出现,对现代体育一系列重大问题的深入探索;第三,其主体界定主要包括两个方面,一方面是党和国家领导人及国家体育事业领导者,另一方面是职业体育思想家和体育教育家。本书之所以将这一时段中国现代体育思想的传承与演变界定为"拨乱反正和探索时期",理由在于:1978 年 12 月,党的十一届三中全会胜利召开,彻底否定了"文化大革命"的极左路线,否定了以阶级斗争为纲,揭开了全面拨乱反正的序幕,从而使我们的国家走上了以经济建设为中心的正确发展道路。

中国现代体育思想在这一时段的传承与演变,一方面是对极左体育思想的拨乱反正,一方面是对现代体育思想的探索,而这两方面却又是相伴相随的,这种状态从 1978 年开始,一直持续到 90 年代中期。1976 年 10 月 6 日,粉碎了"四人帮",从形式上宣告了"文化大革命"的结束,但实质上以阶级斗争为纲、以两个凡是为基本原则的"左"的思想路线和政治路线并未真正退出历史舞台。直至1978年12月党的十一届三中全会的召开,才正式宣告了"左"的思想路线和政治路线的终结。因此,在政治、经济、文化等领域,拨乱反正是从党的三中全会开始的到80年代上半叶基本结束了。然而,在体育思想领域,与拨乱反正相伴随的,是对现代体育思想的探索,拨乱反正虽然在较短时间内基本结束了,但围绕着体育思想领域几个重大问题的思想探索却一直持续到90年代中期(呈现为两个小的阶段,前一个阶段重在拨乱反正,后一个阶段重在思想探索),因此,本书将这两个阶段合并在一起,并称为拨乱反正和探索时期。

由于思想解放,新中国的体育,在经历了30年的实践、探索和曲折之后,同我国的其他各项事业一样,重新焕发了青春的活力,走上了一条新的发展道路;与此同时,在体育思想领域,也同其他思想领域一样,开始了新的探索,人民体育思想获得了全新的发展,其他体育思想如雨后春笋,纷纷登上体育思想的舞台,这一时期的体育思想呈现出行欣欣向荣、百花齐放、百家争鸣的繁荣景象。就体育领域整体而言,在全国范围内有重大影响的体育思想,主要有体现在党和国家有关新时期体育工作的方针、政策、法律之中的主导体育思想、真义体育思想、大体育思想、体育属于自然科学思想等;就学校体育领域而言,在全国范围内有重大影响的体育思想主要有体质教育思想、快乐体育思想、整体效益体育思想等等。我们首先还是按照这一历史时期中国体育思想发展的两条基本脉络——主导体育思想和其他体育思想,做如下阐述。

第一节　主导体育思想

一个国家,在其经济和政治健康而稳定发展的状态下,其意识形态领域,必然会形成一个居支配地位、发挥主导作用的思想理论体系。体育思想领域也不会例外。在党的解放思想、实事求是、以实践检验真理和发展真理的思想路线的正确指引下,关于体育的本质、特征、功能、价值、目的、发展方向等一系列理论和实践问题上,我们的党和国家必然会在总结实践经验的基础上,吸收借鉴前人和外国先进体育思想,提出更为科学、更为系统的体育思想来指导中国体育事业的发展。当然,这一主导体育思想的形成并不是一蹴而就的,而是一个不断丰富、不断深化、渐进发展的过程。

所谓主导体育思想,是指由党和国家确认的,在体育思想领域和体育领域占据支配地位、发挥全面指导作用、直接贯彻到国家体育工作之中的体育思想。这一时期我国体育思想领域中的主导体育思想的主要提出者,是作为党的第二代领导集体的核心的邓小平同志和作为党的第三代领导集体的核心的江泽民同志。由于其内在精神实质和脉络是一脉相承的,我们将其统称为邓小平体育思想。邓小平体育思想的主要内容是对体育的本质、目的、功能、价值等基本理论问题的认识和对体育发展方针、战略的定位,邓小平体育思想的表达形式,则主要是党和国家有关体育工作的一系列文件、党和国家体育事业领导者的讲话和报告,以及一系列法律法规。这些文件的法律法规主要有:1982 年《中华人民共和国宪法》(有关发展体育事业的原则性规定),1984 年中共中央《关于进一步发展体育运动的通知》等。主导体育思想的基本内容,主要包括如下几个方面。

一、关于体育的本质、功能、目的

邓小平及其代表的党的第二代领导集体,并没有对体育的本质、功能、目的等有关体育的基本理论问题提出具体的认识性论断,但是,这决不妨碍我们可以从他们有关体育工作的指示、党和国家的有关文件法律法规中归纳和抽象出他们对这些问题的深刻认识。

在我国刚刚进入新的万史时期后不久,邓小平同志就创造性地指出了"体育是精神文明建设的重要方面"[1]的英明论断。邓小平同志的这一英明论断,深刻地揭示了体育的本质、功能和目的。

首先,邓小平同志的这一论断将体育的本质定位于精神文明范畴。体育,作为人类的一种活动,主要具有三个基本特性:自然性(或说身体性)、社会性和文化性。体育,是人的一种活动,是人的身体的活动,人的身体具有自然属性,身体活动当然是一种自然性的活动,具有自然性;任何一项体育活动都不是单个人的孤立的活动,而必然是发生在一定社会组织内部的活动,其活动过程也必然包含着人与人之间的交往和社会组织的参与,体现着人的社会属性,从而具有社会性;体育在人的一切活动之中,不能将其划归为经济活动,也不能将其划归为政治活动(这与体育在特定历史条件下具有经济意义和政治意义是两个不同层次的问题,不能混为一谈,这就好比人的吃饭活动在特定条件下也会具有经济意义和政治意义,但决不能将人的吃饭归属于经济活动和政治活动),而应将其划归为文化活动,具有文化性。那么,作为一种文化活动,体育理所当然属于精神文明范畴。

其次,邓小平同志的这一论断高度概括出体育在整个社会进步发展系统中的地位和功能。人类社会进步到今天这个时代,其发展的全部内容无外乎物质文明、精神文明、政治文明、社会文明和生态文明,物质文明反映着人类或人们在物质资料的生产和生活领域的进步、发展的成果,政治文明反映着人类或人们在政治领域(民主与法治)或公共治理领域的进步、发展的成果,社会文明反映着人类或人们在社会(狭义的)生活、社会交往领域的进步、发展的成果,生态文明反映着人类或人们在处理自身与自然之间关系领域的进步、发展的成果,而精神文明则反映着人类或人们在精神生产和精神生活领域的进步、发展的成果。体育,其终极的动因和归宿是人的精神自由、精神快乐,是通过体育锻炼或体育竞赛的形式,通过强身健体或娱乐自己、娱乐大众这一直接目标的实现,去追求人类精神的一种解放和发展,显然体育属于精神文明的范畴,体育事业的发展属于精神文明建设的一个方面。

再次,邓小平同志的这一论断精辟地揭示出了体育的目的。人的任何活动都是有目的的,物质资料生产的目的,是为了满足人的物质生活需要,民主法治建设的目的是为了满足人的安全、平等、公正、主体参与、政治表达自由的需要。体育作为人的一种文化活动,则是为了满足人的健康长寿和身心愉悦的精神需要。邓小平同志将体育归结为精神文明建设的范畴,正是基于这样的思考。

二、关于体育的任务、方针和发展战略

(一)关于新时期体育工作的任务

邓小平同志曾就体育工作的任务指出:"毛主席向来主张,体育方面主要是群众运动,就叫'发展体育运动,增强人民体质',就是群众性问题。当然,这就是广泛的群众体育运动。体委应该主要在这一方面要搞好。"[2] 从中,我们不难看出,邓小平同志继承了毛泽东同志"发展体育运动,增强人民体质"的人民体育思想,把我国体育工作的根本任务或说主要任务定位于群众性体育,即发展体育运动,增强人民体质。邓小平同志在一次接见外国来宾时,曾就这一问题进一步阐述道:

> 过去西方有人称中国是"东亚病夫"。中国的体育过去

很差,是在中华人民共和国建立以后才开始的。现在的体育,可以说完全是开始,开始搞群众性的体育运动。毛主席发出了'发展体育运动,增强人民体质'的号召,也可以说是个群众运动,体育正是个群众性的东西。[3]

邓小平同志还曾谈到:

> 现在看来,体育运动搞得好不好,影响太大了,是一个国家经济、文明的表现,它鼓舞了这么多人,吸引了这么多观众、听众,要把体育搞起来。[4]

邓小平同志的这些话,不仅强调了体育在社会主义现代化建设中的重要性,也从另一角度强调了体育的群众性、人民性。

党的第二代领导集体之所以将"发展体育运动,增强人民体质"作为体育工作的根本宗旨或基本任务,其理论和实践的依据是十分充分的。曾任国家体委主任的伍绍祖同志曾就这一问题发表了深刻的论述。伍绍祖同志认为:

> 第一,"把增强人民体质作为体育工作的基本任务,就是坚持马克思的唯物论。马克思主义哲学认为,物质是第一性的,这是哲学的基本问题。这一基本问题反映在人的发展问题上,就是强调体质的基础地位"。

> 第二,"把增强人民体质作为体育工作的基本任务,就是坚持党的基本路线,坚持体育为社会主义服务的大方向。体育事业是我国社会主义现代化建设事业的重要组成部分,体育工作是党和政府工作的重要内容。因此,体育工作必须从当前社会主义建设事业的大局出发,服务于大局的需要和要求。特别是在当前,我国国民经济和社会发展正处于一个非常关键的重要时期,这一时期工作的好坏,将直接关系到我国

以什么样的姿态进入21世纪。体育工作更要自觉地、坚决地贯彻党的基本路线,坚持为社会主义建设服务的大方向"。

第三,"把增强人民体育作为体育工作的基本任务,就是坚持贯彻党的一切为人民服务的根本宗旨。为什么人的问题,是一个根本性的政治原则问题。全心全意为人民服务,为人民谋幸福,是我们党的唯一宗旨。特别是十一届三中全会以来,在邓小平建设有中国特色社会主义理论指导下,党和政府把'着眼于人民群众'提到了社会发展本质的高度,多次强调'经济和社会发展要以实现人的全面发展作为出发点和落脚点'"。"目前人民群众在众多的需求中,摆在第一位的就是'健康'。这些,都要求我们的体育工作,必须要把人们的利益和需要摆在第一位,想人民之所想,急人民之所急,办人民需要我们办的事"。

第四,"把增强人民体质作为体育工作的基本任务,是整个体育事业发展的前提和重要保障,体育事业的核心是体育活动,体育活动的主体是群众性的健身活动,在此基础上,产生了体育竞赛,并发展成为高水平的竞技体育。它一方面发挥着巨大的超出体育本身之外的社会功能、经济功能、政治功能,又强有力地推动着群众体育的发展,形成了体育事业的良性循环,健康发展。而这一切的根本,就是增强人民体质。只有人民体质真正增强了,我国竞技体育才有坚强的后盾,运动技术水平才可能有本质的提高,才能更好地发挥上述作用,才能更好地推动群众体育的发展,我们的体育事业才能真正出现蓬勃发展的局面"。

第五,"把增强人民体质作为体育工作的基本任务,是我们党的三代领导集体的核心毛泽东、邓小平、江总书记对体育工作一贯和一致的要求"。[5]

如果我们用党的第四代领导集体的观点认识和论证这一问题,那就是社会主义一切事业的建设和发展,都必须坚持以人为本,而人首先是自然人,是生命有机体,以人为本首先要保证人的生命的长久和身体的健康,那么,作为本身就是以人的身体运动为内容的体育,其基本任务必然也必须是增强人民体质。

(二)关于体育工作的基本指导方针

"体育工作的基本指导方针是什么? 就是普及与提高相结合,群众体育与竞技体育协调发展"。[6]

关于体育工作的基本指导方针,改革开放以后,作为党的第二代领导集体核心的邓小平同志,继承和坚持了毛泽东同志提出的"在普及基础上提高,在提高指导下普及"的思想。早在"文革"还没有结束、邓小平主持中央工作期间,他就说:"毛主席在延安文艺座谈会讲话中所阐明的,在普及基础上提高,在提高指导下普及。体育也是这个问题嘛! 没有广泛的群众体育运动,就没有雄厚的基础,好的选手就选不出来。当然,整个国家水平要提高,要在提高指导下普及,这也是不可缺少的,这是对立的统一。"[7]80年代初,他还专门写了"提高水平,为国争光"的题词。邓小平同志的这些指示,为改革开放之后的体育工作的拨乱反正、确立正确的指导方针奠定了基础。在实践中,邓小平同志一方面高度重视群众性体育事业的发展,把群众体育看作是体育工作的根本任务。同时,他又十分重视竞技体育事业的发展,为我国竞技体育"冲出亚洲、走向世界",起到巨大的鼓舞作用,实践证明,竞技体育在新时期的巨大成就,影响并带动了群众体育的发展,鼓舞了人民群众参与体育运动。国家体委在实践的基础上,80年代提出了全民健身和奥运战略,并要求在实践中把这两者协调起来,80年代末90年代初又提出了群众体育与竞技体育协调发展的方针,1995年又将这种思想写进了《中华人民共和国体育法》,从而用法律的形式明确的加以确定。群众体育与竞技体育协调发展的方针使新时期体育工作在这两方面相辅相成、相互促进,取得重大成绩,从而成为完成增强人民体质这一基本任务的根本法宝,成为建设有中国特色社会主义体育事业的基本方针。

关于普及与提高相结合、群众体育与竞技体育协调发展这一方针的内容,特别是对处理好群众体育与竞技体育二者之间的关系,伍绍祖曾作了如下详细的阐述:[8]

首先,要辩证地看待二者之间对立统一的关系。

前面我说过,体育工作的主体是群众体育和竞技体育两方面,并且阐述二者之间的关系,尽管两者在社会目的、表现形式等方面存在诸多的不同,但它们不是天平的两端此起彼落,也不是机械的拼合,油水分离,而是相互依赖、相互渗透、相互支援、相互促进、缺一不可的。正如小平同志曾经讲过的:"没有广泛的群众体育活动,就没有雄厚的基础,好的选手就选不出来。当然,整个国家水平要提高,要在提高指导下普及,这也是不可缺少的,这是对立的统一。"这就从辩证法的角度说明了两者的关系。

其次,要用历史的、发展的眼光来看待二者之间的关系。

从体育的历史发展过程看,先是有了群众性的体育活动,以后人们逐渐发现通过竞赛,可以提高运动或观赏的兴趣,更有效地提高运动能力和水平,于是初步产生了竞技活动。以后,人们又认识到这种竞赛的教育作用,如比赛能够刺激儿童的积极性,这就有助于他们掌握动作并提高成绩,增强教学效果。社会上各种比赛活动多了，更高一级的比赛又产生了，发展下去就演变成今天高水平的竞技体育。所以我说竞技体育是在群众体育的基础上发展起来的，是群众体育的多种形式当中的一种发展起来的。

高水平的竞技形成后，在政治的、商业的、国家的、民族的等种种外因的刺激下，竞争因素受到强化，于是开始向另一个方向发展，或者说向体育本质方面转化。这就使它的个性化特征日益明显，它不再以健身、健康或娱乐为目的，而是以取胜为目的，争取第一为目的了。为了争第一，有的时候不惜牺牲身体健康，这就走向反面了。

虽然竞技体育的目的发生了变化，与群众体育不同，但不能说因此就毫无联系了，甚至排斥在体育之外。其实，竞技体育与群众体育也是相对来说的。比如，下一级的竞技体育就可以看成是上一级的群众体育，上一级的群众体育也可以被看成是下一级的竞技体育。群众体育除自娱自练外，有很多也是搞比赛活动的，这样才能把群众体育推动起来。比如幼儿园里搞比赛，用来调动小孩们对体育活动的积极性，这就是竞技体育，然后发展成高水平的竞技，国家队、省队等。因此，尽管竞技体育和群众体育在主观目的上不同，但在客观上有着内在的、历史的联系，它们之间还有许多共性的东西，如比赛的方式、场地、规则，运动的内容、姿势、技术等等。

正因为群众体育与竞技体育之间有这些客观的、内在的联系，所以，二者之间的目的虽然不同，但在实现各自目标时，所产生的效应可以在一定程度上相互转化，相互促进。例如，竞技体育发展了，夺取了优胜，一方面提供了大家运动的兴趣，提高了群众的体育意识，另一方面则产生很大的社会效益,这种社会效益又可以反过来推动整个体育事业的发展,如提供设施,提供辅导,提供人才,提高群众的体育意识等等,营造一种良好的体育气氛,带动群众体育的发展,增强人民体质。这种转化就使竞技体育的目标指向了增强人民体质的根本目的。

最后,我们在看待二者之间的关系时,还要坚持"两点论"和"重点论"。

"我理解,两点论就是要两手抓,两手硬,协调发展;重点论就是体育工作整体要突出增强人民体质这个重点,群众体育、竞技体育都要服务于这个大目标。这是因为,突出了体育为增强人民体质这个大目标,并不意味着社会减少了对体育实现社会多种需求的其他目标的需要,更不是仅仅根据这个范围来限制发展体育事业的规模,把其余部分肢解开或排斥出体育范畴。一项社会事业发展的规模和水平,主要受到社会的制约,而制约的效果往往取决于社会的性质和能力以及社会对这项事业需要的程度。我国是发展中的社会主义国家,它的性质决定了国家要促进体育事业的繁荣和发展,随着经济的发展,就有更大的能力发展体育事业,并将它纳入最大限度发挥其功能以满足人们多种需要的轨道。从李鹏总理的讲话中,就体现出这种要求。体育工作要两手抓,两手都要硬,这才是体育发展的整体观、协调观。通过协调发展,提高体育适应社会多种需要的综合能力,才能更好地为社会服务,最终达到体育为增强人民体质和人的全面发展的大目标。这就是良性循环。因此,我们在工作中,不能只顾眼前利益,不能搞片面性,采用一些拆东墙补西墙的短期行为方式,或以牺牲某一方面的代价换来另一方面的发展。竞技体育搞砸了,单打一地只搞群众体育,群众体育是搞不上去的,就像单打一地只搞竞技体育,竞技体育搞不上去是一样的道理。"[9]

中共中央、国务院《关于进一步加强和改进新时期体育工作的意见》中对新时期体育工作方针提出了"四个坚持",伍绍祖讲的关于体育工作的基本方针只是其中的一点,即普及与提高相结合,群众体育与竞技体育协调发展,二者是不是矛盾呢? 我们认为,二者并不矛盾。一则,伍绍祖讲这一问题时,是在 1996年,而《意见》发出的时间是 2002 年,这是说明党和国家对新时期体育工作方针的认识更加丰富、更加全面了。二则,伍绍祖讲的是新中国成立之后党和国家关于体育工作的贯穿始终的基本方针,而《意见》所强调的"四个坚持",是新时期的体育工作方针。其中,仍然包括普及与提高相结合,群众体育与竞技体育协调发展。

(三)关于体育事业的发展战略

战略一词,来自于军事学。最早对"战略"这一概念之内涵和外延作出科学界定的是 19 世纪德国著名军事理论家克劳塞维茨。他说:"战略是为了达到战争的目的而对战斗的运用。"此后,许多军事理论家还从不同角度阐释了战略的内涵。综合起来,所谓战略,无外乎是指战争中的"略",是如何实现战争最终目的谋略,是一种高瞻远瞩的统帅之略,是关于战争全局的大略。作为战略,其构成的要素,一般来讲应包含如下六个方面:战略目标、战略指导思想、战略方针、战略重点、战略步骤、战略对策(具体策略)。现在,战略一词的使用已远远超出了军事的领域,而被广泛运用于经济、政治、文化等各个领域。如此推论,体育的发展战略,则是决策者对于相当长远的一个时期内体育事业的发展目标、指导思想、重点、步骤、方针、策略的整体思考和设计。从这一角度上讲，前边谈到的"发展体育运动，增强人民体质"，应属体育事业发展战略的指导思想，"在普及基础上提高，在提高指导下普及"则应属战略方针。本书此部分所讲的"发展战略"，则主要指体育事业发展的阶段性的战略目标和战略重点。从这个意义上讲，改革开放以来，党的第二代、第三代领导集体提出的新时期体育事业的发展战略主要就是"体育强国战略"。

　　关于体育强国战略，目前在公开出版物上所见到的解释性文字，都是把"体育强国"中的"强"字作形容词理解，即把实现或达到"体育强国"作为我国新时期体育工作在相当一个历史时段中的奋斗目标。本书认为，"体育强国"中的"强"字，还可作动词理解，把体育强国作为一个过程，即通过发展体育事业去促进全民族强身健体、增强体质，并以此达到振奋民族精神、增强民族凝聚力的作用，进而通过这一途径（当然还有其他途径，如发展经济、政治等更重要的途径）使中国走向世界强国。

　　体育强国这一战略，是 1985 年正式提出来的。提出之时，就提出者明确的主旨而言，当然是指前者，即是要使我们的国家成为体育强国。当时的国家体委主任李梦华对此曾谈道：

　　　　我说搞"体育强国"，并不是搞锦标主义，是使我们国家体育的普及面较广，提高较快，在国内、国际上都有很大的影响这样一个目标。我们提出来把我们国家建设成"体育强国"的几条标准是：普及城乡体育运动，达到世界第一流的运动技术水平，建设现代化的体育设施，拥有一支又红又专的体育队伍，成为世界体育强国。

本书之所以提出对"体育强国"做两种理解，理由在于：建设体育强国的过程,本身也是通过发展体育运动,增强人民体质、振奋民族精神、增强国家影响力的过程。改革开放之后,党和国家之所以提出"体育强国"战略,其主要的根源有两点:第一,是源于新中国第一代、第二代领导人老一代体育领导人对"东亚病夫"和新中国有着极为深刻的印象和心理感受。受这种心态驱使,总希望通过提高运动成绩来证明我们不再是"东亚病夫";第二,是源于改革开放的良好契机,体育领导人在思想上想尽快地把"文革"后造成的损失补回来,因此有一个比较高的期望值。

正是基于上述几个方面因素的思考,党和国家制定了奥运战略,与体育强国战略相互映衬、相互作用、相互依存、相互促进,极大地推动了二十多年来我国竞技体育的飞速发展,同时也有力地推动了群众体育广泛而深入的开展,使我国的体育事业呈现出欣欣向荣、令人振奋的大好局面。至 2007 年,我国共获得 2162 个世界冠军,改革开放以来获得 2132 个,占总数的 98.6%。80 年代所获冠军数,占新中国成立至 80 年代末总数的 90%。"以上这些说明了随着改革的进程,体育发展的步伐越来越快,运动技术水平日益提高。北京奥运会就是改革开放最亮丽的硕果"。北京奥运会成功举办的深远意义,并不仅仅限于中国体育事业发展辉煌成就的展示以及改革开放 30 年中国经济、政治、文化、社会发展辉煌成就的展示,而更重要的是让世界深入全面的了解中国,从而促进中国与世界更进一步的沟通、协作,共同发展人类的和平和进步事业。

对于体育强国战略或体育强国这一口号,近些年来,体育界、舆论界一直有异议。主要有两点,一是认为这一战略、口号是错的,发展体育运动既然是为了增强人民体质,就不应建设体育强国;二是认为这一目标定的太高,即使到了今天、即使我们在北京奥运会上拿了金牌总数第一,我们在世界上仍然算不上体育强国。本书认为,前一方面的异议是站不住脚的。党和国家提出"体育强国"的战略、口号没有错。只要我们正视现实,看到我国在某个体育项目上取得辉煌成就之时,其对国人的巨大鼓舞作用,我们就不难理解共和国老一代体育领导者提出"体育强国"战略、口号的良苦用心和这一战略、口号的现实价值了,当然,也就不会对这一战略的提出予以质疑和否定了;后一方面的异议问题是有一定道理的。时至今日,中国可以称得上一个体育大国,正在向体育强国迈进。

第二节　其他体育思想

所谓其他体育思想,在此特指改革开放以来体育思想界关于体育的本质、功能、价值、目的以及发展方针、发展战略等一系列基本理论问题的、在国家体育事业中居非支配地位、发挥非主导作用的思想认识或理论见解。

党的十一届三中全会后,我国实行了解放思想、实事求是、用实践去检验真理和发展真理的思想路线,极大地推动了各领域的思想解放和理论探索,体育领域亦是如此。体育界特别是体育思想界的广大学者,摆脱了"左"的思想束缚,冲破了形而上学、教条主义的樊篱,开始了对体育的本质、特征、功能、价值、目的和社会主义体育事业发展方针、发展战略等一系列重大问题的广泛而深入的理论探索,并针对上述这些问题提出许多不同的观点和理论,使我国新时期的体育思想领域呈现出一派百花齐放、百家争鸣的繁荣景象。这些不同的学术观点和理论,有的因其与占主导地位的体育思想有着明显的观点上的差异,不能为占主导地位的体育思想所承认,不能为党和国家在制定体育发展方针时所吸收;有的虽然在其内容中或多或少与主导体育思想相一致,并不同程度地被主导体育思想所承认,在国家制定体育发展战略时所吸收,但毕竟不同于当时国家决策层所提出的居支配地位、具有主导作用。所以本书将其一并称为其他体育思想。尽管如此,这些体育思想的提出,仍然具有重要的理论价值和现实意义。

一、"真义体育"思想

(一)"真义体育"思想的提出

所谓"真义体育",是指体育的本义是增强体质且仅仅是增强体质,有关体育的属性、本质、功能、价值、目的的其他一切内容,都不是体育的真义,都是附加性的,界定体育的本质、属性、功能、价值、目的,只能按体育的真义来界定,不应把其他附加内容包括在内。真义体育一词的来源,要追溯到1917年毛泽东在《体育之研究》一文中提到的"不知何为体育之真义"。不过,21世纪70年代之前并未使用"真义体育"一词,除了"体质教育"以外,最初时还使用了"科学体育"、"真正体育"[10]等词汇。随着体育概念问题探讨的深入,因"使得这一思想观点更趋明确、具体",而出现"真义体育"的说法。为此,1988年林笑峰在《体育学通讯》发表了《真义体育思想的演进》一文。改革开放之后,率先提出"真义体育"思想,即主张用"体质教育"代替"体育"概念的是徐英超。他认为:"体质教育是提高人体质量的教育。"[11]"真义体育"思想的"集大成者"则是林笑峰,自20世纪70年代末到80年代末,林笑峰著书立说,并发表了大量文章,反复、深入地论证"真义体育"观。

(二)"真义体育"思想的内容

关于"真义体育",林笑峰是这样说的:"我用'真义体育',是个说明用语,不是专门术语,我之所以使用它说明一些问题,是因为体育这个名词被广泛使用到许多场合,社会上出现了多种'体育',所以我常在文稿中用'真义'两个字来标注我之所指。"[12]林笑峰在他的诸多关于"真义体育"的文章中所阐述的思想之内容主要包括:

1. 体育就是身体的教育

体育的真义,确是身体的教育,体育是教育的一部分,即增强体质的教育。[13]

体育的本质要从体育跟德育、智育、美育的种类来确定。增强体质的就是体育的本质。德、智、体、美各育,它们之间有横向联系,有互相作用和互相包含的内容,即德育之中有智体美,智育之中有德体美,体育之中有德智美,美育之中有德智体;而在某一育中所包含着的其他几育的内容,不是该育的本质,唯有该育所特有的内容才是它的本质。体育中所包含的德智美各方面的内容都不是体育的本质,唯有'增强体质的'内容才是体育的本质。体育真义就在于增强体质,增强体质的教育就是真义体育。[14]

2. 体育与运动、健身文化、娱乐、竞技是有本质区别的

首先,林笑峰认为,体育不等于运动,运动也不等于体育。他说:

以前存在着运动就是体育、运动就是增强体质的错误习惯意识,认为运动等于体育,运动等于增强体质,而以体育、增强体质之名去搞运动化娱乐之实,把真正的体育和增强体质的事弄得名存实亡了。沿袭这种坏的传统习惯,将会导致运动也等于健身,还会以健身之名去搞运动之实。[15]

其次,林笑峰先生认为,体育也不等于健身,运动是健身的一

种手段,而且并非所有的运动都能作为健身手段,那些文化娱乐竞技运动多数不能作为健身手段,用作健身手段的只是那些简易的身体运动。现代科学证明,运动技艺(文化娱乐的运动技艺)对健身没有多大意义,运动健身的效果主要取决于适度的生理负荷(强度、频率、时间)。健身运动负荷价值阈是中小强度(运动中脉率110—140/分)。

　　健身运动,可以用运动文化娱乐竞技的形式,也可以不用,在大多数情况下是不用的,也不可能用。普通劳动者在工作和生活中,是用那些简易的身体运动去健身的,他们没有专项竞技运动训练、表演和比赛的条件,实际上健身运动也不需要像竞技运动那样去训练、表演和比赛。健身运动跟文化娱乐竞技运动,虽然同是身体运动,但它们之间有本质的区别,形式方法不同,目标要求也不同。娱乐竞技的那些运动,对健身是不适用的,健身运动需要有其自己的符合健身所需要的内容、形式、方法的体系。[16]

林笑峰认为,"健身和体育,它们之间好比学科和学科教育之间的关系是一样的。比如'医学＝医学教育'。若是用'医学教育'去作'医学'的代名词而忘掉了尚有真实'医学'的存在,以'医学教育'之名去搞舞蹈武艺,把'医学'打入冷宫隐蔽起来,没有真正的医生了,不搞医疗了,医院都搞成舞厅武场,快乐得很,这就糟糕了,中国12亿人口都很难生存。"[17]

"把健身(学科)和体育(学科教育)等同,这与把医学和医学教育等同起来的后果是一样的。把健身和体育等同起来,这等于健身被打入冷宫,空有其名,徒托空言。健身是体育之业,这跟'医学'是'医学教育'之业是一样的。真义体育不能无业,不能以运动为业,必须以健身为业。"[18]

再次,林笑峰认为,身体娱乐不是体育。他说:"身体娱乐(physical recreation)是欧美通用的词语,语源是拉丁语。身体娱乐与身体文化是近义词,而且很接近。"[19]"我国三十年代就有人把美国的身体娱乐译成体育,五十年代又把俄文的身体文化译成体育,这实际上是把欧美的全部身体运动文化娱乐译成了体育。认为运动文化娱乐活动是体育,这在我国已有七十年左右的历史,所以形成了固有的乃至僵化的概念"[20]。"因为我明确知晓外国的身体文化娱乐不是体育,所以我把标记外国身体文化娱乐的'体育'为非真义体育。"[21]

再其次,林笑峰还认为,竞技也不是体育。对此,他认为:"竞技不是体育,这在国际国内,都是不成立问题的。在我国,近十几年来,出现了把竞技注释为体育的情况。之后又有泛化,出现了'竞技体育'这一专门术语。经过查实得知,'竞技体育'这个词语是从法国 sportaelite(高级竞技)一语附会出来的,根本没有'体育'之义,把 spore(竞技)注释为体育,又把'sportd'elite(高级竞技)注释为'竞技体育,这完全是脱离其真义凭想象和捏造出来的。"[22]

(三)对"真义体育"思想的评价

林笑峰的"真义体育"思想,自上世纪70年代末提出,一直延续至上世纪末本世纪初,从中可见林笑峰对体育科学研究的执著精神,林笑峰的"真义体育"思想,对人们关于体育本质的认识的探索和深化,对体育学科的发展,也是做出了贡献的,其思想内容中包含着许多合理的成分,这就是(1)"真义体育"思想从"体育"概念这一舶来品的词源、内涵、外延等角度,对体育与身体文化娱乐、竞技、健身等概念进行的区别,有助于我们对体育这一概念之内涵、外延进行更深入的认识和更科学的界定;(2)"真义体育"观的思想核心是对体育(狭义)的本质、内涵的界定,应当说在一个特定层面上揭示出了体育的属性;(3)"真义体育"从体育的本源含意出发,对体育的健体强身这一最基本任务和目标的揭示,亦是存在实践意义和理论价值的。当然,"真义体育"思想,在某些方面,也存在着偏失和不足:首先,"真义体育"思想把体育这一概念的外延仅仅局限于身体教育的活动,从而把娱乐性体育活动、竞技性体育活动、健身性体育活动统统排斥在体育之外,使体育概念的外延过与狭窄;其次,"真义体育"观将体育的属性仅仅局限于身体的教育,从而排斥了体育的文化、社会等其他属性;再次,"真义体育"观囿于思维方式的局限性,过分的纠缠于体育这一概念的词源和词根的含义,从而使体育这一拥有丰富内容和充满变化发展的概念变成了呆板、凝固的名词。我们应该知道,对于同一客观事物,具有不同文化传统和语言文字的民族会用不同的词汇去描绘和表达,相互之间,因人类的思维存在着共通性而必然会有相同或相通之处,亦会因不同民族的思维存在着差异性而必然有所差别。例如爱人这一概念,在西方语言中的含义是指相爱的恋人,而在中国人的语言中则是指配偶;即使是同一民族对同一客观事物的认识,也不会永远停留在最初的水准上,必然会随着客观事物自身的变化和发展、人自身实践的变化发展以及人的认识能力的提升而变化发展。例如文化这一概念,在中国的语言文字中的含义,自其出现以来,不知发生了多少变化和发展。所以,对体育这一外来概念的理解就不能仅仅局限于其词源和词根的涵义。

二、"大体育观"

（一）"大体育观"的提出

"大体育观"是同"真义体育观"一起伴随着改革开放之后中国体育界思想解放、观念更新而出现并形成的两大学术思想流派之一，它是在 20 世纪 80 年代初关于体育的概念、体育的本质的讨论中，一部分学者针对"真义体育观"而提出的。

所谓"大体育观"，即认为体育一词已不是原来意义上的单单作为教育范畴的所谓狭义的体育了，而是扩大了的，包括竞技运动，身体锻炼等等在内的一个总的大概念了。在报刊上发表文章提出和坚持"大体育观"的学者不是一位两位，但在与"真义体育观"的争议中较早提出"大体育观"的学者，主要有熊斗寅、谷世权、胡晓风、柯犁等。

（二）"大体育观"的主要内容

1. 伴随着人类体育实践的丰富，体育概念外延越来越广阔

如陈融在评价"大体育观"时所概括的那样，"大体育观承认从古至今，体育都是一种教育手段。同时又强调事物是在不断变化发展的，人类对体育的认识也是有一个发展和演变的过程。今天，应将体育发展中的新经验、新内容丰富原有的认识。20 世纪，特别是第二次世界大战后，随着社会经济发展，参与体育活动日益成为人们日常生活的重要内容，闲暇体育、终身体育逐渐成为社会潮流，致使体育突破了教育的范围，成为人类积极、健康文明的生活方式，提高生活质量的手段。而传统的研究方式一直以教育为参照系，不符合随社会发展出现的广泛得多的这些体育事实。"[23]

对此,主张"大体育观"的学者之一——熊斗寅曾明确而简捷地论述道"过去把体育单纯看成是教育内容之一和增强人民体质的手段,已不能反映现代社会对体育的需要了。"[24]就实质而言,在这一点上,"大体育"认为,在界定体育之本质、属性时,应突破传统把教育作为唯一参照系的思维定式,而应扩大到教育、文化这样两个参照系。

2. 体育与竞技运动是不可分割的关系

胡晓风谈道:"只要'运动是体育的手段'这个论点没有发生变化,竞技运动这个科学形态要完全独立于我们所讨论的这个总概念之外,那是不可能的。"[25]"大体育观"的主张者通过历史追溯,证明了体育与竞技运动的内容"从来都是很难分开的,有关'体育'和'竞技运动'的名词概念都是后来人们所加的标记"。[26]因为他们发现,竞技运动自产生至今,经历几千年的发展,已形成了初级竞技运动和高级竞技运动这样两个层次的自然区分。"初级竞技运动有的是为了提高运动成绩,有的是为了满足心理需求,而有的就是为了增强体质。通过竞技运动能达到身心健康的目的,起着教育人、培养人、增强体质的重要作用。竞技运动极易引起兴趣,启发和调动人的积极性,历史上'兵操式'体育之后的最后衰落,而一些竞技性项目内容受到欢迎,也证明了竞技运动不可能与增强体质的身体教育截然分开。更何况客观上存在有'广义的体育'这一事实,竞技运动的内容正是'广义的体育'不可分割的一部分。"因此,"大体育观"认为,用竞技运动代替体育是错误的,但排斥竞技运动同样也是错误的。[27]

3. 体育具有多功能、多目的或多目标

"大体育观"认为现代体育早已从增强体质的单一功能衍化为健身、娱乐、教育、文化传递、促进个体社会化、政治、经济等多方

面的功能,同时,"大体育观"的主张者还认为,体育的多项功能并非简单的堆砌、相加,而是存在着有机的内在联系而成为一个系统,"从横向分析,可以分成生理、心理、社会三大功能要素。从纵向分析,可以分成本质功能和派生功能。体育的本质功能是体育的最基本、最核心、最一般的功能。大体可以概括成'强身、健心、乐'三个要素"。[28]"大体育观"的另一位主张者熊斗寅主张用本质功能和非本质功能对体育的功能予以划分,本质功能包括教育功能、健身功能和娱乐功能,所谓非本质功能,则是一种人为的、不是体育所固有的功能,如政治、经济、文化等功能。

4. 体育本身亦已成为一个庞大的系统

"大体育观"的主张者认为,不仅是体育的功能是多方面的,已呈一个系统,而且体育本身亦已发展为一个庞大的系统,其丰富的内容已分化为不同的具体表现形式与类型,不同的体育形式在目标、发展方式上,存在着明显的区别。当然,这种区别只是形式上的,在功能、目的层面上并无本质的区别,只是体育内部的"分工"。因此,"大体育观"的主张者从不同的角度,对体育的内部结构(子系统)进行划分。有的主张将体育分为学校体育、竞技体育和群众体育,有的主张将体育分为身体教育、竞技运动、身体锻炼和身体娱乐,还有的人主张将体育仅分为群众体育和竞技体育,等等。

"大体育观"认为,广义体育之所以存在并为愈来愈多的人所承认,正是因为现代体育确已发展为一个内容丰富、形式多样的庞大系统,其内部存在着多个子系统,各子系统之间有着相互依存的内在联系,并具有共同的本质特征和功能,都是"大体育"的不同表现形式。单一的健身论、教育论、技能论、休闲论或竞技论,都远远不能独立来说明现代体育的全部内涵。

（三）对"大体育观"的评价

"大体育观"作为伴随着改革开放、全面拨乱反正、解放思想而出现的一种体育思想，在近30年来中国体育思想史领域，占有重要的地位，发挥了重要作用，对体育思想的探索和发展、对制定的体育事业方针、理论论证作出了很大的贡献。首先，"大体育观"站在时代的高度，运用历史的方法、系统的方法，对体育概念的内涵和外延，特别是体育的本质、特征、功能、目的进行了较为全面而深刻的分析和梳理，思路清晰，逻辑严谨，论据充分，论证有力，为人们特别是为体育工作领导者深入认识新时期的体育，提供了丰富的思想养料；其次，"大体育观"关于体育系统内部结构的划分，为新时期体育工作的系统管理，提供了有益的理论支持和对策建议；再次，"大体育观"关于体育功能的系统分析，为新时期体育发展战略的制订和实施，也起到了理论和知识层面的支撑。

三、体育属于自然科学

（一）"体育属于自然科学"思想的提出

关于"体育属于自然科学"的体育思想，在改革开放之后，我国最早的提出者主要是谢琼桓和王宗智等。谢琼桓和王宗智等之所以会提出"体育属于自然科学"的思想观点，有其特定的历史背景和认识条件。1978年3月18日，中共中央、国务院召开了全国科学大会，邓小平在大会上指出"科学技术是第一生产力"的伟大命题，在全国科技界和理论界引起了强烈共鸣，并由此引发了如何认识科学技术之属性、地位、作用的大讨论。这次讨论也影响到了体育界，从而引发体育界一些同志做出如下思考：科学技术是生产力,体育是否是生产力呢? 体育科学是什么性质的呢? 谢琼桓和王宗智等就是对这一问题的最早思考者,并在 1978 年第 8 期的由国家体委主办的《体育工作情况反映》上发表了关于"体育属于自然科学"、"属于生产力范畴"的思想观点。

(二)"体育属于自然科学"思想的主要内容

1."体育属于自然科学"

体育属于自然科学,而不属于社会科学。这是因为:一方面,体育产生于生产劳动,随着生产劳动的发展而发展;另一方面,体育不仅仅产生于生产劳动,而且它是为着增强生产劳动者的体质,以推动社会生产力的发展而产生的。[29]

从自然科学和社会科学的分界来看,体育显然属于自然科学的范畴。体育是一门研究人体活动规律、提高人的健康水平的科学。它从人体的整体同外界环境的统一性出发,通过运动实践和理论研究,提高人的身体素质和抵抗疾病的能力,充分利用人体的一切有利因素,促进人体的全面发展。体育运动对于神经、心脏血管系统,呼吸系统,消化系统,泌尿系统,骨骼系统,肌肉系统等等的积极作用,已经不是什么秘密了。[30]

2. 体育不是上层建筑

王宗智提出:

应当指出,《体育理论》力图从"体育是文化教育的一部分"那里得出"体育属于上层建筑范畴"的结论,这样来推理似乎是不恰当的。这是因为:第一,体育本来不能看做是教育的一部分,前已述及。第二,就文化来说,也未必都一定是上层建筑,毛主席对文化和政治、经济的关系,在《新民主主义论》里是这样论述的:"一定的文化(当做观念形态的文化)是一定社会的政治和经济的反映,又给予伟大影响和作用于一定社会的政治和经济;而经济是基础,政治则是经济的集中表现。这是我们对于文化和政治、经济的关系及政治和经济的关系的基本观点。"这里我们应特别注意毛主席所说的文化是有所指的,那就是括弧里面所说的——"当做观念形态的文化",可不可以有知识形态的文化呢? 完全可以,像我们一般的学识字、自然科学理论,都属于知识形态的文化,这些文化本身都是没有阶级性的,是不能作为上层建筑看的。[31]

那么体育属不属于上层建筑呢? 第一,体育是一种知识形态,是一个增强人类体质的综合性措施,本身没有阶级性,只是当着人们研究和利用它的时候,可以渗入阶级意识。所以在阶级性的问题上,体育和上层建筑是不同的。第二,从社会职能上看,体育是与生产力直接关系的,它一方面受生产力制约,一方面又通过增强生产力中最主要因素——劳动者的体质,来提高社会生产力。马克思关于"把生产劳动和智育体育结合起来,……这是增加社会生产力的一种方法"的论述,正是对体育这一社会职能的绝妙的说明。所以在社会职能上体育和上层建筑也是不同的。第三,从基本特征上看,上层建筑是一个时代特定的经济基础的产物,它随着经济基础的消亡而消亡,本身没有特殊的继承性,这是历史发展的必然趋势。而体育,则是随着生产力的发展而不断地发展、提高的,旧的经济基础的消亡,并不导致体育的消亡。我国古代的富有民族形式的武术、射箭等体育项目,都不因社会的演变而消亡,尽管政权更替时不同阶级对体育会提出不同要求,但体育本身始终都没有被摧毁被废除。可以相信,随着生产力的高度发展和阶级的消亡,进入共产主义时代,作为上层建筑的国家机器消亡了,人们的阶级意识也不再存在了,但体育不仅不随之消亡,还会越发显示出它的青春活力,人类也必将在劳动中创造出更丰富多彩的体育形式来。由此可见,体育和上层建筑是有着根本的区别的,所以我们有理由说体育不是上层建筑或者范畴。[32]

谢琼桓进一步指出:"体育显然没有上层建筑所应当具备的特点。"

第一,体育是自然科学,它本身没有阶级性。人体构造及其活动规律是一种自然现象而不是社会现象。人体的各种器官决不会因阶级的不同而不同。比如说,经过较长时期的体育锻炼,不仅能使肌肉发达,动作有劲,而且在动作的速度、柔韧性等方面也有显著的提高和增强;对体力劳动和脑力劳动的耐受力增加,对致病因素的抵抗能力和各种外界环境的刺激的适应能力也有明显提高。这个规律无论在实践上还是在理论上,都适用于一切人;不管他是工人、农民,还是资本家、地主。再如,赛跑时不能只用脚跟着地,否则既影响速度,又会对身体产生不好的影响。这是体育科学所证明了的。倘使有人偏偏不相信,只用脚跟跑步,那么,这个人不管他是资产阶级还是无产阶级,他在比赛场上一定是落伍者。

第二,上层建筑是一个时代特定经济基础的产物。它直接体现统治阶级的意志。体育的产生却一开始就是由生产决定的。在原始社会,人们在劳动中不断改造自然界,同时也不断地改进自己的走、跑、跳、投等方面的技能。由于生产力的发展,劳动日益复杂化,走、跑、跳、投也慢慢从劳动过程中分离出来,成为一种独立的体育运动。体育的产生是适应生产发展的需要。比如,人们长时间从事于一种需要弯腰的劳动,就会觉得腰酸腿疼,于是便站起来,扭扭腰,伸伸腿,这就使劳动中特别紧张的肌肉、韧带得到舒展。渐渐的,就产生了体操运动。随着现代科学技术的迅猛发展,分工愈来愈细,各种工业部门如雨后春笋般建立起来,为了适应这种需要,就产生了纺织工人操、乘客旅途操、眼保健操、脊柱弯曲操等等。显而易见,体育的产生是与社会生产相联系,而不是像上层建筑那样,与特定经济基础相联系的。

第三,从发展规律来看,体育与上层建筑也有显著区别。

体育的发展虽然也要受到一定经济条件的影响,但它和其他自然科学一样,有其特殊的继承性。一个体育运动项目的普及和提高,一项体育科学研究的成就,往往要经过几年、几十年、几代人的相继努力,甚至经历几个不同的社会形态。就拿田径中的短跑来说,今天能在不到 10 秒时间内跑完 100 米,只有在继承过去的技术成就的基础上才有可能。现代的足球就是我国汉代"蹴鞠"的继承和发展,这中间就经历了不同的社会形态。跳高从跨越式、剪式、滚式到俯卧式、背越式,也不是在一个社会形态下产生的。因此,可以断定,体育科学技术在社会制度发生变革之后,它的发展无须经过阶级的改造,而是在继承那些正确反映客观规律的技术原理的基础上,不断发展提高。这一点又大大区别于上层建筑。臭名昭著的苏联"无产阶级文化派"叫嚷什么要摒弃过去的东西,从头建立"无产阶级的语言"、"无产阶级的体育",这是荒唐的、愚蠢的。"四人帮"及其在国家体委的余党,为了篡党夺权,千方百计地否定一切、打倒一切,提出我国体育是"没有资本家的资产阶级体育"这一蛊惑人心的反动口号,标榜他自己是什么"社会主义体育的开路先锋"。在这个余党看来,甚至在一个社会制度下,体育的发展也没有继承关系,而是互相否定、彼此"对着干"的关系。这个余党比"无产阶级文化派"更荒唐、更愚蠢,在破坏体育科学的道路上走得更远。[33]

3. 体育属于生产力范畴

王宗智在论述了体育和上层建筑的关系之后指出:

> 体育和上层建筑是有着根本的区别的,所以我们有理由说体育不是上层建筑或者范畴。似应提它是一种潜在的一般的社会生产力为宜。[34]

谢琼桓对此论述较细:

> 科学技术是生产力的观点,是马克思和恩格斯提出来的。可是祸国殃民的"四人帮"却污蔑马克思主义这一真理,蓄意地制造混乱。在全国科学大会上,敬爱的邓副主席拨乱反正,重申科学技术是生产力的正确观点。体育是科学技术的一部分,理所当然地应当属于生产力范畴。毛主席明确指出:"生产力有两项,一项是人,一项是工具。"体育之所以是生产力,就因为它的成果可以凝结在人和工具这两项生产力的要素中,从而提高生产力的水平。
>
> 先说体育和生产力要素中最主要的人的关系。马克思说:"劳动首先是人和自然之间的过程,是人以自身的活动来引起、调整和控制人和自然之间的物质变换的过程。人自身作为一种自然力与自然物质相对立。为了在对自身生活有用

的形式上占有自然物质,人就使他身上的自然力——臂和腿、头和手运动起来。当他通过这种运动作用于他身外的自然并改变自然时,也就同时改变他自身的自然。他使自身的自然中沉睡着的潜力发挥出来,并且使这种力的活动受他自己控制。"马克思还说:"我们把劳动力或劳动能力,理解为人的身体即活的人体中存在的、每当人生产某种使用价值时就运用的体力和智力的总和。"在这里,马克思把劳动力理解为自然力,理解为一种物质力量,理解为体力和智力的总和。

　　体育不仅能全面提高人的身体素质,增强人的体力,同时也能促进智力的发展。一个经常参加体育运动、身体健康的人,他的劳动能力,肯定比一个不参加体育运动、身体衰弱的人强。因此,他的劳动生产率也高。单纯的智力对社会生产也没有意义。只有智力和体力结合,智力通过体力起作用,才能提高人的劳动力,促进生产力的进步。况且,智力不是凭空产生的。"我们的意识和思维,不论它看起来多么超感觉的,总是物质的、肉体的器官即人脑的产物。物质不是精神的产物,而精神却只是物质的最高产物"。人脑不是孤立存在的,而是同人体的各部分构成一个完整的体系。中枢神经主要由大脑、小脑、脑干和脊髓等组成。体育活动给神经系统包括大脑带来很大好处,无疑,这就给智力带来同样的好处。

　　生产力的另一个要素——生产工具,这也与体育不无关系。工具本身是人类智力和体力的共同产物,马克思称之为"物化的智力"。人们制造一种工具,需要运用智力进行设计,从图纸到成品,这中间就得出力流汗,消耗体力。工具一旦制作成功,人们使用它作用于劳动对象时,也同样不能离开人的智力和体力。开火车,驾驶拖拉机,开动电动机,都需要人去操纵。假设将来全世界电脑化了，也不要指望饭来张口，衣来伸手。随着工业的发展，劳动者的劳动方式日益单一化，部分肌肉极度紧张，部分肌肉长期松弛。在这种情况下，如不加强体育锻炼，就会妨碍身体的正常发展，使整个智力和体力不断衰退，阻碍生产力的提高。[35]

4. 体育与上层建筑的关系

谢琼桓指出："体育是自然科学，是属于生产力范畴，但是不能说它因此与上层建筑毫无关系，与社会制度、阶级斗争毫无关系。只有资产阶级才虚伪地说什么'当你走进体育殿堂，就把政治抛在门外'，'体育与政治无关'，'运动员不应过问政治，只应关心跑道'，等等。事实上，正是这些资产阶级的体育家，控制一些世界性的体育组织和体育比赛，推行反动政治，为帝、修、反效劳。无产阶级历来认为，社会制度、阶级斗争以及阶级意识，对体育事业有着强烈的影响。

"正因为体育科学与上层建筑有密切的联系，所以体育领域向来不是风平浪静，而一直是无产阶级和资产阶级激烈斗争的一个战场。这一点，通过无产阶级'文化大革命'，人们已经看得更加清楚了。体育本身虽然没有阶级性，但各种社会、各个阶级对体育绝不是漠不关心的，他们通过各种渠道给体育科学以影响。掩盖体育与阶级斗争的联系，否认体育工作者都自觉不自觉地把一定阶级的利益和世界观带进自己的事业中去，把体育描绘成'蓬莱仙境'、'桃花源'，这是有害的。我们要看到生产力是历史发展的最终决定力量，也要看到上层建筑对经济基础和生产力的反作用。只有这样，我们才不会坠入'为体育而体育'的泥坑，才会坚持进行上层建筑领域的社会主义革命，承认这种革命能够反作用于体育事业,促进体育事业的新发展"。[36]

在时间过去近十五年之后的 1996 年,谢琼桓先生自己回顾说:"平心而论,现在来看这篇东西,真有些不好意思。许多概念混乱,偷换概念。有些论证也缺乏说服力。若让我现在来做这个题目,可能会好得多。不过那也是时代的产物,反映了当时的认识水平。"[37]

对于文中的观点,谢琼桓先生归纳道:"首先,我不同意在体育与上层建筑之间画等号。第一,体育运动技术没有阶级性,因为人体构造及其活动规律是一种自然现象而不是社会现象,体育竞赛也不因阶级的差别而制定不同的规则;第二,上层建筑是一个时代特定经济基础的产物,直接体现统治阶级的意志,而体育的产生主要是由生产决定的,其发展是与社会生产相联系的;第三,体育运动有其特殊的继承性,不会因社会形态的改变而改变其基本的运动形式。各社会形态之间的体育有连续性的一面,而不是彼此总是互相否定。我因此而提出'体育属于生产力范畴'。并从生产力最基本的要素——人以及另一要素——生产工具入手,分析了体育与提高生产力的关系,认为只有智力与体力结合(工具是'物化的智力'),智力通过体力起作用,才能提高人的劳动力,促进生产力的进步。最后,我着重就体育与上层建筑的关系谈了三点意见:(1)在阶级社会中,体育的路线、方针、政策等具有鲜明的阶级性,属于上层建筑的内容;(2)在阶级社会里,体育的机构、设备,总是控制在一定的阶级手中,被用来为一定阶级的政治服务;(3)体育理论的研究,不能不受各种意识形态的影响,体现出一定的阶级倾向性,因此,否认体育与政治的联系是错误的。这些观点,在今天看来也还站得住。"[38]

（三）对"体育属于自然科学"的评价

"体育属于自然科学"这一思想观点，对于人们深入认识体育的属性、体育科学的归类，确有着积极的探索作用，特别是在十一届三中全会尚未召开，全面的拨乱反正尚未开始，党的解放思想实事求是的思想路线尚未全面恢复，人们的思想还受到一定禁锢的情况下，这一思想观点的公开发表确有振聋发聩之影响，其内容也不无合理之处。例如，就体育这一学科而言，其内容之主体确属自然科学。但是，就王宗智、谢琼桓两位先生公开发表的文章而言，还是存在明显的偏失的。第一，"体育属于自然科学"这一命题本身就不尽科学、不够严密，其所要表达的意思，是"体育这一学科属于自然科学"，然而，"体育学科属于自然科学"这一命题却不能简化为"体育属于自然科学"。道理很简单，"体育学科"指的是一门学科、一门学问，而"体育"则是人类的一种活动，两个概念完全是两码事，不能混为一谈，这就好比说政治学、法学属于社会科学，而不能说政治、法律属于社会科学；第二，将体育这一活动直接与上层建筑、生产力联系在一起，过于牵强。上层建筑，是相对于经济基础而言，生产力是相对于生产关系而言，这两对范畴是从历史唯物论、历史辩证法的角度对人类社会之庞大体系诸多内在要素的高度抽象，前一对范畴是对人类社会体系诸多层次中两个基本层次的抽象，后一对范畴是对人类经济活动系统两大基本层面的概括。我们不能把人类的一切活动都直接与之挂起钩来（尽管人类的一切活动，都处在人类社会这一大的系统之中，都与上层建筑和经济基础、生产关系和生产力这两对范畴存在着或近或远的、直接或间接的联系），例如，我们不能把对于人类的存在、发展尤为重要的"吃喝"归上层建筑或经济基础、生产力或生产关系是一个道理。当然，在当时那种社会背景下，"体育属于自然科学"的主张者在思想认识上受到"上纲上线"等习惯思维的影响，作出这样的归类分析，是很可以理解的。今天如果再谈及这一问题，我们想，谢琼桓和王宗智的认识较之当初的认识，也有了很大的变化，而更为科学、全面。

第三节　学校体育思想

所谓学校体育思想，是指关于学校体育的目标、任务、方针、重点等问题的理论和观念。

学校体育，与竞技体育、群众体育并列，是体育三大基本领域之一。从宏观上、整体上阐述各种体育思想，其"体育"的外延中就包含了学校体育。本书之所以把学校体育思想单独列出加以阐述，理由在于：第一，学校体育在体育三大领域中，居于一种特殊的地位，它是竞技体育存在和发展的基础，几乎所有的竞技体育项目的运动员开始接受专项体育训练之时，都离不开少体校这一阶段，而少体校中的体育知识教育和体育技能训练，既属竞技体育范畴，又属学校体育范畴，是二者交叉之领域；第二，研究体育思想的学者，绝大部分在学校工作，他们接触更多的，是学校体育，他们对学校体育的研究往往更为深入，从而使学校体育思想较之人们对竞技体育、群众体育的理论阐述更为丰富；第三，关于竞技体育，本书在"奥运战略"部分，单独作了阐述，或者说"奥运战略"部分所讲的，就是关于竞技体育的思想；关于群众体育，本书在"全民健身"部分也单独作了阐述，或者说"全民健身"部分所讲的，就是关于群众体育的思想，而关于学校体育，前边的各章节内容中并没有专题阐述。

　　如本书绪论中所阐述的那样,体育思想之内容包括人们对体育的属性、本质、特征、功能、价值、目的的认识,以及对体育发展方针发展战略、体育制度和体育管理体制的认识和设计,学校体育思想的内容较之体育思想会少一些,主要是对学校体育的特征、功能、价值、目的(或目标)的认识,以及对学校体育的工作方针的认识和设计。本书所要介绍的几种体育思想,未见每一种体育思想都对学校体育思想所应回答的全部问题作出回应,而主要集中于学校体育的功能、学校发展目标或主要任务两个方面,有的侧重于学校体育的功能,有的侧重于学校体育的发展目标,有的两方面兼而有之,有的还涉及体育的基本问题。我们不便于在文字叙述中按其所针对的问题来逐一介绍和分析(那样,因每一体育思想流派的内容往往针对两个以上体育基本问题,就会被支离开而重复介绍、分析),只能对每一思想流派统一进行介绍和分析,当然,我们会在介绍和分析中指明其所针对的问题。另外,本节在后边还专门对本时期各体育思想流派进行了列表介绍和比较。

一、体质教育思想

(一)体质教育思想的提出

　　所谓体质教育思想,就是指把学校体育的目标和任务单纯地界定为增强学生体质的思想。在新中国成立初期,由于解放前全民族体质普遍较差,不能满足国家建设的需要,而增强体质的思想由于适用于体力在生产和国防中发挥主要作用而被提出过。很快就被"苏联潮流"带来的运动技术教育思想取代了。1979 年 5 月 5 日至 22 日,教育部、国家体委、卫生部、共青团中央在江苏省扬州市召开了"全国学校体育、卫生工作经验交流会"。扬州会议的召开,增强学生体质教育思想用于针对我国学校体育过于注重竞技功能,忽视青少年体质以至学生体质普遍下降的状况而被提出来。1977 年,虽然十一届三中全会还没有召开,虽然全面的拨乱反正还没有开始,虽然党的解放思想、实事求是的思想路线还没有全面恢复,但毕竟已经不再是"四人帮"的时代了,思想上的"国门"已经被初步打开,其他国家和民族的文化,特别是西方发达国家的先进文化,开始进入中国人的思想视野。在体育思想界,一些发达国家的先进体育思想开始传入我国,其中,以增强学生体质为学校体育主要目标的思想和实践,对中国学校体育的影响最早、最大,并一度成为改革开放之初近十年时间里,在学校体育领域占主流地位的体育思想,当然,这并不单纯是从西方吸收借鉴来的,应该说主要还是对"文革"前 17 年学校体育思想与实践扬弃的基础上发展起来的。

(二)体质教育思想的内容

"这种思想的认识根源,来自于'生物体育观',即来自于把体育的本质界定在生物意义的体质增强的体育观"。"这种思想及其指导的实践,不仅目标明确、专一,而且在方法、手段和评价等方面尽量与之相配合。在这种思想指导下,以技能教学为体育教学目标的教学体育被打破了。这种思想虽然也以运动为手段,但是,特别注重运动示范的'度'和锻炼的'度'"。[39]具体地讲,体质教育思想的基本内容主要包括如下三个方面:

1. 体育的本质就是增强体质的运动。无论是 1979 年召开的"扬州会议"和 1983 年召开的"西安会议",都确立了"增强学生体质"的体育教育思想,并以学生体质是否增强作为评定学校体育工作的标准。[40]这一思想,只强调体育的生物学功能和生物学价

值,否认体育的文化和社会的功能与价值,体育教学因素与过程被
简化。

2. 学校体育的目标是增强学生的体质。这一关于学校体育
的教育目标的思想,显然是其关于体育本质的思想的必然推演:体
育的本质就是增强体质的运动,即体育仅仅是增强体质的运动,而
不包括心理、文化、社会等其他方面的内涵,那么,学校的体育教学
目标当然只能是增强学生的体质,而不应包括其他的目标,诸如锻
炼学生的意志品质、增强学生之间的团结友爱、促进学生个体社会
化等等。将学校体育教学的目标定位于增强学生体质,且仅仅定
位于增强学生的体质,一方面,是对以技能教学为体育教学目标的
学校体育教学体系的否定。以技能教学为体育教学目标的学校体
育教学目标,是此前在学校体育教学领域比较盛行甚至占主导地
位的一种体育教学思想,该思想单纯强调体育技能教育,显然是有
失偏颇的。体质教育思想的提出与实践,打破了体育技能教育思
想在学校体育教学领域中的思想禁锢;另一方面,又是对学校体育
应用的多目标、多功能的限制。学校体育教学的目标,从应然的角
度上讲,既不能仅仅局限于学生的体育技能教育,也不能仅仅局限
于学生体质的增强,还应包括思想道德教育、心理品质教育等多方
面的目标。

3. 以增强学生体质为目标的学校体育教学的方法、手段和评
价体系,必须服务和服从于增强学生体质的教学目标,形成一个完
善的学校体育教学体系。体质教育思想的主张者,在吸收、借鉴、推
广西方发达国家的这一体育思想的过程中,不仅明确地、大张旗鼓
地宣传这一关于体育的本质、学校体育的教学目标的体育思想,同
时还努力地宣传、引进、借鉴、推广这一体育思想内容中关于学校体
育教学的方法、手段、评价体系,并将其付诸学校的体育教学实践。

（三）对体质教育思想的评价

这一思想由于对"增强体质"理解停留在改造学生身体生物层面上，即注重身体锻炼的直接效果和运动负荷的安排，进行身体锻炼采用运动处方的形式。因此，体质教育思想从理论到实践及教学评价均表现出单纯的生物特征。体质教育思想对于普遍增强学生体质，对于我国的学校体育理论体系的形成，都起过重要的历史作用。当然，这种以增强学生体质为学校体育根本目标或基本任务的体育指导思想及其指导下的实践也存在着一些不足。首先，它对体育的多功能缺乏全面的思考；其次，它对学校体育的目的与学校体育的具体教学目标缺少层次上的区分；再次，它所设计的教学手段单一，缺乏对学生的吸引力，更难以引起学生广泛、深入、持久的体育兴趣；在体育实践中暴露其不能调动学生学习积极性的弱点；最后，它所设立的教学评价体系不够完善，评价手段不足。总之，体质教育思想和它的运行方式受到当时国内经济政治状况、体育事业发展状况、体育思想解放的程度影响和制约，没能得到完善性的发展，没能形成完整的科学的体系。

二、快乐体育思想

（一）快乐体育思想的提出

快乐体育思想于上世纪 70 年代产生于日本。其产生的原因与背景主要有四个方面：一是"社会的变化和终身体育思想的影响"。进入工业化社会后，日本社会经济的迅猛发展，人民生活水平的提高，身体素质的下降，使人们认识到终身体育的重要性。学校体育中的快乐体育思想正是迎合终身体育的发展而提出的。二是日本体育教育界人士"对战后日本学校体育实践的反思"。二战前,日本中小学校体育课主要是兵式操训练,这是一种强制性的、被动的、体育教学。不利于学生的个性发展。70年代后期,日本学校体育追求增强体质效果和重视技能培养。导致学生对体育产生抵触情绪,造成了教与学的矛盾,引起了人们对快乐体育的重视。三是"日本教育改革运动的结果"。70年代中期,日本教育界开始了继明治维新和二战后二次大教育改革的第三次改革。快乐体育与日本整个教育改革在培养符合社会所需要的人和采用更加具有创造性的学习方法上的一致。使得快乐体育能够借教育改革之际,打破过去只注重练不注重学生体育能力培养的旧的教学体系而在日本体育教育界占主流的地位。四是"受国际体育思潮的影响"。[41]60年代到70年代是西方发达国家推行全民健身的高潮时代,日本的学者敏感地抓住了这一变化趋势,开始研究国外的一些游戏理论、教材理论,帮助其逐步完善了快乐体育的理论和实践体系。[42]快乐体育思想的引进主要是受日本学校体育教育的影响,当然也包含着对我国以往枯燥的学校体育教学的反思。

(二)快乐体育思想的内容

快乐体育思想的内容,主要有三个方面,其一,是认为学校体育应是使学生通过身体的锻炼、体质的增强而感到快乐,这是人生一切快乐的一项重要物质基础;其二,认为学校体育应是使学生能够在体育活动中获得自己在这方面的某种成功,进而感到愉悦,进而热爱体育活动,这是快乐体育的重要心理体验;其三,认为学校体育应是让学生在运动中增加与同学、老师的交往,在交往中得到来自同学和老师的尊重,增进相互理解,从而感受到人与人协作的快乐,这是属于重要的社会实践。综合起来,快乐体育思想中的快乐体育,是以学生身体的发展为基础,通过运动和合理的组织教学,使学生感到快乐,从而发展学生的身心。

20世纪90年代快乐体育思想,在我国学校体育中得到了比较广泛的认同,并被付诸实践。当然,在这种认同和实践中,我国的广大体育思想者对它的理解并不是完全一致的。如有的人只是把快乐体育作为终身体育的方法形式,而把终身体育作为"总的指导思想——主导思想";有的人则是从目的角度去理解、定位的,即认为体育的终极目的是人的快乐和自由。

快乐体育思想之所以会在我国学校体育特别是高等院校的体育教学中得到认同、实施或实验,主要在于人们认为单纯的增强学生体质的体育往往会走向技能训练的道路上去,不符合"以人为本"的要求。快乐体育思想所主张的快乐体育在我国学校体育中得到广泛的认同和推广之后,由于推广者特别是实践者对快乐体育的理解不同、定位不同,出现了偏转或说是变形,即只要学生快乐,体育课想怎么上就怎么上,就是"玩",想怎么玩就怎么玩,忽略甚至抛弃了规范化的课堂教学和相应的指标要求和考核,不再强调技能训练和体质增强的目标。

实事求是地说,无论是单纯地强调技能训练或增强体质,还是从方法的角度单纯地强调"快乐体育",都失之于偏颇。进入到了20世纪90年代后期,特别是进入21世纪后,快乐体育思想在我国学校体育思想领域特别是高等院校体育思想领域中的主导地位便很快丧失了,快乐体育作为一种在很多学校中居主导地位的学校体育教育模式也便成了昙花一现的"匆匆过客"而被"健康第一"等体育思想所取代。

(三) 对快乐体育思想的评价

快乐体育思想的内容中，蕴涵了一个合理的内核，即强调快乐在体育中的地位和价值。体育的直接目标或体育事业发展的阶段性目标可以是多种多样的，但体育的终极目标或说体育的目的，则是人的快乐和自由。人类的一切活动，一切奋斗，无论是整体还是个体，无论是自觉的还是非自觉的，无论是经济上的活动和奋斗、政治上的活动和奋斗，还是文化上的活动和奋斗，其终极的目的都是人的解放与发展，都是人的幸福，而人的解放和发展，人的幸福的最核心内容，就是自由和快乐（人的解放和发展与人的幸福，是一个问题的两个方面的不同表述而已，人的解放与发展，是以客观水准而言的，人的幸福，是从主体感受而言的）。体育作为人的一种活动形式，在每个个人的全部活动中占据着重要的地位，道理很简单，因为它与人的身体健康直接相关，而一个人如果没有了健康，每日忍受病痛，其"解放和发展"，其"幸福"，基本上无从谈起；尽管在人群中确有极个别的久卧在床或久坐轮椅的病人、残疾人的人生也颇有成就，其生活中也有快乐和自由，其心理感受中也有幸福，但那毕竟只是极少数！即使是他们，其幸福、其快乐、其自由，也是大打了折扣的，因为他们的这种状态下的幸福、快乐和自由，并不是他们所希望的、所追求的，他们一定非常渴望健康，更渴望健康状态下的幸福、健康状态下的快乐和自由（尽管健康的标准是相对的）。从这个意义上讲，快乐体育思想应该是很有价值的，应该得到更广泛深入的认同和推广。问题在于，主张快乐体育的思想者和实践者们，未见是从这个层面上认识其"快乐体育"的，而只把它当成了唯一的体育活动目标、体育教育方式，而没有把它与增强体质的体育教育有机地结合起来，找到一种具有可操作性的、规范化和系统性的体育教育模式,去实践体育的快乐目的。

三、整体效益思想

(一)整体效益思想的提出

学校体育整体效益思想形成于 20 世纪 80 年代,是一个渐进的过程。1985 年 5 月 27 日,党中央讨论通过了《中共中央关于教育体制改革的决定》,对学校教育的改革和发展目标、任务,做出了明确的规定,当然也为学校体育的改革和发展指出了方向;1986 年 8 月 3 日,时任中共中央政治局委员、国务院前总理(兼国家教委主任)李鹏在第 2 届全国大学生运动会开幕式上,发表了《当代大学生要有健全的体魄》的讲话,指出:"学校体育教育,是整个学校教育的重要组成部分。体育活动不但能使学生增强体质,提高运动技能,而且还是发展智力、陶冶情操、锻炼意志、培养集体主义精神、增强组织性、纪律性的重要途径。"[43]1986 年 8 月 11 日,时任国家教委副主任的何东昌在第 3 届全国中学生运动会开幕式上,发表了《加强中小学的体育教育,为提高全民族的健康水平打好基础》的讲话,指出:"在学校各种活动的安排上,要使体育与其他各方面的教育能够起到互相促进的作用。而且,始终要把保证学生的健康放在第一位。"[44]此后,原国家教委的领导者在不同的会议上,又多次谈到学校体育的改革和发展问题,从而使学校体育思想界从党和国家关于学校教育和学校体育的指示精神中,归纳总结出了学校体育整体效益思想。

学校体育思想界的学者对学校体育整体效益思想进行全面、系统研究、传播的,主要有罗映清、曲宗湖、刘治曾等人。其代表作主要有罗映清等编著的《学校体育学》,刘治曾的论文《当代学校体育发展趋势》,等等。

(二)整体效益思想的内容

整体效益思想,亦称整体效益论,是针对学校体育的目标而指出的一种学校体育思想,其认识的基点是"不再将学校体育固定于学校教育,而将之扩展到现代教育(广义)的组成部分,从教育和体育两个系统来看待学校体育的地位和功能,认为学校体育具有健身、增强体质的功能、教育的功能、个体社会化的功能、竞技的功能、娱乐的功能等,从而从多层次、多样性角度来建立目标体系"。[45]整体效益思想的核心,"是把学校体育作为一个系统,以求整体综合效益"。[46]

整体效益思想的基本内容,主要包括两个方面。第一方面是强调学校体育的多功能与多目标,第二方面是强调学校体育课堂教学的多功能与多目标。就学校体育的多功能、多目标这一方面内容而言,对其进行全面而又具有权威性归纳和概括的,当属时任国家体委主任的伍绍祖。1989 年 12 月 2 日,伍绍祖在答《学校体育》记者问时,发表了《全面理解学校体育是发展我国整个体育工作的战略重点》的讲话,他在讲话中指示学校体育要端正思想,牢记"五全"方针,即(1)要面向全体学生。在学校这个特定的环境里,就是要对百分之百的学生负责。(2)要全面发展。德、智、体或再加上美、劳,一个也不能缺。(3)要发挥学校体育的全功能。促使学生要有健康的体魄,是每个学生学会体育的知识、方法,养成锻炼习惯,为优秀运动队培养后备人才,对学生进行道德品质教育,建设社会主义精神文明。(4)各个方面全都关心,教委要关心,体委当然也要关心,卫生部也要关心,工、青、妇,全社会都要关心。(5)体育要贯穿教育的全过程,从幼儿园到大学研究生的体育都要管。记住,明确这五个"全",就可以包揽住学校体育的全面内容了。[47]"五全"进一步明确了学校体育的整体效益思想。就学校体育课堂教学的多功能、多目标这方面内容而言,则是前述思想的具体化,并因大、中、小学生不同年龄的身体、心理、思想等方面的差异而有所区别。例如,1987年1月国家教委颁布的新修订的《全日制小学体育教学大纲》(六年制)对小学体育教学的目的、任务所规定主要内容是:小学体育教学的目的是:增进学生健康,增强体质,促进学生在德育、智育、体育、美育等诸方面都得到生动活泼的发展,为提高全民族的素质奠定基础。小学体育教学的基本任务是:(1)全面锻炼学生的身体。包括促进学生身体的正常生长发育,姿态,培养学生正确的身体;促进学生身体机能,身体素质和基本活动能力的全面发展;增强学生对外界环境的适应能力。(2)初步掌握体育基础知识、基本技能和基本技术。包括要求小学生逐步明了小学体育的目的与任务;学习日常生活和锻炼身体的基本技能和简单的运动技术;使学生初步懂得科学锻炼身体的方法和体育的娱乐方法。(3)向学生进行思想品德教育。包括教育学生热爱共产党、热爱社会主义国家,培养学生对体育的兴趣,养成锻炼身体的习惯和主动性,提高学生关心自身健康的社会责任感;促进学生个性发展,培养学生组织纪律性和生动活泼,勇敢、顽强、富于创造的精神;陶冶美的情操和培养文明行为。

同时颁布的《全日制中学体育教学大纲》(六年制)对中学体育教学目的、任务所规定的主要内容是:中学体育教学的目的是:增强学生体质,促进身心发展,使学生在德育、智育、体育、美育几方面得到全面发展,成为祖国社会主义的建设者和保卫者。中学体育教学的基本任务是：（1）全面锻炼学生的身体。包括促进学生身体的正常生长发育，培养健美的体格；促进学生身体机能、身体素质和基本活动能力的全面发展；增强对外界环境的适应能力。（2）掌握体育基础知识，基本技能和基本技术。包括使学生理解学校体育的目的、任务和体育在教育中的地位与意义；学会锻炼身体和生活中的基本实用技能与运动技术和体育娱乐方法；使学生懂得锻炼身体的基本原理和独立进行科学锻炼身体的方法，以适应终身锻炼身体和生活娱乐的需要。（3）向学生进行思想品德教育。包括教育学生热爱共产党，热爱社会主义祖国，培养学生为祖国而自觉锻炼的社会责任感和献身精神，养成经常参加体育锻炼的兴趣和习惯；发展学生个性，培养学生坚强的意志，勇敢顽强精神和创造性；培养学生服从组织，遵守纪律，团结合作和生动活泼的思想作风与良好的社会公德；陶冶学生美的情操，培养文明行为。

（三）对整体效益思想的评价

整体效益体育思想的提出与实践，对学校体育思想的探索和学校体育实践的发展，都起到了积极的推动作用。首先，整体效益体育思想从根本上冲破了自然体育观、真义体育观、技能体育观、快乐体育观、体质教学观等体育思想对体育之本质、功能、价值的片面之建的局限，运用"生理、心理、社会"的三维体育思维方式去认识体育，强调体育对人的主体功能，和综合价值；其次，整体效益体育思想为学校体育教学的科学目标的确定提供了理论基础。如果学校体育思想长期在技能教育观、体质教育观与体育思想的范围内徘徊，看不到体育教学对学生的主体功能，综合价值，必然会削弱学校体育教学作用的发挥；再次，整体效益体育思想为学校体育教学体系（如内容、手段、方法、评价标准等）的建立，提供了理论依据。既然强调体育的整体效益，就必须提出"整体性"的教学内容、教学手段、教学方法。教学评价系统。整体效益思想以生理，心理，社会的三维视角，指出了实现学校体育教学整体效益的路径。

拨乱反正时期的其他体育思想和学校体育思想

	针对的问题	主要观点	核心思想
"体育属于自然科学"思想	体育的属性、本质、功能	体育属于自然科学，而不是社会科学； 体育属于生产力范畴，与上层建筑有着本质的区别；	体育是自然科学范畴
"真义体育观"	体育的概念、属性、本质、功能	体育是身体的教育； 体育与运动是有本质区别的； 体育与健身文化是有本质区别的； 体育与娱乐是有本质区别的； 体育与竞技有本质区别的；	体育的本义仅仅是增强体质
"大体育观"	体育的概念、本质、功能、形式	体育的外延是广泛的。伴随着人类体育实践的丰富，体育概念的外延越来越广范； 体育与竞技运动是不可分割的； 体育具有多功能多目的； 体育本身已成为一个庞大的体系；	体育已不是原来意义上的单单作为教育范畴的所谓狭义的体育而是扩大了的包括竞技运动、身体锻炼等等在内的一个总的大概念。
体质教育思想	学校体育的本质、目标、任务	体育的本质是生物学意义的体质增强； 学校体育的目标和任务就是单纯的增强学生的体质； 以体育技能教学为体育教学目标的学校体育教学体系必须打破；	学校体育的目标只能是增强学生的体质

（续表）

	针对的问题	主要观点	核心思想
快乐体育思想	学校体育的功能、目标、任务	学校体育应是使学生通过身体的锻炼、体质的增强而达到精神的快乐；	学校体育的目的和任务是使学生从身体锻炼体质增强和交往中获得快乐
		学校体育教育活动应努力使学生从身体锻炼的体质增强中感到愉快，进而热爱体育活动；	
		学校体育教学中应努力增强同学、老师间的交往，使学生从中获得尊重、理解，从而感到人与人协作的快乐；	
整体效益体育思想	学校体育的功能、目标、任务	体育的功能是多方面的；	学校体育应坚持体育的多功能，追求整体效益
		学校体育应追求多方面的效益及其统一；	
		学校体育的教学计划、手段、方式、评估标准，必须围绕综合效益而展开；	

小　结

　　1978 年 12 月，党的十一届三中全会胜利召开，彻底否定了"文化大革命"的极左路线，否定了以阶级斗争为纲，揭开了全面拨乱反正的序幕，从而使我们的国家走上了以经济建设为中心的正确发展道路。新中国的体育，在经历了 30 年的实践、探索和曲折之后，同我国的其他各项事业一样，重新焕发了青春的活力，走上了一条新的发展道路。与此同时，在体育思想领域，也同其他思想领域一样，开始了新的探索，呈现出行欣欣向荣、百花齐放的繁荣景象。如今，又是 31 年过去了，当我们回首中国体育思想在这 31 年间的发展历程时，我们不免发现，无论是较之新中国成立前的 109 年近代体育思想的演进,还是较之新中国成立后前 30 年体育思想的发展,改革开放近 31 年来的中国体育思想的演进和发展,都呈现出全新的特点。

改革开放时期的主导体育思想的主要提出者是邓小平同志。作为 20 世纪一位伟大的马克思主义者和伟大的政治家、中国改革开放伟大事业的总设计师,不仅为中国的经济、政治、文化和社会事业的改革、建设和发展,在总体方向和战略上进行了系统的规划,形成了有中国特色的社会主义的伟大理论体系,同时,也为作为社会主义文化事业重要组成部分之一的体育工作提出了明确的指导思想和发展方向。以江泽民为核心的党的第三代领导集体,继承和发展了邓小平的体育思想,使中国新时期体育思想更加丰富、系统、科学。党的十一届三中全会以来,体育界特别是体育思想界的广大学者,开始了对体育的本质、特征、功能、价值、目的和社会主义体育事业发展方针、发展战略等一系列重大问题的广泛而深入的理论探索,并针对上述这些问题提出许多不同的观点和理论,这些体育思想的提出,具有重要的理论价值和现实意义。首先,它繁荣了新时期体育理论研究;其次,它的许多理论观点具有科学的内核或合理的成分,为主导体育思想的提出提供了养料;再次,它的一些创新性的观点为主导体育思想的深入探索和发展提供了借鉴。十一届三中全会召开前后至 20 世纪 80 年代中期,在学校体育思想领域占主导地位的是体质论;20 世纪 80 年代中期至 20 世纪 90 年代中期,学校体育思想呈现为多种体育思想并存的局面。

注　释

1　张采珍:《论体育》,人民体育出版社,1990 年,第 22 页。

2　3　4　7　伍绍祖:《学习邓小平同志理论,做好我国体育工作》,《体育文史》,1997年,第2期。

5　6　8　9　伍绍祖:《对我国体育事业中几个基本问题的认识和思考》,《体育文史》,1997年,第1期。

10　《体育理论研究中值得注意的问题》,《国家体委体育工作情况反映》,1982年,第22期。

11　杨贵仁:《中国学校体育改革的理论与实践》,高等教育出版社,2006年,第36—37页。

12　19　20　21　22　林笑峰:《“真义体育”之真义》,《体育文史》,1996年,第6期。

13　林笑峰:《析体育的真义》,《中国学校体育》,1989年,第2期。

14　林笑峰:《拨开“金字塔”上的迷雾》,《教学科学研究》,1990年,第1期。

15　16　17　18　林笑峰:《健身与体育》,《体育学刊》,1995年,第2期。

23　27　陈融:《试析真义体育观、大体育观的特征与分歧》,《西安体育学院学报》,1999年,第4期。

24　熊斗寅:《观念转变是根本的转变》,《体育与科学》,1987年,第1期。

25　胡晓风:《以马克思主义为指导进一步提高对体育的认识》,《体育科学》,1982年,第4期。

26　谷世权:《试论“体育”和“竞技运动”》,《体育科学》,1983年,第3期。

28　柯犁:《体育的功能和体育的改革方向》,《体育论坛》,1989年,第3期。

29　31　32　34　王宗智:《对〈体育理论〉一书中若干观点的商榷》,《体育工作情况反映》,1978年,第8期。

30　33　35　36　谢琼桓:《体育是一门自然科学,属于生产力范畴》,《体育工作情况反映》,1978年,第8期。

37　38　熊晓正:《提倡学术讨论　繁荣理论园地》,《体育文史》,1996年,第3期。

39　赵立:《论中国学校体育思想与实践的沿革和发展》,《体育科学》,1998年,第5期。

40　李晋裕、滕子敬:《学校体育史》,海南出版社,2000年。

41　毛振明:《体育教学科学化探索》,高等教育出版社,1999年,第117—118页。

42　毛振明:《快乐体育的理论及产生背景》,《中国学校体育》,1996年,第6期。

43　李鹏:《当代大学生要有健康的体魄》,《学校体育》,1986年,第5期。

44　何东昌:《加强中小学的体育教育,为提高全民族的健康水平打好基础》,《学校体育》,1986年,第5期。

45 46 崔乐泉、杨向东：《中国体育思想史》现代卷，首都师范大学出版社，2008 年，第 249 页。

47 伍绍祖：《全面理解学校体育是发展我国整个体育工作的战略重点》，《学校体育》，1990 年，第 1 期。

第 九 章
科学发展时期的体育思想

　　所谓"科学发展时期",其涵义是:第一,时间大致界定在 20 世纪 90 年代中期至今;第二,其内容界定是指中国现代体育思想的科学体系已经形成,开始沿着党的科学发展观的正确轨道健康向前发展;第三,其主体界定同前一时期相同,一方面是党和国家领导人及国家体育事业指导者,另一方面是职业体育思想家和体育教育家。本书之所以将这一时段中国现代体育思想的传承与演变界定为"科学发展时期",理由在于:政策开放之后中国体育思想界关于体育的本质,功能,价值,目的,以及中国体育事业的发展目标的探索、讨论、争鸣已基本结束;党和国家颁布了一系列指引和规范新时期体育事业改革与发展的法律法规和政策文件,蕴含了党和国家决策层对一系列关于体育的重大理论的和实践问题的科学认识及英明决策。这些认识与决策,一方面继承了"文革"之前的"人民体育"思想。另一方面,又在吸收职业体育思想家、体育教育家对体育理论的深入探索的科学成果以及西方现代体育思想的基础上,结合中国的实际,有所发展,有所创新。1995年,我国家相继颁布实施了《全民健身计划纲要》、《中华人民共和国体育法》。这两个体育文件和法规的出台,具有十分重大的现实意义和深远的历史意义,一方面,标志着我国的体育事业,将从此走向一个新的发展阶段;另一方面,则标志着党的第三代领导集体对社会主义新时期体育的认识,有了新的深化和发展。因此,本书将以这一标志为起点至现在的中国现代体育思想的传承与演变,界定为科学发展时期。

第一节　主导体育思想

科学发展时期占主导地位的体育思想,当然就是党的第三代领导集体和第四代领导集体的体育思想,其主要内容包括全民健身战略思想、奥运战略思想、体育全面改革思想、体育法治思想、体育产业化思想等。

一、全民健身战略思想

1995 年通过的全民健身计划,就是全民健身战略的具体体现。全民健身战略思想,是党和国家关于社会主义新时期体育事业发展的重要战略思想之一,是党的第三代、第四代领导集体在深刻认识现代体育的本质、特征、功能、价值、目的,吸收多种先进体育思想,总结新中国成立以来特别是改革开放以来社会主义体育事业的实践经验的基础上提出来的。

全民健身战略思想的内容,主要体现在《全民健身计划纲要》和《全民健身条例》这两个文件之中。《全民健身计划纲要》,是经国务院批准,由国家体委于 1995 年 6 月发布的。其主要内容包括五个方面:首先,是对社会主义体育事业所面临的形势的分析,在肯定成绩的同时,明确指出了体育工作中存在的问题与偏差,这就是群众的体育健身意识还不够强,群众性体育活动开展还不够广泛,经常参加体育锻炼的人数还不够多,现有体育场地设施在向社会开放、满足群众开展体育锻炼的需求方面还存在较大的差距,全民健身工作的科学技术和监测管理还比较落后,有关的法规制度还不够完善,适应社会主义市场经济体制的全民健身管理体制和运行机制还在探索之中。其次,是对全民健身的目标和任务的确立,明确规定全民健身计划到 2010 年的奋斗目标是"努力实现体育与国家经济和社会事业协调发展,全面提升中华民族的体质与健康水平,基本建成具有中国特色的全民健身体系"。并指出了如下具体任务,"到本世纪末,经济、社会和体育发展程度不同的各类地区,经常参加体育活动的人数都应有所增长,人民体质明显增强,群众参加体育活动的时间,体育消费等逐步加大,群众体育健身活动的状况和条件有较大改善","到本世纪末,初步建立适应社会主义市场经济体制的全民健身管理体制,初步形成人民群众广泛参与充满发展活力的运行机制,建立起社会化、科学化、产业化和法制化的全民健身体系的基本框架"。再次,确立全民健身的全国人民为实施对象,以青少年和儿童"为重点",并提出了一系列具体开展方式。再其次,提出了实施全民健身计划的对策与措施。最后,提出了具体的两个时期的实施计划。

　　《全民健身条例》是经国务院常务会议讨论通过的,于 2009 年 8 月公布,2009 年 10 月 1 日开始实施。该条例共分 6 章 40 条,其主要内容是总结《全民健身计划纲要》14 年经验的基础上,将全民健身的战略目标,指导思想、计划、重点、步骤、原则等提升到法制的层面,以行政法规的方式予以确立。从体育思想层面上讲,《全民健身条例》是对《全民健身计划纲要》的继承与发展。就继承而言,《全民健身条例》继续坚持了《全民健身计划纲要》关于社会主义体育事业把群众体育,群众健身发展基本战略任务,把增强全体人民体质作为社会主义体育的根本目标的思想,其中蕴含了党和国家对现代体育之发展、性质、目的的深刻认识;就发展而言,《全民健身条例》在全民健身活动开展的方式、途径、措施及保障等多方面较之《全民健身计划纲要》,却更加丰富,更加具体,更具有可操作性,尤其是《全民健身条例》专门设立"法律责任",从现代法规的层面给予全民健身的实施以坚实的法律保障。

《全民健身计划纲要》和《全民健身条例》相继公布与实施,在我国体育运动史上和体育思想史上都具有十分重要的历史意义和现代价值。一方面极大地推动了社会体育事业的健康发展;另一方面进一步丰富中国现代体育思想,特别是在现代体育本质、价值、目的、发展战略、发展方针层面。

二、奥运战略思想

奥运战略,也可称为奥运争光计划。其最早提出的时间,要早于 90 年代中期。我们之所以将其划到这个时期而不是划到前一个时期,理由在于这一计划的全面实施是以 90 年代中期为起点、为 2008 年北京奥运会成功举办为终点的。

所谓奥运战略,也称奥运争光计划,其含义是指举全国之力争取到北京奥运会的举办权,并一定要在北京奥运会上取得辉煌的成绩。伍绍祖曾对此谈道:"什么叫奥运战略?过去讲奥运战略就是拿金牌。我认为,讲奥运战略的内涵应至少包含以下几个方面:第一是中国体育工作的奥运战略是与中国改革开放的总方针和与党的基本路线相一致的,不是孤立的事情;第二是承认和拥护奥林匹克精神、主义和宗旨;第三是遵守《奥林匹克宪章》;第四是参加奥林匹克运动会,提高运动技术水平,取得好成绩;第五是发挥社会主义的优越性,把奥运会当作国家竞技体育的最高层次,实行举国体制,认真组织好,改变过去在计划经济体制下,统得过死,管得过多的情况,建立适应社会主义市场经济体制的举国体制。"[1]

奥运战略思想的内容,主要体现于《奥运争光计划纲要》之中。《奥运争光计划纲要》是由国家体委于 1995 年 7 月制定、发布的。其具体内容包括五个方面:首先,是对当时我国竞技体育所目录的形势的分析及基本任务的确定。关于形势《奥运争光计划纲要》在充分肯定改革开放以来,我国竞技体育所取得的丰收成果的基础上,深刻分析了我国竞技体育所面临的挑战。依靠多学科先进理论和方法促进运动水平的发展已成为一个大趋势;产业化、职业化对竞技体育渗透,刺激运动成绩快速提高;国际竞赛中系列赛,大奖赛越来越多,对传统的训练手段、方法和理论提出挑战;随着苏联和民主德国的消失,世界竞技体系原有格局被打破,与我国在国际竞技上处于同一状况的竞争对手相应增加;国内社会主义市场经济的发展——也为竞技体育的发展创立了良好的条件和机遇。同时也带来许多新情况、新问题。

其次,确立了奥运争光计划的目标体系,一是体制、机制因素目标;二是基础实力目标,提出了确立奥运项目、运动员,重点项目运动员,奥运项目专职教练员等方面的具体指标;三是确立专项目标,提出了 1996 年 26 届夏季奥运会和 1998 年 18 届冬奥会夺金的目标。

再次,确立了实施《奥运争光计划》7 项指导原则:总揽全局,改革体制和机制合理配置资源,宏观调控和发展奥运潜在优势项目。向科技和管理要成绩,增强高水平有用人才,加强国际交流、争取社会支持。

再其次,是提出了实施《奥运争光计划》的9项措施:调整奥林匹克运动项目发展的总体布局,建立集中于分散相结合,多强对抗的国家队体制,加强科学训练,向管理和训练要成绩。培养造就一支高水平的教练员队任。实施2000年后备人才工程。建立效益投资体系,充分发挥竞赛的杠杆作用,扩大开放,加强国际交往,普及宣传奥林匹克精神,扩大竞技体育的社会影响。

最后,是规定实施《奥运争光计划》的步骤和方法:要求各自单位都要围绕《奥运争光计划纲要》中规定的任务目标、原则、措施和方法步骤制订可操作的实施计划。加强对奥运争光计划的领导,正确处理技体育发展战略的结构性和层次性的比例关系,在确保奥运会优势项目的同时,注意把握夏季与冬季项目、奥运非奥运项目、重点与一般项目发展的比例,确保每一项具体措施落实到实处并有条不紊地进行。

奥运战略的提出与实施,极大地推动了我国竞技体育事业的发展,为我国成功举办2008年北京奥运会,在亚特兰大、悉尼、雅典特别是北京奥运会上取得辉煌成绩奠定了"坚实的基础",更重要的是通过奥运会之舞台,提升了中国的国际地位,扩大了中国文化的国际影响,为凝聚民族精神,实现中华民族的伟大复兴,提供了一种不可替代精神动力。

三、体育改革思想

改革开放以后,国家体育事业的领导者在邓小平同志建设有中国特色社会主义的理论的指导下,根据新时期体育事业发展的丰富实践和世界体育发展的共同规律与共同趋势,积极进行体育改革。特别是到新时期,体育发展改革的探索,取得了突出成果,在 90 年代提出了"六化"、"六转变"的体育全面改革思想。

所谓"六化",即体育要实现生活化、普遍化、社会化、科学化、产业化和法制化。"生活化,就是说,体育要成为人们生活中不可缺少的一部分,体育的支出要成为家庭或个人支出中不可缺少的一部分。这是从微观角度,从个人角度提出来的"。"普遍化,或者叫大众化。就是说,体育要面向广大人民群众,广大人民群众都来参加体育活动。这是从宏观角度,从社会角度提出来的。这与我们党和政府全心全意为广大人民谋利益的要求是一致的"。这里讲的社会化的含义是"社会体育活动政府要办,但不只是政府办,大量的社会体育活动要由社会去办,政府只办一些影响大的,如国家级、省级、县级的一些运动会。同时,体育活动应该成为社会交往的重要手段"。"科学化,体育的组织工作要科学化,体育活动本身也要讲科学。科学有硬科学、软科学之分。小平同志讲科学技术是第一生产力,因此我们要把科技渗透到体育的每一个环节中去"。"产业化,因为中央文件已经明确了体育属于第三产业,八届人大四次会议通过的、十四届五中全会提出的《纲要》建议,又明确了体育要走社会化、产业化的道路,相应的转变就是体育事业从事业型向经营型或产业型转变"。"法制化。……体育工作从此开始进入了依法行政、以法治体的新阶段"。[2]

所谓"六转变",即"个人的体育费用从福利型向消费型转变,体育活动要从一家办向大家办转变,体育组织从行政型向社会型转变,体育要从经验型向科学型转变,体育事业从事业型向经营型转变,体育工作从'人治'向'法治'转变。"[3]"六化"是前提,是基础,"六转变"是关键,是保障,是与"六化"相伴相随、相辅相成的。

四、体育法治化思想

邓小平同志在改革开放之初,就一再强调中国必须走法制之路。"民主和法制,这两个方面都应该加强,过去我们都不足。要加强民主就要加强法制。没有广泛的民主是不行的,没有健全的法制也是不行的"。[4]"我们国家缺少执法和守法的传统,从党的十一届三中全会以后就开始抓法制,没有法制不行。法制观念与人们的文化素质有关"。[5]"还是要靠法制,搞法制靠得住些"。[6]1997年党的十五大明确提出"依法治国"的伟大治国方略,并把"建设社会主义法治国家作为国家的发展目标之一"。国家和社会的治理要走法治之路,作为有中国特色社会主义事业的组成之一的体育事业当然也不能例外,必然也必须走法治之路。

体育要走法治之路,首先是建立健全体育法制,关于体育事业发展的方针、政策、目标、战略,过去依靠的是党的理论和路线的指引,靠党和国家领导人的重视,在法治条件下,就应把这些东西上升为国家意志,以法律的形式固定下来。经过8年准备、8年的起草和修改,前后历时16年,1995年8月29日,《中华人民共和国体育法》在八届八大常委会第15次会议上获得全票通过。《体育法》是新中国成立以来的第一部体育基本法。《体育法》在全面总结我国体育事业四十多年发展经验的基础上,以贯彻宪法的基本精神,坚持党的基本路线,适应社会主义市场经济体制的基本要求,符合现代体育运动基本规律,体现体育改革的基本成果,国家发展体育事业的基本原则为指导思想,提出了体育工作的指导方针,明确了各级地方人民政府、体育行政部门、各行业单位、企事业单位、群众团体和公民在参与体育活动和发展体育事业中的权利、义务和责任。可以说,《体育法》中确立的基本原则,是对新中国体育事业发展程度的科学总结,是国家发展体育事业,政府和其他组织管理体育事务,公民参与体育运动的基本规范,是老一辈无产阶级革命家和党的三代领导集体对体育工作指导思想的高度概括,代表了全国广大人民群众的利益和愿望。"《中华人民共和国体育法》的颁布填补了我国在体育领域的立法空白,结束了我国体育事业无基本法可依的历史,标志着我国体育事业开始进入了依法行政、以法治体的新阶段,是新中国体育事业发展的一座里程碑;它对我国体育事业的发展有着重大的现实影响和深远的历史意义"。[7]

为了总结我国体育法制工作的经验,增强体育战线干部职工的法制观念,推动《体育法》的学习、宣传、贯彻、实施,提高依法行政、以法治体的水平,进一步健全体育发展,促进体育事业发展,1996 年 4 月 23 日至 25 日,国家体委在辽宁大连召开了第一次全国体育法制工作会议。会议提出了我国体育法制的"三步走"发展目标,第一步就是已经实现了的制定《体育法》目标;第二步目标,是加快体育立法,强化体育执法,完善体育执法监督体系,在20 世纪末、21 世纪初建立起适应社会主义市场经济、符合现代体育运动规律,以宪法为指导、以《体育法》为龙头,以行政法规,以部门规章和地方性法规为基础的体育法律法规体系,同时初步建立一支体育执法监督和执法检查队伍;这一步目标目前已初步实现;第三步目标是争取在 2010 年前后建立健全依法行政、以法治体的工作目标和法规体系,使体育工作全面纳入规范化、法制化轨道。就目前情况看,第三步目标尚未实现。

党的第三代领导集体继承、坚持和发展了毛泽东、邓小平对体育工作的认识。1996 年初,江泽民同志在接见第三届亚冬会的中国体育代表团和省市主管体育的领导同志及各级体委领导同志时,特别强调指出:"我国现在有 12 亿人口,从前在旧社会人家说我们是'东亚病夫'。新中国成立之后,毛主席当时就提出'发展体育运动,增强全民体质'的方针,后来小平同志也有指示。全国改革开放以来,体育运动确是有了很大发展。所以,体育工作很重要的问题就是增强全民体质,这是一个国家富强、文明的标志。单纯有钱也不行,单有经济实力也不行,必须把 12 亿人民的体质搞上去。"作为党的第三代领导集体重要成员之一的李鹏同志在任总理期间,也曾在接见全国体委主任会议上对全体与会人员指出:"关于体育政策,核心的问题就是要把体育工作的重点真正转移到增强人民体质上来,我们的体育工作,应以增强人民体质,增强 12 亿人民的体质,作为最根本的宗旨。"

党的第四代领导集体也同样继承、坚持和发展了毛泽东、邓小平关于中国体育工作根本任务是增强人民体质的思想。1995 年出台全民健身计划,并在实践中努力推广,特别是在党的十六大之后,得到更好的贯彻和实施,就是以胡锦涛为总书记的党的第四代领导集体坚持"发展体育运动、增强人民体质"体育思想的集中表现。党的十六大以来,党和国家把建设和谐的小康社会作为一切工作的中心任务,而在许多地方的小康社会的建设指标体系中,都包含了公民身体健康状况的指标。

五、体育产业化思想

新中国成立后,由于当时国际国内的复杂形势,在由国家进行调控的计划经济时期,中国的体育事业完全在计划经济体制下运行和发展的。1978 年 12 月,党的十一届三中全会召开,会议提出以经济建设为中心和进行经济体制改革,中国社会开始了以市场为取向的、涉及社会生活各个层面的经济体制改革。由于中国体育发展的社会经济环境发生了巨变,体育系统也开始了"经营创收"的探索。随着我国社会主义市场经济体制目标的确立。1992年国家体委召开了"中山会议",确定体育产业为深化体育改革的一项重要内容,明确提出发展体育产业。

体育产业化的思想主要体现在《关于培育体育市场,加快体育产业化进程的意见》和《1995—2010年中国体育产业发展纲要》两个文件中。1993年国家体委主任会议制定了《关于培育体育市场,加快体育产业化进程的意见》,提出体育事业要"面向市场、走向市场、以产业化为方向"的基本思路。1995年6月,国家体委制定了《1995—2010年中国体育产业发展纲要》和相应的体育产业发展的法规。《体育产业发展纲要》主要内容包括四个方面:首先,明确了中国未来15年体育产业发展的指导思想。要深化体育改革,转换机制,改变传统的计划经济条件下的体育发展模式,开发体育经济功能,引导社会投资与体育消费,增强体育自我发展能力;要树立为人民服务的宗旨,坚持体育为人民服务的方向,提倡经济效益,反对不择手段地追求经济效益;建立与我国经济和社会的发展相协调,与社会主义市场经济体制相适应的具有中国特色的新的体育管理体制和运行机制;要坚持"以体为本"的原则,以体育自身的经营为主,推动产业化发展;坚持国家办与社会办相结合,充分调动和发挥各行业和各社会团体发展体育产业的积极性。其次,是对发展体育产业化目标的确立,用15年左右时间,逐步建成适应社会主义市场经济体制,符合现代体育运动规律,门类齐全、结构合理、规范发展的体育产业体系;以体育主体产业为基础,多业并举,多种所有制并存,共同发展的产业发展新格局;初步建立比较完善的体育市场体系,与其他市场体系相衔接,形成有效反映市场供求状况和竞争机制;形成国有体育企业与非国有体育企业协调发展的新格局。再次,提出发展体育产业的基本政策和基本措施。加快体育单项运动协会的产业化发展。应坚持"以体为本,多种经营"的方针,坚持社会效益与经济效益相结合。加强对体育无形资产的经营开发。加强体育彩票的管理和发展。加强对各类体育基金的管理。加快体育市场的立法进程。大力培养体育经营管理人才,加强体育产业队伍的建设。进一步加强对体育产业工作的领导。

目前,体育产业化已不仅是世界上越来越多国家发展体育事业普遍的运作方式,而且已成为这些国家利用体育这一形式、这一渠道、这一平台推动本国经济发展,引导社会消费,调整产业结构的重要手段。由于我们国家的社会主义性质和体育事业的人民性所决定,我国的体育事业属社会公益事业,既要遵循世界体育发展的基本规律和共同趋势,又不能不考虑我国的国情及我国体育事业的公益性质。所以,在我国,发展体育事业,必须坚持在国家不断加大投入的前提下,逐步拓展社会融资渠道,提高体育产业化水平,提高个人体育消费水平,开发体育的经济功能,形成多形式、多元化的体育投资格局。

我国是全世界人口最多的国家,十三亿多的人口,这是一个潜力无比巨大的体育市场,体育产业化的前景十分乐观。从1994年首先在足球领域推行俱乐部制、实行市场化运作开始,15年来,体育产业化取得了长足的发展。特别是自2002年姚明登陆美国NBA,逐步成为NBA顶级明星之后,NBA的经营者也开始把中国的篮球市场作为其发展的重点。北京奥运会的筹备、运作和成功举办以来,我国的体育市场不断得到新的开拓。

拨乱反正时期与科学发展时期主导体育思想的继承与发展

针对的问题	主导体育思想	科学发展时期主导体育思想对前者的发展
关于体育的本质、功能、目的	体育是精神文明建设的重要方面；	体育必须坚持以人为本；
	体育是人的一种文化活动，是为了满足人的健康长寿和身心愉悦的精神需求；	把促进人民大众的身心健康和快乐生活作为体育的目的；
关于体育工作的基本方针	普及与提高相结合、群众体育与竞技体育协调发展；	坚持体育为人民服务，为社会主义现代化建设服务的方针；
		坚持普及与提高相结合，实现群众体育与竞技体育协调发展和相互促进；
		坚持以改革发展，强化体育制度创新，努力推进体育体制改革和运作机制转变，增强体育发展的活力和后劲；
		坚持依法行政，加强体育工作的法制建设依靠科技力量保障体育事业的健康发展；
关于体育事业的发展战略	体育强国战略；	全面健康战略；
		奥运战略；
关于体育的基本任务	发展体育运动，增强人民体质；	通过全民健身战略的实施，促进全体国民的身心健康不断达到更高的水准；
		通过奥运战略的实施，促进我国更快地迈向体育强国，推动全民健身运动，并以此来振奋民族精神，增强民族凝聚力；
		通过体育的全面改革，努力实现体育的生活化、普及化、社会化、科学化、产业化和法制化；

第二节　学校体育思想

这一时期的体育思想,主要围绕着主导体育思想而展开,大部分体育思想家、体育教育家,都把其思想关注的焦点放在了对国家所制定的奥运争光计划、全民健身计划、体育改革计划、体育法制、体育产业化等问题的探讨和争鸣上来,思想观点比较分散,但这一时期的学校体育思想却仍很活跃,仍然呈现为几个思想流派的并存的局面。能够称得上体育思想流派的体育思想,主要是健康第一体育思想、终身体育思想、体育素质教育思想。

一、健康第一体育思想

(一)"健康第一"体育思想的提出

"健康第一"体育思想在中国的最早提出者是毛泽东。早在1950年,针对当时学生学习负担过重、健康水平下降的状况,毛泽东就曾在给时任教育部长马叙伦的信中写道:"此事宜速解决,要各校注意健康第一,学习第二。营养不足,宜酌增经费。"[8]改革开放之后,"健康第一"作为一种学校体育思想被重新提起,并逐步成为学校体育领域里的主导体育思想,始自20世纪90年代中后期,其在学校体育思想界的代表性人物主要有刘绍曾、毛振明、单玉涛、胡小明等。

"健康第一"体育思想之所以在20世纪90年代中、后期被重提,并逐步成为学校体育领域里的主导体育思想,有着深刻的社会背景。首先,是现代社会对人体健康的严重威胁与人们对健康的迫切渴求。自西方资本主义国家在三百多年前步入工业化道路时起，人类社会就开始了对现代化的积极追求，而第一位的当然是对物质现代化、物质文明的追求。唯物辩证法告诉我们，任何事物都是利弊并存的。人类社会追求物质现代化、物质文明的过程与成果，是辉煌壮丽的，给追求者带来了丰厚的回报，概括起来主要是生活消费品的丰富和交通、通讯的快捷；然而，这一追求的过程也给人类带来了极大的负面效应，首要的就是环境污染、生态平衡的严重破坏。另外，还有社会分配不平、道德滑坡、精神迷失等，这一切负面效应合力作用于人们的身体和心理，一方面，是人类新发的疑难传染病、心血管疾病、肥胖等疾病的大量增加，另一方面，是人们所面临的生存压力增大，精神负担沉重，以及心理的不平衡，这些，严重地威胁着人们的健康。而与此同时，由于科学技术的进步，人们受教育程度的提高，人们对生命、对生活、对人生的理解也较之过去的时代更加清醒、理性、深刻，对自身生命意义、生命价值的关注更多了起来，从而把健康看成了自身之生存和发展、人生之幸福和快乐的极其重要的因素甚至第一要素。中国作为后发展国家，即使清醒深刻地看到了追求现代化的这种负面效应，并知道我们无力完全避免之（如在经济发展中，既要求获得发展，又难以完全防止污染），也不得不加快追赶的步伐。从而使上述矛盾在我国也逐步凸显出来。在这种情况下，无论是国家政治领袖，还是有民族责任感的党政官员（教育官员、体育官员），无论是体育思想研究者，还是教育家、体育专家，都会把自己对学校体育教育、体育发展目标的思考，转到"健康第一"的正确轨道上来。

其次，是素质教育方针的实施及其内在要求。我们在前边"体育素质教育思想"中已谈到，随着我国社会主义现代化建设事业和教育事业的深入发展,随着对教育的研究的进一步深入,体育之本质、功能、价值、目标愈来愈多的人明确地意识到,中国的教育必须从应试教育转向素质教育,中国的学校体育教育也必须从单纯的体质教育、体育技能教育、快乐体育教育中走出来,转向"健康第一"的正确发展之路。

再次,是学校体育教育实践的发展。远的不说,仅就改革开放之后而言,我国的学校体育教育经历了体质教育思想为主导,快乐体育、体质教育体育等体育思想并存的两个阶段之后,广大体育教师、学校体育专家,以及学校体育思想研究者,逐步看到了其他多种体育思想指导下的学校体育教育的偏失与漏洞,加之前面提到,三方面因素的作用,自然而然会把"健康第一"体育思想重新提升到学校体育教育领域主导体育思想地位。

最后,是党和政府的一贯主张。我们的党和政府历来对青少年学生的健康予以高度重视。改革开放之后,随着国家经济实力的不断增强,国家有了更多的资金投入到教育事业和体育事业中来,也便把青少年学生的健康问题,更加摆上了重要的议事日程。20 世纪 90 年代中期,作为党的第三代领导集体的核心、党中央领袖和国家主席的江泽民特别强调指出:"体育是关系人的健康大事,体育水平是一个民族文明进步的重要标志,""保证和提高 12 亿人民的健康水平和体能素质,始终是教育工作的立足点和归宿。"[9]"提高人民身体素质的工作,要从中小学学生,从青少年抓起。"[10]党和政府的这些主张,为学校体育"健康第一"思想的确立提供了最为坚实的政治基础。

(二)"健康第一"体育思想的内容

"健康第一"体育思想的基本内容,主要有三点:首先,体育的功能、价值、目标都是多方位，多层次的，但居第一位的，还是人的健康。体育是人的活动，这一活动的开展的目的，为促进人的生存，发展；人的属性中有自然性，社会性，人的生存，发展的内容既有自然性的需求，也有社会性的需要，社会性是人的基本属性，但人的社会性必需依存于人的自然性，离开了自然性，没有作为自然人的生命的存在，社会性也便无从谈起。健康对于人来说，首先是人的自然性需求，同时，它又为人的社会性需求，社会性的发展提供了物质前提的健康学保证；促进人的其他方面的发展；其次，强调健康第一，就必须处理好健康与其他体育功能、价值、目标三方面的关系，不能本末倒置，不能以强调体育的多功能、多价值、多目标的名义，贬低健康在体育中的"第一"地位，偏激地突出体育的竞技目标，经济功能，政治意义；再次，体育活动的开展的形式，手段，方法，评价标准，必须将健康列于第一位，一切有损于体育主体健康的运动形式，手段，方法，评价标准，都必须排斥在正当体育的范围之外；当然健康的正当体育也会有不同程度的危险性，那么强调健康第一，也便意味会在从事体育活动特别是危险性强（如赛车，极限，登山等）的运动时，必须坚持"安全第一"的思想，尽力强化安全措施；最后，健康是每个人的生存，发展需求，那么，体育就是将所有人列于体育主体的范围之内，不能排除任何个体，任何个人于体育之外。就学校体育而言，如何引导帮助残疾学生加入到体育中来，便是健康第一体育思想的题中应有之意。

（三）"健康第一"体育思想的评价

健康第一体育思想是建立在对体育的本质、功能、价值、目的等一系列基本问题的科学认识的基础之上的，蕴涵了"以人为本"

的科学理念,剥离了一切在理论层面上,为学校健康体育思想的确立起到催化作用。在实践层面上对新时期体育事业的发展,提出了正确的发展方向,并起到了积极的促进作用。

二、终身体育思想

(一)终身体育思想的提出

终身体育思想,源自于终身教育思想。终身教育思想可谓源远流长。就中国而言,早在2500年前,孔子的教育思想中就包含有终身教育的胚胎。"作为成型于欧洲的一种教育思想,终身教育的相关理念可追溯至古希腊时期,在哲学家亚里士多德的闲暇教育思想体系中已经有现代终身教育思想的萌芽"。[11]从欧洲中世纪文艺复兴时期的终身教育思想和理念的初步确立,到近现代欧洲终身教育思想的深化、发展,它逐步成为被欧洲教育界慢慢接受并取得共识的现代教育理念。1967年,联合国教科文合作委员会提出把"终身教育"作为其在教育方面的全部工作的指导性思想,在全世界加以广泛推行。既然教育应该是终身教育,那么,学校教育就应把终身教育思想贯彻到学校的教育教学活动之中去;既然体育是学校教育的重要组成部分,那么,学校的体育就应贯彻终身体育的思想和方针。

改革开放以来,一直致力于终身体育思想的研究、传播的体育思想界人士大有人在,公开发表的研究成果也很多。例如,李清秦、胡卫群的《从终身教育观看终身体育思想的形成与发展》,陈琦的《从终身教育思想审视我国学校体育的改革与发展》,《以终身体育思想作为学校体育主导思想的研究》,王景连,赵崇珍、张燕的《终身体育思想——大学体育指导思想的时代定位》,赵专、李平的《论学校体育教育对大学生终身体育思想的培养》,罗玲红的《论高校体育教育与终身体育教育》,王则珊的《终身体育研究》,韩英的《从终身体育看家庭体育、学校体育和社会体育一体化》,等等。由于这些同志的努力,当然也由于网络媒体的主体传播功效的发挥,终身教育思想和终身体育思想很快成为 20 世纪末、21 世纪初我国体育思想界、体育教育界特别是高校体育教育界流行的一种新的体育思想。

(二)终身体育思想的内容

终身教育是指一个人具有进行终身体育锻炼的体育态度和体育能力以及终身持之以恒地进行体育锻炼的过程。它包括两个含义:(1)是指人从生到死所学习和参加身体锻炼的活动,具有明确的目的,使体育成为人一生不可缺少的生活内容。(2)是在终身体育思想的指导下,以体育的整体化、系统化为目标,在人的不同时期,不同生活阶段中,提高参加体育锻炼机会的实践过程,其目的最终就是促进人体健康,延年益寿,高质量的生活。[12]它的“面向未来”的、超越时空的全新角度去观察学校教育和学校体育,同时也使学校体育的视野从关注学生的当前扩展到关注学生的未来,甚至终生。这一体育思想首先把人的一生的身体(锻炼)问题看作为一个系统,把学校体育看作为人的一生身体发展(锻炼)的子系统。

(三)终身体育思想的评价

从终身体育思想的认识体育教育特别是认识学校体育教育的视角上说,可以说是高瞻远瞩,无可非议,它对我国这一时期学校体育思想的发展产生了很大的影响,它对此时期我国学校体育教育特别是高校体育教育的教学方法、教学内容、教学组织,也都产生了一定的影响。当然,终身体育思想及其实践也存在着一些不足。"其一,它并没有产生特殊的教学模式,即其在实践层面的建构是不够完善的;其二,关注重点的模糊。我们还应该看到,学校体育工作应主要关注学生身体发展的'黄金时期',还是学生的未来? 这是一个必须回答的问题;其三,内在逻辑上的不严密。在教育领域内,对人的教育是分段的,有学校的教育,有成人的在职教育等等,这说明人一生的发展需要不断进行再教育。那么,学校体育如何解决人一生在身体方面的'再教育'呢? 如何确定对其的检查与评定呢? 这不仅是理论方面的疑问,也有实际操作层面上的问题"。

三、体育素质教育思想

(一)体育素质教育思想的提出

所谓体育素质教育思想,是指把学校体育教育的功能、目标、任务定位于提高学生的体育素质的一种学校体育思想。体育素质教育思想产生于 20 世纪 90 年代中期,其社会背景是:1993 年 2 月,中共中央、国务院颁布了《中国教育改革和发展纲要》,该纲要指出:"中小学要由'应试教育'转向全面提高国民素质的轨道,面向全体学生,全面提高学生的思想道德、文化科学、劳动技能和身体心理素质,促进学生生动活泼地发展。"1997 年 9 月,国家教委又召开了全国中小学素质教育经验交流会,旨在进一步强调大力推进素质教育,开创基础教育的新局面。由此,引发了全国学校体育教育界、学校体育思想界的理论思考与实践探索:学校体育是学校教育的组成部分,学校教育要走素质教育之路,把全面提高学生的综合素质作为学校教育的目标和任务,学校体育教育当然也应把提高学生的体育素质作为自己的目标和任务。20 世纪 90 年代中后期,这一体育思想同终身体育思想、快乐体育思想、整体效益体育思想等,共存于我国学校体育教育领域,呈现为一种"百花齐放"的格局。

(二)体育素质教育思想的内容

体育素质教育教育思想的基本内容主要有三点:首先,学校教育的大目标,是全面提升学生的综合素质,就综合素质中即体育素质思想中所强调的德、智、体、美全面发展思想不同之点,在于"素质教育"对德、智、体、美的要素构成及内在联系的认识和要求,更加具体,深化;其次,学校体育是学校教育的组成部分,当然就是素质教育的组成部分,那么学校体育教学的目标,就必须符合素质教育的目标,即全面提高学生的综合素质,为学生的德、智、体、美的全面发展服务;再次,学校体育教学的内容、方式、手段、方法及评价标准,必须围绕着学生综合素质的提升而展开。

(三)体育素质教育思想的评价

就当时我国整体教育形势而言,素质教育已成为我国基础教育改革和发展的主旋律,"学校体育作为素质教育的重要内容和手段,不仅仅以增进学生健康,增强学生体质,而且还可以通过体育向学生进行的思想品德教育,开发学生的智力,提高学生的心理素质,陶冶学生的情操,发展学生的个性,促进学生的社会化。因此,全面推进素质教育既为学校体育的发展创造了条件,同时也提出了新的课题,这正是当前我国学校体育教育界所要进一步研究和探讨的"。[13]这一新的课题的内容是很丰富很复杂的,其中,主要问题就是:学校体育素质教育的内容与形式与传统的学校体育教育有何区别? 在实际操作层面上如何建立一科学的包括教学方式、教学方法、教学手段、评价标准、考核方法在内的体系? 这些问题,当然不是一朝一夕可以解决的,也不是体育思想者一己之力可以完成的。进入 21 世纪后,当"健康第一"体育思想成为学校体育教育领域的主导体育思想后,体育素质教育思想中的科学成分,随即被"健康第一"体育思想所吸纳。

科学发展时期其他体育思想和学校体育思想

流派	思想内容		
	针对的问题	主要观点	核心思想
"健康第一"体育思想	学校体育的功能、价值、目标、任务	体育的功能、价值、目标是多方位、多层次的,但第一位的是人的健康;	体育必须坚持以人为本,以人的身心健康为目标
		体育必须处理好健康与其他体育功能、价值、目标三方面的关系,不能本末倒置;	
		体育活动的开展的形式,手段,方法评价标准,必须将健康列于第一位,一切有损于体育主体健康的运动形式,手段,方法,评价标准,都必须排斥在正当体育的范围之外;	

（续表）

流派	思想内容		
	所针对的问题	主要观点	其核心思想
终身体育思想	学校体育的目标、任务	人从生到死所学习和参加的身体锻炼活动，都应当具有明确的目的，使体育成为人一生不可缺少的生活内容；	体育锻炼应当成为伴随人终身的生活内容
		应使人在体育活动中，形成进行终身体育锻炼的态度和能力，并将其变成一个持之以恒的过程；	
		应以体育的整体化、系统化为目标，在不同年龄段进行相应的体育锻炼，促进身心健康，益寿延年和高质量的生活；	
体育素质教育思想	学校体育的功能、目标、任务	学校教育的目的，是全面提升学生的综合素质，那么学校体育即应围绕着学生综合素质的提升而展开；	学生综合素质的提升是学校体育的目标和任务
		学校体育教学的内容、方式、手段、方法及评价标准，必须围绕着学生综合素质的提升而展开；	
		学校体育作为素质教育的组成部分，必须遵循素质教育的目的、规律，其教学的内容、方式、手段、方法及评价标准，都应符合素质提高的要求；	

小　结

　　1995 年，党和国家相继颁布实施了《全民健身计划纲要》、《中华人民共和国体育法》。这两个体育文件和法规的出台，具有十分重大的现实意义和深远的历史意义,一方面,标志着我国的体育事业,将从此走向一个新的发展阶段;另一方面,则标志着党的第三代领导集体对社会主义新时期体育的认识,有了新的深化和发展。党和国家最高决策层在拨乱反正和探索时期主导体育思想的基础上,继承了建国初期的"人民体育"思想。同时吸收了体育思想家、体育教育家对体育理论的科学成果以及西方现代体育思想,并结合中国的实际,对关于体育的本质、功能、目的问题;关于体育工作的基本方针问题;关于体育事业发展战略的问题;关于体育的基本任务等问题的认识上,有进一步的发展和创新。

改革开放30年来,关于学校体育思想的探讨与争论,大致经历了三个阶段,第一阶段是党的十一届三中全会召开前后至20世纪80年代中期,这一时期在学校体育思想领域占主导地位的是体质论,即认为学校体育的根本目标或说基本任务就是增强学生体质,当然也有其他思想的声音;第二阶段是20世纪80年代中期至20世纪90年代中期,这一时期学校体育思想领域呈现为多种体育思想并存的局面,主要有终身体育思想、快乐体育思想、整体效益思想、体育健康教育思想等;第三阶段是20世纪90年代中期至今,这一时期在学校体育思想领域占主导地位的是"健康第一"体育思想,同时,终身体育思想、整体效益思想、体育素质教育思想也仍各有其阵地。从对学校体育思想领域各时期、各流派的思想内容及其传承和演变的介绍、分析中,我们可以看出这样几个问题:

第一,从20世纪70年代末期到今天的这30年里,没有哪一种体育思想能够在全国整个学校体育领域始终占据唯一的"统治"地位。第一个时期里主要是体质教育思想和体育技术教育思想并存,强调体质健康教育与体育技能学习并重,以前者为主;第二个时期里,前两者被传承着,但又涌现了几种新的学校体育思想,如终身体育思想、快乐体育思想、整体效益思想、体育健康教育思想等,其中,终身体育思想和整体教育思想取代体质教育思想和体育技术教育思想而占据着主导地位;第三个时期里,终身体育思想、整体效益思想被传承了下来,仍然发挥了很大的作用,体育健康教育思想发展为"健康第一"体育思想,同时还出现了一种新的体育思想——体育素质教育思想,而占据了主导地位的,是"健康第一"体育思想,并逐步呈现出其"一统天下"的趋势。

第二,各种体育思想流派的思想内容,往往不是像"大体育观"与"真义体育观"针锋相对那样,而是相互交叉、相互重叠的,主要区别只是视角或出发点的不同罢了。例如,体育素质教育思想的视角和出发点是学生素质的提高,终身体育思想的视角和出发点是强调要把学校体育教育放入人一生的体育锻炼、体质增强的大系统中去考虑和设计教学的具体目标、方式、方法、手段。而两者在理论基础和思想观点上有许多是相同的:体育功能的综合性、体育终极目的的一致性、学校体育教育应然目标的系统性,等等。

第三,每一时期的不同体育思想流派,都直接与国家整体教育思想息息相关。例如,体育素质教育思想,就完全是在 20 世纪 90年代国家"从应试教育转向素质教育"的整体教育思想的直接演变,整体效益体育思想则完全是 20 世纪 80 年代中期《中共中央关于教育体制决定》思想精神的直接演变。

注　释

1　谢亚龙:《奥林匹克研究》,北京体育大学出版社,1994 年,第 403 页。

2　3　7　伍绍祖:《对我国体育事业中几个基本问题的认识和思考》,《体育文史》,1997 年,第 1 期。

4　邓小平:《邓小平文选》第 2 卷,人民出版社,1994 年,第 189 页。

5　6　邓小平:《邓小平文选》第 3 卷,人民出版社,1994 年,第 163、379 页。

8　杨贵仁:《中国学校体育改革的理论与实践》,高等教育出版社,2006 年,第 41 页。

9　陈至立:《在全国学校体育工作会议上的讲话》,《中国学校体育》,2002 年,第 1 期。

10　伍绍祖:《在全国学校体育工作会议上的讲话》,《中国学校体育》,2000 年,第 2、
　　3 期。

11　李清秦、胡卫群:《从终身教育观终身体育思想的形成与发展》,《南京体育学院学
　　报》,2005 年,第 4 期。

12　赵专、李平:《论高校体育教育对大学生终生体育思想的培养》,《四川体育科学》,
　　2006 年,第 2 期。

13　张细谦:《当代中国学校体育思想的发展和演变》,《广东教育学院学报》,2000 年,
　　第 5 期。

结束语

本书在对中国近现代体育思想的研究过程中,遇到了一系列重点、难点问题,在对其进行了广泛而深入的讨论后,就这些问题提出了自己的见解。在此将其逐一列出,以供本研究领域更多的关注者、研究者思考、完善。

(一)关于体育思想的内容

1. 什么是体育思想。所谓体育思想,即关于体育的思想,或说对体育的认识,它是人们对体育的本质、特征、形式、功能、价值、发展规律、发展方针等一系列问题的认识的总和。

2. 什么是近代体育思想。如前面所讲,近代体育思想并不是近代时空内所有的体育思想,而是指具有近代性质、近代价值的体育思想,即人们对近代体育的认识。因近代体育与传统体育在内容和形式等各方面都有着很大的区别,所以,作为对近代体育的认识的近代体育思想,必然区别于作为对传统体育或称古代体育的认识的古代体育思想或称传统体育思想,即强调近代体育思想一定是指具有近代性质、近代价值的体育思想。这里所谓的近代性质和近代价值,一是指其关于体育的认识对于本时代体育的发展具有近代性的指导意义,能够促使体育事业按照近代体育的规律去发展;二是指其关于体育的认识,及其所蕴含的体育价值理念,都出自于近代的文化视角和思维方式。

3. 什么是现代体育思想。如前面所讲,现代体育思想并不等同于现代时空内所有的体育思想,而是指具有现代性质、现代价值的体育思想,即人们对现代体育的认识。因现代体育与传统体育和近代体育相对照,在内容和形式等各方面,又发生了很多的变化,存在决定意识,作为对现代体育的认识的现代体育思想,必然区别于作为对传统体育的认识的传统体育思想和作为对近代体育的认识的近代体育思想,既强调现代体育思想一定是指具有现代性质、现代价值的体育思想。这里所谓的现代性质、现代价值,一是指其关于体育的认识对于本时代体育的发展具有现代性的指导意义,能促使体育事业按照现代体育的规律去发展;二是指其关于体育的认识,及其所蕴含的体育价值理念,都出自于现代的文化视角和思维方式。

4. 中国近现代体育思想的内容。关于中国近现代体育思想的内容,我们认为主要应包括如下四个方面:(1)中国近代体育思想主体关于体育特别是关于近代体育基本理论问题的认识和观念;(2)中国近代体育思想主体关于中国体育发展方针等实践问题的认识和设想;(3)中国现代体育思想主体关于体育特别是关于中国现代体育基本理论问题的认识和观念;(4)中国现代体育思想主体关于中国体育事业发展战略、发展方针、体育管理体制、体育规范制度等体育实践问题的认识和设计。

(二)关于中国近代体育思想与中国现代体育思想之间的区别与联系,即核心内容层面的"传承与演变"

"近代"和"现代"这两个概念,被广泛使用于各个学科领域,其含义,已远远超出历史学定义和时间性范畴,而是对人类社会进步发展阶段的抽象。人类社会进步发展的根本原因,从历史唯物论角度上讲,是社会生产力的变化。因此"近代"和"现代"这两个概念便是直接与以社会生产力发展水平,发展阶段为核心的社会进步发展进程、特征、相对应的。"近代"所表征的是以机械化工业大生产为核心内容的社会发展阶段。"现代"所表征的是以信息化,后工业化等为核心内容的社会发展阶段。正因为如此,我们在前边将"近代体育思想"和"现代体育思想"界定为"具有近代性质,近代价值的体育思想,即人们对近代体育的认识"和"具有现代性质,现代价值的体育思想,即人们对现代体育的认识"。那么近代体育的"近代性质,近代价值"又是什么呢? 现代体育的"现代性质,现代价值"又是什么呢? 二者之间有何区别、联系,即变化与发展呢? 近代体育思想与现代体育思想之间有何区别、联系,即进而引发出两者之间在核心内容层面的传承与演变的问题。

我们认为:(1)所谓"近代性质,近代价值",应是与以机械化工业大生产为核心内容的社会进步发展水平,发展阶段相依存,相适应的特征和社会效用。(2)所谓"现代性质","现代价值"应是与信息化,后工业等为核心内容的社会进步发展水平,发展阶段相依存,相适应的本质特征和社会效用。(3)近代体育的近代性,近代价值,在于这一历史阶段的体育与工业化大生产有着密切的联系,体现着这一时代的要求;就中国而言,那就是通过发展体育运动,强身健体,抗击民族侵略,以实现国家的独立富强。(4)现代体育现代性质,现代价值,在于这一历史阶段的体育与信息化,后工业化等社会发展形势有着密切联系,体现这一时代的要求;就中国而言,那就是通过发展体育运动给人们以健康和快乐,使人们在高速的社会发展中得到自由、解放和发展。(5)中国近代体育思想与中国现代体育思想之间的根本区别在于：前者将体育的价值、目的，主要定位于健体强国，即通过强身健体，来振奋民族精神，为强国而服务；后者则将体育的价值、目的主要定位于"以人为本"，即通过体育锻炼，强身健体，益寿延年，娱乐身心，呈现自由与快乐，解放与发展。这也便是中国现代体育思想对中国近代体育思想辩证否定，即二者之间的"演变"。（6）中国近代体育思想与中国现代体育思想之间的联系在于：前者在其 109 年形成发展过程中，蕴含了对"体育以人为本"的初步认识和思想因素，后者在其61 年来的发展、演变过程中，健体强国，振奋民族精神的价值追求并没有销声匿迹。即使到了"科学发展时期"，亦是如此，"奥运争光计划"便是证明。这与体育以人为本并不是水火不容的，而是一种"对立统一"。中华民族之强大，中国之国际地位的提升，对于每一个中国人自由和快乐，解放和发展，都是必要的条件保障和物质容纳、精神前提。

（三）关于体育思想及体育思想史的学科属性问题

学科与科学并不是同一概念，二者是有区别的。学科是人们为了学习和研究的方便，依据一定的标准，对其所面临的全部学习领域或研究领域所作的相对性划分；科学是客观世界之本质、特点、规律的理论性概括，科学的本质特征在于其具有可重复性；任何一门科学都可作为一个学科来学习和研究，但并不是所有学科的学习和研究内容都属于科学，例如，历史学科所学习和研究的内容主要包括两个方面，一是历史的事实，二是历史的特点和规律，后者显然具有一定的科学性特点，但前者因其不具有可重复性而不属于科学的范畴。哲学、艺术、文学也都带有这种特点，所以人们往往把哲学、文学、历史、艺术这几个人文学科与具备完整科学性的理工学科、社会学科分开而并称为"人文与科学"。无论是体育思想还是体育思想史，都是作为一个相对独立的学科而存在的，那么，它到底属于人文的范畴呢？还是属于科学的范畴呢？本书认为，它们都属于人文学科而不属于社会学科，但这并不否认其具有科学性内容。

（四）关于中国近现代体育思想的传承与演变的基本脉络

1. 中国近现代体育思想传承与演变的主题

任何一种思想，无论其内容如何丰富、复杂，无论其所涉及的问题如何广泛、深刻，它一定有一个自觉的主题，中国近现代体育思想 170 年的传承与演变亦不会例外。纵观中国近现代体育思想发展的历史，我们可以发现，中国近代体育思想传承与演变，始终围绕着"健身强国，以实现民族复兴，实现国家的现代化"这样一个主题而展开。

1840 年鸦片战争以后，伴随着帝国主义的侵略，中国社会发生了急剧的变化。中日甲午海战的惨败后，民族危机日益加剧，救亡图存成为摆在国人面前的亟须解决的主要矛盾。严复作为中国近代史上真正接受西方近代体育思想的第一人、开创者，已经清醒地意识到民族素质的提高和人民体质的增强是"保种"的关键。维新派认识到体育可以健身卫国，体育能承担复兴种族、解救民族危机的重任。因此，他们从资产阶级全面教育的意义来认识和阐述体育。同时主张将体育纳入学校教育，使得体育成为整个教育结构不可缺少的组成部分。他们希望用新式教育培养符合时代发展要求的德智体全面发展的人才，而他们对于体育的提倡主要是出于体育的强身健体作用，其目的是挽救民族危亡，摆脱国运困厄的时局，充分体现了维新派体育思想鲜明的救亡图存的时代特征。

维新派以救亡图存为目的,指出国民体质的提高对于保种图存的重要意义,适应了危机中的人们求强求变的迫切愿望,在当时社会上一定范围内形成了"耻文弱"的风气,维新派从"尚武强国"的角度对体育的提倡也为日后军国民体育思想的兴起埋下了伏笔。

民国成立后,由于革命派提倡,军国民教育继续受到重视,1912年蔡元培任民国教育总长期间,发表了《对于新教育之意见》等一系列文章,提出了军国民主义教育、实利主义教育、公民道德教育、美感教育和世界观教育的"五育"方针,倡导以民主、自由和独立的精神改造国民,培育国民新人格。在蔡元培的教育思想中,五育各有不可替代的独特作用,并且是一个相互联系、和谐统一的整体。"五者,皆今日之教育所不可偏废者也"[1]。其中包含在军国民主义教育中的体育,首次被蔡元培作为学校教育的一个组成部分明确提出。军国民体育"本源于资本主义国家的军国民教育,主要是在'尊君'、'爱国'的口号下,借口培养'军国民'而用专制主义和沙文主义毒害青少年和国民,并强制其接受军事训练,以培养对外侵略的士卒和对内镇压人民的打手"[2]。以蔡元培等为代表的中国近代体育思想主体,在特定的历史条件下,在功能和手段的层面上,接受了这一体育思想,在价值和目的的层面上,对其进行了改造,即不是为了培养侵略的士卒和镇压人民的打手,而是为了强健民族体魄,振奋民族精神,以抵御帝国主义的侵略,从而使军国民体育思想成为学校体育的主流思想。

在中国近代体育思想的成熟期或是深入发展时期,无论是国粹主义体育思想还是民族主义体育思想的内容中,都蕴含着前期军国民体育思想或健体强国思想的要素。在体育功能、价值、目标层面,二者都主张体育为民族振兴服务,都是在健体强国这一思想主题之下展开的。新民主主义体育思想认为新民主主义体育是以工农大众为主体,并以维护其体育利益为出发点,体育可以锻炼体魄,增强体质,为抗日战争和解放战争服务,为无产阶级的政治路线服务。

　　新中国成立以后,虽然在20世纪50、60年代主导体育思想中可以明显看到,健身强国,为国争光的内容和"体育为政治服务",虽然在"文革"之中,中国体育思想发生了暂时性的严重偏失,虽然在改革开放之后,也曾有重竞技体育,轻群众体育的思想倾向,但党和国家始终把"发展体育运动,增强人民体质"作为中国体育事业发展的根本任务,"人民体育"思想始终是中国现代体育思想的主导。这一体育思想孕育于新民主主义革命时期,新中国成立初期由第一代领导集体系统阐发并形成科学体系,成为毛泽东思想的有机组成部分,在我国体育事业发展中得到全面贯彻。中国共产党第二代、第三代和第四代领导集体,根据我国体育事业发展面临的新情况和新问题,不断丰富和发展人民体育思想,使其成为贯穿于共和国60年体育事业的整个历史进程的主线。到了20世纪90年代中期以后,党和国家先后颁布实施《全民健身计划纲要》和《全民健身条例》以及一系列关于体育改革的方针对策,中国现代体育思想便更加鲜明地树立起科学发展、以人为本的旗帜。

　　党的十一届三中全会后,我国实行了解放思想,用实践去检验真理和发展真理的思想路线,极大地推动了各领域的思想解放和理论探索。体育界特别是体育思想界的广大学者,开始了对体育的本质、特征、功能、价值、目的和社会主义体育事业发展方针、发展战略等一系列重大问题的广泛而深入的理论探索。主张"真义体育思想"的学者将体育与身体文化娱乐、竞技、健身等概念作了区别,并从体育(狭义)的本源涵义出发,对体育的健体强身这一根本任务和目标的进行揭示。主张"大体育思想"的学者则认为:

"体育已不是原来意义上的单单作为教育范畴的所谓狭义的体育,而是扩大了的包括竞技运动,身体锻炼等等在内的一个总的大概念。"[3] 从而形成了与真义体育思想观点对立的学术思想流派。大体育观站在时代的高度,运用历史的方法、系统的方法,对体育概念的内涵和外延,特别是体育的本质、特征、功能、目的,进行了较为全面而深刻的分析和梳理,为人们特别是体育工作领导者深入认识新时期的体育,提供了丰富的思想养料。大体育观关于体育系统内部结构的划分,为新时期体育工作的系统管理,提供了有益的理论支撑和对策建议。同时大体育观关于体育功能的系统分析,为新时期体育发展战略的制定和实施也起到了理论和知识层面的支持。"体育属于自然科学"思想的学者率先提出体育的科学属性问题,认为体育是自然科学,属于生产力范畴。上述体育思想的探索反映了人们对体育的认识已从人类社会历史"近代"的局限性中走了出来,迈入"现代"的发展阶段,具有了"现代性"。这个质变之突出表征,就是人们所认识的体育是"现代体育",人们对体育的认识抓住了体育的现代特征。体育在人类走向"现代化"进程中的立体功能、复合价值,人们对体育事业发展的战略、方针以及对体育制度、体育管理体现的思考和设计,也开始融入了人类的"现代化"的大系统之中。

　　纵观新中国学校体育思想,"文革"前17年的学校体育思想的形成及其演变充分体现了马克思主义关于人的全面发展的思想。从20世纪70年代末期到今天的这30年里,没有哪一种体育思想能够在全国整个学校体育领域始终占据唯一的"统治"地位。十一届三中全会召开前后至20世纪80年代中期,主要是体质教育思想和体育技术教育思想并存,强调体质健康教育与体育技能学习并重,以前者为主;20世纪80年代中期至20世纪90年代中期,前两者被传承着,但又涌现了终身体育思想、快乐体育思想、整体效益思想、体育健康教育思想等,其中,终身体育思想、整体效益思想取代体质教育思想和体育技术教育思想而占据着主导地位;20世纪90年代中期至今,终身体育思想、整体效益思想被传承了下来,仍然发挥了很大的作用,体育健康教育思想发展为"健康第一"体育思想,同时还出现了一种新的体育思想——体育素质教育思想,而占据了主导地位的,是"健康第一"体育思想,并逐步呈现出其"一统天下"的趋势。从对学校体育思想领域各时期、各流派的思想内容及其传承和演变的分析中,我们可以看出各种体育思想流派的思想内容是相互交叉、相互重叠的,主要区别只是视角或出发点的不同。例如,体育素质教育思想的视角和出发点是学生素质的提高,终身体育思想的视角和出发点是强调要把学校体育教育放入人一生的体育锻炼、体质增强的大系统中去考虑和设计教学的具体目标、方式、方法、手段。而两者在理论基础和思想观点上有许多是相同的:体育功能的综合性、体育终极目的的一致性、学校体育教育应然目标的系统性等。

由此可见,尽管在中国近现代体育思想的不同发展阶段上,体育思想主体对这一主题的认识和表达有所不同,但其思想上的探索和实践中的努力,都是把增强民族体质、振奋民族精神、摘掉"东亚病夫"的帽子,以实现中华民族的伟大复兴,实现国家的现代化作为明确的主题。

2. 中国近现代体育思想传承与演变的基本线索

在任何思想领域的历史演进中,都是各种思想、观点相继产生、此消彼长,既有相互并存,又有相互排斥和相互渗透。那么,在各种思想的并存、排斥、渗透、消长之中,不仅存在着一个个思想流派、各个思想主体所共同关注的思想主题,还会形成一条或几条、明显或潜在的基本线索。体育思想领域亦不例外。在研究中发现,中国近现代体育思想产生发展至今 170 年,贯穿始终的基本线索有两个,一是传统与现代的碰撞与融合,二是东方与西方的碰撞与融合。这两条线索又始终相生相伴,相互依存、相互缠绕地向前发展着。

所谓传统与现代的碰撞与融合,是指中国传统的体育思想与近现代体育思想之间的碰撞与融合,即近现代体育思想对传统体育思想的冲击与吸收,传统体育思想对近现代体育思想的学习与借鉴。

所谓东方与西方的碰撞与融合,是指中国近现代体育思想与西方近现代体育思想的碰撞与融合,即西方体育思想对中国传统体育思想的冲击,中国体育思想对西方先进体育思想的学习、借鉴、吸收。

在近代中国,西方体育传入中国之初并没能得到广泛的传播,它只是在大中城市的部分学校或军队中开展。中国民族传统体育在广大的城乡依然占据主导地位。20 世纪之初,以武术为代表的民族传统体育项目,仍然得到很好的发展,被国人从强国保种的角度加以提倡。随着资产阶级改良思想在顽固的封建专制制度面前遭到失败,主张中国必须走革命道路,即必须对中国社会的政治、经济、文化进行全面的变革的思想开始登上中国近代思想的舞台,并逐步成为一股强烈的社会思潮。在这种社会思想文化的大背景下,中国体育思想领域,必然也会随之发生变革,全面地学习、借鉴、吸收西方先进体育思想,对中国传统体育进行全面改造,以适应强身健体、振奋民族精神、救国图强的需要,成为中国体育思想领域一个重大的思想主题。伴随着中国近代体育实践的发展和体育思想主体对近代体育的本质、功能、价值、形式、发展方向等有关体育的基本问题的认识上的进一步深入,部分提倡传统体育的人开始用西方近代体育原理对传统体育项目整理研究,主要体现在武术教学的改造与静坐原理方面的阐释。武术教学的改造与静坐原理的阐释,都反映出用近代体育原理对传统形式的改造,不过这一过程始终伴随着对西洋近代体育的批判。[4] 提倡传统体育的人极力要证明中国传统体育要比近代西方体育优越,更适合中国的国情,主张用民族传统体育来取代西方近代体育,迎合了政治、文化领域中的封建复古思潮,因而受到新文化运动中反传统人士陈独秀、鲁迅等人的驳斥。引发了近代中国体育史上的第一次"土洋体育之争"。碰撞和冲击促进了新旧体育思想的相互融合,提倡西方体育的人,逐渐承认了传统武术的价值。如麦克乐作为自然体育思想的代表人物,在对建立中国体育系统问题上提出:"中国体育系统不应直接译自欧美。因各国之民性不同,其遗传及社会之精神又不同。"[5] 他主张弘扬民族的历史和文化。西方自然体育思想取代军国民体育思想在中国体育教育中日益处于优胜的地位。

到了 20 世纪 30 年代初,中国思想界开展了关于中国国情的争论。之后又发生了中国本位文化与全盘西化的争论,讨论中国文化的出路问题。在这种大的历史背景下,表现在体育上,是加大了对民族传统体育的推广力度。九一八事变,使国内民族主义情绪不断高涨,中国运动员在 1932 年奥运会上的失利,促使国人对中国体育发展道路进行深刻反思。针对中国是否应该接受西方近代体育和如何看待传统的中国体育,政府某些官员,教育界、体育界的知名学者不同程度地卷入了这场讨论,出现了中国近代体育史上的第二次"土洋体育之争"。这一时期,由于近代以来体育越来越成为一项专业性的人类实践活动,体育思想便具有很强的学科特点,也便决定了体育思想的发展在主体层面明显呈现为以职业性的体育教育家、体育思想家为主的鲜明的主体特点。由于职业性的体育教育家、体育思想家专注于体育事业的发展、体育思想的研究和探索,在对于如何解决中国体育发展道路的问题上更趋向于理性和科学性。西方近代体育传入中国之后,与中国民族传统体育在相互排斥与相互融合中并存,每次的交锋都加深了对于传统体育与西方体育的特点和价值等问题的认识,更有助于土、洋体育在新的基础上的融合。经过两次大的体育思想碰撞,东西方体育思想由以相互排斥为主转化为以和平共处和相互吸收为主。中国民族传统体育不但没有阻碍西方体育在中国的传播和的发展,而是按照西方近代体育的原则对自身组织的建设、竞赛与规则的制定进行改造,从而使根植于传统农业生活方式的部分传统体育成为中国近代体育的组成部分。此后,体育界达成了"建设民族本位体育"的共识。但何为"民族本位体育"在理解上存在较大的分歧,特别在如何推行民众体育方面又形成了"体育军事化"与"体育教育化"的对立。[6]

在中国传统体育思想与现代体育思想的碰撞与冲击中,所蕴涵的是现代文化对中国传统文化的冲击和批判吸收,中国传统文化对现代文化的渗润和吸收,从而实现二者在中国这块古老土地上的有机结合;在中国近现代体育思想与西方近现代体育思想的碰撞与融合中,所蕴涵的是西方文化向东方(中国)的流入和传播,东方(中国)文化对西方文化的学习、研究、借鉴与吸收。"东"——中国近现代体育思想其内容绝非等同于中国传统体育思想,近现代以来170年的中国文化,其内容也绝不是中国传统文化;"西"——西方体育思想,其内容绝非等同于西方现代体育思想(还会包括非现代的成分),西方文化,也绝非等同于西方现代文化。

(五)关于中国近现代体育思想传承与演变的特色

人类历史的发展,是有规律的。客观决定主观,人类的思想发展,也是有规律的;人类体育实践的发展,是有规律的。实践决定认识,人类体育思想的发展,也是有规律的;人类体育实践相对于其他实践活动,具有其相对的特殊性,人类体育的发展规律,也会具有其相对独立性,那么,作为人类体育客观实践在人们头脑中的反映的体育思想,也便一定具有相对于其他思想的特殊性。

1. 人类思想发展的基本规律的主要内容是:

(1)人类思想的形成与发展,依存于人类生存实践的发展,同时,又有其相对独立性。正如马克思所言:"思想、观念、意识的生产最初是直接与人们的物质活动,与人们的物质交往,与现实生活的语言交织在一起的。观念、思维、人们的精神交往在这里还是人们物质关系的直接产物。"[7]

(2)在人类思想发展的每一个特定历史阶段,都存在着不同的思想、观念,以至不同的思想体系,它们既相互依存又相互排斥,既相互渗透又相互贯通,而在众多的思想、观念并存中,必有一种占据统治地位的思想,主导或影响着整个社会思想的变化;在阶级社会里,这种思想,就是统治阶级的思想。马克思对此也曾作过精辟的论述:"统治阶级的思想在每一时代都是占统治地位的思想。这就是说,一个阶级是社会上占统治地位的物质力量,同时也是占统治地位的精神力量。支配着物质生产资料的阶级,同时也支配着精神生产的资料,因此,那些没有精神生产资料的人的思想,一般的是受统治阶级支配的。"[8]

(3)在人类社会发展的每一个历史阶段,人类思想的各方面内容,即人类对各种社会现象的认识,由客观世界的内在联系性所决定,必然形成其各种各样的联系。

(4)在阶级社会中,人类的思想内容中,凡是与国家、阶级、政治、利益有关的,往往带有阶级性色彩,同时又带有民族性。

2. 人类体育思想发展的规律的内容:

人类体育思想,是人类思想的一个组成部分,其形成和发展,必然蕴含着上述基本规律。从外延上看,体育思想史与思想史是种属关系,体育思想史是思想史的一个组成部分;从内涵上讲,体育思想史相对于一般思想史具有如下特定之内涵(即种差):①思想史的内容涉及人类社会生活的方方面面,而体育思想史的内容仅仅限于对体育这一特定的社会现象的认识;②体育思想之传承与演变,与一般思想史的发展有着紧密的内在联系,一方面,每一时代的体育思想的传承与演变,都受着该时代一般思想史的发展水平的局限,特别是受到该时代占主流地位的哲学世界观、方法论及人身观、价值观的深刻影响;另一方面,体育思想之传承和演变,由于体育作为人类一项相对独立的实践活动的特定规律,所以,又有其一定的相对独立性。③体育思想之传承与演变在主体成分构成上颇为复杂,既有思想家(包括哲学家)、政治家(主要指政治活动家和政治领袖),又有军事家、革命家;既有教育家(主要是指体育教育家),又有体育家。而一般思想史,在主体层面主要局限于哲学家、政治家和文化学者。

(1)体育思想与体育实践之间的关系,同其他思想、理论与社会实践的关系一样,是一种后者决定前者、前者反作用于后者,而又同时各有其独立性的辩证统一关系。一方面,某一时代社会体育实践的水平,决定着同时代体育思想发展的水平,而体育思想的发展,又作用于同时代社会体育实践的发展,即体育思想对体育实践的指导作用;另一方面,这种决定与反作用并不是全方位全系统的对应关系,而是各自有其独立性,社会体育实践的独立性是决定性的。

(2)体育思想之内容,呈现为一种从点到面、从具体到抽象、从现象到本质的转变过程。①所谓从点到面,是指在人类体育思想传承与演变过程中,体育思想的内容,即体育思想之主体对体育的认识,最初仅是对体育的运动形式及其功能的认识,然后逐步扩展到对体育现象其他多方面的认识,以至逐步形成一个比较完整的科学体系;②所谓从具体到抽象,是指在人类体育思想传承与演变过程中,最初所研究的是关于体育的外在形式、功能等问题,以后逐步拓深到体育之属性、本质、价值、规律等问题,从哲学认识论的角度,前者显然属于具体的层面,后者则属于抽象的层面;③所谓从现象到本质,是指在人类体育思想传承与演变的过程中,最初所研究的关于体育的外在形式、功能等问题,以哲学认识论角度讲,属于体育之"现象"层面,而此后所扩展、拓深研究的诸如体育属性、本质、价值、规律等问题,则属于体育之"本质"层面。

(3)体育思想是人们对这个"系统"的认识。认识来源于实践,而任何实践都是在特定的时空范围内的实践,都受到这个时空的局限性。时——历史时代。空——社会发展实际空间。某一特定时代的体育思想之内容的丰富性、系统性、科学性、深刻性如何,最终是由这个时代的体育实践的发展水平决定的。

(4)体育思想依存于人类生存实践的发展,同时,又有其相对独立性。体育思想的独立性是相对的,这种相对独立性的含义是指:①体育思想的发展不仅受到体育实践的环境和水平的决定与影响,还受到人的认识规律、认识能力的决定和影响;②某一时代的体育思想的内容中,不仅有与同时代体育实践发展水平相一致、相匹配的东西,还有超越于这一时代体育实践发展水平的内容以及落后于这一时代体育实践发展水平的内容。

（5）体育思想是特定社会制度和社会生活下人们对体育的看法和观念,又对特定社会制度和社会生活条件下的体育实践具有反作用。中国近现代体育思想的传承与演变,与近现代中国特定的时空条件必然存在联系。所以,研究中国近现代体育思想的传承与演变,离不开对体育思想所处的政治、经济、文化教育的制度环境和政治、经济、文化教育的生活环境的研究。从总体上讲,必然亦受到社会形态、社会整体发展的限制,例如,在中国漫长的封建社会中,绝不可能产生原发性的近代体育思想;中国近代的体育思想,无论是其认识的广度、深度,还是其认识的科学性、系统性,都无法与今日中国之体育思想相提并论。

（6）在阶级社会里,不同的利益集团、阶层,由于其所处的社会经济结构、政治结构和文化的结构的不同,对于体育的性质、目的和任务、指导思想及与之相关的思想教育也往往会有不同。思想主体在进行体育问题的思考和研究时,对事物所做的论证分析和价值判断,往往使得体育思想内容表现出阶级性。

3. 中国近现代体育思想发展的特色:

中国近现代体育思想,是在中国进入近现代社会、人类体育进入近现代阶段以后所产生的,是人类近现代体育思想大系统中的一个子系统。因此,中国近现代体育思想传承与演变的基本规律,在蕴涵人类思想发展和人类体育思想发展之基本规律的基础上,又有其特殊性。这种特殊性的形成原因,主要来自中国文化的特殊性和中国近现代体育发展的特殊性。①中国和中国文化的特殊性:在当代世界二百多个国家和地区及其各自的文化体系中,中国和中国文化是一个非常具有特殊性的国度和文化体系。从历史上讲,中华民族是世界上最古老的民族之一,中华民族文化不仅博大精深,更重要的在于它的源远流长,五千年一脉相承;从现实上讲,中国是当前世界上最大的发展中国家,在世界经济政治舞台上发挥的作用越来越大,中国当代文化在世界当代文化中亦是独树一帜,无论是我们的政治体制、经济制度,还是我们的伦理道德观念、文学艺术,等等。②这种国情上的特殊性以及中国文化——生产方式、生活方式、交往方式和思维方式上的特殊性,决定了中国近现代体育发展的特殊性。无论是历史中的传统体育、近代体育,还是现实中的当代体育,在内容和形式上,都与世界其他国家、民族的体育有着一定的区别。例如,中国的传统武术在中国近现代体育中的继承和发扬、中国竞技体育的举国体制,等等,都明显表现出我们的特殊性。如此,作为具有中国特点的体育实践在人们头脑中反映的中国体育,无论是古代传统的体育思想还是近现代体育思想之传承和演变,也必然有区别于其他国家和民族的古代体育思想和近现代体育思想传承与演变的特殊规律。

(1)体育思想之主体,呈现为一种从政治家、军事家、思想家、革命家为主,逐步向职业体育教育家、体育思想家为主转变的过程。体育思想之传承与演变在主体成分构成上颇为复杂,既有思想家(包括哲学家)、政治家(主要指政治活动家和政治领袖),又有军事家、革命家;既有教育家(主要是指体育教育家),又有体育家。而一般思想史,在主体层面主要局限于哲学家、政治家和文化学者。在中国体育思想史发展过程的前三分之一时间里,即从1840年至1895年的半个多世纪中,体育思想的阐发者仅限于思想家和政治家两大主体,19世纪末,教育家作为主体开始思考体育问题,清末民初,体育家作为体育思想主体登上历史舞台。之所以如此的内在根源是:第一,思想家之特质,就在于其对客观事物

（核心是对人、对社会、对人类）的认知能力、判断能力高于常人，超然于世俗，高瞻远瞩，明察秋毫，能够对新生事物之本质、价值做出超前性的判断。所以他们能够最早接受西方先进的体育思想，并努力传播吸收之；第二，当西方先进体育思想、体育形式传入中国之后，作为掌握决策权，以国家命运为己任的且具有先进思想的政治家、军事家，一定会意识到体育之重要的社会价值，特别是政治功能，从而吸收之，为己所用；第三，西方近代体育和近代体育思想传入中国之初，在实践层面不可能一下子得到广泛的普及，"体育"的概念在国人包括从事教育的人的头脑中的形成尚待时日，从而不可能很快形成一个职业的体育教育家，体育思想家阶层。随着体育实践的发展，体育思想的传播，渐渐才形成了职业体育教育家，体育思想家群体他们专涉于体育事业和体育的思考，越来越深入系统，逐步成为中国体育思想传承演变主要承担者。

（2）体育思想的传承和演变与体育实践之发展之间的联系越来越紧密，逐步形成互相依存、互相渗透之局面。早在中国近代体育思想的胚胎时期和萌芽时期，体育思想主体，在刚刚对体育问题予以关注、研究之时，即刚刚开始学习、借鉴、吸收西方近代体育思想之时，就试图将自己对西方体育的初步认识付诸实践，如李鸿章的新式练兵法，张之洞在办学中的体育课程设置，等等。此后，更多体育思想主体都努力于用先进的近现代体育思想来指导自己所办学校（典型代表是陶行知）以至于整个民族教育、整个国家体育的实践（其典型代表者，在近代，如郝更生、马约翰、程登科等，在现代，则是毛泽东、邓小平以及贺龙、李梦华、伍绍祖等党和国家体育工作的决策者、领导者）。

（3）中国近现代体育思想的传承与演变，始终带有浓厚的政治色彩。体育是一种社会文化活动，因此，它不可能是孤立的存在于社会之中,必然与政治、经济、文化等密切相关。纵观中国近现代体育思想的发展历史,就体育与政治的关系来说,表现为体育与政治的关系过分"紧密"。体育具有政治性功能,但体育本身不是政治,这在今天已经取得了共识。但中国近现代体育思想的发展进程中,由于我国政治、经济、外交等方面面临的特殊时空环境,体育被涂上了较浓重的政治色彩、赋予了较多的政治性功能,由此而生发的体育思想也具有较多的政治倾向。个别时期政治干预体育的现象较为严重,使体育具有了严重的"政治化"色彩。

(六)中国现代体育思想发展的基本趋势

1. 从体育思想主体层面上讲,职业体育思想家、体育教育家与国家体育决策者、领导者之间,将走向一种良性互动的格局。国家体育决策者,在决定国家体育发展大计之时,一方面,会逐步深化自身对体育问题的科学认识,另一方面,则会更加系统、深入的吸收职业体育思想家、体育教育家的研究成果,甚至吸收职业体育思想家、体育教育家直接参与决策;职业体育思想家、体育教育家,在从事体育思想研究过程中,一方面致力于自己研究成果的科学化、深入化、系统化,另一方面则更加关注国家体育决策者对体育问题的关注重点,努力使自己的研究更加贴近国家体育发展的实际。

2. 体育思想的内容,将更加倾向于专业化与系统化的整合。纵观世界近现代以来其他多门学科的发展,我们将会发现,它们都呈现为一种从合到分、从分到合、循环往复的明显特征。中国近现代体育思想的传承和演变已走过170年的历程,至今,中国近现代体育思想之科学体系已基本形成。今后的体育思想研究、发展,当然还会在基本战略、基本理论和方法论三个宏观层面的问题上不断深化,但更多的,将是对中观特别是微观层面的深入研究,从而形成体育思想系统之下的多个分支,如体育哲学、体育史学、体育思想史学、体育战略学、体育基础理论等多个体育思想分支学科;与此同时,每一个分支学科的发展,又都依存于和作用于其他分支学科的发展,以至于体育思想作为一个系统性学科也将依存于其他学科(如哲学、逻辑学、人体科学、普通心理学、体育运动心理学、医学)的发展,以实现体育思想学内部各分支学科之间以及体育思想学与其他相关学科之间的系统整合。

3. 体育思想与体育实践之间的联系和结合将更加直接、更加紧密。伴随着体育思想研究的专业化,其研究内容将会更加具体、更加贴近体育实践,从而对体育实践的指导作用更加直接;从反方向上来说,体育实践的深入发展,必然为体育思想的专业化研究提供更加丰富的"营养",体育思想的深入发展更加离不开体育实践。

4. 中国体育思想领域将呈现一种统一与争鸣并存的良好格局。所谓统一,是指体育思想者的研究,无论是宏观层面的理论研究,还是中观、微观层面的理论研究,都将统一于"科学发展观"的前提和宗旨之下,多个体育思想流派,都将努力使自己的研究更加科学化——思维方法之科学、理论系统之科学、对策建议之科学;所谓争鸣,是指各体育思想流派之间的分野仍将存在,相互之间的争鸣亦不会停止,但这种争鸣,又都离不开"科学发展观"这一前提和宗旨。

(七)关于中国体育思想的体系

任何一种思想,当其逐步实现从点到面、从具体到抽象、从现象到本质的跨越之后,都必然走向其学科化、科学化、系统化,从而形成一个相对独立的思想意识体系和知识体系,体育思想亦不会例外。所谓体系,是指"若干有关事物或思想互相验证而构成的一个整体。"⁹ 体育思想之体系,即体育思想主体关于体育这一事物的认识所构成的一个理论系统。体育思想既然是一个系统,则必然是具备系统的基本特征:层次性、结构性、要素之间的内在联系性。¹⁰据此,我们可将体育思想体系作如下分解:

1. 体育思想内在之层次分解。本书认为,体育思想之内容在纵向上可分解为如下三个层次:①核心层面,是贯穿于体育思想具体内容之中的世界观、方法论,即体育哲学思想;②中间层次,是体育的基本理论,即关于体育之属性、本质、特征、功能、价值、规律等基本问题的理论认识;③外围层面,是关于体育发展战略、发展方针、体育管理体制和规范制度的认识和设计。

2. 体育思想内容之结构分解。本书认为,体育思想之内容从横向上可分解为如下四方面基本内容:①体育基础理论;②竞技体育理论;③学校体育理论;④社会体育理论。

3. 体育思想之内容要素及其内在联系分解。本书认为,关于体育思想之内容,主要包括如下基本要素:①对体育属性的认识;②对体育本质的认识;③对体育特征的认识;④对体育功能的认识;⑤对体育价值的认识;⑥对体育目的(宗旨)的认识;⑦对体育规律的认识;⑧对体育发展战略、发展方针的认识;⑨对体育应然管理体制的认识和设计、对体育实然管理体制的分析和评价;⑩对体育应然规范制度(包括实体性规范和系统性规范)的认识和设计、对体育实然规范制度的分析和评价;思维方式;⑪应然体育理念;⑫应然的体育原则,等等。

注　释

1　高平叔:《蔡元培教育文选》,人民教育出版社,1988 年,第 5 页。

2　崔乐泉、杨向东:《中国体育思想史》近代卷,首都师范大学出版社,2008 年,第 109 页。

3　陈融:《试析真义体育观、大体育观的特征与分歧》,《西安体育学院学报》,1999 年,第 4 期。

4　熊晓正:《传统的批判与批判的传统——略论本世纪初提倡民族传统体育的得失》,《体育史论文集》(3),1987 年,第 120 页。

5　《中国近代体育文选》,人民体育出版社,1992 年,第 114 页。

6　熊晓正、陈晋章、林登辕:《从土洋对立到建设民族本位体育》,《体育文史》,1997 年,第 7 期。

7　8　《马克思恩格斯选集》第 1 卷,人民出版社,1972 年,第 30、52 页。

9　10　罗竹风:《汉语大词典》,汉语大词典出版社,2000 年,第 226 页。

后　记

　　本书在写作过程中,力求通过对中国近现代体育思想传承与演变过程中主要体育思想的产生背景、基本内容、历史作用,主要代表人物的思想精华及其历史地位的新的研究视角、研究方法的梳理,使中国近现代体育思想发展脉络更加清晰地呈现出来;通过对中国近现代体育思想传承与演变的规律、脉络、趋势的深入探索,丰富中国近现代体育思想的内容体系,揭示其当代价值,为中国体育思想史的研究和发展,提供有益的知识参考;为学习者的学习,为后续研究者的研究,提供一个全新的版本;为体育事业领导者、决策者提供一些有益的对策建议。

　　在本书出版之际,感谢人民出版社对我的信任;感谢责任编辑张秀平编审为本书的出版所付出的辛勤劳动。

　　在全书撰写过程中,南通大学政治学院的那述宇教授、庞增安教授、体育科学学院律海涛副教授对整体构思提出了十分有益的建议。他们的建议为本书增光添彩,对他们的帮助,在此表示诚挚的谢意!

　　本书在编写过程中,曾参考与借鉴了许多前辈和同行的研究成果,笔者尽量通过脚注和主要参考文献一一列出,在此对他们也表示深深的谢意!

　　由于水平有限,书中难免有不当和错误之处,真诚地希望读者对本书中的各种缺点给予批评指正。

何叙

2013 年 7 月